BYZANCE ET LES RELIQUES DU CHRIST

XXᵉ CONGRÈS INTERNATIONAL DES ÉTUDES BYZANTINES
19-25 AOÛT 2001

TABLE RONDE

Les reliques de la Passion

Ouvrage publié avec le concours du
Comité d'organisation du XXᵉ Congrès international des Études byzantines

CENTRE DE RECHERCHE D'HISTOIRE
ET CIVILISATION DE BYZANCE

MONOGRAPHIES 17

BYZANCE ET LES RELIQUES DU CHRIST

édité par Jannic DURAND et Bernard FLUSIN

Association des Amis du Centre d'Histoire et Civilisation de Byzance
52, rue du Cardinal Lemoine - 75005 Paris
2004

ISBN 2-9519198-5-9
ISSN 0751-0594

 Composition et Infographie
Fabien TESSIER

AVANT-PROPOS

Le XXe congrès international des études byzantines qui s'est déroulé à Paris en août 2001 a été l'occasion de souligner certains liens qui unissent plus particulièrement Byzance et la France. C'est en ce sens qu'il faut interpréter l'exposition organisée du 31 mai au 27 août 2001 au musée du Louvre et consacrée au trésor de la Sainte-Chapelle[1]. Il s'agissait de rappeler que l'église extraordinaire construite par le roi Louis IX avait été érigée dans des circonstances précises – le transfert à Paris de grandes reliques du Christ provenant de Constantinople, avec en particulier la Couronne d'épines et un fragment important de la Vraie Croix – et qu'elle était en somme l'héritière d'un modèle constantinopolitain : l'église dédiée à la Vierge dans le Grand Palais des empereurs de Constantinople et située près du Phare d'où elle tire le nom sous lequel on la désigne. L'accumulation au Pharos des reliques du Christ et leur histoire à l'époque médiobyzantine, puis, après le sac de Constantinople par les croisés en 1204, le transfert des grandes reliques vers l'Occident et leur arrivée à Paris où saint Louis les dépose à la Sainte-Chapelle : voilà les grands axes autour desquels s'est organisée, à l'intérieur du XXe Congrès des études byzantines, la table ronde sur "les reliques de la Passion" que présidait le Professeur Cyril Mango[2]. C'est de cette table ronde qu'est issu le présent volume, qui regroupe la plupart des communications présentées ce jour-là, auxquelles sont venues s'adjoindre d'autres contributions. Au terme de "reliques de la Passion", trop étroit, nous avons substitué celui de "reliques du Christ", plus approprié, le *Mandylion* d'Édesse, par exemple, n'étant pas une image du Christ souffrant, non plus que les reliques des amis du Christ dont parle John Wortley. Byzance vient en tête, parce que, pour l'essentiel, les contributions lui sont consacrées, mais le lecteur verra qu'à la suite des reliques du Christ, nous n'avons pas hésité à quitter l'Empire byzantin pour la France de saint Louis et de Louis XIV, ou pour la Géorgie au XVIIe siècle. Sans doute, par rapport à l'ampleur du sujet annoncé, bien des manques seront-ils sensibles. Notre espoir, grâce aux auteurs des diverses contributions, est d'avoir posé quelques jalons dans un domaine dont le comte Riant, dans son livre classique récemment réimprimé[3], ou encore André Frolow[4] avaient bien montré la richesse.

Pour être intelligible, l'histoire des reliques du Christ – nécessairement indirectes, sauf le Précieux Sang, qui ne joue pas à Byzance un rôle bien éclatant – doit être conçue en parallèle avec celle de la Vraie Croix, depuis son "invention" par sainte Hélène jusqu'à Constantinople, puis à Paris, où nous la retrouvons à la Sainte-Chapelle et aujourd'hui à Notre-Dame. Holger Klein a retracé pour nous la première

---

1. Voir *Le trésor de la Sainte-Chapelle*, J. DURAND et M.-P. LAFFITTE éd., Paris 2001.

2. Voir *XXe Congrès international des études byzantines, Collège de France-Sorbonne, 19-25 août 2001, Pré-actes, II. - Tables rondes*, Paris 2001, p. 115-125.

3. P. RIANT, *Exuviae sacrae Constantinopolitanae*, I-II, Genève 1877-1878 ; réédition avec préface de J. DURAND , I-II, Paris 2004[2].

4. A. FROLOW, *La relique de la Vraie Croix* [Archives de l'Orient Chrétien 7], Paris 1961 ; ID., *Les reliquaires de la Vraie Croix*, Paris 1965.

partie de cette histoire, montrant comment le culte public de la Croix découverte à Jérusalem ne s'installe que lentement à Constantinople, le règne d'Héraclius, au VIIᵉ siècle, marquant une étape décisive avant l'épanouissement de l'époque médiévale. Pendant les siècles obscurs, la Vraie Croix connaît un déplacement décisif : dans des conditions mal déterminées, elle passe de la Grande Église de Sainte-Sophie au palais. Nous la retrouvons au Moyen Âge dans un édifice bien précis : l'église palatine de la Vierge du Phare, où elle est rejointe par d'autres reliques du Christ et spécialement de la Passion. Paul Magdalino montre comment est née l'église du Phare et, grâce aux descriptions de Photius et de Mésaritès, reconstitue son aspect, son histoire et son sens à la fois politique et religieux.

La grande époque de la concentration au Pharos des reliques du Christ est le Xᵉ siècle, avec la reconquête d'une partie de la Syrie. Elle voit en particulier le transfert d'Édesse à Constantinople d'un portrait miraculeux du Sauveur : le *Mandylion*, la serviette sur laquelle Jésus avait imprimé son image et dont Sysse Engberg montre qu'il fut déposé tout d'abord par Romain Iᵉʳ Lécapène dans une chapelle palatine concurrente du Pharos, le Christ de la Chalkè. Du Xᵉ au XIIᵉ siècle, de nombreux témoignages nous renseignent sur ces reliques et sur leur culte : des textes, comme le *typicon* de Dresde, des objets, comme le reliquaire de Lavra, dont Thomas F. Mathews et Edmund P. Dandridge décrivent l'aspect actuel, ou comme le fragment de la Vraie Croix conservé à Notre-Dame de Paris. Sandrine Lerou analyse l'usage qu'ont fait les empereurs de ces reliques, tandis que le *typicon* de Dresde nous restitue aussi les cérémonies religieuses qui les entouraient.

Les trésors du palais sacré de Constantinople avaient éveillé l'intérêt et la cupidité des Occidentaux. En 1204, les croisés s'emparent de la Ville et font main basse sur ses reliques. Sous l'Empire latin, un lot important des grandes reliques du Pharos est cédé au roi de France Louis IX. Avec cette époque, l'histoire que nous suivons change d'aspect. Paul Majeska montre comment, dans la Constantinople des Paléologues, subsiste, entre les mains des empereurs, un petit lot de reliques, héritier appauvri du trésor du Pharos. Michele Bacci analyse comment les archétypes byzantins ont joué un rôle important, parfois inattendu, dans les formes de la dévotion occidentale. Ioanna Rapti présente un triptyque inédit qui révèle la fortune et les transformations du *Mandylion* en Géorgie, tandis que Claudine Billot explique le sens et l'importance de l'acquisition par les rois de France des reliques du palais de Constantinople. Commencée au Pharos, l'histoire des reliques du Christ trouve ainsi sa fin provisoire au centre de la voûte de la chapelle royale avec le *Triomphe des reliques de la Passion* peint par Antoine Coypel à Versailles.

Pour terminer, nous souhaitons remercier tous les membres de la table ronde de 2001 et tous les auteurs des contributions ici rassemblées, tous nos collègues et nos amis du Centre d'histoire et civilisation de Byzance et du musée du Louvre, et tout particulièrement Monsieur Fabien Tessier, qui a assuré la mise en page du livre, et Monsieur Nicolas Petit, conservateur en chef à la Bibliothèque nationale de France, Réserve des livres rares, à qui est dû l'index qu'on trouvera à la fin de ce volume.

Jannic Durand
Bernard Flusin

ABRÉVIATIONS

AASS	= Acta Sanctorum
An. Boll.	= *Analecta Bollandiana*
Annales ESC	= *Annales. Économie, Sociétés, Civilisations*
AnTard	= *Antiquité Tardive*
BHG	= *Bibliotheca hagiographica graeca*, 3ᵉ éd., et *Auctarium*
BMGS	= *Byzantine and Modern Greek Studies*
Bonn	= Corpus Scriptorum Historiae Byzantinae, Bonn 1828-1897
BSl.	= *Byzantinoslavica*
Byz.	= *Byzantion*
Byz. Forsch.	= *Byzantinische Forschungen*
BZ	= *Byzantinische Zeitschrift*
CArch.	= *Cahiers archéologiques*
CFHB	= Corpus Fontium Historiae Byzantinae
Clavis	= *Clavis patrum graecorum*, éd. M. Geerard
CSCO	= Corpus Scriptorum Christianorum Orientalium
CSEL	= Corpus Scriptorum Ecclesiasticorum Latinorum
DACL	= *Dictionnaire d'archéologie chrétienne et de liturgie*
DHGE	= *Dictionnaire d'histoire et de géographie ecclésiastiques*
DOP	= *Dumbarton Oaks Papers*
DS	= *Dictionnaire de spiritualité*
DTC	= *Dictionnaire de théologie catholique*
EEBS	= Ἐπετηρὶς Ἑταιρείας Βυζαντινῶν Σπουδῶν
EO	= *Échos d'Orient*
GCS	= Die griechischen christlichen Schriftsteller der ersten Jahrhunderte
GRBS	= *Greek, Roman and Byzantine Studies*
JHS	= *Journal of Hellenic Studies*
JÖB (avant 1969 *JÖBG*)	= *Jahrbuch der österreichischen Byzantinistik*
JRS	= *Journal of Roman Studies*
MANSI	= *Sacrorum conciliorum nova et amplissima collectio*, éd. J. D. Mansi
Néos Hell.	= Νέος Ἑλληνομνήμων, éd. Sp. Lampros
Nov.	= *Corpus Iuris Civilis* III. *Novellae*, éd. Schoell-Kroll
OC	= *Oriens christianus*
OCA	= *Orientalia Christiana Analecta*
OCP	= *Orientalia Christiana Periodica*
ODB	= *The Oxford Dictionary of Byzantium*, A. Kazhdan éd.
PG	= Patrologiae cursus completus, series graeca, éd. J.-P. Migne
PLP	= *Prosopographisches Lexikon der Palaiologenzeit*
PLRE	= *The Prosopography of the Later Roman Empire*
PO	= Patrologia orientalis
RA	= *Revue archéologique*

RAC	= *Reallexikon für Antike und Christentum*
RE	= *Paulys Realencyclopädie der classischen Altertumswissenschaft*
REA	= *Revue des Études anciennes*
REArm.	= *Revue des Études arméniennes*
REB (avant 1946 *EB*)	= *Revue des Études byzantines*
REG	= *Revue des Études grecques*
REJ	= *Revue des Études juives*
RESEE	= *Revue des Études sud-est européennes*
RESl.	= *Revue des Études slaves*
RH	= *Revue historique*
RHR	= *Revue de l'Histoire des Religions*
RN	= *Revue numismatique*
ROC	= *Revue de l'Orient chrétien*
RSBN	= *Rivista di studi bizantini e neoellenici*
SC	= Sources chrétiennes
StT	= *Studi e Testi*
Syn. CP	= *Synaxarium Ecclesiae Constantinopolitanae,* éd. H. Delehaye
TIB	= Tabula Imperii Byzantini
TM	= *Travaux et Mémoires,* Collège de France, Centre de recherche d'Histoire et Civilisation de Byzance
TM, Monogr.	= Travaux et Mémoires, Monographies
VV	= *Vizantijskij Vremennik*

*   *
*   *

INTRODUCTION

Cyril MANGO

C'est à la Sainte-Chapelle de Paris que saint Louis déposa les reliques dominicales apportées de Constantinople et puisque nous sommes à Paris, à quelques pas de la Sainte-Chapelle, il nous a semblé opportun de rouvrir ce dossier qui, pour l'essentiel, a été constitué il y a plus de cent ans par le comte Paul Riant. Son célèbre ouvrage, *Exuviae sacrae Constantinopolitanae*, imprimé à 421 exemplaires, quoique dépassé à plusieurs égards, reste quand même à la base de notre recherche et n'a pas été remplacé dans son ensemble. Ici, notre but est plus restreint, puisqu'il ne concerne pas la totalité des reliques constantinopolitaines enlevées par les Croisés, mais principalement celles de la Passion. À cet égard, l'admirable exposition du trésor de la Sainte-Chapelle au musée du Louvre, organisée par Jannic Durand et Marie-Pierre Laffitte, nous fournit une illustration concrète et solidement documentée de la triste histoire de ces reliques, tombées victimes de l'iconoclasme révolutionnaire. Je n'ai pas à répéter ce qui a été dit par Jannic Durand et par Bernard Flusin dans l'excellent catalogue consacré à cette exposition[1], catalogue qui marque un progrès considérable sur les discussions antérieures et qui deviendra sûrement un livre de référence. Je me limite donc à quelques réflexions dont certaines seront sans doute reprises et approfondies par les participants à cette table ronde.

Ce qui mérite d'être souligné en premier lieu c'est que les Byzantins – et leur démarche sera répétée plus tard par saint Louis – ont déposé les reliques les plus précieuses au palais impérial et plus précisément à la chapelle de la Vierge du Phare, et non pas, disons, à Sainte-Sophie ou aux Saints-Apôtres, où elles auraient été plus accessibles à la dévotion des fidèles. Pourquoi et depuis quand ? J'ajoute qu'il ne s'agit pas d'une accumulation fortuite, mais d'un choix cohérent et délibéré. Pour s'en convaincre, il suffit de comparer la liste des reliques qu'on montrait à Sainte-Sophie à celle du Grand Palais. À Sainte-Sophie, il y avait un peu de tout, à commencer par les reliques de saint Pamphile, déposées, paraît-il, lors de la première consécration de l'église en 360, auxquelles s'ajoutaient des objets importés par la suite, par exemple la margelle du puits de la Samaritaine, une trompette de Jéricho, les langes du Christ, deux ou trois plaques de son tombeau, les plats d'or sur lesquels les rois Mages apportèrent leurs offrandes, etc. On n'y voit aucun programme particulier. En revanche, au palais, on distingue deux lots bien définis : à la chapelle du Phare la Vraie Croix, le

---

1. *Le trésor de la Sainte-Chapelle*, J. DURAND et M.-P. LAFFITTE éd., Paris 2001.

Byzance et les reliques du Christ, éd. J. Durand et B. Flusin (Centre de recherche d'Histoire et Civilisation de Byzance, Monographies 17), Paris 2004.

Titulus, la Couronne d'épines, l'Éponge, le Roseau, les Clous, les Sandales, le Mandylion d'Édesse, la Sainte Tuile, objets qui se rapportaient tous à Jésus Christ sinon exclusivement à la Passion, tandis qu'à la Nouvelle Église du palais, comme l'a remarqué naguère P. Magdalino[2], il y avait une collection vétérotestamentaire comprenant une seconde trompette de Jéricho, la corne de Samuel, la verge de Moïse, etc. Il y a eu donc à une époque déterminée un transfert de reliques choisies en direction du palais. Dans le cas de la Nouvelle Église, ceci s'est produit probablement sous Basile Ier, qui l'a construite, ou peu après. Pour la chapelle du Phare, réédifiée par Michel III, on ne peut pas indiquer une date précise, mais je crois qu'il s'agit en gros de la même époque. D'abord, le patriarche Photius, dans son sermon prononcé à la dédicace de cette chapelle en 864, ne fait aucune allusion à son rôle de gardienne de reliques dominicales. Ensuite, le cérémonial de la fête de l'Exaltation[3], qui date peut-être du règne de Michel III, laisse entendre que le *timion xylon* était toujours à Sainte-Sophie ou au Patriarcat, mais dans d'autres chapitres du *Livre des Cérémonies* il est déjà dans la chapelle du Phare. Je ne sais pas si on peut se fier à la *Chronique de Nestor* qui raconte que les envoyés russes – et ceci en 912 – ont pu voir au 'palais d'or' les reliques de la Passion, notamment la Couronne d'épines, les Saints Clous et le Manteau de pourpre[4], ou s'il s'agit d'une interpolation postérieure.

Admettons provisoirement que le transfert d'une grande partie des reliques bibliques au palais s'est fait sous la dynastie macédonienne. S'agit-il toutefois d'une innovation ou d'une démarche qui avait des antécédents plus anciens ? On peut songer à la chapelle Saint-Étienne du palais, édifiée, dit-on, par l'impératrice Pulchérie en 428 pour abriter le bras ou la main droite du premier martyr, mais cette histoire, attestée bien tardivement[5], n'inspire pas beaucoup de confiance. On raconte aussi que Léon III, ayant enlevé la fameuse relique de sainte Euphémie de son martyrion, la déposa pour quelque temps dans une des chapelles du palais avant de la jeter à la mer[6] – encore une fois une histoire bien douteuse. En somme, sauf erreur, je ne vois pas d'attestation bien claire que le palais ait servi de dépôt de reliques avant la dynastie macédonienne. Quant aux raisons qui ont motivé cette innovation, on peut évidemment en proposer plusieurs (protection céleste de la personne impériale, liens étroits qui l'unissaient avec le Christ, sécurité des reliques). Il reste à expliquer pourquoi les reliques dominicales étaient concentrées dans une chapelle dédiée à la Sainte Vierge étant donné qu'il existait au palais une église très vénérée qu'on appelait le Seigneur (Kyrios), tandis que celles de l'Ancien Testament se sont trouvées dans une église nommée Néa, qui symbolisait le renouveau de l'orthodoxie et de l'Empire sous une nouvelle dynastie.

---

2. P. MAGDALINO, Observations on the Nea Ekklesia of Basil I, *JÖB* 37, 1987, p. 51-64.

3. *Livre des Cérémonies*, I, 31 (22), éd. A. VOGT, Paris 1935, I, p. 116 s.

4. Trad. anglaise de S. H. CROSS et O. P. SHERBOWITZ-WETZOR, *The Russian Primary Chronicle*, Cambridge MA 1953, p. 69.

5. THÉOPHANE, éd. C. DE BOOR, Leipzig 1883, I, p. 86-87. La question de la chapelle Saint-Étienne demeure controversée. Voir, d'une part, K. G. HOLUM et G. VIKAN, The Trier Ivory . . ., *DOP* 33, 1979, p. 126 s. et K. G. HOLUM, *Theodosian Empresses*, Berkeley 1982, p. 102-109 ; d'autre part, J. WORTLEY, The Trier Ivory reconsidered, *GRBS* 21, 1980, p. 381-394.

6. Fr. HALKIN, *Euphémie de Chalcédoine* [Subs. hagiogr. 41], Bruxelles 1965, p. 88.

Ma deuxième observation nous conduit aux xie-xiie siècles, quand Constantinople devient, pour ainsi dire, une ville touristique, pleine d'étrangers – marchands, soldats mercenaires, pèlerins – qui ont de l'argent à dépenser. Les Grecs en profitent, conscients du fait que ces étrangers attachent une grande valeur aux reliques, rares chez eux, et sachant peut-être que ces objets, facilement transportables, ne sont pas soumis au même contrôle douanier que les tissus de soie. Pour prendre un exemple, Antoine de Novgorod revient chez lui avec des reliques de saint Blaise, une partie du vêtement de Théodore le Stratélate, une pierre du tombeau de saint Jean Baptiste, un fragment de la Vraie Croix[7]. Un siècle plus tôt le moine Joseph de Cantorbéry visite sans difficultés la chapelle du palais et veut se procurer une relique de saint André, tout en expliquant qu'il n'a pas beaucoup d'argent avec lui[8]. Malheureusement, le texte présente une lacune à ce point, et nous ne savons pas si le désir du moine anglais fut exaucé. On connaît la satire de Christophe de Mytilène, dans laquelle il se moque d'un moine, collectionneur avide de reliques, qui vient de payer 16 pièces d'or pour un os de mouton, teint au safran et enfumé avec de l'encens pour lui donner une odeur suave. Oui, soupire notre poète, il y aura toujours un marché aux reliques[9]. Or le moine n'était peut-être pas aussi naïf qu'on nous le présente s'il achetait des reliques pour les revendre ensuite aux touristes.

Derrière ce trafic on entrevoit toute une organisation : des guides professionnels sans lesquels un étranger qui ne parlait pas le grec était incapable de trouver son chemin, et la circulation de petits manuels à l'usage des pèlerins, comme l'original grec perdu de ce que nous appelons l'*Anonyme de Mercati* et, plus tard, celui de la description anonyme russe de 1390. On connaît la carrière brillante de Syméon le Sinaïte, qui faisait métier de guide et d'interprète aux Lieux Saints – car, en bon levantin, il parlait cinq langues –, qui se lia à des personnes importantes comme l'archevêque de Trèves et finit par être canonisé par le pape. C'est lui, paraît-il, qui apporta à Rouen les reliques plus que douteuses de sainte Catherine d'Alexandrie, ignorée des Byzantins, mais dont on connaît le succès prodigieux en Occident. Je ne connais aucun exemple concret d'un guide à Constantinople, quoiqu'on puisse deviner, derrière le récit d'Antoine de Novgorod, un clerc non salarié de Sainte-Sophie, puisque le texte se termine par la mention inattendue du fait que seulement un sixième du clergé recevait un traitement (*roga*)[10]. Or ce renseignement est confirmé par des sources grecques de l'époque : sur soixante diacres attitrés de la Grande Église, dix seulement constituaient la 'décade nourrie'[11]. Les autres se nourrissaient comme ils le pouvaient, grâce, sans doute, aux touristes.

7. Voir l'éd. d'Antoine par C. LOPAREV, *Pravoslavnyj Palestinskij Sbornik* 51, 1899, p. I-II.

8. C. H. HASKINS, A Canterbury Monk at Constantinople, c. 1090, *English Historical Review* 25, 1910, p. 293-295.

9. *Die Gedichte des Christophoros Mitylenaios*, éd. E. KURTZ, Leipzig 1903, n° 114.

10. ANTOINE DE NOVGOROD, éd. LOPAREV, p. 39.

11. Voir P. WIRTH, Zur Geschichte des Diakonats an der H. Sophia, *Polychordia, Festschr. F. Dolger*, II = *Byz. Forsch.* 2, 1967, p. 380-82.

Ceci m'amène à ma dernière remarque, qui concerne la disproportion entre Orient et Occident quant à la mise en valeur des reliques. Il suffit à cet égard de jeter un coup d'œil sur la Sainte-Chapelle : un monument aussi prodigieux n'a jamais été érigé à Byzance pour abriter des reliques. Il faut, en effet, remonter à l'époque paléochrétienne, aux IVe-Ve siècles, pour trouver des églises construites dans ce but, par exemple pour le chef de saint Jean Baptiste par Théodose Ier ou le manteau de la Sainte Vierge par l'impératrice Vérine aux Blachernes. Plus tard, on se contente de déposer une relique nouvellement acquise dans un local approprié et parfois d'enregistrer dans le synaxaire la date de l'invention ou de la translation. Ainsi, sous Constantin Porphyrogénète, arrive d'Antioche la main droite (moins le pouce) de saint Jean Baptiste. On la dépose au palais, on en marque l'anniversaire le 7 janvier[12] et on fait composer à ce propos un discours d'apparat. Rien de plus. Et pourtant la relique n'est pas insignifiante. Ayant subi diverses péripéties, elle existe toujours, si c'est bien la même, au palais de Topkapi. Il y a, bien entendu, quelques cas d'une translation célébrée avec éclat, celle, par exemple, de la Sainte Face d'Édesse en 944, mais, en somme, les reliques n'inspirent pas à Byzance la même dévotion, le même concours de pèlerins et n'apportent pas les mêmes revenus qu'en Occident, où l'acquisition d'une relique importante pouvait grandement contribuer à amortir la construction d'une cathédrale. Le même contraste s'observe quant à la vérification d'authenticité, très réglementée en Occident, pratiquement inconnue à Byzance.

Ce que je viens de dire ne justifie pas évidemment le comportement des Croisés à Constantinople et ailleurs en Orient. Ils savaient cependant que durant plus d'un siècle les Grecs avaient mené une campagne de publicité fondée sur leur richesse en reliques, qu'ils en vendaient volontiers de petits fragments et ne leur rendaient pas une dévotion jugée suffisante. Avec un peu d'exagération, on pouvait aller jusqu'à prétendre – thème constant de la propagande occidentale – qu'ils étaient indignes de les posséder.

12. *Syn. CP*, col. 376.

L'ÉGLISE DU PHARE ET LES RELIQUES DE LA PASSION À CONSTANTINOPLE (VIIe/VIIIe-XIIIe SIÈCLES)

Paul MAGDALINO

L'histoire byzantine des reliques de la Passion du Christ se confond avec celle de l'église palatine qui les abritait pendant leur séjour à Constantinople[1]. L'église de la Vierge Théotokos du Phare se présenta aux Occidentaux de la IVe Croisade comme la Sainte-Chapelle des Byzantins : Robert de Clari la décrit ainsi à l'occasion des événements de 1204 qui ouvrirent la voie au transfert des reliques en Occident[2]. Ce fut principalement par l'église du Phare que Byzance servit d'intermédiaire entre Jérusalem et Paris, médiation non seulement géographique et chronologique, mais aussi idéologique, car cette église concrétise, pour la première fois, la concentration des insignes de la royauté terrestre du Christ loin de la Terre Sainte, et leur conservation dans un sanctuaire qui n'est pas un grand édifice du culte public, mais un édicule de l'enceinte royale, lié étroitement aux dévotions du souverain et au rituel de la cour. Cet édicule inspira sans doute, bien qu'aucune source n'en témoigne explicitement, la construction du grand reliquaire gothique qu'est la Sainte-Chapelle de saint Louis. Mais si l'église du Phare finit par devenir le reliquaire que la Sainte-Chapelle sera dès sa conception, elle se définit comme telle au terme d'une longue évolution qui la fait paraître sous plusieurs guises, selon l'époque et l'intérêt du témoin.

Des nombreux oratoires du Grand Palais, celui du Phare est le mieux connu[3], grâce à une documentation relativement abondante, dont quelques textes ont fait l'objet d'excellentes études[4]. Mais la richesse de la littérature ne fait qu'accentuer les problèmes qui se posent lorsqu'on essaie d'obtenir une vue d'ensemble. En premier lieu,

---

1. B. FLUSIN, Les reliques de la Sainte-Chapelle et leur passé impérial à Constantinople, dans *Le trésor de la Sainte-Chapelle*, J. DURAND et M.-P. LAFFITTE éd., Paris 2001, p. 20-31.

2. ROBERT DE CLARI, *La Conquête de Constantinople*, éd. P. LAUER, Paris 1924, par. XXXII, p. 81.

3. Voir en général R. JANIN, *La géographie ecclésiastique de l'empire byzantin,* I : *Le siège de Constantinople et le patriarcat œcuménique*, III. *Les églises et les monastères*, Paris 1969², p. 232-236 ; G. DAGRON, *Empereur et prêtre. Étude sur le "césaropapisme" byzantin*, Paris 1996, p. 214-218.

4. R. J. H. JENKINS et C. MANGO, The Date and Significance of the Tenth Homily of Photius, *DOP* 9-10, 1956, p. 125-140 ; B. FLUSIN, Didascalie de Constantin Stilbès sur le Mandylion et la sainte Tuile, *REB* 55, 1997, p. 53-79 ; I. KALAVREZOU, Helping Hands for the Empire: Imperial Ceremonies and the Cult of Relics at the Byzantine Court, dans *Byzantine Court Culture from 829 to 1204*, H. MAGUIRE éd., Washington D.C. 1997, p. 53-79, en part. 54-57 ; M. BACCI, La Vergine *Oikokyra*, signora del Grande Palazzo. Lettura di un passo di Leone Tusco sulle cattive usanze dei Greci, *Annali della Scuola Normale Superiore di Pisa, classe di lettere e filosofia*, 4e série, 3, 1998, p. 261-279.

Byzance et les reliques du Christ, éd. J. Durand et B. Flusin (Centre de recherche d'Histoire et Civilisation de Byzance, Monographies 17), Paris 2004.

il y a le problème des origines. Quel empereur fonda l'église, attestée pour la première fois en 769 ? La fondation eut-elle lieu à l'occasion d'un transfert de reliques, soit de Jérusalem à Constantinople, soit de Sainte-Sophie au Grand Palais ? Pourquoi une église qui abrite les plus précieuses reliques dominicales n'est-elle pas dédiée au Christ, mais à sa Mère ? Et que signifie le fait que Photius ne mentionne aucune relique dans l'*ekphrasis* qu'il prononça en 864 pour célébrer la reconstruction de l'église par Michel III ? L'époque qui suivit cette reconstruction présente moins d'incertitude, car il est évident que l'importance de l'église comme dépôt des reliques dominicales se confirme et s'accroît avec les nouvelles acquisitions des Xe et XIe siècles. Mais la question se pose de savoir dans quelle mesure l'église du Phare répond aux changements dans le contexte politique et urbain. La piété des empereurs s'exprime par une série de nouvelles fondations somptueuses, dont quelques-unes dans le Palais : l'église du Phare en est-elle touchée ? Les nouvelles acquisitions de reliques résultent de l'expansion militaire de l'Empire en Orient, et elles se font à une époque où le Grand Palais est la demeure normale de l'empereur. Mais l'expansion cède au repli qui s'avère définitif, malgré les meilleurs efforts des empereurs Comnènes, qui résident par préférence au Palais des Blachernes : ces faits sont-ils sans signification pour l'église du Phare ? Il mérite d'être signalé, en plus, que le caractère des sources change à l'époque des Comnènes : à une exception près, tous les témoins des reliques de la Passion au XIIe siècle sont des pèlerins, en grande majorité occidentaux. C'est à la lumière de cette constatation qu'il faut estimer la valeur de l'église du Phare aux yeux des Byzantins contemporains, et qu'il faut évaluer le témoignage tout à fait exceptionnel de Nicolas Mésaritès, écrit à la veille de la IVe Croisade.

L'église du Phare faisait partie du noyau inférieur du Grand Palais, ce qu'on appelait le Palais Sacré ou Palais du Boukoléon[5]. Ce complexe d'édifices datant principalement des VIe-VIIe siècles s'étalait sur un terrassement à une hauteur de 16 m. au dessus de la mer, dont la proximité est indiquée par la présence de la tour du Phare, qui donne à l'église son épithète[6] (fig. 1). Une terrasse (ἡλιακόν) séparait l'église de la grande salle de réception du Palais, le Chrysotriklinos, et un couloir (μάκρων) au sud la liait aux appartements (le κοιτών) de l'empereur[7]. Par une annexe du narthex (παρανάρθηξ)

---

5. Voir en dernier lieu C. Mango, The Palace of the Boukoleon, *Cahiers archéologiques* 45, 1997, p. 41-50.

6. Pour les niveaux du Grand Palais, voir E. Bolognesi Recchi-Franceschini, Der byzantinische Kaiserpalast im 8. Jahrhundert, dans *799: Kunst und Künstler der Karolingerzeit. Karl der Grosse und Papst Leo III. in Paderborn. Beiträge zum Katalog der Ausstellung, Paderborn 1999*, K. Stiegemann et M. Wemhoff éd., Mayence 1999, t. III, p. 123-129 ; Ead., The Great Palace of Constantinople, dans *Neue Forschungen und Restaurierungen im byzantinischen Kaiserpalast von Istanbul* [Denkschriften der österreichischen Akademie der Wissenschaften, philosophisch-historische Klasse 243], W. Jobst, R. Kastler et V. Scheibelreiter éd., Vienne 1999, p. 9-16.

7. Constantin Porphyrogénète, *Livre des cérémonies*, I. 28 (19), 29 (20), 33 (24) : éd. J. J. Reiske *De cerimoniis aulae byzantinae* [Bonn], I, p. 116, 119, 137 ; éd. A. Vogt, Paris 1935 (réimpr. 1967), I, p. 108, 111, 126. Pour la situation de la chambre impériale sur le côté droit, donc méridional, du Salon d'Or, voir *ibidem*, I. 41 (32) (éd. Reiske, I, p. 175 ; éd. Vogt, I, p. 163). Sur la terrasse du Phare et la disposition des structures qui l'entouraient, voir R. Guilland, *Études de topographie de Constantinople byzantine*, Berlin-Amsterdam 1969, I, p. 311-325.

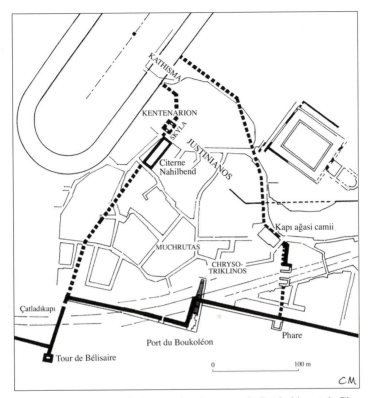

Fig. 1 - Le Grand Palais de Constantinople ; zone du Boukoléon et du Phare
(d'après C. Mango, The Palace of the Boukoleon, *Cahiers archéologiques* 45, 1997)

elle communiquait vers le nord avec le trésor palatin du Phylax[8]. Ce fut dans le
voisinage de l'église du Phare que Basile Ier édifia les oratoires de Saint-Élie et de
Saint-Clément, et que son fils Léon VI ajouta celui de Saint-Démétrius[9] ; des sources
plus tardives mentionnent aussi une petite chambre impériale (κοιτωνίσκος) et un bain
ou baptistère, contigus à l'église[10]. De la terrasse du Phare on descendait au niveau
le plus bas du Palais pour accéder à la Néa Ekklèsia, que Basile Ier fit construire sur
l'emplacement de l'ancien Tzykanistèrion, le terrain de polo[11].

8. *Cer.* I. 59 (50) : Reiske, I, p. 257 ; Vogt, II, p. 63.

9. *Theophanes continuatus* [Bonn], p. 329-330 ; Léon VI, *Homélies*, éd. Akakios, Λέοντος τοῦ
Σοφοῦ πανηγυρικοὶ λόγοι, Athènes 1888, p. 137-139. Voir Janin, *Églises*, p. 91-92, 136-137, 281-282 ;
P. Magdalino, Saint Demetrios and Leo VI, *Byzantinoslavica* 51, 1990, p. 198-201 ; B. Flusin, L'empereur
hagiographe. Remarques sur le rôle des premiers empereurs macédoniens dans le culte des saints,
dans *L'empereur hagiographe. Culte des saints et monarchie byzantine et post-byzantine*, P. Guran éd.,
Bucarest 2001, p. 37-41.

10. Voir plus bas, p. 29.

11. *Theophanes continuatus* [Bonn], p. 325-329 ; Janin, *Églises*, p. 361-364 ; P. Magdalino, Observations
on the Nea Ekklesia of Basil I, *JÖB* 37, 1987, p. 51-64.

Nous ignorons l'apparence de l'édifice primitif, mais sa reconstruction par Michel III, que nous connaissons par une *ekphrasis* de Photius prononcée en 864[12], prend la forme d'une église à coupole, dont l'intérieur est richement paré de marbres polychromes et, au niveau supérieur, de mosaïques représentant des icônes sur un fond d'or. Dans la coupole, il y a le Christ entouré d'anges ; dans la conque de l'abside, la Vierge orante, et, sur les voûtes et les arcs, des figures d'apôtres, de martyrs, et de prophètes. L'église du Phare est donc, avec le Chrysotriklinos et un peu avant Sainte-Sophie, une des premières structures de Constantinople où le retour à l'Orthodoxie des icônes est réalisé après l'abandon officiel de l'iconoclasme en 843[13]. Son décor est aussi le prototype, ou du moins un premier exemple, du programme hiérarchique des icônes-portraits qui caractérise l'iconographie murale de l'église mésobyzantine. On remarquera, dans ce programme, la domination de l'espace iconographique par deux figures, le Christ sur l'axe central et la Vierge sur l'axe longitudinal. Ce fait, assez banal pour la majorité des églises, a une signification toute particulière pour l'église du Phare, qui est dédiée à la Vierge, mais réservée à la vénération de la Passion du Christ.

La reconstruction de l'église du Phare comme une vitrine du Triomphe de l'Orthodoxie montre bien l'importance du rôle qui était prévu pour la nouvelle structure dans la vie religieuse de la cour. En effet, elle est mentionnée souvent dans le *Livre des cérémonies* qui expose, en principe, la pratique du Xᵉ siècle. L'empereur y assiste à plusieurs offices de la Semaine Sainte et de la semaine après Pâques : les vêpres et la liturgie des Rameaux[14], les liturgies des Jeudi et Samedi saints[15], et du jeudi suivant[16]. Le Vendredi saint, on y vénère la Sainte Lance[17] et la vénération du Bois précieux de la Vraie Croix y a lieu deux fois par an, le dimanche de la mi-Carême et le 1ᵉʳ août[18]. L'église du Phare sert de station pour la procession de trois fêtes qui sont célébrées à la Néa Ekklèsia : celle de saint Élie (19-20 juillet), l'anniversaire de la dédicace (1ᵉʳ mai), et la fête de l'Archange Michel (8 novembre)[19]. En dehors de l'année liturgique, deux cérémonies occasionnelles de la cour s'y déroulent : l'investiture de la patricienne à ceinture[20] et la consécration des noces impériales[21]. La notice sur cette dernière précise qu'il s'agit d'une innovation récente, et que la cérémonie nuptiale a été transférée d'une

---

12. Homélie nᵒ 10, éd. B. LAOURDAS, *Φωτίου ὁμιλίαι*, Thessalonique 1959, p. 99-104 ; trad. C. MANGO, *The Homilies of Photius, Patriarch of Constantinople*, Cambridge (Mass.) 1958, p. 177-190.

13. Sur la décoration en mosaïque du Chrysotriklinos, voir *Anthologia graeca*, I. 106, trad. C. MANGO, *The Art of the Byzantine Empire 312-1453. Sources and Documents*, Englewood Cliffs (N.J.) 1972, p. 184 ; la mosaïque de l'abside de Sainte-Sophie est évoquée par Photius dans son homélie nᵒ 17, prononcée en 867 : éd. LAOURDAS, p. 164-172 ; trad. MANGO, *Homilies*, p. 286-296.

14. *Cer.* I. 40 (31) : REISKE, I, p. 171, 175 ; VOGT, I, p. 158-159, 163 ; N. OIKONOMIDÈS, *Les listes de préséance byzantines des IXᵉ et Xᵉ siècles*, Paris 1972, p. 197.

15. *Cer.* I. 42, 44 (33, 35) : REISKE, I, p. 177-178, 183-184 ; VOGT, I, p.165-166, 171-172 ; OIKONOMIDÈS, *Listes de préséance*, p. 199.

16. *Cer.* I. 23 (14) : REISKE, I, p. 94 ; VOGT, I, p. 87.

17. *Cer.* I. 43 (34) : REISKE, I, p.179-180 ; VOGT, I, p. 167-168.

18. *Cer.* II. 8, 11 : REISKE, I, p. 538-541, 549-550.

19. *Cer.* I. 28-29 (19-20) : REISKE, I, p. 114-121 ; VOGT, I, p. 106-112 ; OIKONOMIDÈS, *Listes de préséance*, p. 215, 217.

20. *Cer.* I. 59 (50) : REISKE, I, p. 257-261 ; VOGT, II, p. 60-66.

21. *Cer.* I. 48 (39) : REISKE, I, p. 201 ; VOGT, II, p. 10.

autre église palatine, Saint-Étienne de la Daphnè. À la fin d'une description qui se réfère entièrement à Saint-Étienne, le texte ajoute, sous la forme évidente d'une scolie postérieure : "Il faut savoir qu'on a innové tout dernièrement la pratique de tenir le couronnement <nuptial> de l'empereur dans l'église palatine de la très sainte Théotokos du Phare". Enfin, l'église du Phare, comme la Néa et Saint-Démétrius du Palais, doit prêter plusieurs objets précieux pour embellir le Chrysotriklinos lors de la réception de visiteurs distingués[22].

La lecture attentive et réfléchie des chapitres du *De cerimoniis* concernant l'église du Phare appelle les remarques suivantes :

1. La fonction spéciale de l'église dans le calendrier liturgique est de lier l'empereur à la commémoration de la Passion du Christ. Quoique dédiée à la Théotokos, elle ne joue pas de rôle spécial, à ce qu'il semble, lors des fêtes mariales. Il faut reconnaître, toutefois, que le *De cerimoniis* ignore le rôle de l'église dans les dévotions quotidiennes de la cour.

2. L'église du Phare est associée à l'exposition solennelle de deux reliques de la Passion qui se trouvent à Constantinople depuis le milieu du VIIe siècle. Il est donc certain que l'ordre des cérémonies décrites dans le *De cerimoniis* était établi longtemps avant l'arrivée, en 944, du Mandylion d'Édesse, dont la présence n'est pas signalée, et que la vénération de la Croix et de la Sainte Lance dans l'église du Phare fut déterminante pour la déposition du Mandylion dans le même endroit. Il est à noter, cependant, que selon le *De cerimoniis*, le précieux Bois n'y était pas exposé en permanence ; bien plus, il était conservé dans le *skeuophylakion* du Palais qui est différent du *skeuophylakion* du Phare, où la relique n'est déposée que temporairement, pour être bénie avant d'être offerte à la vénération. On ne sait pas où était conservée la Sainte Lance ; toutefois, l'église du Phare n'apparaît pas dans le *De cerimoniis* comme le grand reliquaire qu'elle deviendra par la suite.

3. L'église du Phare est l'église palatine par excellence. Elle est la plus proche des centres public et privé de la vie impériale. Les chœurs qui y chantent les vêpres sont formés, d'une part, des eunuques de la chambre impériale et, d'autre part, du clergé impérial[23]. L'expression "clergé impérial" (βασιλικὸς κλῆρος) désigne spécifiquement le personnel desservant l'église du Phare et les oratoires voisins. Les autres grandes églises du Palais, celles de Saint-Étienne et du Seigneur dans la partie haute, et la Néa Ekklèsia dans la partie basse, sont desservies chacune par son propre clergé[24]. Saint-Étienne est évidemment plus ancienne (voir plus bas, 4), et la Néa est plus magnifique. Mais l'église du Phare commence à usurper les fonctions de Saint-Étienne, alors qu'elle ne cède aucune fonction à la Néa : les fêtes où elle joue un rôle subordonné à celle-ci sont supplémentaires, et ne diminuent en rien son importance. Le cérémonial introduit par Basile Ier et Léon VI montre, au contraire, l'impuissance des Macédoniens à effacer le prestige de l'église reconstruite par Michel III et la nécessité où ils se trouvent d'associer celle-ci au rituel de leur propre fondation.

---

22. *Cer.* II. 15 : REISKE, I, p. 580-581, 586.

23. *Cer.* I. 40 (31) : REISKE, I, p. 171 ; VOGT, I, p. 158-159

24. *Cer.* I. 1 : REISKE, I, p. 11 ; VOGT, I, p. 7 (clergé de l'église τοῦ Κυρίου) ; II. 8, 11 : REISKE, p. 539-541, 549-550 (*prôtopappas* de Saint-Étienne, clergé de la Néa).

La préséance de l'église du Phare sur Saint-Étienne et la Néa est soulignée par la cérémonie de la mi-carême, lorsque les trois morceaux du Bois précieux sont déposés dans le *skeuophylakion* du Phare avant d'être distribués entre les trois églises[25].

4. Les promotions de dignitaires ont traditionnellement lieu dans les vieilles salles du Palais : il en va ainsi pour le césar et le nobélissime (Salle des XIX Lits), le curopalate (Consistoire ?), le magistre (Consistoire), le patrice (Tripéton ou Chrysotriklinos), l'anthypatos (Chrysotriklinos). L'exception faite pour la patricienne à ceinture doit s'expliquer par la relative nouveauté du titre, dont la première détentrice qui nous soit connue est Théoktistè, la mère de Théodora, épouse de l'empereur Théophile (829-842). La nouveauté du titre est à son tour un indice que l'église où il est conféré est de fondation relativement récente, indice conforté par la scolie sur le transfert de la cérémonie des noces impériales.

5. L'église du Phare est assez grande pour que l'empereur y soit accompagné par tous les patrices, et parfois d'autres dignitaires, pendant les cérémonies de la Semaine Sainte et de la promotion de la patricienne à ceinture.

La rédaction du *De cerimoniis* après 950 n'est que le niveau le plus récent des couches successives dont le recueil est constitué. Si le rôle de l'église du Phare comme station pour les fêtes de la Néa est manifestement postérieur à la dédicace de celle-ci en 880, il n'en est pas ainsi des autres fonctions décrites dans le texte ; en revanche, il est bien probable que ces fonctions, sinon les notices mêmes, remontent à la reconstruction de 864 et plus haut encore. En effet, les mentions de l'église avant Michel III attestent clairement l'importance de la structure primitive. Théophane rapporte, sous l'an 769, que le patriarche y bénit les fiançailles du fils de Constantin V avec Irène l'Athénienne ; les noces furent solennisées ensuite dans l'église de Saint-Étienne de la Daphnè[26]. Selon l'histoire dite de Génèsios, l'église du Phare joua un rôle dans l'avènement et le renversement de Léon V l'Arménien : lorsqu'il prit le pouvoir, en 814, son prédécesseur s'y réfugia avec sa famille[27] ; en 820, Léon y chantait l'office du matin de Noël quand il fut assassiné par les complices de Michel le Bègue, qui s'étaient faufilés parmi les membres du clergé palatin[28]. Selon le continuateur de Théophane, Léon V aurait été confirmé dans l'iconoclasme par la parole d'Isaïe (40.18-20) qu'il avait entendue pendant un office à l'église du Phare, et dont la signification anti-iconique lui avait été soulignée par le chef du clergé palatin[29].

L'église primitive du Phare avait donc été associée avec les empereurs iconoclastes, et elle est mentionnée pour la première fois sous Constantin V. La choisit-il pour les fiançailles de son fils parce qu'il en était le fondateur ? La manière et les circonstances de la reconstruction par Michel III pourraient le faire supposer, étant donné que Constantin V "Copronyme" était l'archi-iconoclaste, que la tradition

25. *Ibidem.*

26. THÉOPHANE, éd. C. DE BOOR, Leipzig 1883, I, p. 444 ; trad. C. MANGO et R. SCOTT, *The Chronicle of Theophanes Confessor*, Oxford 1997, p. 613.

27. GÉNÈSIOS, éd. A. LESMUELLER-WERNER et I. THURN [CFHB 14], Berlin et New York 1978, p. 6.

28. *Ibidem,* p. 14, 18-19.

29. *Theophanes Continuatus* [Bonn], p. 32-33 ; il s'agit de la leçon prescrite pour le mardi de la cinquième semaine du Carême, à la Tierce et Sexte (τριτοέκτην) : *Prophetologium*, éd. C. HØEG, G. ZUNTZ et G. ENGBERG, t. I, fasc. 4, Hauniae 1960, p. 286.

orthodoxe exécrait comme dogmaticien de l'iconoclasme, qui avait convoqué le "faux" synode de 754 et fait effacer les icônes des églises de Constantinople. Souligner la culpabilité de Constantin V aidait, en plus, à disculper l'iconoclasme de Théophile, le père de Michel III. Or il est à remarquer que, quand on entreprit d'effacer le souvenir visuel de l'iconoclasme, au Chrysotriklinos et à Sainte-Sophie, constructions vénérables des empereurs orthodoxes du VIᵉ siècle, on se contenta de remplacer la décoration mosaïque ; en revanche, l'église du Phare fut rebâtie tout entière, et l'homélie prononcée à cette occasion par le patriarche ne fait pas la moindre allusion à une structure antérieure. Que la nouvelle église du Phare visait explicitement la *damnatio memoriae* de Constantin V ressort d'ailleurs d'un fait rapporté par les chroniqueurs : parmi les matériaux de récupération que Michel III utilisa dans la construction se trouvaient les marbres verts du sarcophage de Constantin, dont il fit brûler les ossements sur la place de l'Amastrianon[30].

Mais cet empereur archi-iconoclaste aurait-il fondé une église dédiée à la Mère de Dieu et réservée à la vénération des reliques dominicales ? Il faut se garder de considérer Constantin V comme un protestant, ou un jacobin, avant la lettre et de croire aux sources diffamatoires qui dénoncent chez lui l'absence de dévotion mariale et l'accusent d'avoir profané des reliques[31]. Le synode iconoclaste de 754 se termine dans l'église des Blachernes, le sanctuaire marial de Constantinople par excellence, et la *Définition* du synode condamne les icônes de la Vierge parce qu'elles la déshonorent[32]. En ce qui concerne les reliques dominicales, il n'y a aucune raison de croire que Constantin V n'aurait pas souhaité leur présence au Palais. "Les iconoclastes ont au contraire pour la Croix une dévotion spéciale, et la relique de la Vraie Croix en a bénéficié"[33]. Aux témoignages cités par Bernard Flusin, on peut ajouter celui de saint Jean Damascène qui, dans ses écrits contre les iconoclastes, défend à trois reprises la vénération des icônes par l'analogie de la dévotion accordée aux instruments de la Passion dominicale. J'en cite deux passages :
– "Tous sont faits de matière : la Croix, l'Éponge et le Roseau de la Crucifixion, et la Lance qui a percé le flanc vivifiant. Ou tu abolis la vénération qu'on leur rend à tous, ce qui est impossible, ou tu ne refuses pas l'honneur accordé aux icônes."[34]
– "Si je vénère comme salvateurs la Croix, la Lance, le Roseau et l'Éponge, avec lesquels les Juifs, meurtriers de Dieu, ont insulté et tué mon Seigneur, n'accorderai-je

---

30. Pseudo-Syméon [Bonn], p. 681 ; Continuateur de Georges le Moine [Bonn], p. 834-835.

31. Théophane, éd. De Boor, p. 439 ; trad. Mango et Scott, p. 607 ; *La Vie d'Étienne le Jeune par Étienne le Diacre*, éd. trad. M.-Fr. Auzépy, Birmingham 1997, par. 29 ; Nicéphore, *Antirrhétiques*, PG 100, col. 341-344. Voir J. Wortley, Iconoclasm and Leipsanoclasm: Leo III, Constantine V and the Relics, *Byz. Forsch.* 8, 1982, p. 253-279, et, en dernier lieu, M.-Fr. Auzépy, Les Isauriens et l'espace sacré : l'église et les reliques, dans *Le sacré et son inscription dans l'espace à Byzance et en Occident* [Byzantina Sorbonensia 18], M. Kaplan éd., Paris 2001, p. 13-24.

32. Théophane, éd. De Boor, p. 428, trad. Mango et Scott, p. 591 ; *Vie d'Étienne le Jeune, loc cit.* ; Mansi, XIII, col. 277 C-D, trad. D. J. Sahas, *Icon and Logos. Sources in Eighth-Century Iconoclasm*, Toronto 1986, p. 105.

33. Flusin, Les reliques de la Sainte-Chapelle, p. 25.

34. Éd. P. B. Kotter, *Die Schriften des Johannes von Damaskos*, III : *Contra imaginum calumniatores orationes tres*, Berlin-New York 1975, p. 148.

pas la vénération aux icônes que les fidèles ont produites avec la bonne intention de glorifier et de commémorer les souffrances du Christ ?"[35]

Ces passages montrent assez clairement, à mon avis, que l'adversaire visé par Jean Damascène, soit Léon III, soit Constantin V, admettait et pratiquait la vénération des reliques dominicales. Il faut aussi prendre en considération le fait que Constantin V chercha vivement une alliance avec Pépin, le roi des Francs, chez lesquels le culte des reliques était très développé. La mort de Pépin, en 768, empêcha que ce fût sa fille Gisèle, au lieu d'Irène l'Athénienne, qui nouât ses fiançailles l'an suivant avec l'héritier du trône byzantin dans l'église du Phare[36].

Il est donc probable que Constantine V fonda la première église du Phare. Mais ce n'est pas certain. L'église se trouve dans une partie du Palais qui se développe au VIe et au VIIe siècle[37]. Quant à sa fonction liturgique, la fin du VIIe siècle fournit un contexte favorable à l'intégration de la vénération de la Passion du Christ dans le rituel de la cour. Le Bois de la Vraie Croix, la Sainte Lance et l'Éponge se trouvent déjà à Constantinople. En 691-692, Justinien II frappe une monnaie d'or avec l'image du Christ à l'avers, et c'est vers la même année qu'apparaît le motif eschatologique du dernier empereur qui vaincra les Arabes et s'installera à Jérusalem[38]. Le culte de la Passion du Christ répond bien à l'idée d'une réintégration de la Terre Sainte dans le royaume terrestre du Roi des rois, dont la Deuxième Parousie s'annonce. Ce culte est aussi d'une importance capitale pour l'affirmation de la doctrine christologique qui devient officielle avec le VIe concile oecuménique, qui résout définitivement la question des deux natures du Christ, en rejetant la dernière tentative, celle du monothélisme, de compromettre l'intégrité de la nature humaine. La théologie néochalcédonienne qui inspire les pères du VIe concile oecuménique (680-681) insiste sur la mortalité du Crucifié et, comme Anna Kartsonis l'a montré, c'est justement vers la fin du VIIe siècle que se développe l'iconographie de la Crucifixion comme preuve visible de l'humanité du Christ[39].

C'est donc peut-être au lendemain du VIe concile qu'il faut chercher les origines tant de l'église du Phare que du cérémonial qui y manifeste l'association de l'empereur avec les événements et les instruments de la Passion du Christ, gages de l'humanité qui lui vient du côté de sa Mère[40]. La vénération de la Passion dans une église dédiée à

---

35. *Ibidem*, p.118.

36. *Codex Carolinus*, éd. W. GUNDLACH, *MGH Epp.*, III, nº 45, p. 562 ; voir M. MCCORMICK, Textes, images et iconoclasme dans le cadre des relations entre Byzance et l'Occident carolingien, *Testo e immagine nell'alto medioevo. Settimane di Studio del Centro Italiano di studi sull' alto medioevo* 41, 1994, p. 130

37. Voir les ouvrages cités plus haut, n. 5 et 6, particulièrement MANGO, The Palace of the Boukoleon.

38. Voir J. D. BRECKENRIDGE, *The Numismatic Iconography of Justinian II*, New York, 1959 ; G. J. REININK, *Die syrische Apokalypse des Pseudo-Methodious* [CSCO 540-41, ScriptSyr 220-221], Louvain 1993, p. XII-XXIII et *passim*.

39. A. KARTSONIS, *Anastasis. The Making of an Image*, Princeton 1986.

40. Une préoccupation pour les instruments de la Passion se manifeste aussi dans le commentaire liturgique attribué au patriarche Germain Ier, texte dont les origines restent obscures, mais qui remonte probablement au VIIIe siècle. La question est loin d'être résolue par les études les plus récentes, qu'on consultera, toutefois, pour la bibliographie antérieure : R. BORNERT, *Les commentaires byzantins sur la divine liturgie du VIIe au XVe siècle* [Archives de l'Orient Chrétien 9], Paris 1966, p. 130-145 ; ST GERMANUS OF CONSTANTINOPLE, *On the Divine Liturgy*, trad. avec introduction par P. MEYENDORFF, Crestwood, NY, 1984.

la Vierge Marie n'a rien d'étrange dans le contexte du retour à l'orthodoxie chalcédonienne. L'église du Phare concrétise le paradoxe fondamental de cette orthodoxie qui veut que la Vierge renferme la divinité du Verbe incarné, paradoxe exprimé dans l'hymnographie et l'homilétique par de nombreuses images, dont, en l'occurrence, une au moins mérite d'être signalée. La Vierge est l'Arche de la nouvelle alliance[41], et la métaphore de l'Arche s'appliquera souvent, par la suite, aux châsses des reliques, que ce soient des édifices ou des coffrets[42].

La question des origines doit en rester aux hypothèses. Mais, de façon générale, on peut supposer que le rôle liturgique de l'église du Phare, sinon l'église elle-même, naquit de la crise des VIIe-VIIIe siècles, qui coupa la Terre Sainte du corps de l'Empire et qui poussa les empereurs à resserrer leurs liens avec la monarchie du Roi des rois en s'appropriant les gages visibles de son humanité. L'église vit son rôle s'accroître au Xe siècle, au moment où l'Empire passa à l'offensive en Orient. La vénération des reliques dominicales bénéficia à trois égards de l'expansion byzantine du Xe siècle :
1. On rapportait les victoires impériales à la présence des *symbola* de la Passion : outre la vieille formule constantinienne de la Croix victorieuse[43], nous avons les témoignages très précis de la staurothèque de Limbourg et de la lettre que Constantin VII adressa aux généraux et à l'armée de l'Orient[44].
2. La Terre Sainte, théâtre de la Passion et patrie du Christ, redevenait de plus en plus actuelle pour les Byzantins au fur et à mesure que les armées byzantines pénétraient dans la Syrie ; il n'est pas exclu que Nicéphore II Phokas et Jean Ier Tzimiskès aient envisagé la reconquête de la Palestine. La lettre de Tzimiskès annonçant ses victoires à Ashot III, roi d'Arménie, mélange les thèmes de guerre sainte poussée jusqu'en Palestine, de l'acquisition des reliques, et du pèlerinage aux Lieux Saints[45].
3. La pénétration des armées impériales en Orient favorisait l'acquisition des reliques conservées par les communautés chrétiennes sous domination musulmane, de sorte que la translation des reliques à Constantinople suivait ou, le plus souvent, se substituait à la réintégration des villes. Les reliques devenaient ainsi les symboles, voire la réalité, de la restauration de l'Empire[46].

41. Strophe 23 de l'*Hymne Acathiste* : voir en dernier lieu L. M. PELTOMAA, *The Image of the Virgin Mary in the Akathistos Hymn*, Leyde 2001, p. 18-19, 201-203.

42. B. FLUSIN, Construire une Nouvelle Jérusalem : Constantinople et les reliques, dans *L'Orient dans l'histoire religieuse de l'Europe. L'invention des origines*, A. AMIR MOEZZI et J. SCHEID éd., Turnhout 2000, p. 62-66.

43. Voir A. SCHMINCK, In hoc signo vinces – Aspects du 'césaropapisme' à l'époque de Constantin VII Porphyrogénète, dans Κωνσταντῖνος Ζ΄ καὶ ἡ ἐποχή του, A. MARKOPOULOS éd., Athènes 1987, p. 103-116 ; A. MARKOPOULOS, Constantine the Great in Macedonian historiography: models and approaches, dans *New Constantines*, P. MAGDALINO éd., Aldershot 1994, p.165-166.

44. N. ŠEVČENKO, The Limburg Staurothek and its Relics, dans Θυμίαμα στη μνήμη της Λασκαρίνας Μπούρα, I, Athènes 1994, p. 289-294 ; R. VARI, Zum historischen Exzerptenwerke des Konstantinos Porphyrogennetos, *BZ* 17, 1908, p. 83 ; FLUSIN, Construire une Nouvelle Jérusalem, p. 60-61 ; *ID.*, Les reliques de la Sainte-Chapelle, p. 27.

45. MATTHIEU D'ÉDESSE, éd. trad. E. DULAURIER, *Recueil des historiens des croisades, Documents arméniens*, I, Paris 1869, p. 13-20 ; FLUSIN, Construire une Nouvelle Jérusalem, p. 61-62 ; *ID.*, Les reliques de la Sainte-Chapelle, p. 27.

46. FLUSIN, Construire une Nouvelle Jérusalem, p. 54-56, 61.

Le grand tournant dans cette histoire, c'est la translation du Mandylion d'Édesse en 944[47] : à partir de cet événement, organisé avec beaucoup d'éclat, la grande majorité des reliques qui arrivent à Constantinople se rattachent à la personne du Christ et sont déposées dans l'église du Phare, qui devient ainsi une salle d'exposition des reliques dominicales. Les dépôts se poursuivent malgré les usurpations et la forte concurrence des nouvelles fondations somptueuses que les souverains dotent richement de terres fiscales, et où ils se font ensevelir[48]. À première vue, c'est Romain Ier Lécapène qui donne le bon exemple en déposant le Mandylion dans une église palatine au lieu de son couvent du Myrélaion, qui a pourtant le statut d'une "maison impériale". Cependant, il est loin d'être certain que Romain avait à l'origine préféré l'église du Phare[49]. La date de la translation du Mandylion, le 16 août, est aussi celle de la dédicace de l'église du Christ de la Chalkè, au-dessus de la porte principale du Grand Palais, dont Romain Lécapène était le premier fondateur[50]. Il est donc probable que le Mandylion fut déposé, le 16 août 944 à la Chalkè et ne fut transféré au Phare que quelques mois plus tard, après le renversement des Lécapènes par Constantin VII Porphyrogénète, qui chercha manifestement à tourner l'histoire de la translation à son propre profit, en commandant le récit officiel qui nous est parvenu et qui mentionne la déposition au Phare[51]. Si la Sainte Tuile, que le prochain usurpateur, Nicéphore II Phokas, rapporta de Hiérapolis en Syrie (966), fut destinée à l'église du Phare[52], la concurrence entre cette dernière et l'église de la Chalkè se renouvela après que Jean Ier Tzimiskès eut arraché le pouvoir à Nicéphore Phokas en 969. Tzimiskès, qui descendait des Kourkouas, partisans des Lécapènes, rebâtit fastueusement la petite fondation de Romain I[er][53]. La notice des *Patria* qui donne ce renseignement ajoute que Tzimiskès déposa à la Chalkè les objets sacrés qu'il avait rapportés de sa campagne en Syrie : une icône miraculeuse de la Crucifixion et les Sandales du Christ[54]. Selon Léon le Diacre, ce fut l'église du Phare qui reçut les Sandales, et cette version a été préférée parce qu'elle s'accorde avec le témoignage des auteurs qui signalent la présence des Sandales dans la collection du Phare au XIIe siècle[55]. Mais la contradiction entre les *Patria* et Léon le Diacre, sources presque contemporaines, s'explique facilement si l'on suppose que Tzimiskès voulut consacrer tout son butin

47. Les témoignages sont rassemblés par E. VON DOBSCHÜTZ, *Christusbilder* [Texte und Untersuchungen 18], Leipzig 1899 ; voir aussi A.-M. DUBARLE, L'homélie de Grégoire le Référendaire pour la réception de l'image d'Édesse, *REB* 55, 1997, p. 5-51.

48. P. MAGDALINO, *Constantinople médiévale. Études sur l'évolution des structures urbaines*, Paris 1996, p. 63-68.

49. Voir dans ce volume l'article de S. ENGBERG, Romanos Lakapenos and the Mandilion of Edessa.

50. *Patria*, éd. TH. PREGER, *Scriptores rerum Constantinopolitanarum*, t. II, Leipzig 1907, p. 282 ; cf. C. MANGO, *The Brazen House*, Copenhague 1959, p. 149.

51. Édition critique par VON DOBSCHÜTZ, *Christusbilder*, p. 39**-85** ; cf. FLUSIN, Construire une Nouvelle Jérusalem, p. 57-58 ; ID., Les reliques de la Sainte-Chapelle, p. 27.

52. FLUSIN, Didascalie de Constantin Stilbès, p. 60-62 ; ID., Construire une Nouvelle Jérusalem, p. 56 ; ID., Les reliques de la Sainte-Chapelle, p. 27.

53. MANGO, *Brazen House*, p. 149-152 ; J.-C. CHEYNET, *Pouvoir et contestations à Byzance (963-1210)*, Paris 1990, p. 270-273, 321-329.

54. PREGER, *Scriptores*, II, p. 282.

55. LÉON LE DIACRE [Bonn], p. 266 ; cf. MANGO, *Brazen House*, p. 150.

sacré à sa propre fondation, mais que, après sa mort, l'administration de Basile II, consciente du précédent du Mandylion, se soucia de soustraire l'objet qui était censé appartenir au dépôt des reliques dominicales consacré par la tradition macédonienne. Désormais, de toute façon, le monopole de l'église du Phare n'est plus guère contesté. C'est là que Romain III Argyre et Manuel Ier Comnène déposent, en 1032 et en 1169-1170 respectivement, la Lettre du Christ à Abgar et la Pierre sur laquelle le Christ avait été étendu lors de la Descente de la Croix[56]. Ce n'est qu'après la mort de Manuel que la Pierre est installée, par symbolisme, auprès de son tombeau dans le monastère du Pantokrator[57]. Manuel lui-même avait voulu renouer avec la tradition qui identifiait la vénération de la Passion à l'espace proprement impérial, qui tenait les grandes reliques dominicales à l'écart de la piété individuelle et dynastique.

Mais cette tradition est déjà ancienne à l'époque de Manuel, et la translation qu'il a organisée en 1169-1170 est un cas isolé ; l'intervalle de cent trente-sept ans qui la sépare de la précédente, celle de la lettre du Christ à Abgar, est très significatif. La collection des reliques de l'église du Phare s'était constituée, de 944 à 1032, en conséquence directe de l'expansion militaire qui avait été complètement renversée pendant la seconde moitié du XIe siècle. L'effort des Comnènes pour la reprendre était entravé par les énormes pertes de territoires en Orient et compliqué par le fait que la Terre Sainte et le littoral syrien se trouvaient alors sous la domination latine des états croisés. Les reliques conservées dans l'église du Phare évoquaient pour les Byzantins du XIIe siècle un essor impérial qui appartenait au passé, la nostalgie d'une Jérusalem qui appartenait aux chrétiens occidentaux, un idéal de guerre sainte que s'était approprié la croisade, et l'humanité d'un Christ qui faisait l'objet de la christologie scolastique. La translation de la pierre de la Descente de la Croix s'insère donc dans la tentative de Manuel de regagner pour Byzance l'initiative dans le mouvement des croisades, et de se faire reconnaître comme suzerain par les seigneurs de l'Outremer[58]. La date est significative : en 1169, une expédition byzantine se joint aux forces du roi Amaury pour tenter la conquête de l'Égypte, selon les termes de l'alliance conclue l'année précédente. La relique se trouve déjà en terre impériale, à Éphèse ; il est donc certain que l'idée de l'ajouter à la collection du Phare, dans la vingt-septième année du règne, est tout autre que spontanée. La translation annonce un retour à la grande époque de la collection. Elle est comparable à la staurothèque que Manuel fit fabriquer cinq ans plus tard pour la grande expédition qu'il organisa contre les Turcs et qu'il présenta aux Occidentaux sous la forme d'une croisade[59].

56. Lettre d'Abgar : YAHYA D'ANTIOCHE, *Histoire*, éd. A. VASILIEV, tr. Fr. MICHEAU et G. TROUPEAU, PO 47, 1997, p. 515-517. Sur la pierre de la Descente de la Croix, voir KINNAMOS [Bonn], p. 277-278 ; Nicétas CHONIATÈS, Historia, éd. J.-L. VAN DIETEN [CFHB 11-12], Berlin et New York 1975, p. 222 ; GEORGES SKYLITZÈS, Office de la translation, éd. A. PAPADOPOULOS-KERAMEUS, Ἀνάλεκτα Ἱεροσολυμιτικῆς σταχυολογίας, Saint-Pétersbourg 1891-1898, t. V, p. 180-189 ; c'est le titre de ce dernier texte qui donne la date de la translation (vingt-septième année du règne de Manuel).

57. CHONIATÈS, *loc. cit.*

58. Voir P. MAGDALINO, *The Empire of Manuel I Komnenos, 1143-1180*, Cambridge 1993, p. 27-108

59. *Ibidem*, p. 96-97 ; voir SP. LAMPROS, Ὁ Μαρκιανὸς κῶδιξ 524, Νέος Ἑλληνομνήμων 8, 1911, n° 92, p. 51.

L'église du Phare devient ainsi l'endroit où Byzance, à l'époque des Croisades, réclame, par l'étalage des reliques dominicales, son titre au patrimoine terrestre du Christ, tout en soulignant que Constantinople est la Nouvelle Jérusalem. On ne manque pas de la faire montrer aux visiteurs, et les visiteurs ne manquent pas de la signaler. Quand Louis VII vient à Constantinople en 1147, à l'occasion de la IIe Croisade, Manuel le conduit aux *loca sancta* de la Ville, et Eudes de Deuil, qui raconte le séjour des Français, ne mentionne spécifiquement que quatre édifices : la muraille, Sainte-Sophie, le Palais des Blachernes, et le Grand Palais, dans lequel, précise-t-il, "est la chapelle, qui est honorée par les saintes reliques"[60]. Quand Amaury de Jérusalem vient à Constantinople en 1171 pour renouer son alliance avec Manuel, l'empereur l'accueille au Grand Palais et lui fait montrer, selon le récit de Guillaume de Tyr, dans les recoins inaccessibles à la majorité des hommes, les trésors impériaux, les reliques des saints, et les instruments précieux de l'économie de notre Seigneur Jésus-Christ, à savoir la Croix, les Clous, la Lance, l'Éponge, le Roseau, la Couronne d'épines, le Linceul[61]. L'énumération se répète, avec des variantes, dans plusieurs textes latins du XIIe siècle, qui donnent l'impression que de toutes les merveilles de Constantinople, c'est la collection de l'église du Phare qui a la plus grande valeur aux yeux des Occidentaux[62]. La conception de la sainte chapelle est donc déjà vive parmi les Latins bien avant la IVe Croisade, et c'est la publicité byzantine qui l'a éveillée.

Nous trouvons un écho de cette publicité dans la prétendue lettre d'Alexis Ier Comnène à Robert le Frison, comte de Flandre[63]. On a à juste titre mis en question l'authenticité de ce document, dans lequel l'empereur se déclare tellement impuissant à combattre les Turcs et les Petchenègues qu'il est prêt à se soumettre aux Latins, "car il est mieux que vous, plutôt que les païens, possédiez Constantinople, à cause des précieuses reliques qui s'y trouvent" : suit une liste de onze reliques dominicales et une évocation générale des autres trésors sacrés qu'il faut empêcher, à tout prix, de tomber entre les mains des barbares. Pourtant, il est certain qu'Alexis lança, avant la première Croisade, des appels au secours à plusieurs hauts personnages de l'Occident latin[64] ; il est plus que probable que ces appels aient insisté sur la sainteté de Constantinople comme Nouvelle Jérusalem, et il n'est pas exclu qu'ils aient lié l'idée de sa protection avec celle de récupérer la Terre Sainte. De toute façon, le lien entre la possession des reliques de la Passion et la revendication du Saint-Sépulcre fut établi par les croisés quand ils "découvrirent" la Sainte Lance à Antioche[65], "invention" qui explique l'absence de la Lance des reliques énumérées dans la prétendue lettre d'Alexis à Robert le Frison. Le fait qu'Alexis se rendait parfaitement compte de l'importance des reliques dominicales, avant tout la Sainte Lance, aux yeux des

---

60. EUDES DE DEUIL, *La croisade de Louis VII roi de France*, éd. H. WAQUET, Paris 1949, p. 44 : *palatium Constantini, in quo capella est, que sacrosanctis reliquiis honoratur.*

61. *Willelmi Tyrensis chronicon*, éd. R. B. C. HUYGENS, Turnhout 1986, p. 944-945.

62. Voir *Le trésor de la Sainte-Chapelle*, p. 28, 32-35.

63. Éd. P. RIANT, *Exuviae sacrae Constantinopolitanae*, II, Genève 1878, p. 203-210 ; voir *Le trésor de la Sainte-Chapelle*, p. 34.

64. Voir en dernier lieu J. SHEPARD, Cross-purposes: Alexius Comnenus and the First Crusade, dans *The First Crusade: Origins and Impact*, J. PHILLIPS éd., Manchester 1997, p. 107-129.

65. Voir S. RUNCIMAN, The Holy Lance found at Antioch, *An. Boll.* 68, 1950, p. 197-209.

croisés, ressort du récit d'Anne Comnène sur le Traité de Dévol qui avait mis fin à l'invasion de Byzance menée, à titre de croisade, par Bohémond en 1107-1108. Bohémond fut contraint de jurer fidélité à Alexis et à son fils Jean, "par la passion du Christ, notre impassible Sauveur, par sa Croix invincible qu'il a portée pour le salut de tous les hommes, et par les sacro-saints Évangiles ici présents, qui ont conquis tous l'univers ; la main sur ceux-ci, en leur associant dans mon esprit la très vénérée Croix du Christ, la Couronne d'épines, les Clous et cette Lance qui a transpercé le côté du Seigneur, source de vie..."[66]. Anne Comnène précise, plus loin, qu'Alexis avait apporté la Sainte Lance avec lui[67].

La façon dont l'église du Phare participait à cette publicité des reliques se lit dans l'œuvre du seul auteur byzantin qui parle de l'église et de sa collection au XIIᵉ siècle. C'est Nicolas Mésaritès, membre du clergé patriarcal et *skeuophylax* des églises palatines en 1200, quand éclate la révolte de l'usurpateur Jean Comnène, qui occupe le Grand Palais avec ses partisans pendant une journée[68]. Mésaritès nous a laissé le récit de son rôle dans les événements. À la nouvelle de l'émeute, Mésaritès accourt pour veiller à la sécurité de l'église du Phare ; il se souvenait peut-être du tumulte qui avait accompagné le renversement d'Andronic Iᵉʳ en 1185 et avait fait disparaître la lettre du Christ à Abgar[69]. Arrivé sur place, il trouve une foule d'artisans qui regardent avec convoitise par les portes grillées. Il leur adresse un discours qui les convertit en défenseurs de l'église contre la nouvelle vague de pillards étrangers qui arrive bientôt. L'argument du discours met en oeuvre deux analogies : 1. l'église est une Arche, et les dix reliques principales qu'elle renferme sont un décalogue ; 2. l'église est une autre Terre Sainte, où tous les événements de la vie et la mort de Jésus sont actuels. Le passage a l'air d'une pièce montée, et nous avons, d'ailleurs, un indice assez clair qu'il s'agit d'une rhétorique de prêcheur. Dans le discours funèbre qu'il composa après la conquête latine sur la mort de son frère Jean, Nicolas Mésaritès raconte un épisode de la jeunesse du défunt. Jean veut faire un pèlerinage en Terre Sainte et s'embarque en secret pour la Palestine mais, le navire faisant escale à Héraclée, le jeune homme est arrêté et ramené à Constantinople. L'empereur puis son père lui reprochent l'intention de vivre parmi des barbares dans une terre étrangère. Et son père d'ajouter : pourquoi aller en Terre Sainte, quand on peut la trouver aussi bien chez soi ?

Le Christ s'est fait connaître en Judée, mais il n'est pas absent de chez nous. Le Tombeau dominical est là-bas, mais nous avons les Linges et le Suaire. Le lieu du Crâne est là-bas, mais la Croix est ici avec le Repose-pieds, ici sont offerts à la vénération la Couronne tressée d'épines, l'Éponge, la Lance et le Roseau ... L'incirconscrit ... est imprimé sur la Toile et gravé sur la Tuile fragile ... Ce lieu, ô mon enfant, est Jérusalem, Tibériade, Nazareth, le mont Thabor, Béthanie et Bethléem[70].

---

66. *Alexiade* XIII. 12. 27, éd. D. R. Reinsch, *Annae Comnenae Alexias* [CFHB 40], Berlin et New York 2001, I, p. 422 ; éd. trad. B. Leib, Paris 1937-1945, III, p. 137.

67. *Alexiade*, XIV. 1. 1, éd. Reinsch, p. 422 ; éd. trad. Leib, III, p. 141.

68. *Nikolaos Mesarites. Die Palastrevolution des Johannes Komnenos*, éd. A. Heisenberg, Würzburg 1907, p. 19-49 ; cf. *Le trésor de la Sainte-Chapelle*, p. 29-30, 36.

69. Choniatès, éd. van Dieten, p. 347.

70. Éd. A. Heisenberg, *Neue Quellen zur Geschichte des lateinischen Kaisertums und der Kirchen-*

Le remploi est évident : remploi d'une formule qui exprime non seulement la pensée personnelle de Mésaritès, mais aussi l'image officielle de l'église du Phare qu'on voulait répandre dans le monde chrétien.

Il ne faut pas conclure, certes, que l'église du Phare pourvoyait uniquement aux dévotions des étrangers ou aux besoins de la propagande. L'art byzantin des XIe-XIIe siècles témoigne abondamment de l'importance de la vénération de la Passion dans le culte orthodoxe[71]. Pour ce qui est des textes, il suffit de citer la confession de foi de Michel Psellos, qu'il insère dans le texte de la *Chronographie* pour expliquer son désaveu de l'astrologie. Ce n'est pas le raisonnement scientifique qui l'a retenu, déclare-t-il, mais le conformisme religieux qui avait plongé les anciens philosophes dans l'erreur l'a élevé, lui, à la certitude de la foi chrétienne. L'important pour lui, c'est "la Mère du Verbe et le Fils incréé, et la Passion qu'il a soufferte, et l'épine qui couronna sa tête, et le roseau, et l'hysope, et la croix sur laquelle il a étendu ses membres"[72]. Quoi qu'on pense de la sincérité de l'auteur, il est remarquable que Psellos évoque l'orthodoxie chrétienne en termes de la configuration unique de symboles sacrés qui caractérise l'église du Phare : la Mère de Dieu et les reliques de la Passion.

Toujours est-il que Mésaritès, en énumérant ces reliques, insiste sur l'aspect de l'église du Phare qui intéressait les Latins. Il ne mentionne pas les reliques des autres saints, qui étaient nombreuses. Il passe aussi sous silence un aspect important de l'église, qu'un observateur latin, Léon Toscan, interprète à la cour de Manuel Comnène, avait sévèrement critiqué. Il s'agit du culte de l'icône de la Théotokos qui se trouvait derrière l'autel et que Mésaritès ne mentionne pas, bien qu'il utilise pour la Vierge le vocable d'Oikokyra, "Maîtresse de la maison", que l'église tirait de l'icône. Selon Léon Toscan, les Grecs "contraignent la sainte image de la Mère de Dieu à faciliter l'enfantement de leurs fils, et s'efforcent d'engager la Mère de Dieu, par son intermédiaire, à devenir leur marraine. Ils font cela en attachant un drap à l'icône pour que celle-ci reçoive, à l'instar d'une marraine, l'enfant baptisé des mains du prêtre"[73].

Cela nous amène à considérer deux problèmes qui restent à résoudre et qui regardent, d'une part, l'apparence de l'église à la veille de la IVe croisade et, d'autre part, son accessibilité au public et aux pèlerins. Mésaritès décrit le riche aménagement du sanctuaire qui avait enflammé la cupidité des séditieux en 1200 : les belles portes argentées ; le ciborium en forme de pyramide, soutenu par quatre colonnes argentées et dorées ; des croix revêtues d'or et enchâssées de pierres précieuses et de perles ; des colombes en or pâle suspendues sur l'autel, leurs ailes enchâssées d'émeraudes et de perles, tenant des croix de perles dans leurs becs. Ces éléments sont conformes, en général, à la description moins précise donnée par Photius au IXe siècle. Deux éléments architecturaux mentionnés par Mésaritès ne figurent pas dans l'exposé de Photius. Le *diakonikon*, l'abside au sud du sanctuaire, qui suppose l'existence de son

---

union, I : *Der Epitaphios des Nikolaos Mesarites auf seinen Bruder Johannes* [Sitzungsberichte der Bayerischen Akademie der Wissenschaften, philosophisch-philologische und historische Klasse], Munich 1922, p. 27.

71. T. F. MATHEWS, *The Art of Byzantium*, Londres 1998, p. 118-127.

72. MICHEL PSELLOS, *Chronographie*, éd. et trad. E. RENAULD, Paris 1926-1928, II, p. 78.

73. PG 140, col. 548C ; voir BACCI, La Vergine *Oikokyra*.

pendant habituel, la *prothésis*, sur le côté nord, doit remonter à la reconstruction du
IXe siècle[74]. C'est peut-être moins sûr pour le λουτρών, qui était accolé au flanc sud
de l'église[75]. Le passage de Léon Toscan qui vient d'être cité fait penser à un baptistère, à moins qu'il ne s'agisse d'un bain desservant le petit appartement impérial qui
s'y trouvait, selon Anne Comnène, au début du XIIe siècle[76].

Mais la grande différence entre les descriptions de Photius et de Mésaritès se
remarque dans l'allusion aux représentations sacrées. Photius ne mentionne aucune
relique, tandis que Mésaritès, qui ne mentionne aucune des mosaïques décrites par
Photius, évoque, dans le contexte des reliques, une mise en scène de la vie de Jésus[77].
On a proposé d'y voir des allusions à un cycle de mosaïques, mais on n'a pas résolu
le problème de sa localisation dans la structure de l'église. Il est exclu qu'un tel cycle
narratif se soit substitué complètement au programme décrit par Photius, dont presque
tous les éléments étaient indispensables à la décoration de toute église byzantine. Il
est également difficile d'imaginer une représentation des fêtes dominicales dépeinte
au dessous de la hiérarchie des saints ; tout au plus aurait-elle remplacé les figures
de la zone inférieure. De toute évidence, Mésaritès n'évoque pas l'ensemble total du
décor iconographique de l'église du Phare, mais seulement la partie qui a rapport aux
reliques dominicales, dont quelques-unes, laisse-t-il entendre, sont en relation étroite
avec les tableaux correspondants : c'est le cas du Bassin, du Repose-pieds de la Croix,
de la Pierre du Sépulcre, et des Linges.

La solution serait-elle de situer le cycle des scènes de l'Évangile sur la voûte
d'une nef latérale ? Le récit de la translation du Mandylion précise que celui-ci fut
déposé dans la partie droite de l'église regardant vers l'est (ἐν τῷ δεξιῷ πρὸς
ἀνατολὰς ... μέρει)[78], ce qui indique probablement la nef méridionale. Mais Robert
de Clari, qui est le contemporain de Mésaritès, insiste sur le fait que les "vases" d'or
contenant le Mandylion et la Sainte Tuile étaient suspendus au milieu de la chapelle.
Sans exclure que certaines reliques aient été conservées à part, il vaut peut-être
mieux renoncer à rechercher un cycle intégral de représentations uniquement murales.
La formulation assez imprécise de Mésaritès pourrait s'appliquer également aux
icônes portatives. N'oublions pas, d'ailleurs, que les châsses des reliques pouvaient
avoir la forme d'une icône historiée. Il suffit de considérer le reliquaire de la Pierre
du Sépulcre aujourd'hui au musée du Louvre[79]. Cet objet provient probablement de
l'église du Phare et se laisse identifier avec une relique signalée par Mésaritès.
Lisons son texte en regardant le reliquaire : "Là, il est enseveli, et la pierre qui a roulé
loin du tombeau jusqu'à cette église en est le témoignage. Là il ressuscite, et le suaire
avec les linges mortuaires le montre avec évidence". La spécialité de l'église du
Phare est d'actualiser la vie du Christ par des reliques devenues icônes.

74. *Die Palastrevolution des Johannes Komnenos*, éd. Heisenberg, p. 35-36.
75. *Ibidem*, p. 33.
76. *Alexiade* XII. 6. 2, éd. Reinsch, p. 373-374 ; éd. trad. Leib, III, p. 71.
77. *Die Palastrevolution des Johannes Komnenos*, éd. Heisenberg, p. 31-32.
78. von Dobschütz, *Christusbilder*, p. 85**.
79. *Le trésor de la Sainte-Chapelle*, no 20, p. 73-75.

Mais qui, en fin de compte, pouvait pénétrer dans cette église au coeur du Palais impérial ? Amaury de Jérusalem et son entourage se croyaient très favorisés par Manuel quand il leur ouvrit les portes du Grand Palais pour leur montrer ses objets précieux. Le Grand Palais restait encore le siège du gouvernement et, encore en 1204, il renfermait des trésors énormes. On y maintenait toujours la garde nocturne qui avait été instituée sur la terrasse du Phare après le meurtre de Nicéphore Phokas. Mais les empereurs du XIIᵉ siècle résidaient de préférence au palais des Blachernes. Cet éloignement physique ne pouvait que desserrer le lien intime entre l'empereur et la chapelle, dont la préséance parmi les églises palatines relevait de sa proximité avec la chambre impériale. À mesure que l'église du Phare cessait d'être l'église parois-siale de l'empereur, elle s'assimilait aux autres *loca sancta* de Constantinople. Les récits des pèlerins ne font pas de distinction, autre que topographique, entre les églises du Palais et les églises publiques. Nicolas Mésaritès appartenait à la fois au clergé palatin, comme *skeuophylax*, et au clergé patriarcal, comme *épi tôn kriséôn*. Mésaritès semble faire allusion à des foules de malades et de pénitents quand il observe que le bassin dans lequel le Christ avait lavé les pieds de ses disciples pro-diguait d'innombrables guérisons : "Le Bassin s'incline <sur nous> de l'intérieur, et ce n'est pas un seul Lazare ou deux, ou même plusieurs, qu'il ressuscite d'entre les morts, mais ce sont des myriades de corps en proie à la mort avant de mourir, et d'âmes comblées de péchés, qu'il relève du tombeau en leur rendant la santé". Il s'agit vraisemblablement de distributions d'eau bénite, faites peut-être le Jeudi saint. Un moine anglais qui visita Constantinople après 1090 parvint à visiter l'église, aidé par des amis dans les services palatins[80]. Enfin, les deux textes qui ont été ajou-tés tout récemment au dossier de l'église attestent d'une certaine ouverture au public. L'Anonyme du *Tarragonensis* 55, affirme que, à l'exception du Mandylion, qui reste fermé dans son "vase", "toutes les reliques du palais sont en tout temps montrées aux fidèles"[81]. Selon le témoignage très fiable de Léon Toscan, que nous avons cité, on se souciait de baptiser son enfant dans l'église du Phare, pour nouer une parenté spirituelle avec la patronne. Le fait même de posséder une icône célèbre, avec une épithète spéciale, mettait l'église au même rang que les autres sanctuaires de la Vierge à Constantinople : Blachernes, Chalkoprateia, Hodègôn, Pègè, Kyriotissa. La maison dont l'Oikokyra était la maîtresse appartenait au patrimoine commun de Constanti-nople, patrie commune de l'œcuménè.

---

80. C.H. HASKINS, A Canterbury Monk at Constantinople, *English Historical Review* 25, 1910, p. 293-295.

81. K. CIGGAAR, Une description de Constantinople dans le *Tarragonensis* 55, *REB* 53, 1995, p. 120.

CONSTANTINE, HELENA, AND THE CULT OF
THE TRUE CROSS IN CONSTANTINOPLE

Holger A. KLEIN

When King Louis VII of France passed through Constantinople in the fall of 1147 *en route* to the Holy Land, he was, like other noble visitors before him, granted the honor of an imperial reception at the Byzantine court.[1]

> Upon entering the palace, the emperor was seated on high, and a lowly seat, which people who speak Latin call a chair, was offered to the king. After he had been seated on it, he said and heard what was proper, and then departed to the suburb outside the wall [...] to be lodged there.[2]

Louis' treatment, recorded by the twelfth-century Byzantine historian John Kinnamos, was not an uncommon Byzantine diplomatic practice. In fact, more than a century earlier, Liutprand of Cremona had described his experience at the court of Constantine VII Porphyrogennetos in very similar terms.[3] Aimed to humiliate the foreign visitor as much as to impress him with a grand display of imperial splendor and might, such treatment, was an integral part of Byzantine palace diplomacy.[4] Another one was the ostentatious display of imperial benevolence, which could manifest itself in a variety of different

---

1. A short, if somewhat exaggerated account of Duke Robert of Normandy's visit to Constantinople in the 1030s is given by WILLIAM OF JUMIÈGE, *Gesta Normannorum Ducum*, ed. J. MARX, Rouen 1914, p. 112-113. For this visit, see also E. M. C. VAN HOUTEN, Normandy and Byzantium in the Eleventh Century, *Byz.* 55, 1985, p. 545-548. Another account describing the visit of King Amalric I of Jerusalem at the Byzantine court is given by WILLIAM OF TYRE, *A History of the Deeds done beyond the Sea*, trans. E. A. BABCOCK and A. C. KREY, New York 1943, II, p. 377-383; S. RUNCIMAN, The visit of king Amalric I to Constantinople in 1171, in *Outremer. Studies in the History of the Latin Kingdom of Jerusalem*, ed. B. Z. KEDAR *et al.*, Jerusalem 1982, p. 153-158.

2. KINNAMOS [Bonn], p. 83[1-3]: ἐπειδή τε εἴσω τῶν ἀνακτόρων ἤδη ἐγένετο ἔνθα βασιλεὺς ἐπὶ τοῦ μετεώρου καθῆστο, χθαμαλή τις αὐτῷ ἐκομίζετο ἕδρα ἣν σελλίον ῥωμαΐζοντες ὀνομάζουσιν ἄνθρωποι [...]. English translation adapted from *Deeds of John and Manuel Comnenus by John Kinnamos*, trans. by C. BRAND, New York 1969, p. 69.

3. Liutprand of Cremona's description forms part of his *Antapodosis*. See LIUTPRAND OF CREMONA, *Opera Omnia*, ed. P. CHIESA [Corpus Christianorum. Continuatio Mediaevalis 156], Turnhout 1998, p. 145-150, esp. p. 147. For an English translation, see *The Works of Liudprand of Cremona*, trans. F. A. WRIGHT, New York 1930, p. 205-212, esp. p. 207-208.

4. For an evaluation of the continuities and changes in Byzantine diplomatic practices during the Middle Byzantine period, see J. SHEPARD, Byzantine Diplomacy, A.D. 800-1204: means and ends, in *Byzantine Diplomacy. Papers from the Twenty-fourth Spring Symposium of Byzantine Studies, Cambridge, March 1990*, J. SHEPARD and S. FRANKLIN ed., London 1992, p. 41-71.

Byzance et les reliques du Christ, éd. J. Durand et B. Flusin (Centre de recherche d'Histoire et Civilisation de Byzance, Monographies 17), Paris 2004.

ways: the distribution of money and precious gifts, the invitation to participate in court spectacles and banquets, or the granting of other kinds of imperial favors. In Louis' case, the emperor was willing to give his guest access to parts of the imperial palace otherwise off limits for foreign visitors: "Along with the emperor", thus records John Kinnamos "Louis went to the palace south of the city, to investigate the things there worthy of awe and to behold the holy things in the church there: I mean those things which, having been close to the body of Christ, are signs of divine protection for Christians."[5] Kinnamos' description of the things worthy of awe and veneration leaves little doubt that the king was particularly interested in the Byzantine collection of relics of Christ's Passion, relics that were known to be kept and safeguarded in the imperial palace at Constantinople for generations – some even since the time of the city's foundation under Constantine the Great.[6] What Western visitors could expect to find in the imperial palace is spelled out in the famous *Letter of Emperor Alexius to Count Robert of Flanders*[7], which contains a detailed list of the imperial palace's sacred holdings:

> The column to which Christ was bound, the lash with which he was scourged, the purple robe in which he was arrayed, the crown of thorns with which he was crowned, the reed which he held in his hands in place of a scepter, the garments of which he was stripped before the Cross, the larger part of the wood of the cross on which he was crucified, the

5. KINNAMOS [BONN], p. 83⁶⁻¹⁰: ὀλίγῳ δὲ ὕστερον καὶ ἐς τὰ πρὸς νότον τῆς πόλεως σὺν τῷ βασιλεῖ ἦλθεν ἀνάκτορα, ἱστορήσων ὅσα τε ἐνταῦθα θαύματος ἄξια καὶ τοῖς ἐπὶ τὸν τῇδε νεὼν ἐντευξόμενος ἱεροῖς· φημὶ δὴ ὅσα τῷ σωτηρίῳ Χριστοῦ πελάσαντα σώματι Χριστιανοῖς ἐστι φυλακτήρια.

6. Knowledge of the Byzantine emperors' sacred treasures was, of course, mostly a matter of hearsay, based in large part on tales and reports of a fortunate few who had gained access to Constantinople's churches and palaces in the past. Western eagerness to obtain credible information about Byzantium's sacred treasures is perhaps best expressed by Suger of St. Denis, who relates that he "used to converse with travelers from Jerusalem [...] to learn from those to whom the treasures of Constantinople and the ornaments of Hagia Sophia had been accessible whether the things here could claim some value in comparison with those there." See SUGER OF ST. DENIS, *De rebus in administratione sua gestis*, in *Abbot Suger on the Abbey Church of Saint-Denis and its Art Treasures*, trans. E. PANOFSKY, Princeton 1979², p. 65. For slightly earlier descriptions of the wonders of Constantinople, see Fulcher of Chartres's *Historia Hierosolymitana*, ed. H. HAGENMEYER, Heidelberg 1913, p. 176-177, and the *Gesta Francorum expugnantium Iherusalem*, ed. C. BONGARS [Recueil des historiens des croisades, historiens occidentaux 3], Paris 1866, p. 494.

7. While the letter itself has long been recognized as a Western fabrication, it reflects an increasing interest in Byzantine relics as well as a spreading of Constantinople's fame as one of the oldest and most venerable repositories and cult centers of the relics of Christ's Passion. For the *Epistula Alexii I. Komneni ad Robertum comitem Flandrum*, see *Epistulae et chartae ad historiam primi belli sacri spectantes quae supersunt aevo aequales ac genuinae. Die Kreuzzugsbriefe aus den Jahren 1088-1100*, ed. H. HAGENMEYER, Innsbruck 1901, p. 129-138; an English translation is available in E. JORANSON, The Problem of the Spurious Letter of Emperor Alexius to the Count of Flanders, *AHR* 55, 1949/50, p. 811-832. For an assessment of the authenticity and historical value of the letter, see most recently P. SCHREINER, Der Brief des Alexios I. Komnenos an den Grafen Robert von Flandern und das Problem gefälschter byzantinischer Auslandsschreiben in den westlichen Quellen, in *Documenti medievali greci e latini. Studi comparativi*, ed. G. DE GREGORIO and O. KRESTEN, Spoleto 1998, p. 111-140; C. GASTGEBER, Das Schreiben Alexios' I. Komnenos an Robert I. von Flandern. Sprachliche Untersuchung, *ibidem*, p. 141-185; see also A. CUTLER, From Loot to Scholarship: Changing Modes in the Italian Response to Byzantine Artifacts, ca. 1200-1750, *DOP* 49, 1995, p. 239-240.

nails with which he was affixed to it, [and] the linen cloths found in the sepulcher after his resurrection.[8]

Given its importance as the main instrument of Christ's Passion and prime symbol of the Christian hope for salvation, the most famous among the relics housed in the imperial palace was the lifegiving wood of the Cross of Christ.[9] Its presence and veneration in Constantinople was linked to the city's founder, Constantine himself, who not only elevated the cross-shaped sign of the Christian God to the status of a protective emblem of his army, but later received the material remains of Christ's Cross from his mother Helena, who allegedly discovered it on Mount Golgotha during her pilgrimage to Jerusalem.[10] It is the aim of this article to re-examine the history of the cult of the True Cross in Constantinople and to investigate its imperial associations from the reign of Constantine to the time of the Crusades, a period that witnessed an increasing Western interest in Byzantium's sacred treasures and ultimately led to the looting and dispersion of the relic of the True Cross following the sack of the capital in 1204.[11]

Since Constantinople's later fame as a cult center of the relic of the True Cross rests by and large on the testimony of the church historians of the fourth and fifth centuries, this investigation will begin with an analysis of the early literary evidence for the existence and veneration of relics of the True Cross in Constantinople. One of the first authors to allude to Empress Helena's sending of a portion of the relic of the True Cross to Constantinople is Rufinus of Aquileia who, in his continuation of the *Church History* of Eusebius, claims that "part of it she presented to her son, and part she put in silver reliquaries and left in the place [where] it is still kept [...] as a memorial with unflagging devotion."[12] While Rufinus does not explicitly state

8. *Epistula Alexii*, 134: "[...] statua ad quam fuit ligatus; flagellum, a quo fuit flagellatus; chlamys coccinea, qua fuit indutus; corona spinea, qua fuit coronatus; harundo, quam uice sceptri in manibus tulit; uestimenta, quibus ante crucem exspoliatus fuit, pars maxima ligni crucis, in qua crucifixus fuit; claui, quibus adfixus fuit; linteamina, post resurrectionem eius inuenta in sepulcro; [...]". English translation adapted from JORANSON, Spurious Letter, 815.

9. As a powerful symbol not only of Christ's victory over death, but also of Constantine's victory over his earthly enemies, the relic of the True Cross had assumed added significance since the beginning of the Crusades and soon led to the 'discovery' of a portion of it in the Holy Sepulcher in Jerusalem in August 1099. For the ideological and military significance of the True Cross relic among the Crusader kings of the Kingdom of Jerusalem, see Alan V. MURRAY, 'Mighty Against the Enemies of Christ': The relic of the True Cross in the Armies of the Kingdom of Jerusalem, in *The Crusades and their Sources. Essays presented to Bernard Hamilton*, ed. J. FRANCE and W. G. ZAJAC, Aldershot 1998, p. 217-238.

10. On Helena's role in the discovery of the relic and the silence of early sources, see most recently S. HEID, Die gute Absicht im Schweigen Eusebs über die Kreuzauffindung, *Römische Quartalschrift* 96, 2001, p. 37-56. On Constantine's promotion of the sign of the cross to the victorious standard of the Roman army, see E. KITZINGER, The Cult of Images in the Age before Iconoclasm, *DOP* 8, 1954, p. 89-90; J. ALDRIDGE, *The Cross and its Cult in an Age of Iconoclasm* [PhD dissertation], Ohio State University 1993, p. 29-30.

11. While the history of the cult of relics in the Byzantine Empire is still in need of a more systematic exploration, a short study has recently been published by S. MERGIALI-SAHAS, Byzantine Emperors and Holy Relics. Use, and misuse, of sanctity and authority, *JÖB* 51, 2001, p. 41-60. While she recognizes that the earliest accounts on the presence of the True Cross in Constantinople "may be a reference to the history of a legend rather than to an event as such", her treatment and exploration of the early literary sources concerning the cult of the True Cross in the capital remains somewhat cursory.

12. RUFINUS OF AQUILEIA, *Historia Ecclesiastica*, in *Eusebius' Werke*, ed. E. SCHWARTZ and T. MOMMSEN, [GCS 9, 2], Leipzig 1908, 2, 2, p. 970: "ligni vero ipsius salutaris partem detulit filio, partem vero thecis

where Constantine received the venerable relic, its destination is recorded some decades later in the Greek *Church History* of the Constantinopolitan *scholastikos* Sokrates, a work completed in the capital between 438 and 443. According to Sokrates, Helena left in Jerusalem:

> A portion of the cross, enclosed in a silver case, as a memorial to those who might wish to see it; the other part she sent to the emperor, who being persuaded that the city would be perfectly secure where that relic should be preserved, privately enclosed it in his own statue, which stands on a large column of porphyry in the forum called Constantine's at Constantinople. I have written this from report indeed, but almost all the inhabitants of Constantinople affirm that it is true.[13]

While Sokrates attempts to assure his reader of the authenticity of the historical record, his account is partly contradicted by the slightly later and much less specific *Church History* of Theodoret of Cyrrhus, who states that Helena "conveyed part of the cross of our Saviour to the imperial palace."[14] While the contemporary *Church History* of Sozomen merely confirms the earlier accounts by stating that Helena sent part of the True Cross "to her son Constantine, together with the nails by which the body of Christ had been fastened," he nonetheless contributes a new piece of information, namely that "the greater portion of the venerated wood [was] still preserved in Jerusalem."[15]

argenteis conditam derelinquit in loco, quae etiam nunc ad memoriam solicita veneratione servatur." English translation after P. R. AMIDON, *The Church History of Rufinus of Aquileia*, Oxford 1997, p. 17. On Rufinus, see C. P. HAMMOND, *Rufinus of Aquileia (345-411): His Life and Works,* Washington 1945. For a summary of the scholarly arguments surrounding Rufinus' dependence on the church history of Gelasios of Kaisareia, see AMIDON, *op. cit.*, p. XI-XVII.

13. SOCRATES SCHOLASTICUS, *Ecclesiastica Historia*, I. 17. 8, ed. G. Chr. HANSEN [GCS N. F. 1], Berlin 1995, p. 56²²-57⁶: Τοῦ δὲ σταυροῦ μέρος μέν τι θήκῃ ἀργυρᾷ περικλείσασα, μνημόσυνον τοῖς ἱστορεῖν βουλομένοις αὐτόθι κατέλιπεν· τὸ δὲ ἕτερον μέρος ἀποστέλλει τῷ βασιλεῖ. ὅπερ δεξάμενος καὶ πιστεύσας τελείως σωθήσεσθαι τὴν πόλιν ἔνθα ἂν ἐκεῖνο φυλάττηται, τῷ ἑαυτοῦ ἀνδριάντι κατέκρυψεν, ὃς ἐν τῇ Κωνσταντινουπόλει ἐν τῇ ἐπιλεγομένῃ ἀγορᾷ Κωνσταντίνου, ἐπὶ τοῦ πορφυροῦ καὶ μεγάλου κίονος ἵδρυται. τοῦτο μὲν οὖν ἀκοῇ γράψας ἔχω, πάντες δὲ σχεδὸν οἱ τὴν Κωνσταντίνου πόλιν οἰκοῦντες, ἀληθὲς εἶναι φασίν. English translation after A. C. ZENOS, *Ecclesiastical History*, in *A Select Library of Nicene and Post Nicene Fathers of the Christian Church. Second Series*, Ph. SCHAFF and H. WACE ed., vol. 2, New York 1890 (repr. Grand Rapids 1952), p. 21. For Sokrates' sources and dependence on the Latin *Church History* of Rufinus of Aquileia, see F. GEPPERT, *Die Quellen des Kirchenhistorikers Socrates Scholasticus* [Studien zur Geschichte der Theologie und der Kirche 3/4], Leipzig 1898. See also G. F. CHESNUT, *The First Church Histories*, Macon 1986², p. 175-198.

14. THEODORETUS, *Historia Ecclesiastica*, ed. L. PARMENTIER, rev. G. Chr. HANSEN [GCS N. F. 5], Berlin 1998³, p. 65¹⁻⁴: τοῦ δὲ σωτηρίου σταυροῦ μοῖραν μέν τινα τοῖς βασιλείοις ἀπένειμε, τῷ δὲ λοιπῷ θήκην ἐξ ὕλης ἀργύρου ποιησαμένη τῷ τῆς πόλεως δέδωκεν ἐπισκόπῳ, φυλάττειν παρεγγυήσασα ταῖς ἔπειτα γενεαῖς τὰ τῆς σωτηρίας μνημόσυνα. English translation after B. JACKSON, *The Ecclesiastical History, Dialogues and Letters of Theodoret*, in *A Select Library of Nicene and Post Nicene Fathers*, vol. 3, p. 55. On Theodoret and his contemporary ecclesiastical historians, see CHESNUT, *First Church Histories*, p. 199-230.

15. SOZOMENUS, *Historia Ecclesiastica*, ed. J. BIDEZ and G. Chr. HANSEN [GCS N. F. 4], Berlin 1995², p. 49¹³⁻¹⁶: τοῦ δὲ εὑρεθέντος θεσπεσίου ξύλου τὸ μὲν πλεῖστον ἐν ἀργυρᾷ θήκῃ μένον ἔτι καὶ νῦν ἐν Ἱεροσολύμοις φυλάττεται, μέρος δὲ ἡ βασιλὶς πρὸς Κωνσταντίνον τὸν παῖδα διεκόμισεν, οὐ μὴν ἀλλὰ καὶ τοὺς ἥλους οἷς τὸ σῶμα τοῦ Χριστοῦ διαπεπερόνητο. English translation after C. D. HARTRANFT, *The Ecclesiastical Church History of Sozomen*, in *A Select Library of Nicene and Post Nicene Fathers,* vol. 2, p. 259.

These sources, all well-known and often cited in the scholarly literature, provide us with sparse, but valuable details about the early history of the True Cross in Constantinople. Of the three Greek and one Latin authors, only the Constantinopolitan *scholastikos* Sokrates is able to contribute more specific information concerning the whereabouts of the relic in the capital. As he freely admits, his knowledge about the relic's location was not based on first hand experience, but on local tradition and contemporary hearsay. According to Sokrates, most inhabitants of Constantinople around 440 believed that the city's founder had "secretly enclosed" (κατέκρυψεν) the relic of the True Cross in the very statue that crowned the porphyry column on Constantine's Forum.[16] We further learn that Constantine was believed to have done so in order to protect his city from its enemies. Sokrates' *Church History* thus relates an important piece of information: it proves that the very part of the relic that Helena had allegedly sent to the capital during her lifetime lacked visible presence in the capital and had, in contrast to the part kept in Jerusalem, not become the center of a local cult.[17]

The absence of specific information regarding the whereabouts of the Constantinopolitan relic of the True Cross in Sozomen's and Theodoret's *Church Histories* further supports the hypothesis that Constantinople had not developed into a cult center following the alleged translation of part of the relic from Jerusalem. The assumed lack of an official cult of the True Cross, however, neither means that particles of the relic had not reached the capital yet, nor that a cultic veneration of the relic of the True Cross did not exist on a more personal level. As a passage in John Rufus' late fifth- or early sixth-century biography of the Georgian prince and later bishop Peter of Maiuma suggests, smaller fragments of the relic seem to have arrived in Constantinople already by the late fifth century. In his youth, Peter, who was brought up as a hostage at the court of Theodosius II, was fortunate enough

> to obtain a portion of the cross from the clerics, who had come from Jerusalem and, to honor the emperor as it was custom, had brought sacred gifts. This [particle of the cross], he covered with a bit of wax, wrapped it in fine cloth and preserved it with due care and reverence. And he put it in a golden container (κοιμητήριον). Each Sunday, particularly on high feast days, he brought it forth. And after he had blessed himself with it and had kissed it, he put it back to its accustomed place.[18]

16. For an evaluation of the sources on Constantine's forum, see F. A. BAUER, *Stadt, Platz und Denkmal in der Spätantike,* Mainz 1996, p. 167-187. On Constantine's column and honorific statue, see *ibidem*, p. 173-177; C. MANGO, Constantinopolitana, *Jahrbuch des Deutschen Archäologischen Instituts* 80, 1965, p. 305-336, esp. p. 306-313 (= C. MANGO, *Studies on Constantinople,* Aldershot 1993, Study II); ID., Constantine's Porphyry Column and the Chapel of St. Constantine, Δελτίον 10, 1981, p. 103-110 (= *Studies on Constantinople*, Study IV); ID., Constantine's column, in *Studies on Constantinople*, Study III, 1-6.

17. Only a lack of the public appearance of the relic can sufficiently explain why Sokrates and his contemporaries believed that Constantine had secretly enclosed the relic in his statue to protect the capital from enemy attacks and conquest.

18. *Petrus der Iberer*, ed. and trans. R. RAABE, Leipzig 1895, p. 41 [39]. On the authorship of John Rufus and his *vita* of Peter of Maiuma, see E. SCHWARTZ, *Johannes Rufus, ein monophysitischer Schriftsteller* [Sitzungsberichte der Heidelberger Akademie der Wissenschaften, Philosophisch-Historische Klasse 16], Heidelberg 1912; D. M. LANG, Peter the Iberian and his Biographers, *Journal of Ecclesiastical History* 2, 1951, p. 158-168.

Although the private character of Peter's veneration of the relic alone does not necessarily prove the absence of a more popular cult in Constantinople, the very fact that a relic of the True Cross was regarded as an appropriate present for a Byzantine emperor seems to indicate that, in the first half of the fifth century, an imperial cult of the True Cross had not yet been established.

The first author to mention the public ceremonial appearance of a relic of the True Cross in the capital is Theodore Anagnostes, who, in his *Historia Tripartita* of about 518, attempted a synthesis of the previous *Church Histories* of Sokrates, Sozomen and Theodoret.[19] Using parts of both earlier histories, Theodore's account of the translation of the True Cross to Constantinople reads as follows:

> [For] the greater part of the thus identified excellent wood, the empress made a silver case and deposited it in the place where it is still preserved today. The other part she sent to the emperor, who, being persuaded that the city would be perfectly secure where that relic should be preserved, divided it once again into two and enclosed [one part] of it in his own statue, which stands on a large column of porphyry in the forum called Constantine's at Constantinople. I have written this from report indeed; but almost all the inhabitants of Constantinople affirm that it is true. The other part he enclosed in a bejeweled cross and ordered it to be in a leading position in front of his processions; this cross is still guarded in the palace and is carried forth in solemn imperial processions.[20]

Like Sokrates a century before him, Theodore, who lived in Constantinople during the late fifth and early sixth centuries, knew and had to take into account contemporary Constantinopolitan liturgical and ceremonial practices when he composed his passage on the discovery and early dissemination of the True Cross. His text clearly reveals that the use of a gem-studded reliquary cross associated with the name of Constantine the Great necessitated his introduction of a not previously attested second division of the portion of the True Cross that Helena had sent to the capital. This second division allowed him not only to remain faithful to Sokrates' earlier report of an inclusion of the relic in the Constantine's statue on the porphyry column of his Forum, but also to explain the use of a precious reliquary cross associated with Constantine in contemporary imperial processions.[21] Yet, we may derive even more from Theodore's text.

---

19. For an assessment of Theodore's work and its relationship to the earlier *Church Histories*, see THEODOROS ANAGNOSTES, *Historia Ecclesiastica*, ed. G. Chr. HANSEN [GCS N. F. 3], Berlin, 1995², p. IX-XXXIX, esp. p. XI-XVII.

20. THEODOROS ANAGNOSTES, *Historia Ecclesiastica*, ed. HANSEN, p. 13: [...] τοῦ δὲ εὑρεθέντος θεσπεσίου ξύλου τὸ μὲν πλεῖστον ἀργυρᾶν θήκην ἡ βασιλὶς ποιήσασα ἐν τῷ τόπῳ ἀπέθετο, ὅπερ ἔτι καὶ νῦν [...] φυλάττεται· τὸ δὲ ἕτερον μέρος ἀποστέλλει τῷ βασιλεῖ. ὅπερ δεξάμενος καὶ πιστεύσας τελείως σωθήσεσθαι τὴν πόλιν ἔνθα ἂν ἐκεῖνο φυλάττηται, πάλιν αὐτὸς τοῦτο διχῇ μερίσας, τὸ μὲν τῷ ἑαυτοῦ ἀνδριάντι κατέκρυψεν, ὃς ἐν τῇ Κωνσταντίνου πόλει, ἐν τῇ ἐπιλεγομένῃ ἀγορᾷ Κωνσταντίνου, ἐπὶ τοῦ πορφυροῦ καὶ μεγάλου κίονος ἵδρυται. τοῦτο μὲν ἀκοῇ γράψας ἐγώ, πάντες δὲ σχεδὸν οἱ τὴν Κωνσταντίνου πόλιν οἰκοῦντες, ἀληθὲς εἶναι φασίν. τὸ δὲ ἐν διαλίθῳ σταυρῷ κατακλείσας ταῖς περιόδοις ἑαυτοῦ ἡγούμενον ἔμπροσθεν ἔταξε· τοῦτο δὲ καὶ εἰσέτι νῦν ἐν τῷ παλατίῳ φρουρούμενον ἐν ταῖς ἑορταστικαῖς τῶν βασιλέων προόδοις ἐξάγεται. Passages taken from Sozomen are underscored with a continuous line, passages taken from Sokrates with a dotted line. Regular script identifies the contribution of Theodore Anagnostes.

21. On the use of processional crosses in imperial ceremonial practice, see J. A. COTSONIS, *Byzantine*

While his description for the first time acknowledges the ceremonial use of the Constantinopolitan relic of the True Cross, it furthermore suggests that the precious relic – which according to Theodore was 'still guarded in the palace' – was not yet the focus of a more popular cult and venerated in a liturgical context.

In this respect, Constantinople seems to have been surpassed by other cities in the empire. Although Jerusalem was unrivaled in its status as the earliest and most important center of the cult of the True Cross in the Christian *oikumene*, cities like Rome and Apamea had meanwhile developed their own profile as cult centers. For Rome, the *Liber Pontificalis* could claim that the relic of the True Cross venerated in the Sessorian basilica 'called Hierusalem' had been donated by Constantine himself, who had also mounted it in gold and precious stones.[22] Despite the repeated Barbarian sacks of the city during the course of the fifth century, the Roman cult of the True Cross continued to flourish in the later fifth and early sixth centuries, when pope Hilarus (461-468) and his late fifth-century successor Symmachus (498-514) founded oratories dedicated to the Holy Cross at the Lateran and St. Peter's. In both cases, these foundations were furnished with gold and gem-studded reliquary crosses that formed the focus of pious veneration.[23] For Apamea, the sixth-century historian Prokopios of Caesarea records in his *Persian Wars* that the city was in the possession of

> a portion of the cross, one cubit long, on which Christ, as is generally agreed, once willingly endured his punishment in Jerusalem. This [portion of the cross] had been secretly brought there by a man from Syria in ancient times. Believing that [the portion of the cross] would be a great protection for themselves and for the city, the men of that time made for it a sort of wooden chest (θήκην αὐτοῦ ξυλίνην) and deposited it there; and they adorned this chest with much gold and with precious stones and they entrusted it to three priests who were to guard it in all security; and they bring it forth every year and the whole population worships it during one day.[24]

Figural Processional Crosses [Dumbarton Oaks Byzantine Collections Publications 10], Washington, D.C., 1994, p. 8-11 with further references.

22. *Le Liber Pontificalis. Texte, introduction et commentaire*, ed. L. DUCHESNE, Paris 1886-1892 (repr. 1981), I, p. 179 : "Eodem tempore fecit Constantinus Augustus basilicam in palatio Sessoriano, ubi etiam de ligno sanctae Crucis domini nostri Iesu Christi posuit et in auro et gemmis conclusit, ubi et nomen ecclesiae dedicavit, quae cognominatur usque in hodiernum diem Hierusalem." An English translation of the passage is available in *The Book of Pontiffs (Liber Pontificalis). The ancient biographies of the first ninety Roman Bishops to AD 715*, trans. R. DAVIS, Liverpool 1989, p. 21. For an investigation into the history of the cult of the True Cross in Rome and the church of Santa Croce in Gerusalemme, see S. DE BLAAUW, Jerusalem in Rome and the Cult of the Cross, in *Pratum Romanum. Richard Krautheimer zum 100. Geburtstag*, ed. R. COLELLA et al., Wiesbaden 1997, p. 55-73. For a discussion of Constantine's alleged donation, see *ibidem*, p. 62.

23. While in Hilarus' case, the *Liber Pontificalis* lists "the confessio, in which he [Hilarus] placed the Lord's Wood" and the "gold cross with jewels, weighing 20 pounds" as separate entities, Symmachus' cross can be positively identified as a reliquary cross by its description as "[...] crucem ex auro cum gemmis, ubi includit lignum dominicum; ipsa crux aurea pens. lib. X." See *Liber Pontificalis*, I, p. 242[13] (Hilarus); I, p. 261[20-21] (Symmachus). English translation after *Book of Pontiffs*, p. 40.

24. PROCOPIUS CAESARIENSIS, *Bell. Pers.*, ed. J. HAURY, rev. G. WIRTH, Leipzig 1962, I, p. 200[4-12]: ἔστι δὲ ξύλον πηχυαῖον ἐν Ἀπαμείᾳ τοῦ σταυροῦ μέρος, ἐν ᾧ τὸν Χριστὸν ἐν Ἱεροσολύμοις ποτὲ τὴν κόλασιν οὔτι ἀκούσιον ὑποστῆναι ὁμολογεῖται, κατὰ δὴ τὸν παλαιὸν χρόνον ἐνταῦθα πρὸς Σύρου ἀνδρὸς κομισθὲν λάθρα. καὶ αὐτὸ οἱ πάλαι ἄνθρωποι φυλακτήριον μέγα σφίσι τε αὐτοῖς καὶ τῇ πόλει

What is interesting about Prokopios' report, which forms part of his account of Chosroes' siege of Apamea, is the fact that, by the sixth century, the relic of the True Cross already formed the center of a local cult and that it was, like the relic in Jerusalem, publicly venerated on a specific day of the year, presumably on Good Friday.[25] Just as in the capital, the relic was regarded as a powerful token for the security and protection of the city and its inhabitants. Thus, when Chosroes' army advanced towards Apamea, the populace begged Thomas, the archpriest of the city, to show them the relic one last time and let them worship it in spite of the usual custom.[26] When the relic was shown and paraded through the church in which it was kept, it was illuminated by a miraculous light, "filling everybody" as Prokopios says, "at once with confidence concerning their safety."[27] Despite the fact that the city had to surrender to the Persians and was deprived of most of its movable treasures – including the relic's gem-studded and gilded container – Apamea was able to escape destruction, a turn of fortune that the church historian and *scholastikos* Evagrios saw foreshadowed in the miraculous appearance of light during the public veneration of the True Cross. Since Evagrios was present in Apamea during the siege and witnessed the relic's presentation as a young boy, his account may be quoted here at some length:

When the sons of the Apameans learnt that the city of Antiochus had been destroyed by fire, they implored the aforementioned Thomas to bring forth and display, contrary to custom, the saving and life-giving Wood of the Cross, so that for the last time they might see and kiss the sole salvation of mankind and receive a passage to the other life [...]. Thomas in fact did this and brought out the life-giving Wood, after announcing stated days for the display so that it would also be possible for all those in the vicinity to assemble and enjoy the salvation from it. Now those who brought me to light also attended along with the rest, and brought me along [...]. Then, when we were privileged to adore and kiss the precious Cross, Thomas raised both hands and revealed the Wood of the Cross which wiped out the ancient curse, parading around the whole of the sacred shrine as was customary on those days appointed for adorations. A great mass of fire followed Thomas as he moved, which gleamed but did not consume, so that the whole place where he stood and revealed the precious Cross appeared to be ablaze. And this happened not

πιστεύοντες ἔσεσθαι θήκην αὐτοῦ ξυλίνην τινὰ πεποιημένοι κατέθεντο, ἣν δὴ χρυσῷ τε πολλῷ καὶ λίθοις ἐντίμοις ἐκόσμησαν, καὶ τρισὶ μὲν ἱερεῦσι παρέδοσαν, ἐφ᾽ ᾧ ξὺν πάσῃ ἀσφαλείᾳ φυλάξ-ουσιν, ἐξάγοντες δὲ ἀνὰ πᾶν ἔτος πανδημεὶ ἐν ἡμέρᾳ προσκυνοῦσι μιᾷ. English translation adapted from *Procopius*, ed. and trans. H. B. DEWING, 7 vol., London and Cambridge, Mass., 1914-1940, I, p. 355.

25. The relic is believed to have been kept in the so-called *Martyrium* or Eastern Cathedral, yet there is no positive evidence to support this hypothesis. See J.-Ch. BALTY, *Guide d'Apamée*, Brussels 1981, p. 106; J. and J.-Ch. BALTY, Le cadre topographique et historique, in *Actes du Colloque Apamée de Syrie. Bilan des recherches archéologiques 1965-1968*, J. BALTY ed. [Fouilles d'Apamée de Syrie. Miscellanea. Fasc. 6], Brussels 1969, p. 29-51, esp. p. 39-40 with further references. If we believe Prokopios, who described the portion of the cross in Apamea as 'one cubit' (πηχυαῖον) in length, the sheer size of the relic was rather extraordinary and brings it close to the portion kept and venerated in Jerusalem.

26. See PROCOPIUS CAESARIENSIS, *Bell. Pers.*, ed. HAURY and WIRTH, I, p. 200[16]-201[8].

27. *Ibidem*, I, p. 201[4-6]: ἤδη τε ἅπαντες ὑπὲρ τῆς σωτηρίας τὸ θαρσεῖν εἶχον.

once, not twice, but very often as the priest walked around the whole space there and the assembled populace importuned Thomas to do this. This indeed prophesied for the Apameans the salvation that occurred.[28]

For Constantinople, comparable reports of a public veneration of the relic of the True Cross are, by the mid sixth century, still lacking. Only later sources, namely the twelfth-century chronicle of Michael the Syrian and the *Synopsis historion* of George Kedrenos, seem to indicate that things were about to change. While not supported by contemporary accounts, these twelfth-century sources relate that Emperor Justin II (565-578) forcefully removed the relic of the True Cross from Apamea and translated it to the Byzantine capital: according to Michael the Syrian, it was the patriarch of Constantinople who advised Justin to remove the relic from Apamea following the apparition of a cross-shaped sign in the sky above the capital. Immediately, the emperor sent one of his generals to Apamea to claim the relic. After much violence and local resistance, the relic was finally taken to Antioch and split down the middle. While one part was to be sent back to Apamea, the other was sent to Constantinople, where it was warmly received by the emperor and the populace and venerated in the churches for ten days. Soon thereafter, the emperor had a golden reliquary made for the relic, decorated it with precious stones, and translated it to the church of Hagia Sophia.[29] Kedrenos' report is much more laconic in comparison, stating only that in the ninth year of Justin's reign "the *acheiropoietos* from those of Kamouliana, a village in Cappadocia, and also the glorious wood from the city of Apamea in Syria Secunda" came to the capital.[30] Despite the sources' late date, the context in which the removal of the Apamean relic is placed in Kedrenos' account seems to suggest that there is some truth to the story of relic's forced 'translatio' to the capital.

As Averil Cameron, Ernst Kitzinger and others have shown, the late sixth century, particularly the reign of Justin II, was a period of major religious and cultural change in Byzantium, a time when the emperor began to stress his role as the servant of Christ, reinforced his divine mandate by emphasizing Christ's role as *rex regnantium*, and started to promote the cult of the Virgin, who would soon emerge as the capital's most powerful protector.[31] It might thus be more than a mere coincidence that the very emperor who rebuilt the churches of the Virgin in the Blachernai and Chalkoprateia as

---

28. EVAGRIUS SCHOLASTICUS, *Historia Ecclesiastica*, ed. J. BIDEZ and L. PARMENTIER, London 1898 (repr. Amsterdam 1964), p. 173[1-26]. English translation after *The Ecclesiastical History of Evagrius Scholasticus*, trans. M. WHITBY [Translated Texts for Historians 33], Liverpool 2000, p. 224.

29. See *Chronique de Michel le Syrien*, ed. and trans. J.-B. CHABOT, Paris, 1899-1924, II, p. 284-285.

30. CEDRENUS [Bonn], I, p. 685[1-3]: ἦλθε δὲ καὶ ἡ ἀχειροποίητος ἀπὸ τῶν Καμουλιανῶν, κώμης τῆς Καππαδοκίας, καὶ τὰ τίμια ξύλα ἀπὸ πόλεως Ἀπαμείας τῆς δευτέρας Συρίας.

31. E. KITZINGER, The Cult of Images in the Age before Iconoclasm, *DOP* 8, 1954, p. 83-150 (repr. in ID., *The Art of Byzantium and the Medieval West: Selected Studies*, Bloomington and London 1976, Study V, 90-156); A. CAMERON, The Early Religious Policies of Justin II, *Studies in Church History* 13, 1976, p. 65-66; EAD., The Artistic Patronage of Justin II, *Byz.* 50, 1980, p. 62-84; EAD., Images of Authority : Elites and Icons in Late Sixth-century Byzantium, in *Byzantium and the Classical Tradition: University of Birmingham, Thirteenth Spring Symposium of Byzantine Studies*, M. MULLETT and R. SCOTT ed., Birmingham 1979, p. 205-234, esp. p. 212-224 (all repr. in A. CAMERON, *Continuity and Change in sixth-century Byzantium*, London 1981, Studies X, XII, XVIII). For the introduction of the title *rex regnantium* into the liturgy, see CEDRENUS [Bonn], I, p. 685.

new settings for her most venerated relics, her robe and girdle, is also credited with
the removal of the *acheiropoietos* icon of Christ from Kamouliana and the relic of
the True Cross from Apamea.[32] Since the transfer of these objects to the capital
occurred precisely at a time when Constantinople started to gain profile as a 'God-
guarded city,'[33] I would argue that Justin's decision was not simply an attempt to
bring under imperial control two objects that had recently become the center of popular
– if somewhat questionable[34] – local cults, but an attempt to reinforce the security of
the empire by assembling the most powerful tokens of Christ's divine protection in
the capital.[35] Such a reading is reinforced by the fact that both the *acheiropoietos*
from Kamouliana and the relic of the True Cross are known to have been taken into
battle under emperor Maurice (582-602).[36] Concerning the relic of the True Cross,
which Maurice carried along during a campaign against the Awars, Theophylact
Simokatta notes in his *Histories*: "The soldiery walked behind, while the wood of
Christ's cross was raised aloft on a golden pole and preceded the emperor and the
attendant force."[37] While it remains unclear if the passage refers to the relic recently

32. For the epigraphic evidence of Justin's restoration and redecoration of the church of the Virgin
in the Blachernai quarter, see *The Greek Anthology*, trans. W. R. PATON, London 1916 (repr. 1999), I,
p. 3, Nr. 2-3.

33. The concept of Constantinople as a 'God-guarded' city is first alluded to in Flavius Corripus'
poem *In laudem Iustini Augusti minoris*, ed. and trans. A. CAMERON, Cambridge 1976, p. 71, in which
he claims that the Roman state belongs to God and does not need earthly arms : "res Romana Dei est,
terrenis non eget armis." See also A. CAMERON, Images of Authority, p. 218-224; N. BAYNES, The
Supernatural Defenders of Constantinople, *An. Boll.* 67, 1949, p. 165-177 (repr. N. BAYNES, *Byzantine
Studies and Other Essays*, London 1974, p. 248-260).

34. In the case of the *acheiropoietos* icon from Kamouliana, the power of the image to replicate
itself had increased its popularity to such an extent that it was paraded through the countryside in order
to collect money for the building of a new church.

35. Both the relic of the True Cross and the *acheiropoietos* icon of Christ had proven their efficacy
as powerful protectors of cities. Like the relic of the True Cross from Apamea, the *acheiropoietos* icon
from Edessa was believed to have saved the city from destruction by the Persians in 544 as described
in EVAGRIUS, *Hist. Eccl.*, ed. BIDEZ and PARMENTIER, p. 175 [trans. WHITBY, p. 226]. It is more than likely
that contemporaries attributed similar qualities to the *acheiropoietos* from Kamouliana. It should not be
forgotten that Justin and Sophia donated the famous reliquary cross now preserved in the Treasury of
St. Peter's to the city of Rome not to the pope (the inscription reads: LIGNO QUO CHRISTUS HUMANUM
SUBDIDIT HOSTEM DAT ROMAE IUSTINUS OPEM ET SOCIA DECOREM). I would thus interpret the donation as
a strong expression of the emperor's belief in the relic's power to protect the city of Rome in the same
way that Constantinople was safeguarded by images and relics associated with Christ and the Virgin.
On the reliquary, see C. BELTING-IHM, Das Justinuskreuz in der Schatzkammer der Peterskirche zu Rom,
Jahrbuch des Römisch-Germanischen Zentralmuseums Mainz 12, 1965, p. 142-166; J. DEÉR, Der Kaiser
und das Kreuz, *ibidem*, p. 167-180.

36. On the use of the *acheiropoietos* icon of Christ by Maurice's general Philippikos, see THEOPHY-
LACTUS SIMOCATTA, *Historiae*, ed. C. DE BOOR, rev. P. WIRTH, Stuttgart 1972, p. 73-74. For an English
translation, see *The History of Theophylact Simocatta*, trans. M. and M. WHITBY, Oxford 1986, p. 46-47.

37. THEOPHYLACTUS SIMOCATTA, ed. DE BOOR and WIRTH, p. 74 : τὸ δὲ μάχιμον κατόπιν ἐβάδιζεν,
τό τε ξύλον τοῦ σταυροῦ τοῦ Χριστοῦ ἐς ὕψος ἐπὶ δόρατος χρυσοῦς ἀπῃώρητο καὶ προηγεῖτο τοῦ
τε βασιλέως καὶ τῆς περιπόλου δυνάμεως. English translation after WHITBY, *History of Theophylact
Simocatta*, p. 156. The words ξύλον τοῦ σταυροῦ τοῦ Χριστοῦ can hardly be interpreted to describe anything else but a relic of the True Cross: cf. A. FROLOW, *La Relique de la Vraie Croix. Recherches sur le
développement d'un culte* [Archives de l'Orient Chrétien 7], Paris 1961, No. 38: 183, who likewise

acquired from Apamea or the one already mentioned by Theodore Anagnostes in the earlier part of the sixth century, here again the relic of the True Cross appears in a decidedly imperial as well as military context.[38] Its use by the emperor, who, since the days of Justin II, styled himself more and more as "a living embodiment on earth of Christ in heaven,"[39] is significant in a number of ways: on the one hand it links the emperor closely to Christ, whose victory on the cross is paralleled with the idea of imperial victory in battle, on the other hand it connects the emperor directly to Constantine, who was not only the first emperor to be victorious under the sign of the cross, but was also known to have received part of the material remains of Christ's life-giving cross from his mother Helena.[40]

At around the same time that Simokatta wrote his *History*, another Constantinopolitan source, the *Chronicon Paschale*, refers for the first time to the public veneration of a relic of the True Cross in the church of Hagia Sophia.[41] Following a short notice of the Persian conquest of Jerusalem and the loss of the relic of the True Cross in the summer of 614, the *Chronicon Paschale* records that:

> on the 14th of Gorpiaeus, the month September according to the Romans, in the third indiction, the precious sponge was fastened onto the lifegiving Cross at the third Exaltation and was itself also exalted with it in the most holy Great Church, since it had been dispatched by Nicetas the patrician.[42]

argued that the passage refers to a relic of the True Cross which had been substituted for its image: "il s'agissait seulement d'une substitution de la relique de la Croix à l'image de celle-ci"; Frolow's view has been misinterpreted by P. Schreiner in his German translation of Simokatta's *History* (Theophylaktos Simokates, *Geschichte*, trans. P. SCHREINER [Bibliothek der Griechischen Literatur 20], Stuttgart 1970, p. 322, note 802).

38. Simocatta's account is in fact the earliest record for the military use of a relic of the True Cross by a Byzantine emperor. If André Grabar argued that the use of holy images in a military context was part of a Constantinian revival in which icons took on the role of the *labarum*, such an observation would be equally appropriate for the use of the relic of the True Cross as a military standard and imperial *tropaion*. See A. GRABAR, *L'Iconoclasme byzantin*, Paris 1984[2], p. 36. On relics in a military context, see also M. MCCORMICK, *Eternal Victor: Triumphal rulership in late antiquity, Byzantium and the early medieval West*, Cambridge 1986, p. 237-252, esp. p. 245-249; on relics of the True Cross as tokens of imperial victory, see MERGIALI-SAHAS, Emperors and Relics, p. 49-51.

39. CAMERON, Images of Authority, p. 217, with a short assessment of the decoration of the *Chrysotriklinos* as an expression of Justin's political ideology. On the *Chrysotriklinos*, see also R. JANIN, *Constantinople byzantine : Développement urbain et répertoire topographique*, Paris 1964[2], p. 115-117.

40. As pointed out by Mergiali-Sahas and others, Eusebius was the first to draw a parallel between Christ and the victorious emperor. See MERGIALI-SAHAS, Emperors and Relics, p. 49, and J. GAGÉ, Σταυρὸς νικόποιος. La victoire impériale dans l'empire chrétien, *Revue d'histoire et de philosophie religieuses* 13, 1933, p. 370-400. On the cross as sign of imperial victory, see more generally E. DINKLER, *Signum Crucis. Aufsätze zum Neuen Testament und zur Christlichen Archäologie*, Tübingen 1967; M. RESTLE, *Kunst und byzantinische Münzprägung von Justinian bis zum Bilderstreit* [Texte und Forschungen zur byzantinischneugriechischen Philologie 47], Athen 1964.

41. *Chronicon Paschale* [Bonn]. An English translation of the later parts of the text is available in *Chronicon Paschale. 284-628 AD*, trans. M. and M. WHITBY [Translated Texts for Historians 7], Liverpool 1989.

42. *Chronicon Paschale* [Bonn], p. 705[3-6]: Καὶ τῇ ιδ′ γορπιαίου, κατὰ Ῥωμαίους σεπτεμβρίου μηνός, τῆς τρίτης ἰνδικτιῶνος, ἐν τῇ τρίτῃ ὑψώσει ἀποδεθεὶς τῷ ζωοποιῷ σταυρῷ ὁ τίμιος σπόγγος καὶ αὐτὸς συνυψοῦται αὐτῷ ἐν τῇ ἁγιωτάτῃ μεγάλῃ ἐκκλησίᾳ, πεμφθεὶς παρὰ Νικήτα πατρικίου.

This passage is followed by another short notice that records the recovery of the Holy Lance by the same patrician Nicetas "on the 28th of Hyperberetaeus, the month October according to the Romans, [which was] a Saturday."[43] The recovery of the relic was announced at Hagia Sophia the very next day and the men and women of Constantinople were given the opportunity to venerate the relic in the Great Church during the following week.[44]

The testimony of the *Chronicon Paschale* is important for two reasons. Firstly, it is the earliest source to record the liturgical elevation and public veneration of a relic of the True Cross in Constantinople. Secondly, it is the earliest surviving reference to use the term ὕψωσις for a feast later commonly associated with Herakleios' recovery and solemn restitution of the True Cross to Jerusalem. Since the *Chronicon Paschale* mentions the elevation of the relic of the True Cross in the context of the arrival and elevation of the relic of the Holy Sponge, the passage was long considered proof that the cult of the True Cross was already firmly established in Constantinople by the time the relic on Mount Golgotha was captured by the Persians.[45] However, when exactly the feast of the Exaltation of the True Cross was introduced to the capital and why it was termed ὕψωσις instead of *inventio* or σταυροφάνεια, as in Jerusalem, has remained a puzzle.

As I have demonstrated elsewhere, some of the difficulties in establishing a more coherent chronology of events may be resolved by a re-examination of the passages that record the recovery and veneration of the Holy Lance and Sponge in the *Chronicon Paschale*.[46] For the purpose of this study, it should suffice to highlight the major points of my earlier argument. As stated above, the *Chronicon Paschale* not only records that the relic of the Holy Sponge was fastened to the True Cross and elevated with it on September 14, but also that the Holy Lance had arrived in the capital on October 28, a Saturday, of the third indiction. While the dates provided by the *Chronicon Paschale* are as precise as they can get, the passage is nonetheless problematic, for in 614, the year in which the two events are recorded, October 28 did not fall on a Saturday but on a Monday. Rather than dismissing the discrepancy between weekday and date as a scribal error, I have argued that the passages in the *Chronicon Paschale* originally refer to events that occurred one indiction cycle later, namely in 629, and that they were placed in their current context due to a misidentification of the twice-mentioned patrician Nicetas as Herakleios' cousin, who was charged with the defense of the empire's Eastern borders in 614 and is recorded in the *Chronicon Paschale* as having been elevated to the rank of *comes excubitorum* in 612.[47]

---

43. *Chronicon Paschale* [Bonn], p. 705[7-9]: Καὶ τῇ κη´ τοῦ ὑπερβερεταίου, κατὰ ʽΡωμαίους ὀκτωβρίου μηνός, ἡμέρᾳ ζ´, τῇ ἐπὶ κυριακὴν νυκτί, ἠνέχθη ἡ τιμία λόγχη ἀπὸ τῶν ἁγίων τόπων.

44. As specified in the *Chronicon Paschale* the relic was venerated "on the Tuesday and Wednesday [...] by men, and on Thursday and Friday by women." At the end of the seventh century, a similar segregation of the sexes is first recorded by abbot Adomnanus of Iona for ceremonies involving the veneration of the relic of the True Cross in Hagia Sophia during Holy Week. For Adomnanus' description, see below.

45. P. BERNADAKIS, Le culte de la Croix chez les Grecs, *Échos d'Orient* 5, 1901-1902, p. 193-202 and 257-264. FROLOW, *La relique de la Vraie Croix*, p. 73 with reference to Nr. 43; p. 185.

46. H. A. KLEIN, Niketas und das wahre Kreuz. Kritische Anmerkungen zur Überlieferung des *Chronicon Paschale* ad annum 614, *BZ* 94/2, 2001, p. 580-587.

47. *Ibidem*, p. 586-587.

The proposed revision of dates in the *Chronicon Paschale* is not without consequences for the history of the cult of the True Cross in the capital, since Constantinople's rise as a cult center of the True Cross seems now more directly linked to Herakleios' triumphal recovery of the main relics of Christ's Passion from the Persians in 628/29. While the chronology of the relic's return to Jerusalem remains a problematic issue, there seems to be no doubt that the Holy City was initially designated to remain the empire's primary center of the cult of the True Cross.[48] The Byzantine attitude is likely to have changed only after Herakleios' defeat in the battle at the Yarmuk and the subsequent Arab conquest of Jerusalem in 637/38.[49] According to the allegedly seventh-century *History of Herakleios* by Sebeos, it was only then, shortly before the Arab sack of the Holy City, that the True Cross was rescued from Jerusalem and translated to the capital, where it was said to have joined the very part of the relic Constantine received from his mother Helena.[50]

Once transferred to the capital, the relic of the True Cross was regularly displayed for veneration in the church of Hagia Sophia. In the second half of the seventh century, when Arculf, a bishop from Gaul, visited Constantinople on his way back from the Holy Land, the cult of the relic was already firmly established. Arculf's observations on the liturgical setting in Hagia Sophia and the ritual veneration of the True Cross in the week before Easter is vividly described in an account by the Irish abbot Adomnanus of Iona:

> To the north of the interior of this building [Hagia Sophia] one finds a very large and beautiful chest, in which is kept a wooden box with a lid of wood. In it is kept the saving Wood of the Cross on which our Saviour hung and suffered for the salvation of mankind. This box, renowned for the holy treasure it contains, is exposed on a golden altar for three successive days at the year's end, according to Arculf. […] Only, as I say, on three successive days in the year do they expose the Cross on the altar in this way: on the day of the Lord's Supper […] the Emperor and soldiers of the army come to the church and go up to the altar, the holy box is opened and they kiss the saving Cross. The Emperor of the World is the first to bow his head and kiss it; then, one by one, according to rank or age, they come up and kiss the revered gibbet. On the following day, the Friday before Easter, the Queens, matrons, and wives of all the inhabitants come, in order as on the day before, and kiss it with great reverence. On the third day, the Saturday of Easter, the bishop and all the clergy come in order, and kiss the Wood of Victory, placed in its box, with awe and trembling, and every mark of reverence. When this holy and joyful veneration of the Cross is finished, the lid is put back on the box, and it is taken back to the chest together with its wonderful and venerable treasure. One should also take note that there are not two pieces of the Cross, but three, that is, a crossbeam, and an upright cut into two equal pieces. And

---

48. P. SPECK, Zum Datum der Translation der Kreuzreliquien nach Konstantinopel, in *ID.*, *Varia VII*, [ΠΟΙΚΙΛΑ BYZANTINA 18], Bonn 2000, p. 167-172.

49. On the battle at the Yarmuk, see A. STRATOS, *Byzantium in the Seventh Century*, Amsterdam 1968-1980, II, p. 72 with note 266.

50. *Sebeos' History*, trans. R. BEDROSIAN, New York 1985, p. 125-126. See also *Histoire d'Héraclius par l'Évêque Sebèos*, trans. F. MACLER, Paris 1904, p. 98. For a critical edition of the text, see *Patmut'iwn Sebeosi*, ed. G. V. ABGARYAN, Erevan 1979.

when the box which contains these three revered pieces of wood is opened, there rises from them a wonderful sweet odour, as if the box contained all the flowers on earth, which satisfies and gives pleasure to all who have come and stand in front of it [...].[51]

Adomnanus' account of what bishop Arculf had seen "with his own eyes" provides an invaluable source for the early history of the cult of the True Cross in Constantinople. It not only informs our understanding of the seventh-century liturgical practices performed in Hagia Sophia during the last days of Holy Week, but also reveals interesting details about the precious relic itself and the container in which it was kept. In contrast to the silver(-gilt) reliquary allegedly commissioned by St. Helena for Jerusalem, but similar to the one formerly kept in Apamea, the reliquary described by Arculf was a wooden box with a removable lid.[52] For the ritual veneration of the relic, the box was placed on top of the altar and opened up so that the approaching faithful could bend down and kiss the precious wood while it was still inside its container.[53] The relic itself consisted, as Adomnanus relates, of three pieces arranged in cruciform, the longer one forming the vertical and the two shorter ones the horizontal beam.[54]

---

51 *Adamnani de locis sanctis libri tres*, ed. L. BIELER, in *Itineraria et alia Geographica*, ed. P. GEYER [CCSL 175], Turnhout 1965, p. 228-229: "2. Interioris domus aquilonali in parte pergrande et valde pulchrum monstratur armarium, in quo capsa habetur recondita lignea, quae similiter ligneo superclauditur operculo; 3. In quo illud salutare habetur reconditum crucis lignum in quo noster Salvator pro humani salutate generis suspensus passus est. Quae videlicet predicabilis capsa, ut sanctus refert Arculfus, in tribus continuis diebus post expletum annum super altare aureum cum tali pretioso elevatur thesauro. [...] 6. Hoc est in caena Domini, qua die imperator et exercitus militum eclesiam intrantes et ad illud accedentes altare aperta illa sacrosancta capsella salutarem osculantur crucem. 7. Primus ante omnes imperator orbis illam inclinato osculatur vultu; deinde iuxta conditionum vel aetatum ordinem unus post unum accedens honorabile osculatur patibulum. 8. Proinde crastino die, hoc est sexta feria ante Pascha, reginae, matronae et omnes populi mulieres observato supra memorato accedunt ordine omni cum veneratione osculantes. 9. Tertia die, hoc est sabbato paschali, episcopus et universus post eum clerus cum timore et tremore et omnigena honorificantia accedunt ordinatim victoriale osculantes lignum in sua positum capsa. 10. Finitisque sanctis et laetificis talibus sacrosanctae crucis osculationibus illa venerabilis capsa supercluditur et ad suum cum tali honorifico thesauro reportatur armarium. 11. Sed et hoc non neglegenter intuendum quod non duo sed tria ibidem crucis habeantur brevi ligna, hoc est transversum lignum et longum incisum et in duas aequas divisum partes; 12. e quibus tripertitis honorificabilis lignis, quando illa aperitur capsa, miri odoris flagrantia ac si omnium florum inibi collectorum mirabili plena suavitate exoritur, satians et letificans omnes in propatulo intra illius eclesiae parietes interiores qui eodem temporis spatio intrantes stant [...]." English translation after J. WILKINSON, *Jerusalem Pilgrims Before the Crusades,* Warminster 2002, p. 202-203.

52. Unfortunately, the terms 'capsa' and 'capsella' used in Adomnanus' description are too general to allow for a more specific identification of the reliquary's form and decoration. One may think of either a rectangular or a cruciform box.

53. It is interesting to note that, in contrast to the earlier cult practice recorded for Jerusalem, the True Cross remained inside its wooden container during its ritual adoration, which seems to indicate that the reliquary was a flat box of a type similar to the ones common during the Middle Byzantine period. For the veneration of the True Cross in fourth-century Jerusalem, see *Itinerarium Egeriae*, ed. E. FRANCESCHINI and R. WEBER, in *Itineraria et alia Geographica,* ed. GEYER [Corpus Christianorum. Series Latina 175], Turnhout 1965, p. 80-81.

54. Adomnanus' description of the relic contradicts its reconstruction as a double-armed cross as proposed by FROLOW, *La relique de la Vraie Croix*, Nr. 66, p. 195 and J. BRECKENRIDGE, *The Numismatic Iconography of Justinian II. (685-695; 705-711 A.D.)* [Numismatic Notes and Monographs 144], New York 1959, p. 101. It is more likely that the three pieces mentioned were arranged in the form of a Greek cross with four arms of equal length.

According to Adomnanus, the veneration of the relic itself followed a strictly hierarchical order. On Maundy Thursday, the emperor and the male members of court and army approached the relic for pious veneration in the order of their rank and age. They were followed on Good Friday by the women of Constantinople: first the empress and the female members of the imperial court, then the rest of the inhabitants according to social rank. Finally, on the third day, the Saturday of Easter, the patriarch and clergy concluded the veneration of the precious wood. After the ritual veneration ended, the lid was put back on the reliquary and the sacred treasure returned to the 'beautiful' wooden chest in the northern part of the church from which it was brought. While Arculf may not have understood all intricacies of the ritual he observed and the τάξις it followed, his description of events corresponds well with the *Chronicon Paschale*'s account of the veneration of the Holy Lance in the capital, an event likewise organized according to gender, but performed during a four-day period.[55]

While Adomnanus' account attests to the late seventh-century veneration of a relic of the True Cross in Constantinople during the Holy Week of Easter, he relates no such ritual for the commemoration of the ὕψωσις of the True Cross on September 14, which, according to the *Chronicon Paschale*, was celebrated in Hagia Sophia already in 629.[56] Considering that Arculf is said to have stayed in Constantinople from Easter until Christmas, this omission is surprising. However, it proves neither that such a celebration did not yet exist in the capital nor that it did not yet involve a public veneration of the relic by the court and the people of Constantinople.[57]

Despite the fact that detailed descriptions of the celebration of the feast of the Exaltation of the True Cross are lacking for Constantinople until about the middle of the tenth century, the *Typikon of the Great Church*, our earliest surviving record for a liturgical celebration of the ὕψωσις τοῦ σταυροῦ in Hagia Sophia, seems to indicate that the feast may well have been celebrated there since the days of emperor Herakleios.[58] Much like the veneration of the Holy Lance in October 629, the veneration of the True Cross was held on four consecutive days from September 10 through 13. "As it was custom" (κατὰ τὸ συνηθές), the first two days were reserved for the veneration by men, the third and – in all likelihood – the fourth day for the veneration by women.[59] Visual representations of such public rituals have been preserved in an

---

55. Unfortunately, the description in the *Chronicon Paschale* is too unspecific to allow for a more precise comparison. It is likely, however, that the ritual veneration was performed according to social rank within each gender group.

56. The date given follows the revised chronology suggested in my article (KLEIN, Niketas und das wahre Kreuz, p. 580-587).

57. There could be any number of reasons for Adomnanus' silence on this point.

58. *Le Typicon de la Grande Église*, ed. J. MATEOS [Orientalia Christiana Analecta 165/166], 2 vol., Rome 1962-1963. For recensions and dating, see *ibidem*, I, p. III-XXI, esp. p. VIII-XIX. See also *Syn. CP*, p. XI; V. GRUMEL, Le Typicon de la Grande Église d'après le manuscrit de Sainte-Croix : datation et origine, *An. Boll.* 85, 1967, p. 45-57; J. F. BALDOVIN, *The Urban Character of Christian Worship: The Origins, Development, and Meaning of Stational Liturgy* [Orientalia Christiana Analecta 228], Rome 1987, p. 190-197, esp. p. 191.

59. *Typicon*, ed. MATEOS, I, p. 24-27. The entry for September 13 does not specify which group is to venerate the relic on that day. Considering the similar four-day schedule described by the *Chronicon Paschale* for the veneration of the Holy Lance, the fourth day may well have been reserved for the relic's veneration by women.

Fig. 1 - *Vat. gr.* 1156, fol. 248

eleventh-century Gospel Lectionary now in the Vatican Library (Fig. 1 and 2), which, in four consecutive miniatures, shows groups of men in proskynesis before the relic of the True Cross placed on an altar.[60] The feast day proper started with a vigil on the eve of September 14 and continued with the *orthros* the following morning: at the ambon, the schola chants the *troparia* of Psalm 50. The patriarch enters the church during the *hymnos*, preceded by deacons with candles and the *skeuophylax* who "carries the glorious wood in its container" (βασταζομένων τῶν τιμίων ξύλων σὺν τῇ θήκῃ).[61] Before the schola concludes the *troparia*, the patriarch and his clergy ascend the ambon:

60. Biblioteca Apostolica Vaticana, Cod. gr. 1156, fols. 248-248v. See also K. WEITZMANN, *Studies in Classical and Byzantine Manuscript Illumination*, Chicago 1971, p. 194-299. While the Vatican manuscript generally confirms Arculf's description of the veneration of the relic during Holy Week, the precious wood is no longer presented inside its precious container, but laid out openly on the altar.

61. *Typicon*, ed. MATEOS, I, p. 28-29.

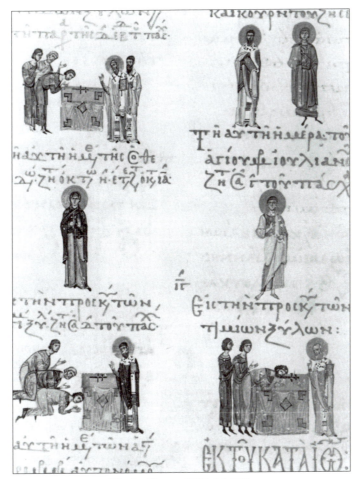

Fig. 2 - *Vat. gr.* 1156, fol. 248v

After the relic is taken out of its container, the archdeacon takes over the patriarch's *omophorion*. The patriarch bends down on his knees, stretches down on the floor, repents, even if it is Saturday or Sunday, and prays on the ambon. Then he rises again, takes the cross in his hands and exalts it. The *synkellos* assists him while the people chant the *Kyrie eleison*. After this, the patriarch performs the first, second, and third exaltation. After the third exaltation, he descends into the *bema* and the veneration of the glorious wood begins.[62]

62. *Typicon*, ed. MATEOS, I, p. 31: μετὰ τὸ ἀνερθεῖν αὐτά, ὁ ἀρχιδιάκονος ἀφαιρεῖ ἐξ αὐτοῦ τὸ ὠμοφόριον καὶ εἰς γόνυ κλιθεὶς ὁ πατριάρχης καὶ προσερεισθεὶς τῇ γῇ, βάλλει μετάνοιαν, κἄν τε σάββατόν ἐστιν κἄν τε κυριακή, καὶ εὔχεται ἐν τῷ ἄμβωνι. Καὶ οὕτως ἐγειρόμενος, λαμβάνει τὸν Σταυρὸν ταῖς χερσὶν αὐτοῦ καὶ τοῦτον ὑψοῖ, συνόντος αὐτῷ τοῦ συγκέλλου ὄπισθεν καὶ τοῦ λαοῦ κραζόντων τὸ Κύριε, ἐλέησον. Καὶ εἶθ' οὕτως ποιεῖ τὴν α΄ καὶ β΄ καὶ γ΄ ὕψωσιν. Καὶ μετὰ τὴν τρίτην ὕψωσιν κατέρχεται ὁ πατριάρχης ἐν τῷ βήματι καὶ γίνεται προσκύνησις τῶν τιμίων ξύλων.

Fig. 3 - *Menologion of Basil II* (*Vat. gr.* 1613), p. 35

Visual representations of the patriarch's solemn elevation of the True Cross have been preserved in a number of liturgical manuscripts from the eleventh and twelfth centuries including the *Menologion of Basil II* (Fig. 3) and the already mentioned Gospel Lectionary in the Vatican Library (Fig. 4).[63]

In addition to the *Typikon of the Great Church*, which is mainly concerned with the liturgical practices performed by the patriarch and clergy of Hagia Sophia, the so-called *Book of Ceremonies*, compiled by emperor Constantine VII Porphyrogenetos during the tenth century, contains detailed information concerning the involvement of the emperor and his court in the celebration of the feast.[64] According to this source, imperial participation in the ceremony starts the night before the feast day proper: at the ninth or tenth hour, the entire court – *patrikioi, domestikoi* and all other court officials – convene at the *Spatharikion* to await the advent of the emperor.[65] As soon as the emperor comes out of his chambers, the door of the *Spatharikion* is opened and the senior *kouboukleioi,* having entered and wearing their sagion, greet him with

63. Biblioteca Apostolica Vaticana, Cod. gr. 1613, p. 35, and Cod. gr. 1156, fol. 250v.

64. *Constantini Porphyrogeniti imperatoris De Ceremoniis aulae byzantinae*, ed. I. I. REISKE [Bonn]; *Constantin VII Porphyrogénète, Le livre des cérémonies*, ed. A. VOGT, Paris 1935-1940. On the *Book of Ceremonies*, see also A. CAMERON, The Construction of Court Ritual: The Byzantine Book of Ceremonies, in *Rituals of Royalty: Power and Ceremonial in Traditional Societies*, ed. D. CANNADINE and S. PRICE, Cambridge 1987, p. 106-136.

65. For the relative location and function of the *Spatharikion*, see R. GUILLAND, *Études de topographie de Constantinople byzantine*, Amsterdam 1969, I, p. 110. J. EBERSOLT, *Le Grand Palais de Constantinople*, Paris 1910, 158-159.

proskynesis.[66] Preceded by the *kouboukleioi*, the emperor leaves. Outside the door of the *Spatharikion*, he is received by *patrikioi*, *domestikoi*, and *basilikoi*, who salute him and lead the procession through the *Magnaura* and its upper portico (διὰ τῆς Μανναύρας καὶ τῶν ἀνωτέρων αὐτῆς διαβατικῶν) over the wooden stairs into the *Katechoumenioi* of the Great Church (διὰ τῆς ξυλίνης σκάλας [...] ἐν τοῖς κατηχουμενίοις τῆς Μεγάλης Εκκλησίας).[67] Inside the *Katechoumenioi*, the prefects of the *kouboukleioi* change

Fig. 4 - *Vat. gr.* 1156, fol. 250v

66. R. GUILLAND, *Études*, I, p. 110, has suggested that this event took place in the Chrysotriklinos.
67. This processional route is known to have been used on more than one occasion, for instance, on the feast of Orthodoxy (*Cer.* I, 37, ed. VOGT, I, p. 145). While the various halls, doors, chambers, and porticoes of the imperial palace are well-known through the *Book of Ceremonies* and other sources, their exact location is difficult to determine. For a recent attempt to reconstruct the relative topography of the imperial palace, see J. BARDILL, The Great Palace of the Byzantine emperors and the Walker Trust excavations, *Journal of Roman Archaeology* 12, 1999, p. 216-230. On liturgical processions from the imperial palace to Hagia Sophia, see also C. STRUBE, *Die westliche Eingangsseite der Kirchen von Konstantinopel in justinianischer Zeit,* Wiesbaden 1973. On the raised portico that connected the Chalke with the gallery of Hagia Sophia, see C. MANGO, *The Brazen House, A Study of the Vestibule of the Imperial Palace of Constantinople,* Copenhagen 1959, p. 87-92.

their vestments, the *koubikoularioi* now wearing tunics only and the *patrikioi* processional mantles. Then, the emperor asks the *praipositos* to call for the patriarch who
soon arrives. After sitting down with the emperor for a short while, the patriarch leaves
for the *Small Sekreton*, where the glorious wood is kept, to await the emperor there.
Once the 'Glory to God in the Highest' is sung in the church, the emperor departs,
preceded by the *kouboukleioi*, to venerate the precious wood. The emperor enters into
the *Great Sekreton*, where the patriarch hands him a processional candle. Here, the
emperor is received by the *patrikioi* and the senate, who carry similar candles. Together,
the emperor and his court accompany the precious relic procession out of the *Great
Sekreton*. They go down the grand staircase, turn to the left towards the *Didascalion*,
where the Easter tables are inscribed, and enter the narthex through the great doors.[68]
In front of the imperial doors the procession stops. Here, the emperor exchanges his
processional candle for different ones and delivers a prayer. Having received his processional candle back from the *praipositos* and having venerated the Holy Gospels,
the emperor and patriarch enter the naos of the church, proceed towards the center of
the church and enter the ambon on the right via the solea while the *patrikioi* wait in
the solea with their candles. In front of the sacred doors, the emperor hands his processional candle over to the *praipositos* and, having received different ones, renders
his prayers. After having handed the candles back, he enters the sanctuary to venerate
the precious wood. Then, passing through the solea again, he returns to the ambon.
Here, he assumes his position on the third or fourth step while the courtiers take their
respective places on the solea and the left side of the ambon. When the patriarch ascends
the ambon with the relic of the True Cross, the emperor exchanges his processional
candle again for prayer candles, which he holds while witnessing the ὕψωσις of the
True Cross. After the patriarch has elevated the cross on the four sides of the ambon,
the precious relic is returned to the sanctuary and again exposed for the veneration
by the emperor.[69] After the veneration of the True Cross, emperor and patriarch leave
the sanctuary through a door on the side. At the Holy Well, the patriarch and emperor
embrace and bid each other farewell.[70] Accompanied by his courtiers, the emperor
enters the palace precinct through the small gate of the *Chalke*.[71] Here, he is greeted
by the faction of the Greens. Having passed through the *Chalke*, the emperor is greeted
by the Blues on the right side of the *Triklinos* of the Candidates. Passing through the
Scholae and *Excubita*, he proceeds to the *Consistorium*, where the members of the
senate stay and exclaim: 'Many and good years!' As soon as the emperor transverses
the *Onopodion*, the master of ceremonies and the *silentiarioi* greet and acclaim the
emperor. The *patrikioi* do the same at the portico of the Golden Hand.[72] Finally, after
passing through the *Augusteus*, the emperor re-enters the imperial living quarters.

---

68. A similar route is taken on the feast of Orthodoxy. See R. GUILLAND, *Études*, II, p. 16.
    69. According to the *Book of Ceremonies*, the relic is elevated ἐν τοῖς τέσσαρσι μέρεσι τοῦ ἄμβωνος
while the *Typicon* stresses a triple elevation of the True Cross.
    70. For the location of the Holy Well, see MANGO, *Brazen House*, 60-72; GUILLAND, *Études*, II,
p. 19-23.
    71. For the small iron gate of the Chalke, see MANGO, *Brazen House*, p. 85-87.
    72. For information on the various places mentioned, see GUILLAND, *Études*, I, p. 3-93.

Here, the procession ends with the senior officials changing their vestments once again; they now wear only their *skaramangia*.

While the *Book of Ceremonies* concludes its description with the courtiers' changing their vestments at the end of the imperial procession, additional information on the feast can be derived from a short passage in the so-called *Kletorologion of Philotheos*,[73] a didactic treatise on the order of banquets and lists of offices first published in 899:

> On the fourteenth of the same month [September] is celebrated the feast of the exaltation and appearance of the precious and life-giving Cross; the emperors proceed to the church of Hagia Sophia in the early morning, or, at other times, during the previous night. After the third exaltation of the most precious wood, they go back to their quarters through the corridors first and, having formed an ordinary procession inside the palace, a banquet is offered in the Triklinos of Justinian. For this, it is necessary for us to invite as guests friends of the emperors, according to the said ritual of banquets, and to make them enter wearing their *skaramangia* only.[74]

Philotheos' treatise contributes a number of interesting details to our understanding of the ceremony. It informs us that the festive celebration of the Exaltation of the True Cross was concluded – at least in the late ninth and early tenth century – with an imperial banquet in the Triklinos of Justinian (II).[75] It also indicates that the feast itself was known at the time as ἡ ὕψωσις καὶ ἐμφάνεια τοῦ τιμίου καὶ ζωοποιοῦ σταυροῦ, thus reflecting the ritual exaltation of the relic of the True Cross as much as its physical exposition and historical discovery.[76]

Interestingly, neither the *Book of Ceremonies*, nor the *Typikon of the Great Church*, nor any other contemporary or later liturgical manuscript records a public veneration of the True Cross during Holy Week as witnessed by Arculf and described by Adomnanus.[77]

---

73. *Le traité de Philothée*, in N. OIKONOMIDÈS, *Les listes de préséance byzantines des IXe et Xe siècles*, Paris 1972, p. 65-235.

74. *Traité de Philothée*, 222[17-25]: τῇ δὲ τεσσαρισκαιδεκάτῃ τοῦ αὐτοῦ μηνὸς τελεῖται ἡ ὕψωσις καὶ ἐμφάνεια τοῦ τιμίου καὶ ζωοποιοῦ σταυροῦ, καὶ ἀνέρχονται οἱ βασιλεῖς ὄρθρου βαθέως ἐν τῷ ναῷ τῆς ἁγίας Σοφίας, ποτὲ δὲ καὶ ἀπὸ ἑσπέρας· καὶ τελουμένης τῆς τρίτης ὑψώσεως τοῦ παναγίου ξύλου, κατέρχονται πάλιν οἴκαδε διὰ τῶν διαβατικῶν ἐν πρώτοις, καὶ τελουμένης παγανῆς προελεύσεως ἔνδον τοῦ παλατίου, προτίθεται κλητόριον ἐν τῷ Ἰουστινιανοῦ τρικλίνῳ, καὶ δεῖ ἡμᾶς συγκαλέσασθαι εἰς συνεστίασιν τῶν βασιλέων φίλους κατὰ τὸν ἤδη τῶν κλητωρίων λεχθέντα τύπον· εἰσάγειν δὲ πάντας μετὰ τῶν οἰκείων σκαραμαγγίων καὶ μόνον.

75. On the Triklinos of Justinian, see GUILLAND, *Études*, I, p. 153-154. Since the *Book of Ceremonies* ends with the senior officials' changing into their *skaramangia*, described as the mandatory banquet dress by Philotheos, the ritual does not seem to have undergone significant changes in the subsequent century.

76. The use of the term ἐμφάνεια may reflect an effort to preserve the memory of the discovery and public veneration of the True Cross in Jerusalem in the week preceding the feast of the consecration of the church of the Holy Sepulcher on September 17. This feast, celebrated in Jerusalem since the fourth century, was known as σταυροφάνεια by the author of the *Chronicon Paschale* (Bonn, p. 531[12]) and *inventio sanctae crucis* by Egeria and Theodosius Presbyter. See *Itinerarium Egeriae*, p. 89-90; *Theodosii De situ Terrae sanctae*, in *Itineraria et alia Geographia*, ed. GEYER, p. 114-125, 124.

77. For the sudden disappearance of the ritual veneration of the True Cross during Holy Week, see BERNADAKIS, *Le culte*, p. 258. The practice was re-introduced into the Orthodox liturgy only in 1864 by Patriach Sophronios of Constantinople.

In contrast to the ceremonies described in connection with the third Sunday of Lent and September 14, the feast in August does not feature very prominently in the *Typikon of the Great Church*. It merely acknowledges the ceremony's existence in a short notice added at the end of the entries under August 1.[89] While other sources suggest that Hagia Sophia may have played at least some part in the celebration of this feast, the involvement of the patriarch and his clergy seems to have been limited.[90] This corresponds well with the fact that the relic's daily processions were administered not by the cathedral clergy, but by the staff and clergy of the imperial palace.[91]

Apart from the city-wide processions recorded for the first two weeks of August, the *Book of Ceremonies* mentions a number of other occasions during which relics of the True Cross are thought to have been employed.[92] One such ceremony is described for the Wednesday of the fourth week after Easter. On this day, the emperor and his court march in festive procession to the church of the holy martyr Mokios, where they await the arrival of the patriarch and his entourage.[93] When the patriarch's procession approaches, the emperor leaves the church to meet him on the Mese (ἐν τῇ Μέσῃ). He lights candles, prays, and "venerates the precious and lifegiving cross and the Holy Gospels."[94] After emperor and patriarch have greeted each other, the emperor leads the procession, as is custom, into the atrium of the church. Similar ceremonies are recorded for Easter Monday and the third Sunday of Lent if it coincides with the feast of the Annunciation to the Virgin (25 March).[95] For the latter, the *Book of Ceremonies* describes the emperor's reception of the patriarch and his entourage at the church of the Virgin in the Chalkoprateia. Here again, "the emperor venerates the precious cross and the Holy Gospels"[96] before entering the church together with the patriarch. It is interesting to note that in this and the other cases mentioned, the *Book of Ceremonies* speaks of the precious and lifegiving *cross* (σταυρός), not of the precious and lifegiving *wood* (ξύλα) as in the context of the major feasts of the cross described earlier. Obviously, terms such as τίμιος σταυρός or τίμιος καὶ ζωοποιὸς σταυρός characterize a different class of objects, namely elaborate processional crosses such as can be seen in some of the miniatures of the so-called *Menologion of Basil II* (Fig. 5). But did these crosses actually contain particles of the sacred wood? Some passages in the *Book of Ceremonies* seem to suggest that this was indeed the case. On the feast day of the Birth of the Virgin, for instance, a clear distinction is drawn

90. See BERNADAKIS, Le culte, p. 260-262, with reference to a passage in the *Acta Sanctorum* which explains that the relic was paraded through the city 'to protect its inhabitants from the diseases common during that month.'

91. The *Traité de Philothée*, ed. OIKONOMIDES, p. 129²⁵-131¹⁴, contains specifications as to the distribution of revenues from these processions.

92. See, for instance, FROLOW, *La relique de la Vraie Croix*, Nr. 129, p. 230.

93. *Cer.* I, 17, ed. REISKE, I, p. 98-108. On the church of St. Mokios, see JANIN, *Les Églises*, 354-358.

94. *Cer.* I, 17, ed. REISKE, I, p. 102²⁻³: [...] προσκυνεῖ τὸν τίμιον καὶ ζωοποιὸν σταυρὸν καὶ τὸ ἄχραντον εὐαγγέλιον.

95. *Cer.* I, 10, ed. REISKE, I, p. 71-86, esp. p. 76 (Easter Monday); *ibidem.*, I, 30, ed. REISKE, I, p. 162-170 (Annunciation to the Virgin).

96. *Cer.* I, 30, ed. REISKE, I, p. 166⁷⁻⁹: [...] προσκυνεῖ ὁ βασιλεὺς τὸν τίμιον σταυρὸν καὶ τὸ ἄχραντον εὐαγγέλιον [...].

Fig. 5 - *Menologion of Basil II* (*Vat. gr.* 1613), p. 192

between 'the sacred type of the lifegiving cross' and the 'precious cross' mentioned together with the Holy Gospels in the same context.[97] While this may be taken as evidence for a contemporary awareness of the difference between the representations or sign of the lifegiving cross and its material remains, a positive identification of relics of the True Cross is limited to cases in which the term ξύλον is applied to characterize such objects.

This is true for a number of historical and hagiographical sources that record the swearing of solemn oaths on relics of the True Cross.[98] One of the earliest such records can be found in the *Short History* of Patriarch Nikephoros, who relates that, in the presence of Patriarch Pyrrhos, Herakleios II had sworn on the life-giving wood (τῶν ζωοποιῶν ξύλων) that the children of his Emperor Constantine would not be harmed by him or anybody else.[99] The same author reports that Patriarch Constantine II of

97. *Cer.* I, 1 ed. REISKE, I, p. 29: "[...] καὶ προσκυνοῦσι τὸν σεβάσμιον τύπον τοῦ ζωοποιοῦ σταυροῦ, ἀσπαζόμενοι τό τε ἅγιον εὐαγγέλιον καὶ αὐτὸν τὸν τίμιον σταυρόν, ἔπειτα τὸν πατριάρχην.

98. On the swearing of oaths on relics of the True Cross, see also the summary account in MERGIALI-SAHAS, Emperors and Relics, p. 51-53, and, in this vol., S. LEROU, L'usage des reliques du Christ par les empereurs.

99. NIKEPHOROS, *Short History*, ed. and trans. C. MANGO [CFHB 13], Washington, D.C., 1990, p. 80[20-23].

kept in a special container and carried by a *koubikoularios* around his neck. Similar reliquaries, one commissioned by emperor Manuel I Komnenos for a military campaign against the Sultan of Konya, the other one lost by Isaak II Angelos during a campaign in Bulgaria, are known through inscriptions and historical sources.[109] Since the inscription on the reliquary commissioned by Manuel consciously stresses that in decorating the "same sign" with gold, the emperor followed the example of Constantine the Great, who had won "a great victory thanks to the cruciform sign of the divine wood [...],"[110] there can be little doubt that by carrying a relic of the True Cross into battle, the emperor modeled himself consciously and recognizably in the image of the first Christian emperor, who was also the first to experience the salvific and victory-bearing power of the sign of the cross in battle.

Like many other Byzantine imperial customs, the ritual, ceremonial, and military use of the relic of the True Cross did not remain without having an impact on the Latin world. Knowledge of the Byzantine emperors' use of relics of the True Cross in battle, for instance, had reached the West already by the eleventh century, when Bishop Benzo of Alba notes in his *Seven Books to Emperor Henry IV* that "as one can read in attic chronicles," Emperor Nikephoros had marched around the besieged city of Antioch twice a week "preceded by a cross of the wood of the Lord through which he hoped to gain the trophy of victory."[111] Given this knowledge, it seems hardly surprising that shortly after the conquest of Jerusalem in 1099 and the subsequent 'inventio' of a relic of the True Cross in the church of the Holy Sepulcher, the Latin rulers of Jerusalem adopted this Byzantine custom and took the relic of the True Cross with them into battle.[112] This newly discovered relic, however, could hardly claim the same authority and importance as those fragments known to have been safeguarded in the imperial palace at Constantinople.

When King Louis of France visited the Byzantine capital in 1147 and was granted permission to see and venerate the True Cross and other relics of Christ's Passion in the imperial palace, Constantinople's late start as a cult center of the True Cross was long forgotten. Instead of Justin II, who seems to have been the first to translate a major portion of the True Cross to the capital, and Herakleios, whose reconquest

---

109. On the reliquary commissioned by Manuel, see FROLOW, *La relique de la Vraie Croix*, Nr. 367, p. 342-343 and *ID.*, *Une inscription bulgare inédite*, *RES* 21, 1944, 105-106. On the reliquary carried on Isaak II's Bulgarian campaign, see Georgios Akropolites' *Chronika Syngrapha*, in *Georgii Akropolitae Opera*, ed. A. HEISENBERG, corr. P. WIRTH, Stuttgart 1978, p. 19-20.

110. Εἰδὼς δὲ τύπου σταυρικοῦ θείου ξύλου / νίκην λαβόντα τὸν μέγαν Κωνσταντῖνον /[...] /τὸν αὐτὸν αὐτὸς χρυσῷ ἐκόσμει τύπον /...

111. BENZO VON ALBA, *Ad Heinricum IV. imperatorem libri VII*, ed. with a German trans. H. SEYFFERT [MGH SRG 65], Hannover 1996, p. 508-509: "In Atticis enim legitur hystoriis, quod Byzanzenus rex Nikephorus, vir sapiens et bellicosus, circumcinxit Antiochiam vallo formidandisque machinis plus minus septem annis. Et bis in hebdomada coronatus circuibat civitatem cum multis populorum turmis ad similitudinem Hyerechontine urbis. Crux denique ligni dominici precedebat eum, per quod sperabat victoriae tropheum."

112. For the Crusader's use of the relic of the True Cross in battle, see MURRAY, 'Mighty against the Enemies of Christ'. The practice continued until the loss of the relic to Salah ad-Din in the battle of Hattin. For individual references, see FROLOW, *La relique de la Vraie Croix*, Nr. 259, p. 287-290; Nr. 309, p. 316-317; Nr. 377, p. 347-348.

of the relic from the Persians and final translation to the capital established Constantinople as a new center of the cult of the True Cross in the Mediterranean, it was Constantine and Helena whose role in the foundation of the cult was recognized and publicly commemorated in the city.[113] According to the *Patria Konstantinoupoleos* and the *Parastaseis Syntomoi Chronikai*, collections of texts devoted to the history and monuments of the capital, Constantinople was, by then, adorned with several monumental statues of the imperial couple flanking the cross, all placed at prominent locations within the city.[114] One crowned the Eastern arch of the Forum of Constantine, another one decorated the vaulted roof of the *milion*, still another one was placed next to the bronze oven of the *Bous*, or *Forum Bovis*.[115] Similar representations of the imperial couple could be found in the churches of Constantinople, where they either formed part of the sanctuaries' monumental decoration, as numerous surviving examples outside the capital suggest, or adorned liturgical and devotional objects such as manuscripts, icons, and *staurothekai*.[116] Especially on the latter class of objects the presence of Constantine and Helena functioned as a visual reminder of the origins of the cult of the True Cross in Jerusalem and re-assured the pious beholder that the precious relic displayed for public adoration derived from the very wood that Helena had sent to her son in Constantinople, where it was believed to have been kept and venerated ever since.[117]

113. On the rising cult of Constantine in ninth-century Byzantium, see A. KAZHDAN, Constantin imaginaire. Byzantine legends of the ninth-century about Constantine the Great, *Byz.* 57, 1985, p. 196-250.

114. On the patriographic tradition and the dating of the texts, see A. CAMERON and J. HERRIN, *Constantinople in the Early Eighth Century,* Leiden 1984; A. BERGER, *Untersuchungen zu den Patria Konstantinupoleos,* Bonn 1988; G. DAGRON, *Constantinople imaginaire. Études sur le recueil des Patria,* Paris 1974.

115. *Patria Konstantinoupoleos,* ed. Th. PREGER, *Scriptores Originum CP,* II, Leipzig 1907, p. 16 and 29; *Parastaseis Syntomoi Chronikai,* ed. T. PREGER, *Scriptores Originum CP,* I, Leipzig 1901, p. 52. On these monuments and the problem of their date, see BAUER, *Stadt, Platz und Denkmal,* p. 354-355 and BERGER, *Untersuchungen,* p. 274, 288-290.

116. For an iconographic survey of the joint representation of Constantine and Helena flanking the cross in the various media, see N. TETERIATNIKOV, The True Cross flanked by Constantine and Helena. A Study in the light of the post-iconoclastic re-evaluation of the Cross, *Δελτίον,* 1995, p. 169-188.

117. I would like to thank Dr. Joanna Smith (Coloumbia University) for reading an early draft of this article. I am also indebted to Dr. Kirstin Noreen (Louisiana State University, Baton Rouge) for her thoughtful comments on the arguments presented here.

LES CÉRÉMONIES DE L'EXALTATION DE LA CROIX
À CONSTANTINOPLE AU XIᵉ SIÈCLE
D'APRÈS LE *DRESDENSIS* A 104

Bernard FLUSIN

Les reliques de la Passion, à l'époque médiobyzantine, sont conservées dans les chapelles du palais impérial et, jusqu'à l'époque des Comnènes, elles ne sont accessibles sans doute qu'à un petit nombre de visiteurs privilégiés. Deux d'entre elles cependant sortent régulièrement du palais. Il s'agit de la Sainte Lance, qu'on apporte à la Grande Église pour l'*orthros* du jeudi saint[1], et surtout de la Vraie Croix, que les Byzantins appellent la "Précieuse Croix", ou les "Précieux Bois". Déposée elle aussi au palais, elle est proposée à la vénération des fidèles en trois occasions : lors de la quatrième semaine du Carême, on l'expose à Sainte-Sophie pendant quatre jours[2] ; au début du mois d'août, elle est promenée dans les rues de Constantinople par le *papias* du palais[3] ; enfin, du 10 au 13 septembre, elle est à nouveau vénérée à la Grande Église, avant que ne se déroule, le 14 du même mois, l'impressionnante cérémonie de l'Exaltation dont Holger Klein, dans ce volume, a décrit l'histoire jusqu'au Xᵉ siècle. Il a paru intéressant, pour compléter et contrebalancer ce qui est dit ailleurs dans ce livre des rapports entre les reliques de la Passion et l'empereur, de montrer ce qu'était la grande fête religieuse qui, chaque année, se déroulait à Sainte-Sophie autour de la Croix et de publier ici la meilleure description que nous en ayons, à savoir celle, partiellement inédite, qui se trouve dans un manuscrit illustre mais difficilement accessible du *typicon* de la Grande Église : le *Dresdensis* A 104.

Le manuscrit A 104 de la Sächsische Landesbibliothek de Dresde est datable paléographiquement de la seconde partie du XIᵉ siècle. Son contenu rend probable qu'il ait été copié à Constantinople. Son histoire a été en partie reconstituée par Dmitrievskij[4].

---

1. J. MATEOS, *Le Typicon de la Grande Église. Ms Sainte-Croix nᵒ 40, Xᵉ siècle* (Orientalia Christiana Analecta 165), II, Rome 1962, p. 72-73 ; S. JANERAS, *Le Vendredi-Saint dans la tradition liturgique byzantine* (Analecta liturgica 12), Rome 1988, p. 300-305 ; CONSTANTIN PORPHYROGÉNÈTE, *De cerimoniis*, I. 43, éd. A. VOGT, p. 167-168. La Lance est vénérée à Sainte-Sophie, puis à Sainte-Irène.

2. MATEOS, *Typicon*, II, p. 40-45 ; cf. *De cer.*, II, 11 (Bonn, p. 549-550), où nous voyons qu'il y a au palais trois reliques de la Vraie Croix. L'une est menée à la Néa ; une deuxième reste au palais ; la troisième est apportée par le *papias* à la Grande Église le lundi et reprise le vendredi. Voir aussi JANERAS, *Le Vendredi-Saint*, p. 298-299.

3. *De cer.*, II, 8 (Bonn, p. 538-539).

4. A. DMITRIEVSKIJ, *Drevnejsie patriarsie Tipikony svjatogrobskij Ierusalimskij i Velikoj Konstan-*

Byzance et les reliques du Christ, éd. J. Durand et B. Flusin (Centre de recherche d'Histoire et Civilisation de Byzance, Monographies 17), Paris 2004.

Au XVIe siècle, le manuscrit est la propriété du patriarche de Constantinople Jérémie II, le fondateur à l'Athos du monastère de Stavronikita. C'est à l'Athos que le collaborateur du patriarche de Moscou Nikon, Arsenij Sukhanov, se le procure à la fin du XVIIe siècle, et c'est à Moscou que le futur patriarche de Jérusalem Chrysanthos (1707-1731) peut le voir en 1701 et en copier quelques extraits. À la fin du XVIIIe siècle, le bibliothécaire du Saint-Synode, Mattei, l'emporte avec lui et le vend à la bibliothèque de Dresde. Dmitrievskij, qui avait eu connaissance de ce manuscrit par les notes de Chrysanthos qu'il avait pu consulter à Constantinople, identifie le manuscrit en lisant à Paris le catalogue de la bibliothèque de Dresde et se rend dans cette ville la même année pour étudier le *Dresdensis* dont il avait reconnu l'intérêt pour l'histoire du *Typicon*. La publication qu'il en a faite reste notre meilleure source pour la connaissance du *Typicon* de Dresde[5]. À la fin de la deuxième guerre mondiale, le *Dresdensis* A 104 avait été déposé dans une cave avec d'autres manuscrits de la Bibliothèque de Saxe. C'est là qu'à la suite d'une inondation, il a été gravement endommagé. Le bruit avait couru, après la guerre, que le précieux manuscrit, qui restait introuvable[6], était retourné en Russie. En fait, il ne semble pas avoir quitté Dresde, où il se trouve aujourd'hui. Invité par le Professeur C. Mango à nous intéresser à ce manuscrit dont il existait déjà un microfilm à la Section grecque de l'Institut de recherche et d'histoire des textes, nous nous sommes rendu par deux fois à Dresde où nous avons pu, grâce à l'obligeance du personnel de la Sächische Landesbibliothek, étudier autant que faire se pouvait ce témoin exceptionnel du *typicon*, qui se trouvait alors dans un état pitoyable: certains folios, agglutinés, forment des blocs; sur d'autres, l'écriture est souvent effacée.

Le *Dresdensis* A 104, comme nous l'avons dit, est datable du XIe siècle, sans doute de la deuxième moitié et l'état du *typicon* de la Grande Église qu'il atteste doit être contemporain[7]. C'est ce qui ressort, pour la cérémonie de l'Exaltation de la Croix, de la mention de plusieurs syncelles, dont certains sont *hiérôménoi*, d'autres non[8]. On sait qu'alors qu'anciennement le détenteur de cette charge était unique, les syncelles se sont multipliés au XIe siècle[9]. La dévaluation du titre entraîne une réaction, et, peu après le début de son règne, Alexis Comnène semble l'avoir supprimé[10]. La rédaction du *typicon* que nous trouvons dans le manuscrit de Dresde est ainsi à situer au

---

tinopol'skoj Cerkvi, Kiev 1907, p. 254-264. Je remercie Madame I. Sorlin et MM. M. J. Featherstone et C. Zuckerman qui ont résumé pour moi le travail de Dmitrievskij.

5. DMITRIEVSKIJ, *Drevnejsie patriarsie Tipikony*.

6. MATEOS, *Typicon*, I, p. VIII : "Ce précieux ms., transféré à l'URSS pendant la dernière guerre, est aujourd'hui introuvable". JANERAS, *Le Vendredi-Saint*, p. 298-299, le déclare pour sa part presque inutilisable, ce qui est assez vrai.

7. Rappelons que, pour Dmitrievskij, le *typicon* de Dresde est datable du Xe-XIe siècle : il mentionne (fol. 181) la translation du mandilion d'Édesse et (fol. 160) la translation des reliques de Grégoire de Nazianze, mais ne connaît pas la fête des Trois Hiérarques, instituée en 1084.

8. Voir p. 87, l. 46-47.

9. Dès Héraclius, il pouvait y avoir deux syncelles. Depuis la fin du IXe siècle, le titre est donné par l'empereur. C'est au XIe siècle que les syncelles se multiplient : voir DARROUZÈS, *Recherches sur les Ὀφφίκια de l'Église byzantine*, Paris 1970, p. 17-19 ;

10. DARROUZÈS, Ὀφφίκια, p. 54 et n. 1; V. GRUMEL, Titulature des Métropolites Syncelles. I - Les métropolites syncelles, *REB* 3, 1945, p. 92-108.

XIe siècle, sans doute dans les décennies précédant le règne d'Alexis Ier. Elle est donc postérieure d'un siècle environ à celle qu'a éditée Juan Mateos d'après le manuscrit de Jérusalem Sainte-Croix 40.

Les cérémonies de la vénération et de l'Exaltation de la Croix à la mi-septembre sont décrites deux fois dans le *typicon* de Dresde. Une première description (9-14 septembre) occupe les fol. 134v-135v, et une deuxième (samedi et dimanche avant l'Exaltation ; 9 ?-14 septembre) les fol. 141v-143r. L'existence de ces deux séries de notices tient à une particularité de ce *typicon* : nous y trouvons, à partir du fol. 133r, une première section concernant le mois de septembre, depuis le premier du mois, puis, à partir du fol. 139v, une deuxième section, commençant avec le deux septembre[11]. Il semble que le rédacteur ait eu, pour les fêtes fixes au moins du début de l'année, deux modèles, qu'il ne fond pas, mais reproduit l'un après l'autre. Il les a harmonisés dans une certaine mesure. En effet, quand il copie la première description, il a déjà prévu de reproduire la seconde. De ce fait, il a sans doute allégé la première section, peut-être aussi la seconde, de sorte que les données que nous rencontrons en deux endroits, plutôt que de faire double emploi, sont complémentaires. C'est ce qui se passe en particulier pour les fêtes de la mi-septembre. Il faut donc, pour être complet, tenir compte à la fois des deux séries d'indications.

Les données du *Dresdensis* pour les fêtes de la Croix en septembre concernent cinq jours liturgiques. Les cérémonies commencent la nuit du 9 au 10 septembre, lorsque le *papias* apporte les Précieux Bois du palais impérial à Sainte-Sophie, et s'achèvent avec la fin de la divine liturgie du 14 septembre, lorsque le même *papias*, recevant la relique des mains du chartulaire du *skeuophylakion*, la reporte au palais. Les rites spéciaux en l'honneur de la Croix se déroulent lors de divers offices célébrés à la Grande Église : *orthros* et divine liturgie les 10, 11, 12 et 13 septembre ; paramonie du 13 au soir ; *pannychis* dans la nuit du 13 au 14 ; *orthros* et divine liturgie le 14 septembre. Pour plus de clarté, nous analyserons tout d'abord les offices, avec leurs pièces variables, avant d'examiner en les regroupant les rites de la vénération et de l'exaltation de la Croix.

LES OFFICES DES 10-13 SEPTEMBRE

Orthros

Dans la première description que nous trouvons dans le *Dresdensis*, pour les 10, 11, 12 et 13 septembre, l'*orthros* fait l'objet de quelques indications, qui, pour l'essentiel, sont détaillées à l'occasion du 10 septembre, mais valent pour les quatre jours. Elles doivent être interprétées en fonction du schéma établi par Mateos[12] ; mais dans le *Typicon* de Dresde, l'office s'est rapproché du rite palestinien : l'*orthros* du 14 septembre, comme nous le verrons, comporte un canon.

---

11. Dmitrievskij, *op. cit.*, p. 266, a pu reconnaître trois séries : 1. fol. 133-139, du 1er septembre au 24 décembre ; 2. fol. 139-140, du 2 au 7 septembre ; 3. fol. 140-183, du 2 septembre au 30 août.

12. MATEOS, *Typicon*, I, p. XXIII-XXIV.

L'office commence classiquement par une *hypakoè* propre aux fêtes de la Croix (*Aujourd'hui, s'est accomplie la parole du prophète*[13]), suivie de l'*hypakoè* du jour. Les antiphones ne sont pas spécifiés, mais il est noté que c'est à la fin du premier antiphone[14] que l'on va chercher la Croix dans les oratoires pour la déposer là où les fidèles la vénéreront. Après le *Bénissez* (Dan. 3, 57-88), qui appartient normalement à l'*orthros* festif, le psaume 50 a pour tropaire-refrain *Nous vénérons ta Croix*[15]. La venue du patriarche est plus difficile à situer : il participe, nous dit-on, au début de l'*orthros*, mais comme son arrivée coïncide avec celle de la Croix, il est vraisemblable qu'elle est à situer en fait au début de la deuxième partie de l'office, qui commence avec le *Bénissez*.

Divine liturgie

La divine liturgie, pour les 10-13 septembre, fait l'objet de deux séries d'indications différentes, que nous reproduirons séparément.

Dans la première (fol. 135), après les trois antiphones, avec le tropaire caractéristique de ces journées : *Nous vénérons ta Croix* – tropaire qui remplace aussi le *Trisagion* – nous trouvons les quelques pièces variables que voici :

	10 sept.[16]	11 sept.[17]	12 sept.[18]	13 sept.[19]
Prokeiménon	Ps. 28, 11	Ps. 32, 22	Ps. 46, 7	Ps. 146, 5
Apôtre	1 Cor. 2, 6-9[20]			lundi de la 26ᵉ semaine
Alléluia	Ps. 17, 48	Ps. 88, 2		M[21] …
Évangile	Mt. 10, 37-11, 1	Jn 8, 21-30		Jn 12, 25-36
Koinônikon	Ps. 148, 1	Ps 148, 1		

13. Mateos, *Typicon*, I, p. 28²⁷-30².

14. Il s'agit du premier antiphone fixe de l'*orthros*, formé des psaumes 3, 62 et 133 : cf. Mateos, *Typicon*, I, p. XXIII.

15. Mateos, *Typicon*, I, p. 26⁴⁻⁶ : "Pendant les quatre jours de la vénération <de la Croix>, au ps. 50, au troisième antiphone de la Liturgie et à <la place du> trisagion on chante Nous adorons ta Croix, ô Maître, <et nous glorifions ta sainte résurrection>".

16. Le *prokeiménon*, l'Apôtre, l'alléluia et l'évangile sont ceux qu'indique le ms. Fa du *Typicon* (cf. Mateos, *Typicon*, I, p. 24, *app. crit. ad lin.* 1).

17. Le *prokeiménon*, l'alléluia et le *koinônikon* sont ceux de Fa ; mais l'évangile diffère (Jn 3, 16-21 dans Fa) : cf Mateos, *Typicon*, I, p. 24, *app. crit. ad lin.* 9. L'apôtre n'est pas spécifié dans le *Dresdensis* ; dans Fa, il s'agit de 1 Cor. 1, 10-18.

18. Le *prokeiménon* est le même que celui de Fa. Nous n'avons pas pu déchiffrer la suite dans le *Dresdensis*. Fa donne les pièces suivantes : Eph. 2, 14-22 ; alléluia, ps. 44, 5 ; Jn 12, 25-36a ; *koinônikon*, ps. 148, 1.

19. Fa donne les pièces suivantes : *prokeiménon*, ps. 93, 5 ; Hebr. 3, 1-14 ; alléluia, ps. 86, 1 ; Jn 10, 22-28a ; *koinônikon*, ps. 115, 4.

20. Apôtre : celui du 13ᵉ samedi (1 Cor. 2, 6-9 ; cf. Mateos, *Typicon*, II, p. 152) ; c'est l'apôtre que donne Fa pour le 10 septembre (Mateos, *Typicon*, p. 24, *app. crit.*). C'est aussi celui du samedi avant l'Exaltation (voir plus bas, n. 27)

21. Il arrive souvent dans le manuscrit, comme nous l'avons dit, que l'encre ait été effacée par l'humidité. Cependant, les lettres rubriquées ont mieux résisté et nous avons pu lire l'initiale de certaines pièces liturgiques.

Ces indications, absentes du *typicon* tel que l'édite Mateos, sont proches de celles du manuscrit Fa (*Paris. gr.* 1590, daté de 1063) dont il signale les leçons dans son apparat critique.

La deuxième description, qui figure dans le *Dresdensis* au fol. 141v, est malheureusement en très mauvais état et notre copie est trop incomplète pour que nous puissions en proposer une édition. Nous nous contenterons de signaler les quelques éléments que nous avons pu recueillir.

La formule choisie par le rédacteur, telle qu'elle apparaît de la façon la plus complète pour le 12 septembre, est la suivante : premier Apôtre (qui est celui des fêtes de la Croix) ; liste des saints du jour ; *prokeiménon* (de la liturgie) ; un nouvel Apôtre ; alléluia ; *koinônikon*. On voit que, dans ce cas, les fêtes de la Croix sont loin de monopoliser l'attention. Voici les données que nous avons pu recueillir :

	10 sept.	11 sept.	12 sept.
Apôtre		1 Cor. 1, 10-18[22]	Eph. 2, 14-22[23]
Sanctoral		<Théodora> d'Alexandrie ; Ia ; Julien le <…>[24] ; Corneille le Centurion ; Diodore, Didyme ; Démétrius, <Euanthia> et Démétrianos	<…>, Kornoutos ; Théodore d'Alexandrie, Ôkéanos, Sérapion, <Hiérôni>dès, Séleukos, <…>, Gordien, Makro<bios>, Stra<tôn ?>, Théodore et Julien
Prokeiménon		Ps. 67, 36a ; 67, 27[25]	Ps. 115, 6 ; 115, 3 (?)[26]
Apôtre	Gal. 5, 22 -6, 2[27]	Eph. 5, 8b-19[28]	Jeudi de la 1re semaine (après la Pentecôte)
Alléluia	M…	Ps. 33, 20a[29]	Ὁ …
Koinônikon	E…	32, 1	

Comme on le voit, ces renseignements concernent, pour les 10-12 septembre, essentiellement la liturgie en l'honneur des saints. Pour les cérémonies de la Croix, nous gagnons cependant quelques indications qui avaient disparu de la première description : l'Apôtre du 11 et du 12 septembre[30].

---

22. Ὁ ἀπόστολος, ζήτει κυριακὴν η' (Πρὸς Κορινθίους *in marg.*).

23. Εἰς τὴν προσκύνησιν, ζήτει κυριακὴν κδ'.

24. Peut-être Julien d'Ancyre, qui est fêté au 13 septembre dans *Syn. CP*, col. 41.

25. Θαυμαστὸς ὁ Θεός, στίχος Ἐν ἐκκλησίαις εὐλογεῖτε.

26. Ἦχος βαρύς, Τίμιος ἐναντίον Κυρίου. Στίχος Τ…

27. Ὁ ἀπόστολος, ζήτει σάββατον κζ' Πρὸς Γαλάτας.

28. Ζήτει ἐπαύριον τῆς Ν'.

29. Ἦχος δ', πολλαὶ αἱ θλίψεις.

30. Le *Dresdensis*, au fol. 141v, donne également quelques renseignements sur le samedi et le dimanche avant l'Exaltation, ainsi que pour le cas d'une coïncidence entre le dimanche avant l'Exaltation et la Nativité de la Vierge. Pour le samedi : ἀκουλουθία νεκρώσιμος ; apôtre du 13e samedi, une note en marge signalant qu'il s'agit de l'épître aux Corinthiens (1 Cor. 2, 6-9 : cf. MATEOS, *Typicon*, I, p. 26 ; II, p. 152). Pour le dimanche : *prokeiménon* du 2e plagal, *Sauve, Seigneur, ton peuple* (ps. 27, 9) avec stique (27, 1) ; apôtre du 22e dimanche, une note dans la marge signalant qu'il s'agit de l'épître aux

LES OFFICES DE L'EXALTATION DE LA CROIX

Paramonie

Les offices de l'Exaltation, le 13 septembre au soir et surtout le 14 septembre, sont plus complexes. Nous résumerons tout d'abord, sous la forme d'un tableau, les données pour la paramonie[31] telles que nous les trouvons dans le *Dresdensis* et dans le *typicon* édité par Mateos.

Schéma type[32]	Typicon Mateos	*Dresdensis*
Ps. 85	1er antiphone	1er antiphone
Antiphones du psautier	et dernier antiphone	et dernier antiphone
Ps. 140 avec tropaire	Ps. 140	Ps. 140
Entrée du patriarche	Entrée du patriarche	Entrée sans stichères
Prokeiménon		Prokeiménon[33]
		Ecténie[34]
Trois petits antiphones	*idem*	Trois antiphones Au *Gloire* du 2e antiphone (Ps. 115), *Le Fils unique du Père ; Et maintenant, La très glorieuse*[35]]
Synaptie avec demandes	*idem*	
Trois lectures	Prokeiménon ps. 92, 1a ; 1b Ex. 15,22-26 ; Prov. 3, 11-18 ; Is. 60, 11-16	Mêmes lectures
		Psaume de David
Tropaire	*Sauve, Seigneur*	*Katabasia* : tropaire *Sauve, Seigneur* ; trois stiques du Ps. 98 (98, 1[36] ; 5; 9), et périssie
	Sagesse	Sagesse
Congé		Congé
	Lecture	Lecture d'attente

Galates (Gal. 6, 11-18 : cf. MATEOS, *Typicon*, I, p. 27 ; II, p. 160) ; Alléluia (ps. 88, 20c-21 ; stique, 88, 22). Coïncidence : "Il faut savoir que, si la Nativité de la Vierge tombe un dimanche, puisque ce dimanche est aussi celui qui précède l'Exaltation, on chante comme *prokeiménon*... semblablement, et l'apôtre est celui de la Théotokos. Alléluia, *J'ai élevé* (ps. 88,20c) ; *koinônikon*, ... (l'initiale est un A) ; autre *prokeiménon* (initiale : E) ; évangile ?".

31. Pour le schéma de la paramonie (vêpres festives), voir MATEOS, *Typicon*, I, p. XXII.

32. MATEOS, *Typicon*, I, p. XXII.

33. Le *prokeiménon* n'est pas spécifié.

34. Le *Dresdensis* est seul à mentionner cette ecténie.

35. Même tropaire (en tout cas, même incipit) dans MATEOS, *Typicon*, I, p. 152, *app. ad lin.* 2 (Fa).

36. Tropaire du 1er ton : *Sauve, Seigneur* (cf. MATEOS, *Typicon*, I, p. 285-8) ; premier stique, *Le Seigneur est roi, que les peuples s'indignent* (ps. 92, 1, cf. MATEOS, *Typicon*, I, p. 2621, où il s'agit du

Pannychis

La *pannychis*, pour sa part, n'est attestée que dans le *Dresdensis*, dont les indications sont peu explicites. L'accent est mis sur la procession qui se rend de la Grande Église au Forum. Ne sont signalés que le *kontakion*[37], l'ecténie au Forum, puis le retour au chant du *kontakion* ; enfin, à la Grande Église, la synaptie (*Accomplissons la demande…*), la prière d'inclination de la tête, et la fin de l'office.

Orthros

La description de l'*orthros* est beaucoup plus développée. Dans la première série de données, nous ne trouvons que la mention du début de l'office (1ᵉʳ antiphone, 12 antiphones, *poluéléon*). Le copiste en effet renvoie son lecteur à la seconde description, plus complète. Il s'agit d'un *orthros* festif, célébré à l'ambon après la fin de la cinquième heure de la nuit. On remarquera qu'y figure un canon, élément d'origine palestinienne inconnu du *typicon* édité par Mateos. Nous résumons ici les données du *Dresdensis*, en les comparant au *Typicon* de la Grande Église dans son état antérieur (texte principal de l'édition Mateos et manuscrit Fa) :

Schéma type	Typicon Mateos	Fa	Dresdensis
1ᵉʳ antiphone fixe (Pss. 3, 62, 133)			Premier antiphone du jour
Nombre variables d'antiphones du psautier			Douze antiphones
Entrée au temple au chant d'un tropaire			
			Canon
			Poluéléon
Bénissez (Dan. 3, 57-88)			*Bénissez*
Ps. 50 avec tropaire-refrain	Ps. 50, avec 6 tropaires (*La Croix vivifiante ; Sauve, Seigneur, ton peuple ; En t'adorant sur le cèdre ; Aujourd'hui s'est accomplie ; Sitôt que fut planté ; Toi qui fus exalté*).	Fa omet les tropaires 1, 4 et 5 de Mateos	Ps. 50 : stiques : <1ᵉʳ> 50, 1 ; (2ᵉ) 50, 6 ; (3ᵉ) 50, 9 ; (4ᵉ) 50, 13 ; (5ᵉ) 50, 17; avec 5 tropaires (*Sauve, Seigneur, ton peuple ; Tu as opéré le salut ; La Croix vivifiante; L'Église crie vers toi ; Sitôt que fut planté*);

prokeiménon ; deuxième stique, *Exaltez le Seigneur notre Dieu et vénérez l'escabeau de ses pieds* (ps. 98, 5) ; troisième stique, *Exaltez le Seigneur notre Dieu et vénérez sur sa sainte montagne* (ps. 98, 9), et la périssie.

37. Le *kontakion* est précisé pour la procession. Il s'agit du très ancien poème *Toi qui fus exalté*, qui domine les fêtes de l'Exaltation : voir l'édition de C. A. TRYPANIS, *Fourteen Early Byzantine Cantica* [Wiener Byzantinische Studien 5], Vienne 1968, p. 152-158.

			Gloire: tropaire (*Toi qui fus exalté*) *Et maintenant* : tropaires précédents.
Pss. 148, 149, 150			
Gloire à Dieu		*Gloire à Dieu*	*Gloire à Dieu* Descente du patriarche avec la Croix [Puis prière d'entrée et liturgie]
Trisagion Litanie	Pendant qu'on répète ces tropaires, le patriarche, précédé de la Croix, monte à l'ambon. Cérémonie de l'Exaltation	Au chant du Trisagion, descente du patriarche précédé de la Croix, qu'on dépose sur l'autel. Pendant qu'on répète les tropaires, après l'ecténie, le patriarche monte à l'ambon. Cérémonie de l'Exaltation.	
Évangile		Prokeiménon de l'orthros : ps. 73, 12.1 ; ps. 150,6 ; Évangile : Jn 12, 28-36.	

Liturgie

Dans le *Dresdensis*, la cérémonie de l'Exaltation de la Croix est décrite en même temps que la divine liturgie. Les renseignements qui concernent à proprement parler cette dernière sont peu nombreux et recoupent ce qui nous était connu par les autres *typica*. Sont signalés : la prière d'entrée ; l'absence d'antiphones et de synaptie[38] ; le remplacement du *Trisagion* par le tropaire *Nous vénérons ta Croix* ; le *prokeiménon* (Ps. 98, 9 ; 98, 1) ; l'absence d'évangile en latin (sauf si le 14 septembre est un dimanche) ; l'invitation des métropolites après l'évangile ; le *koinônikon* du 4e ton (Ps. 4, 7), qui est l'un des *koinônika* connus par l'édition de J. Mateos ; l'alléluia. On notera que ces prescriptions valent pour la Grande Église. Pour les "églises extérieures", les indications du *Dresdensis* coïncident avec celles du manuscrit Fa de Mateos[39].

---

38. Il s'agit des petites synapties dites par le diacre après les antiphones, avant la prière de l'entrée.

39. Il s'agit du *Paris. gr.* 1590, un manuscrit daté de 1063, provenant de Chypre, et peut-être originaire d'un monastère de Palestine : voir MATEOS, *Typicon*, I, p. V ; pour les indications concernant la divine liturgie du 14 septembre, voir MATEOS, *Typicon*, I, p. 32, *app. crit. ad lin.* 1.

LES RITES EN L'HONNEUR DE LA CROIX

Les rites en l'honneur de la Croix, en ces jours de septembre, forment un ensemble assez complexe. Les renseignements que donne le *Dresdensis*, en particulier sur la relique et son reliquaire, sont souvent nouveaux.

La relique des Précieux Bois, comme on le sait, était conservée au *skeuophylakion* du palais impérial à l'époque médiobyzantine[40] et, dans les cérémonies du début du mois d'août, c'était le *papias*[41] du palais qui les transportait dans les rues de Constantinople afin de bénir la ville. Lors de ces cérémonies, il était escorté par des *diaitarioi*[42]. On n'est donc pas surpris que ce soit le même dignitaire, escorté par des *diaitarioi* du palais, qui, à l'invitation du référendaire[43], apporte la Croix à Sainte-Sophie dans la nuit du 9 au 10 septembre et sans doute son cortège différait-il peu de ce que nous connaissons pour le début d'août[44]. De la même façon, pour une autre cérémonie de la Croix lors de la quatrième semaine du Carême, c'est le *papias* qui apporte du palais à Sainte Sophie la croix qui sera vénérée dans les tribunes[45].

Le 9 septembre au soir, l'accueil par le patriarche a lieu dans les tribunes, en haut de l'une des rampes d'accès, que le document désigne comme la rampe "de la petite salle voûtée" (*tou kamaritziou*), mais que nous ne savons pas localiser[46]. Cette rampe doit donner accès aux tribunes par plus d'une porte puisqu'il faut préciser que le patriarche se tient à la porte orientale. Le patriarche conduit ensuite la relique "au lieu habituel". Cette expression, plus claire pour le rédacteur que pour le lecteur moderne, se trouve dans le texte une seconde fois, au matin du 10 septembre, lorsque l'on amène la Croix "dans les tribunes, au lieu habituel"[47]. Il faut donc comprendre sans doute que, la première fois aussi, le "lieu habituel" est l'endroit, dans les tribunes, où l'on expose la Croix pour sa vénération par le peuple. Le patriarche prend ensuite congé du *papias* et de son escorte de *diaitarioi* en distribuant des eulogies.

La Croix, cependant, ne reste pas constamment dans les tribunes. Elle est conservée "dans les oratoires", c'est-à-dire dans les oratoires du patriarcat[48], d'où l'on "descend" dans les tribunes. Le rituel de la vénération de la Croix, qui se répète chaque jour du

---

40. Voir *De cer.* II, 8, Bonn, p. 538[17-21]. On pourrait comprendre que la Croix n'est au *skeuophylakion* du palais que pour le début de la cérémonie, et qu'elle est habituellement ailleurs..

41. Sur le *papias*, grand portier du palais impérial, voir VOGT, *Commentaire*, t. I, p. 22-23.

42. Le *papias* est escorté par le clergé du palais et par des *diaitarioi* de Saint-Serge et du palais, tous portant des cierges ; les mêmes personnages jouent un rôle au retour, le 13 août : *De cer.* II, 8, Bonn, p. 539-540. Les *diaitarioi* (appariteurs ?) sont mentionnés plusieurs fois dans le *Livre des cérémonies*, en particulier à l'occasion de l'adoration de la Croix à la Mi-Carême (*Cer.* II, 11, Bonn, p. 550[1]) : voir *Cer.* I, 1, éd. VOGT, I, p. 4 et *Commentaire*, I, p. 24.

43. Sur cet archonte patriarcal, chargé des relations entre le patriarche et l'empereur, voir VOGT, *Commentaire*, I, p. 40-41 ; DARROUZÈS, Ὀφφίκια, p. 373-374

44. Le *papias,* escorté des *diaitarioi* avec des cierges, porte la relique sur la tête ; il est revêtu d'un scaramange et d'un *sagion* pourpre (*alèthinon*) (*De cer.* II, 8, Bonn, p. 539[6-11]).

45. *De cer.* II, 11 (Bonn, p. 549[18]-550[2]). À cette occasion encore, le *papias* est revêtu d'un sagion et d'un scaramange pourpre (*alèthina*).

46. Sur les quatre rampes d'accès aux tribunes de Sainte-Sophie, voir E. M. ANTÔNIADÈS, Ἔκφρασις τῆς Ἁγίας Σοφίας, II, Athènes 1908, p. 243-255.

47. Voir p. 77, l. 26.

48. Sur ces oratoires, voir R. JANIN, *Constantinople byzantine*, Paris, 1964[2], p. 83.

10 au 13 septembre, commence après le premier antiphone de l'*orthros*. C'est alors qu'à l'invitation des ostiaires[49], le personnel du *skeuophylakion*[50] – les théores[51], le chartulaire "et les autres", c'est-à-dire peut-être les autres chartulaires[52] – vont dans les oratoires et conduisent la Croix dans les tribunes. C'est là qu'a lieu la vénération par le peuple : les deux premiers jours par les hommes, les deux jours suivants par les femmes.

Le transfert de la Croix par les théores et le chartulaire du *skeuophylakion* n'est que le premier moment du rite que le *Dresdensis* appelle la "descente" (*kathodos*) des Précieux Bois. La partie essentielle du rite est le moment où la Croix, précédée par le patriarche tenant un encensoir, est portée par le chartulaire depuis les tribunes jusque dans le sanctuaire de Sainte-Sophie et déposée derrière l'autel, devant la Crucifixion[53]. Comme le rédacteur précise que le patriarche remonte après avoir célébré le début de l'*orthros*, nous voyons que la cérémonie de la vénération de la Croix dans les tribunes, qu'il faut imaginer fort longue, a lieu durant la première partie de cet office. La Croix, une fois descendue des tribunes, reste devant la Crucifixion non seulement pendant la fin de l'*orthros*, mais aussi pendant l'essentiel de la divine liturgie, jusqu'à l'élévation. On la remonte ensuite, sans doute dans l'oratoire du patriarcat.

La même cérémonie se répète les quatre jours. Le 13 septembre est marqué par un rite spécial. Il s'agit de préparer la Croix pour la cérémonie de l'Exaltation[54]. Les renseignements donnés par le *Dresdensis* sont à la fois précieux et incomplets. Nous comprenons que, après qu'on a fait remonter la Croix du sanctuaire dans les tribunes, les théores et les chartulaires du *skeuophylakion* la lavent, utilisant pour cela un bassin (*kalpè*) d'argent – celui dans lequel on lave habituellement les calices – et une aiguière (*orkiolion*). Ensuite, ils lient la Croix : les trois morceaux sont attachés de façon à former une croix "patriarcale", et l'on utilise pour cela des liens (*gaïtania*) envoyés du palais. Le patriarche et ses archontes accueillent ensuite la Croix, portée par les chartulaires, toujours dans les tribunes, au-dessus des portes royales. Le patriarche élève la Croix, que les assistants vénèrent en l'embrassant. La relique est alors déposée dans son reliquaire (*thèkè*), dont nous apprenons le nom : *pinakidion*. Jannic Durand

---

49. Les notices parlent de deux ou trois ostiaires, "huissiers" dont le rôle originel est encore visible dans le fait que, pour certaines élections, ils gardent les portes (DARROUZÈS, Ὀφφίκια, p. 474, n. 5). Pour l'époque macédonienne, Darrouzès remarque que "les ostiaires du Xᵉ siècle sont très dispersés : un avec le *chartophylax*, des ostiaires du Saint-Puits (*De cer.* II, 55…). Les derniers reçoivent une rétribution pour frais de luminaire : ils se tenaient à l'endroit où, souvent, patriarche et empereur se joignaient et se séparaient à l'occasion des cérémonies". Exercé par des diacres, l'office d'ostiaire est l'un des derniers offices archontaux de la classe inférieure (DARROUZÈS, Ὀφφίκια, p. 107).

50. Sur le *skeuophylakion* et le *skeuophylax* ("gardien des vases sacrés" de Sainte-Sophie, responsable du déroulement des cérémonies et chef d'un service où figurent chartulaires et théores), voir DARROUZÈS, Ὀφφίκια, p. 314-318.

51. Les théores, dont le rôle est surtout liturgique, sont des gardiens inférieurs dépendant du *skeuophylax* (cf. DARROUZÈS, Ὀφφίκια, p. 316).

52. Il y a plusieurs chartulaires du *skeuophylakion*. Sur cet office, réservé à des lecteurs d'après Jean de Kitros au XIIᵉ siècle, voir DARROUZÈS, Ὀφφίκια, p. 175. "Le chartulaire du *skeuophylakion*" par excellence est le protochartulaire mentionné ci-dessous plus explicitement (p. 85, l. 24-25).

53. Sur la Crucifixion derrière l'autel de Sainte-Sophie, voir ANTONIADÈS, Ἔκφρασις, II, p. 126.

54. Voir p. 79, l. 56-67.

reviendra dans ce volume sur ces points, qui sont importants pour comprendre comment se présentait la relique. Il suffit de noter ici que, jusqu'à présent, les trois parties de la Croix n'avaient sans doute pas été liées. Il est plus difficile de savoir si elle était exposée à la vénération des fidèles dans son reliquaire ou sans lui.

Le rite même de l'exaltation de la Croix est décrit de façon suffisamment détaillée et explicite pour qu'il soit inutile de s'étendre longuement[55]. Nous nous contenterons de résumer les principales étapes. La descente de la Croix, pendant l'*orthros*, est plus solennelle que les autres jours. La procession qui l'accompagne depuis les tribunes jusqu'au sanctuaire où elle sera déposée sur l'autel à côté de l'évangéliaire comprend à la fois le clergé et le Sénat, dont c'est ici la seule mention. Le patriarche, portant l'encensoir, précède la Croix qui est portée par le *skeuophylax* ou par le protochartulaire (du *skeuophylakion*). La procession passe par le narthex de Sainte-Sophie, où le patriarche retrouve le second (des diacres) ou l'archidiacre portant l'évangéliaire qui se joint à la procession, derrière la Croix. C'est ensuite l'entrée, le patriarche franchit les portes royales, dit la prière d'entrée et va au sanctuaire, où la Croix, sur l'autel, est vénérée par le clergé.

Dans le *typicon* édité par Mateos, la cérémonie de l'Exaltation est conçue clairement comme ayant lieu pendant l'*orthros*. Dans le *Dresdensis*, tout se passe comme si l'entrée ici décrite était considérée comme la petite entrée de la divine liturgie, et le seul point de repère clair qui sera donné ensuite concerne le *Trisagion* de la liturgie, en l'occurrence remplacé par le tropaire *Toi qui fus exalté*. Cette différence est en fait assez mince et, dans une cérémonie où l'*orthros* et la divine liturgie s'enchaînent sans interruption, où, à la Grande Église, les antiphones et la synaptie de la première partie de la messe sont supprimés, l'entrée du patriarche – qui est celle qu'il fait pour l'*orthros* – semble pouvoir en effet être comprise et décrite comme étant l'entrée du début de la liturgie.

Après la vénération de la Croix au sanctuaire par le clergé, l'Exaltation proprement dite a lieu à l'ambon, où sont déjà installés les chantres et les *ekdikoi*[56]. La Croix, portée comme précédemment par le *skeuophylax* ou par le (proto)chartulaire, dans son reliquaire, est déposée sur une table d'argent. Le patriarche, avant de procéder à l'élévation de la relique, se prosterne trois fois sur un tapis disposé là à cet effet. Il est vêtu d'un *phélonion*, chasuble qui lui laisse les bras dégagés[57]. Le *Dresdensis* précise qu'on lui enlève son *ômophorion* : peut-être le port de cet ornement caractéristique de la fonction épiscopale est-il conçu comme incompatible avec le rite de l'élévation de la Croix. Il semble pourtant que, sur les miniatures représentant l'Exaltation, le patriarche, qui porte bien le *phélonion*, ait conservé son *ômophorion* et, dans le *typicon*

---

55. Voir p.85-87, l. 32-76.

56. Sur les *ekdikoi* (correspondant anciennement aux *défensores ecclesiae*, mais dont les attributions judiciaires, à l'époque médiévale, ont évolué) et sur leur chef, le *prôtekdikos*, voir DARROUZÈS, Ὀφφίκια, p. 323-332. Le tribunal de ce collège important de prêtres était situé, au XIIᵉ siècle, dans le vestibule de Sainte-Sophie (*ibid.*, p. 327).

57. Le *phélonion* (ou, plus bas, *phénolion*) est un "vêtement très ample, rond, n'ayant qu'une ouverture au centre" (L. CLUGNET, *Dictionnaire grec-français des noms liturgiques en usage dans l'église grecque*, Paris 1895 [réimpression Londres 1971], p. 161).

de Mateos, c'est avant de se prosterner que le patriarche enlève l'*ômophorion*[58] : il n'est pas impossible que, dans le *Dresdensis*, cet élément ait été déplacé. Pour l'élévation de la Croix, le patriarche ne tend pas complètement les bras, et il est soutenu par deux *ekdikoi*, tandis qu'un syncelle se tient derrière lui. La miniature du Ménologe de Basile (fig. 1) donne une bonne représentation de la scène : on y reconnaît les deux *ekdikoi* de part et d'autre du patriarche, tandis que le syncelle se tient en bas à droite, sur le degré inférieur de l'ambon. La première élévation a lieu à l'est de l'ambon, face à l'autel : le patriarche fait trois fois le signe de la croix avec la Croix, tandis qu'on chante cent *Kyrie eleison*. Le même rite est reproduit au sud, à l'ouest, au nord, puis une fois encore à l'est. L'ensemble de ces cinq élévations constitue la première élévation ou première exaltation (*hupsôsis*). Il y en aura trois au total, identiques, avec un nombre décroissant de *Kyrie eleison* (400 pour la deuxième, 300 pour la troisième). Entre deux élévations, le patriarche se repose, tandis que la Croix ou bien est reportée à l'autel où elle est vénérée par le clergé, ou bien reste sur la table d'argent à l'ambon.

Après la troisième élévation, la Croix est reportée sur le grand autel. Pendant le tropaire qui remplace le *Trisagion* de la liturgie, elle est conduite au *skeuophylakion*, où on la démonte : les liens sont renvoyés au palais, puis la relique, dans son reliquaire, est rapportée sur la table annexe dans le sanctuaire de Sainte-Sophie, table qui sans doute, comme les jours précédents, se trouve devant la crucifixion qui est derrière l'autel. C'est là qu'elle reste pendant presque toute la liturgie. Il faut placer ici le passage que nous trouvons dans la première description du 14 septembre que donne le *Dresdensis*[59] : le *papias* vient devant les saintes portes, où, alors qu'on chante le tropaire *Toi qui fus exalté*, le patriarche lui restitue la relique, toujours portée par le chartulaire. La Croix est reportée au palais tandis que s'achève la messe, avec le départ des saints dons et le congé.

Fig. 1 - *Ménologe de Basile II* (*Vat. gr.* 1613), p. 35

58. MATEOS, *Typicon* , I, p. 30[15-18].
59. Voir p. 83, l. 107-106.

Le *typicon* de Dresde nous fait ainsi connaître avec beaucoup de détails les céré-monies de l'Exaltation de la Croix telles qu'elles se déroulaient à la Grande Église au XIᵉ siècle. Nous avons noté à quel point il était éclairant pour mieux comprendre la miniature du Ménologe de Basile. Une différence, cependant, est notable. Dans le ménologe, comme, au siècle précédent, dans le *De cerimoniis*, l'empereur est présent : nous le voyons, non loin du patriarche, un cierge à la main (fig. 1). Le *typicon* de Dresde ne mentionne pas la présence de l'empereur lors de la cérémonie, ce qu'il fait pourtant à d'autres occasions[60]. Il faut voir là sans doute une conséquence de la nature des documents. Alors que le *De cerimoniis* et le Ménologe de Basile sont impériaux, le *typicon*, dans cette rédaction, est purement ecclésiastique et ne s'intéresse pas, ou guère, à l'empereur. Mais une évolution est sensible, puisque le rédacteur envisage aussi l'absence du patriarche (cf. p. 83, l. 115).

NOTRE ÉDITION

Pour l'édition du texte, nous avons disposé de trois sources. La première est le *Dresdensis* A 104 lui-même, que nous avons pu consulter à deux reprises à la Sächsische Landesbibliothek de Dresde, et pour lequel nous avons disposé d'un microfilm conservé à la Section grecque de l'Institut de recherche et d'histoire des textes. La deuxième source est l'édition de passages du *typicon* de Dresde par A. Dmitrievskij, *Drevnejsie patriarsie Tipikony svjatogrobskij Ierusalimskij i Velikoj Konstantino-pol'skoj Cerkvi*, Kiev 1907. La troisième est la copie par Dmitrievskij de passages du *Dresdensis*, copie conservée à Saint-Pétersbourg dans ses papiers[61], qui contient plus que ce qui avait été publié par le savant russe en 1907. Pour la première partie du texte (p. 83, l. 1-p. 85, l. 321), nous avons pu utiliser ces trois sources ; pour la seconde partie (l. 32-95), les folios du *Dresdensis* sont en trop mauvais état, et nous sommes resté tributaire des travaux de Dmitrievskij.

SIGLES ET CONVENTIONS

D   Dresde, Sächsische Landesbibliothek, A 104
Dm   A. DMITRIEVSKIJ, *Drevnejsie patriarsie Tipikony svjatogrobskij Ierusalimskij i Velikoj Konstantinopol'skoj Cerkvi*, Kiev 1907
Dp   Saint-Pétersbourg, Bibliothèque publique, Archives Dmitrievskij, N. 281
[...] passage supprimé
⌐τῇ αὐτῇ ἡμέρᾳ⌐   passage illisible dans D, rétabli d'après un autre témoin
{...} passage illisible dans D

---

60. Ainsi, pour la Nativité de la Vierge, le *Dresdensis*, fol. 134rv, signale qu'il y a *proéleusis* ; il note ensuite la présence de l'empereur aux Chalkoprateia pour la liturgie, puis son départ. Les données corres-pondent ici au moins partiellement avec ce que nous trouvons dans le *De cerimoniis* I, 1 (éd. VOGT, I, p. 20-25). Il est possible que l'empereur soit mentionné dans une des sources du *Typicon* de Dresde, et pas dans celle qu'il utilise pour sa deuxième description du 14 septembre.

61. Sur les papiers Dmitrievskij, voir M. ARRANZ, Les archives de Dmitrievsky dans la Bibliothèque d'État de Léningrad, *OCP* 40 (1974) p. 61-83. Je remercie le Dr. H. Brackmann, qui m'a généreusement communiqué un microfilm de ces papiers.

[Fol. 134v-135 :]

9 [septembre]. Synaxe des justes Joachim et Anne[1]…
En ce même jour, (synaxe) des cent cinquante Pères réunis à Éphèse...
En ce même jour, le référendaire[2] se rend au palais et avertit le *papias*[3] ; et il[4] apporte les Précieux Bois à la Grande Église, tandis que les psaltes marchent devant et chantent, devant, avec des cierges, en *phélonion*[5]. Le patriarche se met en tenue et, sortant dans les tribunes, il se porte à [leur] rencontre à la porte orientale de la rampe en spirale de la petite salle voûtée[6]. Il encense et fait le signe de la croix avec des cierges. Après les avoir remis au *kanstrisios*[7], il marche devant les Précieux Bois en portant l'encensoir. Quand ils arrivent au lieu habituel[8], à nouveau, il encense et bénit en faisant le signe de la croix, et la vénération a lieu en bon ordre. Le *papias* reçoit du patriarche des huiles parfumées et de l'encens, et de même, les *diaitarioi*[9] reçoivent…[10], et ils s'en vont.

10 [septembre]. Le saint martyr Baripsabas. Il était moine[11] …
En ce même jour, nous célébrons la vénération des Précieux Bois. On chante à l'*orthros* l'*hypakoè* : *Aujourd'hui, la parole du prophète est accomplie*[12]. Après la fin de cette *hypakoè*, on chante aussi l'*hypakoè* du jour, et de même le *Bénissez*[13]. Au [psaume] 50 et aux antiphones de la liturgie, nous chantons : *Nous vénérons ta Croix*[14]. On chante la même chose aussi à la place du *Trisagion*[15], même si c'est un samedi ou un dimanche.
La descente des Précieux Bois est célébrée chaque jour par le patriarche, les ostiaires[16] se penchant depuis les tribunes à la Grande Église et proclamant : *Bénissez, saints !* Ils invitent, après la fin du premier [antiphone] de l'*orthros* les théores[17],

---

1. Nous ne reproduisons pas ici les notices du synaxaire.
2. Voir p. 69, n. 43.
3. Voir p. 69, n. 41.
4. Nous traduisons littéralement le grec. Mais il y a changement de sujet : c'est le *papias* qui apporte la Croix, tout comme il la ramènera au palais le 14 septembre.
5. Sur ce vêtement liturgique, voir p. 71, n. 57.
6. Voir p. 69, n. 46.
7. Cet archonte patriarcal, "en quelque sorte le cérémoniaire du patriarche", est surtout connu pour son rôle liturgique : voir VOGT, *Commentaire*, I, p. 72 ; DARROUZÈS, Ὀφφίκια, p. 553 (notice I).
8. Ce "lieu habituel" semble identique au "lieu habituel" dont il est question le jour suivant, p. 77, l. 26, et qui est situé dans les tribunes, sans autre précision.
9. Voir p. 69, n. 42.
10. Nous n'avons pu comprendre le sens des signes que porte ici le manuscrit.
11. Pour le synaxaire de saint Baripsabas, voir *Syn. CP*, col. 32-33.
12. Voir MATEOS, *Typicon*, I, p. 28^{27}-30^2.
13. La présence du *Benedicite* (Dan. 3,57-88) est caractéristique de l'*orthros* festif : voir MATEOS, *Typicon*, I, p. XXIII.
14. Voir MATEOS, *Typicon*, I, p. 26$^{5-6}$.
15. Il s'agit ici du *Trisagion* de la liturgie.
16. Voir p. 70, n. 49.
17. Voir p. 70, n. 51.

Dresdensis A 104, fol. 134v-135

1   Θ΄. Σύναξις τῶν δικαίων Ἰωακεὶμ καὶ Ἄννης [...]
     Τῇ αὐτῇ ἡμέρᾳ, τῶν ἁγίων ρν΄ πατέρων τῶν συναχθέντων ἐν Ἐφέσῳ [...]
     ⌜Τῇ αὐτῇ ἡμέρᾳ⌝ ἀπέρχεται ὁ ῥεφερενδάριος ⌜εἰς τὸ παλάτιον καὶ ὑπομι-⌝
     μνήσκ⌜ει⌝ τὸν παππίαν, καὶ ⌜φέρει τὰ τίμια ξύλα ἐν⌝ τῇ Μεγάλῃ Ἐκκλησίᾳ,
5   προπορευο⌜μέν⌝ων ⌜τῶν ψαλτῶν ἔμπροσθεν⌝ καὶ ψαλλόντων ἔμπροσθεν μετὰ
     ⌜φατλίων καὶ φελωνίων⌝. Ὁ δὲ πατριάρχης ⌜ἀλλάσσει⌝ καὶ ἐξ⌜ερχόμενος ἐν τοῖς
     κατηχουμένοις⌝ προϋπαντᾷ ἐν τῇ ἀνατολικῇ ⌜πύλῃ⌝ τοῦ κοχλίου τοῦ καμαρι-
     τζίου καὶ θυμιᾷ ⌜καὶ σφραγ⌝ίζει μετὰ φατλίων. Καὶ ἀποδιδοὺς αὐτὰ τῷ κανστρι-
     σίῳ, προπορεύεται ἔμπροσθεν τῶν τιμίων ξύλων, βαστάζων τὸν θυμιατόν. Καὶ
10   ὅτε φθάσουσιν ἐν τῷ συνήθει τόπῳ, πάλιν θυμιᾷ καὶ σφραγίζει, καὶ γίνεται ἡ
     προσκύνησις κατὰ τάξιν. Ὁ δὲ παππίας λαμβάνει ἀλειπτὰ καὶ θυμιάματα παρὰ
     τοῦ πατριάρχου, ὡσαύτως καὶ οἱ διαιτάριοι †ιιγ΄†, καὶ ἀπέρχονται.

     Ι΄. Ὁ ἅγιος μάρτυς Βαριψαβᾶς [...]
15   Καὶ τῇ αὐτῇ ἡμέρᾳ τὴν προσκύνησιν ποιοῦμεν τῶν τιμίων ξύλων. Ψάλλεται
     δὲ εἰς μὲν τὸν ὄρθρον ὑπακοή· Σ⌜ήμερον τὸ προφητ⌝ικὸν ⌜πεπλήρωται⌝ καὶ μετὰ
     τὴν συμπλήρωσιν τῆς τοιαύτης ὑπακοῆς, ψάλλεται καὶ ἡ ὑπακοὴ τῆς ἡμέρας,
     ὡσαύτως καὶ Εὐλογεῖτε· εἰς δὲ τὸν Ν΄ καὶ τὰ ἀντίφωνα τῆς λειτουργίας, ψάλλομεν·
     Τὸν σταυρόν σου προσκυνοῦμεν. Τὸ αὐτὸ δὲ ψάλλεται καὶ ἀντὶ τοῦ Τρισαγίου,
20   κἄν τε σάββατον τύχῃ κἄν τε κυριακή.
     Ἡ δὲ κάθοδος τῶν τιμίων ξύλων γίνεται καθ᾽ ἑκάστην παρὰ τοῦ πατριάρχου,
     τῶν ὀστιαρίων προκυπτόντων ἀπὸ τῶν κατηχουμένων ἐν τῇ Μεγάλῃ Ἐκκλησίᾳ
     καὶ ἐκφωνούντων τὸ Εὐλογεῖτε, ἅγιοι, καὶ προσκαλουμένων μετὰ τὴν ἀπόλυσιν
     τοῦ α΄ τοῦ ὄρθρου τοὺς θεωροὺς καὶ τὸν χαρτουλάριον τοῦ σκευοφυλακίου καὶ

---

9 sept.
test. : D fol. 134v1, l. 27-134v2, l. 15 ; Dm p. 274 (Τῇ αὐτῇ-ἀπέρχονται) ; Dp fol. 172v-173r.
3 ῥαιφενδάριος D Dm Dp ‖ 3-8 Τῇ αὐτῇ - σφραγίζει rest. ex Dm ‖ 12 ιιγ΄ D Dp : ιγ΄ Dm.

10 sept.
test. : D fol. 134v2, l. 16-135r1, l. 14 ; Dm p. 275-276 (Ἡ δὲ κάθοδος, l. 21 - τέσσαρσιν ἡμέραις,
l. 33) ; Dp fol. 173-173v.
16 Σήμερον-πεπλήρωται rest. ex Dp ‖ 17 συμπλήρωσιν D : στιχολογίαν Dp ‖ 20 σαββάτῳ ... κυριακῇ
Dp ‖

le chartulaire[18] du *skeuophylakion* et les autres, qui montent et font descendre la Précieuse Croix depuis les oratoires dans les tribunes et la déposent au lieu habituel.

Le patriarche sort, encense et fait aussi le signe de la croix avec des cierges. Quand la vénération a eu (?) lieu, le chartulaire élève [la Croix], la fait descendre et la dépose sur la table qui a été préparée devant la crucifixion[19]. Le patriarche descend en marchant devant avec un encensoir et, après avoir célébré l'acolouthie prévue par le cérémonial (*kata tupon*), après avoir encore béni en faisant le signe de la croix et baisé [la Croix], après avoir célébré le début de l'*orthros*, il monte. Ce cérémonial a lieu durant tous les quatre jours.

Tandis qu'on exécute les antiphones de la liturgie, on chante au troisième antiphone : *Nous vénérons ta Croix*, et de même au *Trisagion*. *Prokeiménon* du ton grave : *Le Seigneur donnera à son peuple la force*[20]. Apôtre : cherche au treizième samedi[21]. Alléluia du premier ton : *Le Dieu qui donne les vengeances*[22]. Évangile selon Matthieu : *Il dit : "Celui qui aime son père ou sa mère plus que moi*[23]*... Koinônikon : Louez*[24].

11 [septembre]. Nous célébrons de même la vénération, comme la veille. On dit le *prokeiménon* : S*eigneur, que ta miséricorde soit*[25]... Alléluia : *Que tes miséricordes, Seigneur*[26] … Évangile : *Le Seigneur dit à ceux qui étaient venus à lui : "Moi, je m'en vais"* ; fin : *vers lui*[27]. *Koinônikon : Louez*[28].

12 [septembre]. Nous célébrons la vénération, et ce sont les femmes qui viennent, selon l'habitude. *Prokeiménon : Chantez à notre Dieu*[29]. Apôtre : …[30].

13 [septembre]. Nous célébrons de même la vénération des Précieux Bois et ce sont les femmes qui viennent. L'acolouthie est semblable à celle des autres jours. *Prokeiménon : Grand est notre Seigneur*[31]... [Apôtre ?] : cherche le lundi de la 26ᵉ semaine. Alléluia : *M…*[32] Évangile selon Jean : *Il dit : "Celui qui aime son âme"* ; fin : *"pour que vous deveniez des fils de lumière*[33]*"*.

18. Voir p. 70, n. 52.
19. Voir p. 70, n. 53.
20. Ps. 28, 11a.
21. 1 Cor. 2, 6-9 ?
22. Ps. 17, 48.
23. Mt. 10, 37-11, 1.
24. Ps. 148, 1.
25. Ps. 32, 22.
26. Ps. 88, 2.
27. Jn 8, 21-30.
28. Ps. 148, 1.
29. Ps. 46, 7.
30. Le manuscrit est ici illisible.
31. Ps. 146, 5.
32. Seule l'initiale de cet alléluia, rubriquée, est lisible.
33. Jn 12, 25-36.

25 τοὺς λοιποὺς οἵτινες ἀνερχόμενοι καταβιβάζουσι τὸν τίμιον σταυρὸν ἀπὸ τῶν
εὐκτηρίων ἐν τοῖς κατηχουμένοις καὶ ἀποτιθοῦσιν ἐν τῷ συνήθει τόπῳ.

Τοῦ οὖν πατριάρχου ἐξερχομένου καὶ θυμιῶντος, ἅμα δὲ καὶ σφραγίζοντος
⌜μετὰ φατ⌝λίων, γινομένης τῆς προσκυνήσεως, ⌜ὑψοῖ αὐτὸν⌝ ὁ χαρτουλάριος καὶ
καταβιβάζει / 135r / καὶ ἀπο⌜τίθησιν αὐτὸν ἐν τῇ τραπέζῃ τῇ εἰς τὴν σταύρωσιν
30 προητοιμασμένη⌝. Κατέρχεται δὲ ὁ π⌜ατριάρχης προπορευόμενος⌝ ἔμπροσθεν μετὰ
⌜θυμιατοῦ καὶ τελειώσας⌝ τὴν κατὰ τύπον ἀκολου⌜θίαν, καὶ πάλιν σφραγίσας⌝
καὶ ἀσπασάμενος, τ⌜ὴν ἔναρξίν τε τοῦ⌝ ὄρθρου ποιήσας, ἀν⌜έρχεται. Καὶ γίνεται ὁ⌝
τύπος οὗτος ἐν ὅλαις ⌜ταῖς τέσσαρσιν⌝ ἡμέραις.

Τῶν δὲ ἀντιφώνων τῆς λειτουργίας τελουμένων, ψάλλεται ἐν τῷ γ´ ἀντιφώνῳ·
35 Τ⌜ὸν σταυρόν σου προσκυνοῦμεν⌝, ὡσαύτως καὶ εἰς τὸ Τρισάγιον. Προκείμενον,
ἦχος βαρύς· Κ⌜ύριος⌝ ἰσχὺν τῷ λαῷ αὐτοῦ δώσει. Ἀπόστολος, ζήτει σάββατον ιγ´.
Ἀλληλούϊα, ἦχος α´· Ὁ θεὸς ὁ διδοὺς ἐκδικήσεις. Εὐαγγέλιον κατὰ Ματθαῖον·
Εἶπεν, Ὁ φιλῶν πατέρα ἢ μητέρα ὑπὲρ ἐμέ. Κοινωνικόν, Αἰνεῖτε.

40 ΙΑ´. Τὴν προσκύνησιν ὁμοίως ποιούμεθα κατὰ τὴν πρὸ αὐτῆς ἡμέραν. Λέγουσι
δὲ προκείμενον· Γένοιτο, Κύριε, τὸ ἔλεός σου. Ἀλληλούϊα· Τὰ ἐλέη σου, Κύριε,
εἰς ⌜τὸν αἰῶνα⌝. Εὐαγγέλιον· Εἶπεν ὁ Κύριος πρὸς τοὺς ἐληλυθότας πρὸς
⌜αὐτόν·⌝ Ἐγὼ ὑπάγω· τέλος, εἰς αὐτόν. Κοινωνικόν· Αἰνεῖτε.

45 ΙΒ´. Τὴν προσκύνησιν ποιοῦμεν, γυναικῶν συνερχομένων κατὰ τὸ συνη⌜θες.
Προκείμενον⌝· Ψάλατε τῷ Θεῷ ἡμῶν. Ἀπόστολος κυ{...}

ΙΓ´. Ὁμοίως, τὴν προσκύνησιν ποιούμεθα τῶν τιμίων ξύλων, γυναικῶν συνερχομένων. Ἡ δὲ ἀκολουθία ὁμοίως ταῖς λοιπαῖς ἡμέραις. Προκείμενον· Μέγας ὁ
50 Κύριος ἡμῶν {...} ⌜Ἀπόστολος,⌝ ζήτει τῇ β´ τῆς κβ´ ἑβδομάδος. Ἀλληλούϊα· Μ{...}.
Εὐαγγέλιον κατὰ Ἰωάννην· Εἶπεν· Ὁ φι⌜λῶν τὴν ψυχὴν αὐτοῦ⌝, τέλος· ἵνα υἱοὶ
φωτὸς γένησθε {...}.

---

30 προετοιμασμένη D Dm ‖ 28-33 μετὰ-τέσσαρσιν rest. ex Dm ‖ 34 ἐν τῷ γ´ ἀντιφώνῳ D : εἰς τὸ γ´
ἀντίφωνον Dp ‖ 35 Τὸν - προσκυνοῦμεν rest. ex Dp.

11 sept.
test. : D fol. 135r1, l. 15-18.

12 sept.
test. : D fol. 135r1, l. 19-21.
45-46 σύνηθες. Προκείμενον suppl. ex Mateos p. 24¹⁹⁻²⁶ (et app.)

13 sept.
test. : D fol. 135r1, l. 22-135r2, l. 7 ; Dm p. 276-277 (l. 55-69 : Δεῖ - μικραὶ ξ´) ; Dp fol. 173v-174
(l. 55-69 : Δεῖ - μικραὶ ξ´).
51 φιλῶν - αὐτοῦ suppl. ex Mateos p. 26 (app. crit. cod. P) ‖

Le même jour, mémoire de la dédicace de l'Anastasis, et des saints Kronidès, Léon et leurs compagnons.

Il faut savoir que chaque jour la montée de la Précieuse Croix a lieu après l'élévation des saints dons lors de la divine liturgie. En ce jour donc, après avoir fait remonter les Précieux Bois, les théores, avec les chartulaires du *skeuophylakion*, apportent le bassin (*kalpè*) d'argent où on lave les saints calices, avec aussi de l'eau tiède dans une aiguière (*orkiolion*). Ils les épongent et les lient en forme de croix avec les liens (*gaïtania*) envoyés du palais. Ils lient le plus petit en haut, le plus grand au milieu. Quand ils arrivent, le patriarche vient au-dessus des portes royales, portant seulement le *phélonion* et l'*ômophorion*. À ses côtés se tiennent ses archontes, en *phélonion*. Il prend la Croix et l'élève tandis que ceux qui sont à ses côtés disent le *Kyrie eleison* trois fois. Tandis que le patriarche tient la Croix, tous la baisent. Ensuite, les chartulaires la prennent et la déposent dans le coffret (*thèkè*) qu'on appelle le "petit tableau" (*pinakidion*). Ils la lient[34] et la déposent dans l'oratoire.

La [distribution[35]], pour les quatre jours précédant l'Exaltation, est de dix *prosphorai* portant une impression (*charaktai*) et de soixante petites[36].

14 [septembre]. Nous fêtons l'Exaltation de la Croix précieuse et vivifiante.

Le soir, à la paramonie[37], on chante le premier[38] et le dernier antiphone, le *Seigneur, j'ai crié*[39] ; puis l'entrée, sans stichères, le *prokeiménon*, l'ekténie, les trois antiphones.

Il faut savoir que, quand c'est la *katabasia*[40], nous disons au Gloire du deuxième antiphone – c'est-à-dire du *J'ai cru*[41] –, *Le Fils unique du Père*[42]. *Et maintenant : La*

34. Sans doute attachent-ils la croix, dont les morceaux sont déjà liés ensemble, dans son reliquaire. Sur le sens de ce passage, voir plus bas les remarques de J. Durand.

35. Nous complétons ici le texte *ad sensum*.

36. On retrouve une formule de ce type pour le 1er septembre (*Dresdensis* A 104, fol. 134) : "On donne en ce jour à la Grande Église également des *prosphorai* : quatre portant une impression (*charaktai*) et 20 petites." Une formule semblable, pour le 8 septembre, est altérée : "On donne quatre *prosphorai* et vingt *charaktai*". Sans doute faut-il comprendre : "On donne des *prosphorai* : quatre portant une impression, et vingt petites". Pour les jours précédant l'Exaltation, le nombre des *prosphorai* semble concerner chacun des jours, puisque celui des *prosphorai charaktai* – dix – n'est pas divisible par quatre.

37. Pour le schéma de la paramonie – c'est-à-dire des vêpres festives –, voir MATEOS, *Typicon*, I, p. XXII.

38. Mateos identifie ce "premier antiphone" de la paramonie avec le psaume 85 (cf. MATEOS, *Typicon*, I, p. 27, note 2), c'est-à-dire avec le psaume fixe qui ouvre l'office de vêpres.

39. Ps. 140, 5.

40. L. CLUGNET, *Dictionnaire grec-français des noms liturgiques en usage dans l'église grecque*, Paris 1895, p. 77, définit la *katabasia* comme le "tropaire … placé à la suite d'une ode … qui appartient au canon … d'une grande fête." Dans le *typikon* de Dresde, la *katabasia* n'est pas en rapport avec le canon, mais, ici, avec le dernier psaume du deuxième antiphone, ou, plus bas, avec le dernier psaume de l'office. Dans le *typicon* de la Grande Église édité par Mateos, le terme – qui, selon Mateos, trahit une influence palestinienne – ne se rencontre guère que pour le 25 avril, où il s'agit d'un tropaire de l'*orthros* (MATEOS, *Typicon*, I, p. IX et p. 272).

41. Ps. 115, 1. Il s'agit ici du troisième des "petits antiphones" de la paramonie de l'Exaltation. Sur les petits antiphones – psaumes réduits à quatre versets –, voir MATEOS, *Typicon*, II, p. 284.

42. Ce tropaire fameux est celui, en particulier, du *Gloire* du deuxième antiphone de la liturgie de Pâques : voir MATEOS, *Typicon* , II, p. 94.

Τῇ αὐτῇ <ἡμέρᾳ>, μνήμη τῶν ἐγκαινίων τῆς ἁγίας Ἀναστάσεως, καὶ τῶν ἁγίων Κρονίδου, Λέοντος καὶ τῶν σὺν αὐτοῖς.

55   Δεῖ δὲ εἰδέναι ὅτι καθ᾽ ἑκάστην, ἡ ἄνοδος τοῦ τιμίου σταυροῦ γίνεται μετὰ τὸ ὑψωθῆναι ἐν τῇ θείᾳ λειτουργίᾳ τὰ ἅγια. Ἐν ταύτῃ οὖν τῇ ἡμέρᾳ, μετὰ τὸ ἀναχθῆναι τὰ τίμια ξύλα, συναναφέρουσιν οἱ θεωροὶ μετὰ τῶν χαρτουλαρίων τοῦ σκευοφυλακίου τὴν ἀργυρᾶν κάλπην ἔνθα τὰ ἅγια ποτήρια ἀποπλύνουσιν, ἔχοντες καὶ χλιαρὸν εἰς ὁρκιόλιον, καὶ ἀποσπογγίζοντες αὐτὰ δεσμοῦσι σταυ-
60   ροειδῶς μετὰ τῶν γαϊτανίων τῶν ⌜ἀπὸ τοῦ παλα⌝τίου ἀποστελλομένων. Δεσμοῦσι δὲ ἐπά⌜νω μὲν τὸ μικρότερον, τὸ μεῖζον δὲ μέσον. Καὶ⌝ ὅτε ⌜συμφθάσουσιν, ἔρχεται ὁ πατ⌝ριάρχης ⌜ἐπάνω⌝ τῶν βα⌜σιλι⌝κῶν π⌜υλῶν, φελώνιον μόνον φορῶν καὶ ὠμο⌝φόριον. Παρίστανται δὲ καὶ οἱ ἄρχοντες αὐ⌜τοῦ⌝ /fol. 135r2/ μετὰ φελωνίων, καὶ λαμβάνων τὸν σταυρὸν ὑψοῖ αὐτόν, λεγόντων τῶν παρισταμένων τὸ Κύριε
65   ἐλέησον γ´. Κρατοῦντος δὲ αὐτοῦ τοῦτον, ἀσπάζονται πάντες. Εἶτα λαβόντες οἱ χαρτουλάριοι, ἀποτιθοῦσιν αὐτὸν ἐν τῇ θήκῃ τῇ ἐπιλεγομένῃ τὸ πινακίδιον. Καὶ δεσμοῦσιν αὐτὸν καὶ ἀποτιθοῦσιν ἐν τῷ εὐκτηρίῳ.

Ἡ δὲ <διανομὴ> τῶν δ´ ἡμερῶν τῶν πρὸ τῆς ὑψώσεως, χαρακταὶ ι´ καὶ μικραὶ ξ´.

70   ΙΔ´. Τὴν ὕψωσιν ἑορτάζομεν τοῦ τιμίου καὶ ζωοποιοῦ σταυροῦ.

Ἑσπέρας εἰς τὴν παραμονήν, ψάλλεται τὸ α´ καὶ τὸ τελευταῖον ἀντίφωνον, τὸ Κύριε ἐκέκραξα, καὶ ἡ εἴσοδος ἄνευ στιχηρῶν, τὸ προκείμενον, ἡ ἐκτενή, τὰ γ´ ἀντίφωνα.

Δεῖ δὲ γινώσκειν ὅτι ὅταν ἐστὶ καταβασία, λέγομεν εἰς τὸ Δόξα τοῦ β´ ἀντιφώνου,
75   ἤγουν τοῦ Ἐπίστευσα, Ὁ μονογενὴς Υἱὸς. Καὶ νῦν, Τὴν ὑπερένδοξον. Καὶ μετὰ

---

55 δὲ om. Dm ‖ 55 ἡ om. Dp ‖ 57 συναφέρουσι Dm Dp ‖ 57 τῶν om. Dm ‖ 59 χλιαρὸν nos : χλιὸν Dm Dp ‖ 60-63 ἀπὸ - αὐτοῦ rest. ex Dm ‖ 61 συφθάσουσιν Dp ‖ 62 φελόνιον Dp ‖ 63 δὲ om. Dm Dp ‖ 67 τοῖς εὐκτηρίοις Dm Dp ‖ 69 διανομὴ addidi : διάδοσις add. Dm om. D Dp.

14 sept.
test. : D fol. 135r2, l. 8-135v1, l. 33 ; Dm p. 278-281 (Ἑσπέρας, l. 71 - καὶ προσκυνεῖ, l. 103) ; Dm p. 291-292 (καὶ τοῦ παππίου, l. 106 - μετ᾽ αὐτόν, l. 116) ; Dp fol. 174-175 (Τὴν Ὕψωσιν - λυχνικὸν ιγ´).
75 τοῦ Ἐπίστευσα D : τὸ Ἐπίστευσα Dm Dp ‖

très glorieuse[43]. Après les antiphones, synaptie avec les demandes et trois lectures :
la première, *Moïse a levé*[44] ; la deuxième, *Mon fils, ne perds pas courage*[45] ; la
troisième : *Paroles du Seigneur : Tes portes s'ouvriront*[46].

La cérémonie de l'ekphonèse des prêtres se déroule ainsi. Le patriarche s'étant
assis et l'archidiacre proclamant *Sagesse !*, un prêtre se tient côté droit devant la
colonne et il donne la paix à celui qui lit. Puis un autre se lève pour la deuxième lecture, côté gauche, se tient derrière le trône du patriarche, et fait de même. Pour la
troisième lecture, de même, encore à droite. Aussitôt, les psaltes, à l'ambon : *Psaume
de David*, la *katabasia*, tropaire du premier ton : *Sauve, Seigneur*[47] ; premier stique
Le Seigneur est roi, que les peuples s'irritent[48] ; deuxième stique *Exaltez le Seigneur
notre Dieu et vénérez l'escabeau de ses pieds*[49] ; troisième stique *Exaltez le Seigneur
notre Dieu et vénérez sur sa sainte montagne*[50], et la périssie[51]. Ensuite, l'archidiacre
proclame *Sagesse*, et c'est le congé, la lecture d'attente et la *pannychis* en bon ordre.

Alors que commence la *pannychis*, on allume à la coupole les cierges donnés par
la sacelle[52], pesant soixante-douze livres les trois. Les sonneurs font sonner les
simandres depuis le soir jusqu'au début de l'*orthros*.

Il faut savoir qu'après la fin du *kontakion*[53], la procession sort de l'église. Les
célébrants de la *pannychis*[54] et les *épiskopianoi* de la sacelle[55] l'escortent avec les
cierges qu'on leur donne et ils chantent : *Toi qui fus exalté sur la Croix*[56]. Ils montent
au forum et, faisant l'ecténie, ils reviennent sur leurs pas en chantant le même *kontakion*.

43. Le même tropaire (en tout cas, un tropaire avec même *incipit*) se retrouve pour la paramonie de
la Nativité dans le manuscrit Fa de Mateos : Mateos, *Typicon*, I, p. 152, *app. ad lin.* 2.

44. Ex. 15, 22-26 (dans le *Dresdensis*, pour les trois lectures de la paramonie, seul l'*incipit* est
donné).

45. Prov. 3, 11-18.

46. Is. 60, 11-16.

47. Pour ce tropaire, cf. Mateos, *Typicon*, I, p. 28[5-8].

48. Ps. 98, 1.

49. Ps. 98, 5.

50. Ps. 98, 9.

51. Sur la périssie, littéralement la "superflue", dernière répétition d'un tropaire ou d'un refrain, voir
Mateos, *Typicon*, II, p. 313.

52. Sans autre précision, il doit s'agir ici de la sacelle patriarcale. Sur ses locaux, voir Darrouzès,
'Οφφίκια, p. 428. Lors d'un incendie au patriarcat, à la fin du règne de Léon VI, les *kèroularia* de la
Grande Église sont atteints en même temps que divers locaux de la sacelle patriarcale (Theoph. Cont.
[Bonn], p. 377).

53. Ce *kontakion* doit être celui qui est signalé peu après : *Toi qui fus exalté…*

54. Les *pannychitai*, plutôt que l'ensemble des participants aux cérémonies nocturnes, doivent être
un groupe spécial de laïcs auxquels on confie un rôle liturgique.

55. Il est possible que les cierges, pour la *pannychis*, viennent de la sacelle, ce qui s'accorderait avec
la présence d'*épiskopianoi* de la sacelle. Sur les *épiskopianoi*, voir Darrouzès, 'Οφφίκια, p. 49, n. 4,
qui signale leur apparition dan le *Klètorologion* de Philothée et les définit comme des "fonctionnaires,
de condition toujours très modeste", mais cependant prêtres en tout cas au XIIᵉ s. Leur nom viendrait de
leur rapport avec les évêques ; "ils ont un emploi voisin des portiers, huissiers, du service de Sainte-
Sophie ou du patriarche". Dans les autres documents, rien n'atteste un rattachement particulier des
épiskopianoi (ou d'*épiskopianoi*) à la sacelle.

56. Pour le texte de cet ancien *kontakion*, voir C. A. Trypanis, *Fourteen Byzantine Cantica*, Vienne
1968, p. 152-158 ; cf. Mateos, *Typicon*, I, p. 307[7-11].

τὰ ἀντίφωνα, συναπτὴν μετὰ τῶν αἰτήσεων, καὶ ἀναγνώσματα γ΄, τὸ ⌜α΄⌝, Ἐ⌜ξῆρε
Μωσῆς⌝, τὸ β΄, Ὑιέ, ⌜μὴ ὀλιγώρει⌝, τὸ γ΄, Τ⌜άδε λέγει Κύριος· Ἀνοιχθήσονται αἱ
πυλαί σου⌝.

    Ἡ δὲ τάξις τῆς ἐκφωνήσεως τῶν πρεσβυτέρων ἐστὶν οὕτως. Τοῦ πατριάρχου
80 καθεσθέντος καὶ τοῦ ἀρχιδιακόνου ἐκφωνοῦντος Σοφία, ἵσταται πρεσβύτερος ἐν
τῷ δεξιῷ μέρει ἔμπροσθεν τοῦ κίονος, καὶ εἰρηνεύει τὸν ἀναγινώσκοντα. Καὶ
πάλιν ἀνίσταται ἕτερος εἰς τὸ β΄ ἐν τῷ ἀριστερῷ μέρει, καὶ ἵσταται ὄπισθεν τοῦ
θρόνου τοῦ πατριάρχου τὸ αὐτὸ ποιῶν· ὁμοίως καὶ εἰς τὸ γ΄ πάλιν ἀπὸ τῶν δεξιῶν.
Καὶ εὐθὺς οἱ ψάλται ἐν τῷ ἄμβωνι, Ψαλμὸς τῷ Δαυίδ, καὶ τὴν καταβασίαν, τρο-
85 πάριον ἦχος α΄· Σ⌜ῶσον Κύριε⌝, στίχος α΄, Ὁ ⌜Κύριος ἐβασίλευσεν, ὀργιζέσθωσαν
λαοὶ⌝, στίχος β΄· Ὑ⌜ψοῦτε Κύριον τὸν Θεὸν ἡμῶν καὶ⌝ προσκυνεῖ⌜τε τῷ ὑποποδίῳ
τῶν ποδῶν⌝, στίχος γ΄· Ὑ⌜ψοῦτε Κύριον τὸν θεὸν ἡμῶν καὶ προσκυνεῖτε εἰς ὄρος
ἅγιον αὐτοῦ⌝, καὶ ⌜ἡ περισσή⌝. Εἶτα τοῦ ἀρχιδιακόνου ἐκφωνοῦντος Σοφία,
⌜γίν⌝εται ἡ ἀπόλυσις καὶ προανάγνωσις, καὶ ἡ παννυχὶς κατὰ τάξιν.

90   Ἅμα δὲ τῷ ἄρξασθαι τὴν παννυχίδα, ἅπτουσιν ἐν τῷ τρούλλῳ τὰ φατλία τὰ
διδόμενα ἀπὸ τῆς σακέλλης, ἔχοντα σταθμὸν τὰ τρία λίτρας οβ΄. Σημαίνουσι δὲ
καὶ οἱ σημαντηράδες ἀπὸ ἑσπέρας μέχρι τῆς ἐνάρξεως τοῦ ὄρθρου.

    Δεῖ δὲ εἰδέναι ὅτι μετὰ τὴν ἀπόλυσιν τοῦ κοντακίου, ἐξέρχεται ἡ λιτὴ ἀπὸ τῆς
ἐκκλησίας, ὀψικευόντων τῶν παννυχευτῶν καὶ τῶν ἐπισκοπιανῶν τῆς σακέλλης
95 μετὰ φατλίων τῶν διδομένων ⌜αὐτοῖς⌝, ψαλλόντων· Ὁ ⌜ὑψωθεὶς ἐν τῷ σταυρῷ.
Ἀνέρχεται δὲ ἐν τῷ⌝ φόρῳ, καὶ ⌜ποιοῦντες ἐκτενήν, ὑποστρέ⌝φουσι ψάλλοντες

76 τῶν om. Dm Dp ‖ 76-78 α΄ - σου rest. ex Dm ‖ 80 ἵσταται + εἰς Dm ‖ 85 στίχος α΄ : στίχος Dm ‖
85-89 Σῶσον - γίνεται rest. ex Dm ‖ 90 τῷ : τὸ D Dm Dp ‖ 90 τὰ φατλία D : φατλία Dm ‖ 91 οβ΄ :
ογ΄ Dp Dm ‖ 92 τοῦ om. Dm ‖ 95-96 αὐτοῖς - ὑποστρέφουσι rest. ex Dm ‖

Une fois qu'ils sont revenus, c'est la synaptie, c'est-à-dire le *Accomplissons la demande*, puis l'inclination de tête, et le renvoi, en ordre. Il y a une lecture d'attente jusqu'à ce qu'on frappe les trois coups. Alors, les théores avec le chartulaire du *skeuophylakion* montent, ils font descendre la Croix précieuse des oratoires et ils la déposent dans les tribunes. Ensuite, les ostiaires ouvrent les quatre rampes en spirale, et le peuple monte et vénère [la Croix].

L'*orthros* a lieu à l'ambon et l'on chante le premier [antiphone] du jour et douze antiphones. On chante aussi le *polyéléon*[57]. Cherche le reste de l'acolouthie devant, au mois, le reste ici[58].

Le *papias*[59] venant devant les saintes portes, en tenue, le patriarche prend l'encensoir des mains du *kanstrisios*, encense, bénit en faisant le signe de la croix avec un cierge et baise la Croix. Puis il prend l'encensoir et il passe devant les saintes portes. Le chartulaire qui la porte la donne au *papias* tandis que les psaltes proclament : *Toi qui fus exalté sur la Croix*. Après cela, la Croix s'en va au palais, escortée par la foule des gens qui se sont assemblés, qui portent des cierges et la déposent au palais. Après cela, l'archidiacre encense, les saints dons sortent, et c'est le congé. Quand il n'y a pas de patriarche, l'exaltation est faite par le *prôtopapas*, le second des prêtres, et celui qui vient après lui.

Il faut savoir que, jusqu'à l'Exaltation, on chante pour l'*orthros* douze antiphones, et treize pour le lucernaire[60].

[Fol. 142-143]

14 [septembre]. Le même mois, le 14. L'Exaltation de la Précieuse Croix. Tropaire du 1er ton : *Sauve, Seigneur, ton <peuple>*.

Il faut savoir que les quatre jours de la vénération de la Précieuse Croix, à la Grande Église, on chante, pour le psaume 50 et pour les trois antiphones de la liturgie : *Nous vénérons ta Croix* ; de même à la place du *Trisagion*.

En ce jour de l'Exaltation de la Précieuse Croix, on ne dit pas d'antiphones, mais aussitôt qu'on a achevé la cinquième heure de la nuit, l'*orthros* a lieu à l'ambon et l'on chante le premier [antiphone] du jour et douze antiphones avec le canon. On chante aussi le *poluéléon* et *Bénissez*. Au psaume 50, tropaire du 1er ton : *Sauve, Seigneur, ton* – c'est-à-dire, au *Seigneur, aie pitié*. Deuxième stique : *Contre toi seul j'ai*

---

57. Ps. 135.

58. Ce renvoi montre que le rédacteur ou le copiste du *Dresdensis* sait déjà qu'il donnera une description de l'acolouthie de l'Exaltation quelques folios plus bas, à sa place, le 14 septembre. Il a cette description (que nous reproduisons plus bas) devant les yeux et peut déjà lui apporter les compléments indispensables, tout en supprimant, dans ce qu'il copie actuellement, ce qui serait redondant.

59. Ce complément doit être compris en fonction de la description à venir : nous sommes à la fin de la liturgie du 14 septembre, après l'élévation.

60. À propos du nombre variable d'antiphones à l'*orthros*, voir MATEOS, *Typicon*, I, p. 32[24-25].

/fol. 135v/ τὸ αὐτὸ κοντάκιον. Μετὰ δὲ τὸ ὑποστρέψαι, γίνεται συναπτή, ἤγουν
τὸ Πληρώσωμεν τὴν δέησιν, εἶτα ἡ κεφαλοκλισία καὶ ἡ ἀπόλυσις κατὰ τάξιν,
καὶ γίνεται προανάγνωσις μέχρις ἂν τὰ τρία κρουσθῶσι. Καὶ τότε ἀνέρχονται οἱ
100 θεωροὶ μετὰ τοῦ χαρτουλαρίου τοῦ σκευοφυλακίου, καὶ καταβιβάζουσι τὸν
τίμιον σταυρὸν ἀπὸ τῶν εὐκτηρίων, καὶ τιθοῦσιν αὐτὸν ἐν τοῖς κατηχουμένοις.
Εἶτα ἀνοίγουσιν οἱ ὀστιάριοι τοὺς τέσσαρας κοχλίας, καὶ ἀνέρχεται ὁ ⸢λαὸς⸣
καὶ προσκυνεῖ.
     Ὁ δὲ ὄρθρος γίνεται ἐν τῷ ἄμβωνι καὶ ψάλλεται τὸ α΄ τῆς ἡμέρας καὶ ἀντίφωνα
105 ιβ΄. Ψάλλεται δὲ τὸ πολυέλεον. Ζήτει τὸ λοιπὸν τῆς ἀκολουθίας ἔμπροσθεν εἰς
τὸν μῆνα καὶ τὰ ἐπίλοιπα ἐνταῦθα.
     Καὶ τοῦ παππίου ἐρ⸢χομένου ἔμ⸣προσθεν τῶν ἁγίων θυρῶν ἠλλαγμένου, θυμιατὸν
ὁ πατριάρχης λαμβάνων ἀπὸ τοῦ κανστρισίου θυμιᾷ καὶ σφραγίζει μετὰ φατλίου
καὶ ἀσπάζεται τὸν σταυρόν, εἶτα λαμβάνει τὸν θυμιατὸν καὶ προπορεύεται
110 ἔμπροσθεν μέχρι τῶν ἁγίων θυρῶν. Ὁ δὲ χαρτουλάριος ὁ βαστάζων αὐτὸν ἐπιδίδωσιν τῷ παππίᾳ, τῶν ψαλτῶν ἐκφωνουμένων· Ὁ ⸢ὑψωθεὶς ἐν τῷ σταυρῷ⸣. Καὶ
τούτου γινομένου, ἀπέρχεται ὁ σταυρὸς ἐν τῷ παλατίῳ ὀψικευόμενος παρὰ τοῦ
πλήθους τῶν συναθροιζομένων λαῶν καὶ βασταζόντων κηρία καὶ ἀποφερόντων
αὐτὸν ἐν τῷ παλατίῳ. Μετὰ δὲ τοῦτο θυμιᾷ ὁ ἀρχιδιάκονος καὶ ἐξέρχονται τὰ
115 ἅγια καὶ γίνεται ἡ ἀπόλυσις. Πατριάρχου δὲ μὴ ὄντος, ὑψοῖ ὁ μέγας πρωτοπαπᾶς,
ὁ δευτερεύων τῶν πρεσβυτέρων καὶ ὁ μετ' αὐτόν.
     Δεῖ δὲ εἰδέναι ὅτι ἕως τῆς ὑψώσεως ψάλλονται εἰς μὲν τὸν ὄρθρον ἀντίφωνα
ιβ΄, εἰς δὲ τὸ λυχνικὸν ιγ΄.

Dresdensis A 104 fol. 142-143:

1   Μηνὶ τῷ αὐτῷ, ιδ΄. Ἡ Ὕψωσις τοῦ ⸢τιμίου Σταυροῦ⸣. Τροπάριον ἦχος α΄·
Σῶσον Κύριε τὸν.
     Χρὴ δὲ γινώσκειν ὅτι ⸢ταῖς τέσσαρσιν⸣ ἡμέραις τῆς προσκυνήσεως τοῦ τιμίου
⸢Σταυροῦ⸣ ἐν τῇ Μεγάλῃ Ἐκκλησίᾳ ψάλλεται εἰς τὸν Ν΄ καὶ εἰ⸢ς τὰ τρία⸣
5 ἀντίφωνα τῆς λειτουργίας· Τὸν σταυρόν ⸢σου⸣ προσκυνοῦμεν δέσποτα, ὁμοίως
καὶ ἀντὶ τοῦ Τρισαγίου.
     Ἐν ταύτῃ δὲ τῇ ἡμέρᾳ τῆς Ὑψώσεως τοῦ τιμίου Σταυροῦ, ἀντίφωνα οὐ λέγονται,
ἀλλ' εὐθέως μετὰ τὸ πληρωθῆναι τὴν ε΄ ὥραν τῆς νυκτός, γίνεται ὁ ὄρθρος ἐν τῷ
ἄμβωνι καὶ ψάλλεται τὸ πρῶτον τῆς ἡμέρας καὶ ἀντίφωνα ιβ΄ μετὰ τοῦ κανόνος.
10 Ψάλλεται δὲ καὶ πολυλέλεον καὶ Εὐλογεῖτε. Εἰς δὲ τὸν Ν΄, τροπάριον ἦχος α΄·
Σῶσον Κύριε τὸν, ἤγουν εἰς τὸ Ἐλέησον ὁ Θεός. Στίχος β΄, Σοὶ μόνῳ ἥμαρτον.

98 ἡ κεφαλ. D : κεφαλ. Dm Dp ‖ 102 λαὸς rest. ex Dm ‖ 107 ἐρχομένου ἔμπροσθεν rest. ex Dm ‖
108 φατλίων Dm ‖ 111 ὑψωθεὶς - σταυρῷ rest. ex Dp.

14 sept. (2)
    test. : D fol. 142r1, l. 1-143r1 ; Dm p. 281-291 (l. 7 Ἐν ταύτῃ - l. 95 σὺν αὐτοῖς) Dp fol. 175v-178
Μηνὶ - σὺν αὐτοῖς). A lin. 32 (τοῦ βήματος) Dm Dp tantum usus sum.
1-5 τιμίου - σου rest. ex Dp ‖ 2 τὸν om. Dp ‖ 5 προσκυνοῦμεν δέσποτα om. Dp ‖ 11 τὸν om. Dp ‖
11 Ἐλέησόν με Dm Dp ‖

péché. Tropaire du 2ᵉ ton : *Tu as opéré le salut*[61]. Troisième stique : *Tu m'aspergeras d'hysope*. Tropaire du 2ᵉ ton : *La Croix vivifiante*[62]. Quatrième stique, ton grave : *Ne me rejette pas* ; *L'Église crie vers toi*. Cinquième stique : *Seigneur, tu ouvriras mes lèvres*. Tropaire, deuxième ton : *Sitôt que fut planté*[63], et, au *Gloire, Toi qui fus exalté sur la Croix*. Les ascètes femmes répondent en disant le même [tropaire]. *Et maintenant* : les autres tropaires, écrits plus haut.

Pendant qu'on chante ces [tropaires], trois diacres montent au patriarcat avec des candélabres et trois cierges ; ce sont eux qui vont escorter la Précieuse Croix. À l'entrée, un autre diacre descend avec l'évangéliaire et il attend que le patriarche descende.

Lorsque les psaltes entonnent l'hymne – c'est-à-dire le *Gloire à Dieu au plus haut* – le patriarche sort dans les tribunes[64] et après avoir encensé [la Croix], avoir fait le signe de la croix avec des cierges et l'avoir embrassée, il s'en va, le *skeuophylax*[65] ou le protochartulaire[66] soulevant la Croix. Les archontes du Sénat l'escortent, revêtus de leurs tenues et portant aussi des cierges[67]. Le patriarche, portant un encensoir, marche devant la Précieuse Croix ; lorsqu'il arrive aux portes royales, il trouve le second [des diacres] ou l'archidiacre avec l'évangéliaire, et, faisant la prière de l'entrée, il entre. Quand il entre au sanctuaire, il dépose [la Croix] sur la sainte table, du côté droit de l'évangéliaire.

Il faut savoir que la Croix précède l'évangéliaire.

Lorsque tous les clercs ont vénéré [la Croix], le patriarche monte à l'ambon, tandis que les Précieux Bois, avec leur coffret, sont portés devant lui par le *skeuophylax* ou par le chartulaire. Les psaltes montent auparavant et chantent les tropaires écrits précédemment : *Sauve, Seigneur*, et les autres. De même, les *ekdikoi*[68] montent auparavant avec leurs bâtons. La Croix est placée sur la petite table d'argent qui se trouve là.

Le domestique des sous-diacres étend un tapis sur lequel le patriarche monte. Il fait trois métanies en touchant la terre, même si c'est un samedi ou un dimanche. Ensuite, il fait le signe de la croix avec des cierges. Le *kanstrisios* lui enlève son *ômophorion* et le donne au second des diacres.

---

61. Voir MATEOS, *Typicon*, I, p. 30, *app. crit.* (Fa).

62. Voir MATEOS, *Typicon*, I, p. 28[18-21].

63. Voir MATEOS, *Typicon*, I, p. 30[3-6].

64. D'après le *De cer.* I, 43 (éd. VOGT, I, p. 117[1-8]), lorsque retentit le *Gloria*, l'empereur, qui est arrivé dans les tribunes de Sainte-Sophie par les passages en bois de la Magnaure, se rend dans le petit *sékréton* (du patriarcat) où le patriarche l'attend et où il vénère la Croix. Puis il se rend au grand *sékrèton*, où le patriarche lui remet un cierge pour la procession.

65. Voir n. 47. Le rôle du *skeuophylax* dans le déroulement des cérémonies en l'honneur de la Croix est attesté encore par les notices H et I (DARROUZÈS, Ὀφφίκια, p. 551 et 553). Il peut être, comme on le voit, suppléé par son protochartulaire.

66. Le protochartulaire (du *skeuophylakion*) avait été appelé jusqu'à présent simplement "le chartulaire".

67. D'après le *De cerimoniis*, l'empereur, la Chambre, les patrices et le Sénat, portant des cierges, se rendent au narthex en descendant par la "grande rampe" (l'une des deux rampes occidentales de Sainte-Sophie) : *De cer.* I, 31 (éd. VOGT, I, p. 117[8-15]). Il est surprenant que le *typicon* de Dresde ne signale à aucun moment, pour les Fêtes de l'Exaltation, la présence impériale.

68. Voir p. 70, n. 50.

Τροπάριον ⌈ἦχος β´⌉· Σωτηρίαν εἰργάσατο. Στίχος γ´· Ῥαντιεῖς με ὑσσώπῳ.
Τροπάριον ἦχος β´· Τὸν ζωοποιὸν Σταυρόν. Στίχος δ´, ἦχος βαρύς· Μὴ ἀπορρίψῃς
με. Ἡ ἐκκλησία βοᾷ σοι. Στίχος ε´· Κύριε, τὰ χείλη μου ἀνοίξεις. Τροπάριον,
15 ἦχος β´· Μόνον ἐπάγη, καὶ εἰς τὸ Δόξα· Ὁ ὑψωθεὶς ⌈ἐν τῷ σταυρῷ⌉. Τὸ αὐτὸ δὲ
λέγουσι καὶ αἱ ἀσκήτριαι ἀποκρινόμεναι. Καὶ ⌈νῦν, τὰ ὑπό⌉λοιπα τροπάρια τὰ
προγεγραμ⌈μένα⌉.

    Τούτων δὲ ψαλλομέ⌈νων⌉, ἀνέρχονται διάκονοι τρεῖς ἐν τῷ πατριαρχείῳ μετὰ
μανουαλίων καὶ κηρίων τριῶν, οἱ μέλλοντες ὀψικεύειν τὸν τίμιον σταυρόν. Εἰς
20 δὲ τὴν εἴσοδον κατέρχεται ἕτερος διάκονος μετὰ εὐαγγελίου, ἐκδεχόμενος τὴν
κάθοδον τοῦ πατριάρχου.

    Ὅτε δὲ ἄρξονται οἱ ψάλται τὸν ὕμνον ἤγουν τὸ Δόξα ἐν Ὑψίστοις Θεῷ,
ἐξέρχεται ὁ πατριάρχης ἐν τοῖς κατηχουμένοις, καὶ θυμιάσας, σφραγίσας⌉ τε
μετὰ φατλίων καὶ ἀσπασάμενος ἀποκινεῖ, τοῦ σκευο⌈φύλακος ἢ τοῦ⌉ πρωτοχαρ-
25 τουλαρίου ὑψοῦντος ⌈αὐτόν. Οἱ⌉ δὲ ἄρχοντες τῆς συγκλήτου ὀψικεύουσιν ἠλλα-
γμένοι τὰς ἰδίας στολάς, βαστάζοντες καὶ φατλία. Ὁ δὲ πατριάρχης, βαστάζων
θυμιατόν, προπορεύεται ἔμπροσθεν τοῦ τιμίου σταυροῦ καὶ ὅτε φθάσει εἰς τὰς
βασιλικὰς πύλας, εὑρίσκει τὸν δευτερεύοντα ἢ τὸν ἀρχιδιάκονον μετὰ τοῦ εὐαγγελίου, καὶ ποιῶν τὴν εὐχὴν τῆς εἰσόδου, εἰσοδεύει. Καὶ εἰσερχομένου αὐτοῦ εἰς
30 τὸ θυσιαστήριον, ἀποτίθεται ἐν τῇ ἁγίᾳ τραπέζῃ ἐν τῷ δεξιῷ μέρει τοῦ εὐαγγελίου.

    Ἰστέον δὲ ὅτι ὁ σταυρὸς προπορεύεται τοῦ εὐαγγελίου.

    Ὅτε δὲ προσκυνήσουσι πάντες οἱ ⌈τοῦ βήματος, ἀνέρχεται ὁ πατριάρχης ἐν
τῷ ἄμβωνι, βασταζομένων ἔμπροσθεν αὐτοῦ τῶν τιμίων ξύλων μετὰ τῆς θήκης
ὑπὸ τοῦ σκευοφύλακος ἢ τοῦ χαρτουλαρίου, προανερχομένων τῶν ψαλτῶν καὶ
35 ψαλλόντων τὰ προγεγραμμένα τροπάρια, Σῶσον Κύριε καὶ τὰ λοιπά. Ὡσαύτως
προανέρχονται καὶ οἱ ἔκδικοι μετὰ τῶν ῥάβδων αὐτῶν. Ὁ δὲ σταυρὸς ἀποτίθεται
ἐν τῷ κειμένῳ ἐκεῖσε ἀργυρῷ τραπεζακίῳ.

    Ὁ δὲ δομέστικος τῶν ὑποδιακόνων τιθεῖ ἐπεύχιον, ἐν ᾧ ἐπιβαίνων ὁ πατριάρχης
βάλλει τρεῖς μετανοίας, προσερεισθεὶς τῇ γῇ κἄν τε σάββατόν ἐστι κἄν τε κυριακή·
40 εἶτα σφραγίζει μετὰ κηρῶν καὶ ἐκβάλλει τὸ ὠμοφόριον αὐτοῦ ὁ κανστρίσιος καὶ
ἐπιδίδωσιν αὐτὸ τῷ δευτερεύοντι τῶν διακόνων.

---

12 ἦχος β´ rest. ex Dm ‖ 15 ἐν τῷ σταυρῷ rest. ex Dm ‖ 16-17 νῦν - προγεγραμμένα rest. ex Dm ‖
18-23 ψαλλομένων - σφραγίσας rest. ex Dm ‖ 24-25 σκευοφύλακος - οἱ rest. ex Dm ‖ 32 τοῦ βήματος hinc usque ad finem Dm Dp tantum usus sum, non legitur D ‖ 33 βασταζομένου Dm ‖ 34 τοῦ² om.
Dm ‖ 35 τῶν προγεγραμμένων τροπαρίων Dm Dp ‖

Le patriarche, prenant la Précieuse Croix, passe vers le côté oriental et, se tenant à l'avant, il l'élève, ramenant un petit peu les bras comme le veut la coutume, soutenu par deux *ekdikoi* selon le modèle ancien de Moïse, quand celui-ci, soutenu par Aaron et Or, mettait Amalek en déroute[69]. Un syncelle[70] – l'un de ceux qui ont la *hiérôsynè*, et non pas un [syncelle] qui ne l'a pas[71] – monte avec le patriarche et se tient derrière lui.

Tandis que l'exaltation commence, les diacres qui se tiennent sur les degrés de l'ambon proclament le *Kyrie eleison* avec le peuple, et ils le disent cent fois. Après le 97ᵉ, le patriarche fait trois fois le signe de la croix avec la Croix et les diacres proclament le *Kyrie eleison* plus intensément. Il passe côté sud, faisant là aussi trois fois le signe de la croix et élevant [la Croix] comme auparavant. Ensuite, il vient côté ouest, tandis que les psaltes proclament le *Kyrie eleison*, et là aussi il élève [la Croix] de la même façon, puis il passe côté nord et fait de même. Ensuite, il vient devant, élève [la Croix] comme précédemment et achève la première élévation, tandis que bien sûr le *Kyrie eleison* est dit cent fois pour chacun des cinq côtés, au total cinq cents fois. Les psaltes reprennent et disent un tropaire du second ton plagal : *Aujourd'hui, la parole du prophète est accomplie*.

Le patriarche s'assied sur son siège et se repose. Les chartulaires descendent la Croix dans le sanctuaire et, quand tous ceux qui sont là l'ont baisée, ils la remontent. La deuxième élévation a lieu comme la première, le *Kyrie eleison* étant dit quatre-vingts fois à chacun des cinq côtés, au total quatre cents fois. Si le patriarche en donne l'ordre, la Croix ne descend pas, mais elle est déposée sur la petite table qui se trouve là tandis qu'il se repose.

Une fois la deuxième élévation accomplie, elle est à nouveau déposée et l'on chante le tropaire du deuxième plagal : *Sitôt que fut planté*. Après s'être reposé, il fait la troisième élévation comme les autres, le *Kyrie eleison* étant dit par soixante, au total trois cents fois, ce qui fait en tout mille deux cents. La troisième élévation achevée, les chartulaires descendent la Croix devant le patriarche et ils la déposent sur la sainte table tandis que les psaltes chantent : *Toi qui fus exalté sur la Croix*.

Le patriarche s'étant assis quelque temps, l'archidiacre donne un signal aux psaltes et ils entonnent, au lieu du *Trisagion*, *Nous vénérons ta Croix, Maître*, sans antiphones ni synaptie. Les chartulaires prennent les Précieux Bois, les emmènent au *skeuophylakion* et, les déliant, ils les lavent avec de l'eau tiède. Les liens sont envoyés au palais, tandis qu'ils apportent les Précieux Bois avec leur coffret au sanctuaire et les déposent sur la table annexe.

À la fin du *Trisagion*, on s'assied, et l'on dit le *prokeiménon*, ton grave : *Exaltez le Seigneur*[72]. Stique : *Le Seigneur est devenu roi, que s'irritent*[73], et ainsi de suite le reste de l'office de la divine liturgie.

---

69. Cf. Ex. 17, 10.

70. Voir p. 62, n. 9.

71. Les syncelles *hiérôménoi* sont ceux qui ont la *hiérôsynè* (de diacre à évêque, cf. DARROUZÈS, Ὀφφίκια, index, s. v.).

72. Ps. 98, 9 ; cf. MATEOS, *Typicon*, I, p. 32³⁻⁵.

73. Ps. 98,1.

Ὁ δὲ πατριάρχης λαμβάνων τὸν τίμιον σταυρὸν διέρχεται εἰς τὸ ἀνατολικὸν
μέρος καὶ σταθεὶς ἔμπροσθεν ὑψοῖ αὐτόν, κατ᾽ ὀλίγον /143v/ ἀναφέρων τὰς χεῖρας
αὐτοῦ καθὼς ἀπαιτεῖ ἡ συνήθεια, ὑποστηριζόμενος ὑπὸ δύο ἐκδίκων κατὰ τὸν
45 παλαιὸν τοῦ Μωυσέως τύπον, ὅτε ὑπὸ Ἀαρὼν καὶ Ὧρον ὑποστηριζόμενος κατετρο-
ποῦτο τὸν Ἀμαλήκ. Συνανέρχεται δὲ τῷ πατριάρχῃ καὶ σύγκελλος εἷς, ἀλλὰ τῶν
ἱερωμένων καὶ οὐχὶ τῶν ἀχειροτονήτων, ἱστάμενος ὄπισθεν αὐτοῦ.

Τῆς δὲ ὑψώσεως ἀρχομένης, οἱ διάκονοι οἱ ἱστάμενοι εἰς τοὺς ἀναβαθμοὺς
τοῦ ἄμβωνος ἐκφωνοῦσι τὸ Κύριε ἐλέησον μετὰ τοῦ λαοῦ καὶ λέγουσιν αὐτὸ ρ΄.
50 Ἀπὸ δὲ τοῦ λζ΄ σφραγίζει ὁ πατριάρχης μετὰ τοῦ σταυροῦ γ΄, καὶ ἐκφωνοῦσιν οἱ
διάκονοι τὸ Κύριε ἐλέησον σπουδαιότερον. Καὶ διέρχεται εἰς τὸ νότιον μέρος,
σφραγίζων κἀκεῖ γ΄ καὶ ὑψῶν καθὼς ἔμπροσθεν. Εἶτα ἔρχεται εἰς τὸ δυτικόν,
ἐκφωνούντων τῶν ψαλτῶν τὸ Κύριε ἐλέησον, καὶ ὑψοῖ κἀκεῖ ὁμοίως καὶ μετέρ-
χεται εἰς τὸ βόρειον καὶ ποιεῖ οὕτως. Εἶτα ἐρχόμενος ἔμπροσθεν ὑψοῖ ὡς τὸ
55 πρότερον καὶ ἀποπληροῖ τὴν πρώτην ὕψωσιν λεγομένου δηλονότι ἐν τοῖς πέντε
μέρεσι τοῦ Κύριε ἐλέησον ἀνὰ ρ΄, ὁμοῦ φ΄. Καὶ δέχονται οἱ ψάλται καὶ λέγουσι
τροπάριον ἦχος πλάγιος β΄ · Σήμερον τὸ προφητικὸν πεπλήρωται.

Ὁ δὲ πατριάρχης καθέζεται ἐν τῷ σελλίῳ αὐτοῦ καὶ ἀναπαύεται, τὸν δὲ σταυρὸν
καταφέρουσιν οἱ χαρτουλάριοι ἐν τῷ θυσιαστηρίῳ· καὶ πάντων τῶν ἐκεῖσε ὄντων
60 ἀσπαζομένων, πάλιν ἀναφέρουσιν αὐτόν. Καὶ γίνεται ἡ δευτέρα ὕψωσις καθὼς
καὶ ἡ πρώτη, λεγομένου τοῦ Κύριε ἐλέησον ἐν τοῖς πέντε μέρεσιν ἀνὰ π΄, ὁμοῦ υ΄.
Εἰ δὲ κελεύει ὁ πατριάρχης, οὐ κατέρχεται σταυρός, ἀλλὰ ἀποτίθεται ἐν τῷ
ἐκεῖσε κειμένῳ τραπεζακίῳ, ἐκείνου ἀναπαυομένου.

Καὶ ὅτε πληρωθῇ ἡ δευτέρα ὕψωσις, πάλιν ἀποτίθεται καὶ ψάλλουσι
65 τροπάριον ἦχος πλάγιος β΄ · Μόνον ἐπάγη τὸ ξύλον. Καὶ ἀναπαυσάμενος ποιεῖ
καὶ τὴν τρίτην ὕψωσιν ὡς καὶ τὰς λοιπάς, τοῦ Κύριε ἐλέησον λεγομένου ἀνὰ ξ΄, ὁμοῦ
τ΄, γίνονται τὰ πάντα ‚ασ΄. Τῆς δὲ τρίτης ὑψώσεως τελεσθείσης, καταφέρουσιν
οἱ χαρτουλάριοι τὸν σταυρὸν ἔμπροσθεν τοῦ πατριάρχου καὶ ἀποτιθοῦσιν αὐτὸν
ἐν τῇ ἁγίᾳ τραπέζῃ, ψαλλόντων τῶν ψαλτῶν · Ὁ ὑψωθεὶς ἐν τῷ σταυρῷ.

70 Τοῦ δὲ πατριάρχου καθεσθέντος ὀλίγον, δίδοται τοῖς ψάλταις καιρὸς παρὰ
τοῦ ἀρχιδιακόνου, καὶ ἄρχονται ἀντὶ τοῦ Τρισαγίου· Τὸν σταυρόν σου προσκυνοῦμεν, Δέσποτα, ἄνευ ἀντιφώνων καὶ συναπτῆς. Τὰ δὲ τίμια ξύλα λαμβάνοντες
οἱ χαρτουλάριοι ἀποκομίζουσιν ἐν τῷ σκευοφυλακίῳ καὶ λύοντες ἀποπλύνουσιν
αὐτὸν μετὰ χλιαροῦ ὕδατος. Καὶ τὰ μὲν γαιτάνια ἀποστέλλονται ἐν τῷ παλα-
75 τίῳ, τὰ δὲ τίμια ξύλα εἰσάγουσι μετὰ τῆς θήκης αὐτῶν εἰς τὸ θυσιαστήριον καὶ
ἀποτιθοῦσιν αὐτὰ ἐν τῇ παρατραπέζῃ.

Τοῦ δὲ Τρισαγίου πληρουμένου, γίνεται καθέδρα καὶ λέγουσι προκείμενον
ἦχος βαρύς· Ὑψοῦτε Κύριον. Στίχος, Ὁ Κύριος ἐβασίλευσεν, ὀργιζέσθωσαν, καὶ
καθ᾽ ἑξῆς ἡ λοιπὴ ἀκολουθία τῆς θείας λειτουργίας.

45-46 ὅτε - Ἀμαλήκ : om. Dp ‖ 58 σελίῳ Dp ‖ 60-61 καθὼς καὶ Dp : καθὼς Dm ‖

Cet office a lieu à la Grande Église mais, dans les églises à l'extérieur[74], on dit les antiphones ordinaires et, au troisième antiphone, on dit le tropaire écrit précédemment : *Sauve… Gloire, Et maintenant*, le *kontakion*, quatrième ton : *Toi qui fus exalté…* À la place du *Trisagion*, on dit : *<Nous vénérons> ta croix…* Prokeiménon, ton grave : *Exaltez le Seigneur* ; stiques premier, deuxième. Apôtre. Alléluia, premier ton.

Pour cette fête, on ne dit pas d'évangile en latin, si ce n'est pas un dimanche. Après la fin de l'évangile, on invite les métropolites, [qui sont] en *phénolion*[75] noir parce que le patriarche porte un *phénolion* semblable. On allume aussi les cierges de l'ambon et les autres : on reçoit ces cierges de l'*eidikos*[76]. En effet, jusqu'à ce moment, on allume aussi bien à l'ambon qu'à l'iconostase des cierges (*phatlia*) qui sont donnés par l'économe[77].

Koinônikon, quatrième ton : *La lumière <de ton visage> s'est marquée sur nous*[78]. Alléluia.

Il faut savoir que si c'est un dimanche, nous ne chantons pas les *anastasima*, et on ne lit pas d'évangile du matin[79].

Quand arrive la communion, et qu'on enlève la première patène et qu'on la dépose avec les autres sur la sainte table, on dépose aussi les Bois précieux avec ces patènes.

74. L'office célébré dans les églises autres que Sainte-Sophie nous est connu aussi par un des manuscrits utilisés par Mateos : Fa ; voir plus haut, p. 6 et n. 36.

75. Ce vêtement liturgique (voir p. 71, n. 57) avait été appelé jusqu'à présent *phélonion*. Il est possible que les deux documents qu'emploie le rédacteur du *typicon* de Dresde aient employé chacun une forme différente du mot.

76. Le grec (ἀπὸ τοῦ εἰδικοῦ) pourrait se comprendre : "de l'*eidikon*" ou "de l'*eidikos*". Le parallélisme avec l'expression suivante (ἀπὸ τοῦ οἰκονόμου) a guidé notre traduction. La mention de l'*eidikos* est surprenante. DARROUZÈS, 'Οφφίκια, ne mentionne pas d'*eidikos* (ni d'*eidikon*) patriarcal. L'*eidikos* impérial est au contraire bien connu. Faut-il en conclure que le patriarcat, à l'époque où nous sommes, s'est doté d'un *eidikos* ? Ou bien supposer qu'une partie des cierges, pour la cérémonie, venait du palais ? Une autre solution est de considérer que le texte est ici altéré ou qu'il a été mal lu par Dmitrievskij, qui propose du reste entre parenthèses de lire : ἀπὸ τοῦ ἐκδίκου, de l'*ekdikos*.

77. Sur l'économe patriarcal, voir DARROUZÈS, 'Οφφίκια, p. 303-309. Remarquons que, pour la *pannychis*, les cierges provenaient de la sacelle : celle-ci est-elle considérée comme dépendant de l'économe, ou bien la mention des cierges fournis par l'économe ne vaut-elle que pour les cérémonies diurnes ?

78. Ps. 4, 7, 2 ; cf. MATEOS, *Typicon*, I, p. 32[23].

79. Ces indications, qui semblent se référer à l'*orthros*, ne sont pas ici à la place où on les attendrait.

80 Ἀλλ' αὕτη μὲν ἡ ἀκολουθία γίνεται ἐν τῇ Μεγάλῃ Ἐκκλησίᾳ, ἐν δὲ ταῖς
/fol. 143/ ἔξω ἐκκλησίαις λέγουσιν ἀντίφωνα τὰ κατὰ συνήθειαν, εἰς δὲ τὸ
τρίτον ἀντίφωνον λέγεται τροπάριον τὸ προγραφέν· Σῶσον... Δόξα. Καὶ νῦν, τὸ
κοντάκιον, ἦχος δ'· Ὁ ὑψωθεὶς... Ἀντὶ τοῦ Τρισαγίου λέγουσι Τὸν σταυρόν...
Προκείμενον ἦχος βαρύς· Ὑψοῦτε Κύριον. Στίχος α', β'. Ἀπόστολος. Ἀλληλούια
85 ἦχος α'. Εὐαγγέλιον Ῥωμαῖον ἐν ταύτῃ τῇ ἑορτῇ οὐ λέγεται, κυριακῆς μὴ οὔσης.

Μετὰ δὲ τὴν ἀπόλυσιν τοῦ εὐαγγελίου, γίνεται καὶ πρόσκλησις μητροπολιτῶν
μετὰ φαινολίων μαύρων, ἐπειδὴ καὶ ὁ πατριάρχης τοιοῦτον φορεῖ. Ἅπτουσι καὶ
τὰ κηρία τοῦ ἄμβωνος καὶ τὰ λοιπά· ἀπὸ τοῦ εἰδικοῦ ταῦτα λαμβάνουσι. Μέχρι
γὰρ τότε φατλία ἅπτουσι καὶ εἰς τὸν ἄμβωνα καὶ εἰς τὸ τέμπλον, ἅπερ δίδονται
90 ἀπὸ τοῦ οἰκονόμου.

Κοινωνικὸν ἦχος δ'· Σημειωθήτω ἡμᾶς τὸ φῶς. Ἀλληλούια.

Δεῖ δὲ εἰδέναι ὅτι ἐὰν ἐστι κυριακή, οὔτε ἀναστάσιμα ψάλλομεν οὔτε ἑωθινὸν
εὐαγγέλιον ἀναγινώσκεται.

Ὅτε δὲ συμφθάσει ἡ κοινωνία καὶ ἀρθῇ ὁ πρῶτος δίσκος καὶ ἀποτεθῇ μετὰ
τῶν λοιπῶν ἐν τῇ ἁγίᾳ τραπέζῃ, ἀποτίθεται καὶ τὰ τίμια ξύλα σὺν αὐτοῖς.

81-85 εἰς - Εὐαγγέλιον om. Dm ‖ 88 εἰδικοῦ Dp : εἰδικοῦ (ἐκδίκου) Dm ‖ 91-93 κοινωνικὸν - ἀναγινώσκεται om. Dm ‖ 94 ἀρθεῖ Dm Dp.

LA RELIQUE IMPÉRIALE DE LA VRAIE CROIX
D'APRÈS LE *TYPICON* DE SAINTE-SOPHIE ET LA RELIQUE DE
LA VRAIE CROIX DU TRÉSOR DE NOTRE-DAME DE PARIS

Jannic DURAND

Deux passages du *typicon* de Sainte-Sophie conservé à Dresde édités dans ce volume par Bernard Flusin, relatifs aux rites préparatoires et au déroulement, dans la seconde moitié du XIe siècle, de la cérémonie annuelle de l'exaltation de la Croix, le 14 septembre, à Sainte-Sophie, livrent incidemment des informations nouvelles sur l'aspect matériel de la relique, apportée du Palais à la Grande Église dans les jours précédents, et sur son reliquaire. Ces informations sont d'autant plus précieuses que les renseignements concrets sur la configuration des reliques et des reliquaires impériaux sont bien rares dans les textes byzantins antérieurs à la Quatrième croisade. Leur intérêt s'avère même ici exceptionnel : elles confirment non seulement ce que l'on pouvait soupçonner du reliquaire lui-même, mais elles dévoilent aussi, à propos de la relique, une réalité factuelle inattendue qui trouve un prolongement notable sur plusieurs staurothèques et reliques byzantines de la Vraie Croix.

Ainsi apprend-on dans la première des deux versions des cérémonies décrites par le *typicon* conservé à Dresde que, le 13 septembre, afin de préparer la relique pour le rite de l'exaltation, les "Précieux Bois", apportés dès le 9 du Palais, sont ce jour-là "lavés" par les théores et les chartulaires du *skeuophylakion*, à l'aide d'une éponge et d'une aiguière, dans un bassin d'argent, avant d'être "liés" par eux pour former une croix à double traverse[1]. Cette croix est explicitement faite de trois morceaux : un élément principal, assurément le montant vertical, auquel on attache "le plus petit en haut" et "le plus grand au milieu"[2]. Il faut donc comprendre que les éléments constitutifs de la croix ne sont ordinairement pas solidaires et qu'il faut les attacher ensemble pour qu'alors seulement ils puissent former un tout aisément maniable, en particulier pour que la croix puisse être "élevée" dans ses mains par le patriarche. C'est le cas notamment ce jour-là, comme l'assure le texte, mais également le lendemain, lors des exaltations successives de la Croix à l'ambon. Une célèbre peinture du Ménologe de Basile II représentant précisément l'exaltation à l'ambon, déjà plusieurs fois évoquée

---

1. Cf. *supra*, p. 79, lignes 55-61.
2. *Ibidem,* ligne 71-72 : Δεσμοῦσι δὲ ἐπάνω μὲν τὸ μικρότερον, τὸ μεῖζον δὲ μέσον.

Byzance et les reliques du Christ, éd. J. Durand et B. Flusin (Centre de recherche d'Histoire et Civilisation de Byzance, Monographies 17), Paris 2004.

ici même[3], montre d'ailleurs clairement, semble-t-il, des liens à l'intersection des bras inférieurs de la croix tandis qu'ils se laissent seulement deviner à la partie supérieure (fig. 1)[4]. Il s'agit là probablement de ce que le *typicon* de Dresde appelle des "*gaïtania*"[5]. Ils sont encore plus visibles sur trois des peintures d'un lectionnaire du Vatican commenté plus haut par Holger Klein (fig. 2)[6]. Le fait de pouvoir plus commodément "laver" ou éponger séparément chacun des éléments suffirait à expliquer cette particularité, surtout si la croix adoptait de grandes dimensions, ce qui, à la vue de la miniature du Ménologe et de celle du lectionnaire était vraisemblablement le cas [7]. À l'issue des cérémonies du 14 septembre, si l'on se fie, cette fois, à la seconde description du manuscrit de Dresde, la relique rejoint le *skeuophylakion* où elle est alors démontée et, de nouveau, "lavée", selon un processus inverse à celui de

Fig. 1 - *Ménologe de Basile II*, Vat. gr. 1613, p. 35, détail

3. *Vat. gr.* 1613, p. 35 ; cf. *supra*, p. 48, fig. 3, et p. 72, fig. 1.

4. Une lacune de peinture s'observe à cet endroit précis : elle correspond sans doute à un arrachement de la couche picturale entraîné par une surcharge ponctuelle de matière.

5. Voir *infra*.

6. *Vat. gr.* 1156, fol. 248r et 250v ; cf. p. 46-49 et fig. 2 et 4.

7. Pour pouvoir être vue de tous lors de l'exaltation à l'ambon, la Croix devait être, en effet, de dimensions respectables. Une peinture d'un évangéliaire du monastère athonite de Pantéléimon (Cod. 2, fol. 189 v), représentant la même scène de l'exaltation (la croix n'étant cependant pas "liée"), montre une croix proportionnellement encore plus grande : Οἱ θησαυροὶ τοῦ Ἁγίου Ὄρους, t. II, éd. G. CHRISTOPOULOS et J. K. MANAFIS, Athènes 1975, p. 349-353, fig. 277, p. 154.

Fig. 2 - Lectionnaire, *Vat. gr.* 1156, fol. 248r, détail

la veille, tandis que les liens, devenus inutiles, sont renvoyés au Palais[8]. Les "Précieux Bois" sont ensuite portés au sanctuaire "avec leur coffret" – c'est-à-dire sans doute placés à l'intérieur – avant de retourner, enfin, au Palais[9]. Il est probable que les Précieux Bois retournent au Palais dans ce coffret et que ce dernier, auquel le rédacteur fait à ce moment du récit seulement allusion, a dû servir aussi à leur transport du Palais à Sainte-Sophie dans les jours précédents.

Il ne s'agit pas là, cependant, de la seule mention explicite d'un reliquaire : il a déjà été question d'un coffret dans la première version des événements du *typicon* : le 13 septembre, en effet, la croix, dont les morceaux ont été, comme nous l'avons vu, lavés et liés, une fois élevée par le patriarche et baisée par les assistants, est ensuite confiée au chartulaires qui "la déposent dans le coffret (*thèkè*) qu'on appelle le 'petit tableau' (*pinakidion*)"[10]. Le terme de *pinakidion*, qui semble inhabituel dans le contexte de la relique de la Croix[11], précisément associé ici à celui de *thèkè*, est très révélateur : il sous-entend, en réalité, un coffret rectangulaire et plus ou moins plat, puisqu'il forme un tableau, mais ce coffret est aussi destiné à contenir la relique

8. *Supra*, p. 87, lignes 72-74.
9. Τὰ δὲ τίμια ξύλα εἰσάγουσι μετὰ τῆς θήκης αὐτῶν εἰς τὸ θυσιαστήριον : *ibidem*.
10. Ἐν τῇ θήκῃ τῇ ἐπιλεγομένῃ τὸ πινακίδιον : voir *supra*, p. 79, l. 66.
11. Le terme est absent du vocabulaire recueilli par A. FROLOW dans *La relique de la Vraie Croix. Recherches sur le développement d'un culte*, Paris 1961, et *Les reliquaires de la Vraie Croix*, Paris 1965. Il ne se rencontre pas non plus dans les *typica* monastiques.

qui est alors, on l'a vu, disposée et liée en forme de croix, comme elle le restera jusqu'à la fin de la cérémonie du lendemain. Par conséquent, ce reliquaire adopte la morphologie usuelle et la plus spécifique des staurothèques byzantines : un coffret plat, de faible épaisseur, adapté aux dimensions de la Croix[12]. On peut également supposer, sans grands risques d'erreur, que l'intérieur est garni d'une doublure dont les enfoncements épousent les contours de la Croix et où cette dernière s'ajuste parfaitement : l'écrin qui l'enserre évite ainsi qu'elle ne bouge lorsqu'on déplace le reliquaire, ce qui est le cas ce jour-là, aussitôt après que la relique "liée" y a été déposée, et sans doute le jour suivant, lors de son cheminement entre oratoires, tribunes, ambon, sanctuaire et *skeuophylakion* [13]. Le rédacteur le spécifie expressément, en l'occurrence pour la procession qui conduit la relique avec son reliquaire à l'ambon[14]. Enfin, on peut ajouter que le coffret est très probablement, comme la plupart des staurothèques de cette forme, muni d'un couvercle à glissière coulissant. C'est peut-être ce couvercle que les chartulaires referment et attachent lorsque, après avoir placé la relique dans son coffret, "ils la lient et la déposent dans l'oratoire"[15], soit au prix d'une minime correction du texte[16], soit, plus simplement, en raison de l'emploi d'un tour méto-nymique, le contenu désignant alors de manière implicite le contenant. Mais on pourrait aussi comprendre, il faut le confesser, que les chartulaires attachent la relique à l'intérieur du reliquaire, à l'aide de languettes mobiles par exemple, même si un tel dispositif n'est guère attesté sur les staurothèques qui nous sont parvenues[17]. De toutes façons, la présence d'un couvercle protecteur s'avère indispensable lorsque la relique retourne au Palais, tout comme lorsqu'elle en est venue.

C'est assurément, en effet, le même coffret qui sert à la fois aux cérémonies des 13 et 14 septembre, lorsque la relique est "liée", et au transport aller et retour de la relique, "non liée", entre le Palais et Sainte-Sophie. Outre le fait qu'on conçoit mal l'usage d'une staurothèque réservée aux journées des 13 et 14 septembre et à quelques autres manifestations du culte de la Croix à Sainte-Sophie qui demeurerait autrement

---

12. Cf. FROLOW, *Les reliquaires*, ch. IV, p. 93-115. Voir ici même, les deux exemples reproduits par S. LEROUX, p. 163 et 164.

13. Il est d'ailleurs au moins une fois spécifié, à propos des pérégrinations du 14 septembre dans la seconde description des événements : "Lorsque tous les clercs ont vénéré [la Croix], le patriarche monte à l'ambon, tandis que les Précieux Bois, avec leur coffret, sont portés devant lui…". Cf. FLUSIN, *supra*, p. 84.

14. Μετὰ τῆς θήκης : cette précision ne signifie pas que c'est la seule fois où la relique se déplace avec son reliquaire ; elle semble insister simplement, au contraire, sur le fait que la croix est, à cet instant solennel, conduite à l'ambon avec son reliquaire et non portée à mains nues, ce qui reste probablement implicite en d'autres circonstances.

15. Καὶ δεσμοῦσιν αὐτὸν καὶ ἀποτιθοῦσιν ἐν τῷ εὐκτηρίῳ : voir supra, p. 79, l. 66-67.

16. On peut proposer de lire αὐτὴν (τὴν θήκην) au lieu de αὐτὸν (τὸν σταυρόν).

17. Des languettes de métal pivotantes retiennent ainsi à l'intérieur de leur monture d'orfèvrerie les différents morceaux de bois sur la croix de Romain provenant de Maastricht à Rome (FROLOW, *Les reli-quaires*, no 134), mais il s'agit d'une croix reliquaire (peut-être elle-même autrefois abritée à l'intérieur d'un coffret) et non d'une staurothèque. De telles languettes sont également fixées sur le bord du reliquaire de Philothée du Kremlin de Moscou (FROLOW, no 729), mais servaient visiblement à retenir le seul couver-cle. Celles de la staurothèque de Donauwörth (FROLOW, no 206) assurent la clôture des boîtes à reliques annexes, et les deux barrettes qui retiennent la relique paraissent résulter d'un ajout occidental.

18. Voir ci-dessus le commentaire de B. FLUSIN, p. 63.

vide, le manuscrit de Dresde empêche, semble-t-il, d'imaginer deux coffrets distincts. Tandis que le rédacteur utilise une seule fois le mot "thèkè" dans la première version des cérémonies, en précisant dûment qu'il s'agit d'un "pinakidion", il s'en sert deux fois dans la seconde version, sans juger utile, dans un développement qu'il a lui-même annoncé comme complémentaire[18], d'apporter aucune autre précision. Pourtant, le même mot désigne alors à la fois le coffret dans lequel la relique, liée depuis la veille, est conduite le 14 septembre en procession jusqu'à l'ambon – il s'agit donc nécessairement du *pinakidion* – et celui où l'on dépose la relique déliée, à la fin des cérémonies de ce jour. Par conséquent, il ne peut guère s'agir que d'un seul et même coffret qui, grâce à la remarque introduite dans le premier récit, doit être identifié comme une staurothèque du type le plus habituel. Dans ces conditions, il faut admettre que la relique, à l'intérieur du coffret, liée ou non, adopte en permanence la forme d'une croix à double traverse. Il n'est alors pas interdit de supposer que, pour la plupart des rites de vénération de la Croix qui ponctuaient l'ordre des cérémonies de la mi-septembre et en d'autres circonstances, la relique pouvait être présentée ou offerte au besoin à l'osculation à l'intérieur même de son reliquaire dont il suffisait simplement d'ôter le couvercle. En effet, pour se borner aux cérémonies de la mi-septembre, seul le rite particulier qui voyait le patriarche élever la Croix nue à plusieurs reprises et lui faire accomplir des mouvements dans l'espace, exigeait que les "Précieux Bois", préparés et liés à dessein la veille, fussent effectivement extraits de leur reliquaire.

Quoi qu'il en soit, de manière pratique, les trois morceaux de bois de la relique devaient obéir à un mode d'assemblage relativement simple et visuellement satisfaisant, non seulement pour pouvoir être convenablement présentés en permanence à l'intérieur de la staurothèque, mais également pour pouvoir être commodément sortis de leur boîtier et liés sans difficultés. De surcroît, pour être séparables, les morceaux ne pouvaient être ni cloués ni chevillés ni non plus collés. Différents types d'assemblage du Bois de la Croix se rencontrent sur les staurothèques byzantines. Quelques-unes, par exemple, sont faites de plusieurs morceaux jointifs indépendants qui sont maintenus en leur centre par une douille fixe à quatre entrées, comme sur la croix dite des Zaccaria du trésor de la cathédrale de Gênes (fig. 3)[19] ou celle du dôme de Florence[20], douille qui peut éventuellement être ajourée, comme sur la "précieuse croix" du triptyque reliquaire de la Lavra, aujourd'hui réduit à l'état des fragments ici même étudiés par Thomas F. Mathews[21]. Sur d'autres, telles la croix du trésor de la cathédrale de Cologne[22],

19. FROLOW, no 556 ; en dernier lieu, voir F. DE CUPIS, dans le catalogue de l'exposition *Mandylion, Intorno al Sacro Volto, da Bisancio a Genova*, éd. G. WOLF, C. DUFOUR-BOZZO et A. R. CALDERONI MASETTI, Gênes, Palazzo ducale, 2004, p. 265-267. Pour le dessin de la douille : Ch. ROHAULT DE FLEURY, *Mémoire sur les instruments de la Passion de N.-S. J.-C.*, Paris 1870, pl. VII.

20. ROHAULT DE FLEURY, *Mémoire sur les instruments de la Passion*, p. 94 et pl. VII ; récemment : A. BICCHI et A. CIANDELLA, *Testimonia Sanctitatis, Le reliquie e i reliquari del Duomo e del Battistero di Firenze*, Florence 1999, p. 91, 93.

21. *Supra*, p. 107-122. Pour les douilles ajourées placées à l'intersection des bras : A. Grabar, La précieuse croix de la Lavra Saint-Athanase au Mont-Athos, *Cahiers archéologiques* 19, 1969, p. 99-125, figs. 16 et 17.

22. FROLOW, no 176 ; cf. le catalogue de l'exposition *Ornamenta Ecclesiae, Kunst und Künstler der Romanik*, éd. A. LEGNER, Cologne, 1985, vol. 3, no H. 38.

seule la monture permet de rendre solidaires les différentes pièces qui les composent, a priori également inamovibles. C'est notamment aussi le cas de la relique de Limbourg dont le démontage, en 1954, a montré, en dépit des restaurations anciennes, qu'elle était constituée de sept pièces de bois seulement maintenues par la monture d'or, sans compter la présence de quelques clous[23]. D'autres croix, en revanche, présentent un assemblage défini, en termes de menuiserie, "à mi-bois" : il a consisté à entailler dans l'épaisseur du montant vertical, à la hauteur des bras, une mortaise carrée à l'intérieur de laquelle vient s'ajuster la mortaise de même dimension pratiquée au centre des traverses. La croix du dôme de Pise[24] et celle, plus illustre, de l'impératrice Irène à Saint-Marc de Venise (fig. 4)[25] répondent, notamment, à ce procédé. Sur cette dernière, qui ne comporte ni clou ni cheville, les deux morceaux de bois sont simplement encastrés l'un dans l'autre ; ils pourraient être sans peine désassemblés si la lame d'or du revers et les bouterolles qui s'y assujettissent et maintiennent l'extrémité des bras ne venaient consolider le tout. Et il est donc très probable que la croix qui servait aux cérémonies du 14 septembre à Sainte-Sophie ait été faite de cette manière, très simple et parfaitement adaptée aux diverses manipulations exigées par le cérémonial.

Fig. 3 - Gênes, croix reliquaire des Zaccaria, détail de la douille métallique,
gravure publiée par Ch. Rohault de Fleury, 1870, pl. VII

23. Cf. J. RAUCH, Die Limburger Staurothek, *Das Munster, Zeitschrift für Christliche Kunst und Kunstwissenschaft* 8, 1955, p. 201-240, en part. p. 238-239.

24. ROHAULT DE FLEURY, *Mémoire sur les instruments de la Passion*, p. 99 et pl. VI, qui donne un dessin, hélas peu lisible, de l'assemblage. Voir A. CAPITANIO, *Arte orafa e Controriforma, La Toscana come crocevia*, Livourne, 2001, repr. p. 58.

25. FROLOW, n⁰ 308 ; *Il Tesoro di San Marco*, éd. R.H. HAHNLOSER, t. I, Florence 1971, n⁰ 25 et pl. XXVIII et XXIX.

Fig. 4 - Venise, trésor de Saint-Marc, croix de l'impératrice Irène

Fig. 5 - New York, Pierpont Morgan Library, staurothèque (d'après Voelkle)

On remarque aussi sur la croix de Venise, à l'intersection des bras, la présence d'un fil d'or continu qui, comme une minuscule cordelette, s'attache directement autour du bois de la relique et dont les minces frettes enserrant l'habitacle de cristal du XVIIᵉ siècle ont reproduit le croisement. Ce fil est sans doute moderne, mais il trouve des équivalents anciens sur plusieurs autres reliques de la Vraie Croix où apparaît à l'intersection des bras, de manière comparable, une croisette, parfois cantonnée de quatre perles aux angles. La plus grande des deux staurothèques placées au bas de la partie centrale du triptyque de Stavelot, aujourd'hui à la Pierpont Morgan Library de New York, qui passe pour avoir été rapportée de Constantinople par Wibald de Stavelot entre 1155 et 1157 (fig. 5), en offre un bel exemple[26]. Il est tentant d'y reconnaître, ainsi que sur quelques autres croix [27], une allusion aux liens

26. FROLOW, nᵒ 347 ; cf. W. VOELKLE, *The Stavelot Triptych, Mosan Art and the Legend of the True Cross*, New York 1980, p. 21-22 et figs. 6-8.

27. On peut citer la croix de l'impératrice Marie du trésor de Saint-Marc de Venise (FROLOW, *op. cit.*, nᵒ 273 ; *Il Tesoro di San Marco*, nᵒ 192) et, dans le même trésor, celle d'une staurothèque à compartiments (*Il Tesoro di San Marco*, nᵒ 259), celle d'origine byzantine dite de Charles VIII (repr. en gravure par ROHAULT DE FLEURY, *Mémoire sur les instruments de la Passion*, pl. VIII, nᵒ 3) et une dernière, aujourd'hui disparue mais connue par une gravure publiée en 1617 par G. Tiepolo (repr. dans A. PASINI, *Il Tesoro di San Marco, in Venezia…*, t. II, 1885, p. 102). Voir aussi la croix à double traverse et bouterolles du trésor de Grado, maladroitement insérée à une date inconnue dans un tableau d'orfèvrerie plus ancien, avec barrettes croisées et perles, comme sur la staurothèque de New York : A. GUILLOU, *Recueil des inscriptions grecques médiévales d'Italie*, Rome 1996, p. 29-30, nᵒ 23 et pl. 21.

– les "*gaïtania*"[28] – qui consolidaient la Croix pour les cérémonies du 14 septembre
à Sainte-Sophie, assurément précieux puisqu'on les renvoyait au Palais. Sur les croix
munies de douilles[29], ces dernières pourraient aussi avoir eu cette même valeur symbolique, indépendamment de leur utilité pratique. Quant aux perles fixées à la saignée
des bras, elles pourraient évoquer les nœuds qu'on devait nécessairement faire avec
ces liens. Les perles d'or et les cabochons des croisées qui distinguent la relique de
Limbourg (fig. 6), en dépit de leur restitution presque complète en 1954[30], pourraient
également être interprétés en ce sens, et il est intéressant d'observer qu'ils se retrouvent précisément sur la copie occidentale du reliquaire de Limbourg réalisée au début

Fig. 6 - Limbourg-sur-la-Lahn, reliquaire de la Vraie Croix,
détail de la croisée des traverses

28. Sur le sens du mot "gaïtania", voir DU CANGE, *Glossarium mediae et infimae graecitatis*, Lyon
1688 (réimpr. Graz 1958), s. v., qui donne les sens suivants : *zona, cingulum, vitta, taeniola*.
29. Cf. *supra*.
30. Il ne subsistait plus, en 1954, qu'un seul médaillon d'orfèvrerie cloisonnée, à la croisée supérieure,
celui de la croisée inférieure ayant été remplacé à l'époque gothique par une petite croix d'argent à
laquelle fut substituée le médaillon actuel. À cette même date, des perles d'or ont été fixées aux saignées
des deux croisées, à l'endroit de la monture où s'observaient précisément des traces de clous ou de rivets
et d'ornements sphériques. Cf. RAUCH, Die Limburger Staurothek, p. 239.

du XIIIe siècle pour Saint-Matthias de Trèves (fig. 7)[31]. De manière plus générale, les reliques de la Vraie Croix, à l'intérieur de leurs écrins, étaient avant tout vouées à la vénération, comme précisément celle du Palais utilisée à Sainte-Sophie le 14 septembre : les ornements placés à la croisée des traverses sur plusieurs reliques de la Croix n'étaient-ils que de simples éléments de décor ou étaient-ils destinés, à cet emplacement précis, à évoquer durablement le souvenir des "gaïtania" d'origine impériale alors utilisés ?

Il est remarquable, dans ce contexte, que le morceau de la Vraie Croix du trésor de Notre-Dame de Paris réputé provenir de la Sainte-Chapelle[32] réponde précisément par sa forme à un procédé d'assemblage à "mi-bois". Le fragment se présente, en effet, comme un parallélépipède de bois de conifère que prolonge un tenon taillé dans le même morceau (fig. 8 et 9). L'examen de la relique extraite de son reliquaire

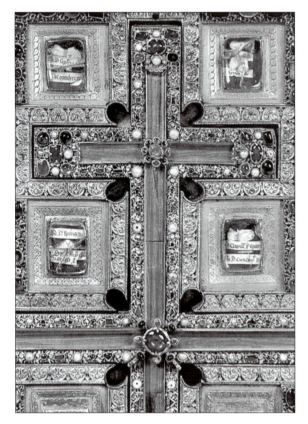

Fig. 7 - Trèves, église Saint-Matthias, reliquaire de la Vraie Croix,
détail de la croisée des traverses

31. Cf. le catalogue de l'exposition *Ornamenta Ecclesiae*, no H 41.
32. Sur cette relique, voir le catalogue de l'exposition *Le trésor de la Sainte-Chapelle*, éd. J. DURAND et M.-P. LAFFITTE, Paris, 2001, p. 61-62 et nos 17, 18 et 19.

Fig. 8 - Paris, trésor de Notre-Dame, le Bois de la Croix extrait de son reliquaire
(Cl. M. Beck-Coppola)

Fig. 9 - Paris, trésor de Notre-Dame, le Bois de la Croix extrait de son reliquaire,
détail du tenon avec le biseau de deux centimètres à son extrémité et la ligne incisée à son amorce
(Cl. M. Beck-Coppola)

d'orfèvrerie moderne[33] confirme ce que la gravure en couleur publiée par Charles Rohault de Fleury en 1870[34] laissait supposer : plusieurs prélèvements, effectués depuis le dépôt de la relique à Notre-Dame en 1805, ont contribué à en diminuer légèrement, surtout d'un côté, l'épaisseur[35]. Mais sur ce tenon subsistent encore à l'endroit le plus épais, au centre, des traces d'une substance bitumineuse, agglomérée de poussière et de résine, analogues à celles de la pièce entière de bois : elles prouvent que la découpe du tenon est aussi ancienne que la pièce elle-même. Rappelons que la relique fut offerte à l'église métropolitaine de Paris le 21 juillet 1805 par Jean Bonvoisin (1752-1837), peintre et graveur, membre de la Commission temporaire des Arts sous la Convention. Ce dernier affirma, sous la seule foi du serment, l'avoir extraite des "morceaux plus ou moins grands que celui-ci" issus du dépeçage de la Vraie Croix de la Sainte-Chapelle en novembre et décembre 1793[36]. Les dimensions, hors normes, de la partie pleine du bois, avant l'entaille de la mortaise, correspondent en longueur, en largeur et en épaisseur, à celles qu'avait la partie visible de l'un des deux bras de la traverse inférieure de la croix de la Sainte-Chapelle[37], haute elle-même de quatre-vingts centimètres, et autorisent effectivement à identifier le morceau de Notre-Dame comme un fragment de la Vraie Croix acquise par saint Louis en 1241, provenant de la chapelle impériale du Phare. Il faut donc envisager que le tenon du morceau de Notre-Dame était à l'origine prolongé par un second bras, symétrique à celui qui subsiste. Ce dernier fut probablement scié en 1793, comme le laisse entendre lui-même Bonvoisin : "Ce morceau précieux de la Vraie Croix (…) est un débris de celle de la Sainte-Chapelle de Paris, qui fut sciée pour en retirer l'or dont elle était en partie recouverte (…)"[38]. En effet, la relique, dès son arrivée à Paris, avait été aussitôt retirée de la staurothèque byzantine dans laquelle elle était arrivée pour être enfermée dans une grande croix faite de plaques de cristal serties de minces baguettes d'or rehaussées de pierres précieuses et de perles. Cette monture permettait désormais de la voir en permanence, comme on peut le constater sur toutes ses représentations figurées (fig. 10)[39]. C'est peut-être ce sciage hâtif ou un accident survenu lors du

---

33. Nous voudrions remercier le chapitre de Notre-Dame et Mgr Pierre Giraud, doyen du chapitre, de nous avoir permis d'ouvrir le reliquaire, le 6 février 2004, ainsi que Mgr Roger Menteur, mandaté à cet effet par Mgr Giraud, et le chanoine Paul Ryckebusch qui ont assisté à l'ouverture. Nos remerciements s'adressent également à Mme Martine Beck, auteur des photographies, et à M. Stéphane Crevat, orfèvre et restaurateur.

34. *Le trésor de la Sainte-Chapelle*, n° 18 ; cf. ROHAULT DE FLEURY, *op. cit.*, pl. IX.

35. L'épaisseur du tenon varie de 10, 4 mm (au niveau de la saignée de l'entaille) à seulement 8, 2 mm à l'extrémité du tenon.

36. Voir *Le trésor de la Sainte-Chapelle*, n° 84 (*Procès-verbal de vérification du morceau du Bois sacré de la Vraie Croix...*, 12 avril 1808).

37. Cf. *Le trésor de la Sainte-Chapelle*, n° 18. Les dimensions reprises sur la relique extraite du reliquaire en 2003 donnent : longueur totale : 220 mm; longueur de la partie pleine du bois : 163/164 mm ; largeur : 35/35,1 mm ; épaisseur : 26,4/26,5 mm. Les dimensions données en 1790 par Morand : H.: deux pieds six pouces et sept lignes (= 80 cm) pour deux pouces (4,1 cm) et un pouce et demi en épaisseur (3,1 cm).

38. *Le trésor de la Sainte-Chapelle*, n° 84 (*Procès-verbal de vérification du morceau du Bois sacré de la Vraie Croix…*, 12 avril 1808).

39. Voir *Le trésor de la Sainte-Chapelle*, p. 113-122 et n°s 28 à 32.

Fig. 10 - La Vraie Croix de la Sainte-Chapelle dans sa monture du milieu du XIIIe siècle, détail de la gravure publiée par S.-J. Morand en 1790, pl. face à la p. 40

dépeçage qui explique une longueur de la mortaise supérieure de près de deux centimètres à la longueur légitimement attendue de quatre : une petite portion du bras symétrique devait y être encore attachée et fut ensuite manifestement équarrie pour donner un aspect moins ruiné à l'ensemble. On observe, en effet, un léger biseau sur les deux derniers centimètres du tenon et, surtout, un trait continu à son amorce, précisément situé à quatre centimètres de l'entaille du bras subsistant, vestige de l'entaille primitive correspondante (fig. 9)[40]. On sait, de plus, que la relique de la Sainte-Chapelle ne devait comporter ni chevilles ni, sans doute, de clous, si l'on en croit Sauveur-Jérôme Morand, ancien chanoine de la fondation royale et historien de son trésor, sollicité en 1806 par l'archevêque de Paris pour trancher de l'authenticité de fragments du Bois de la Croix de la Sainte-Chapelle prétendument retrouvés en 1804 : il "n'y a jamais eu de cheville qui en ait fait partie"[41]. De fait, on n'observe aucune trace de clous ni de cheville sur le morceau de Notre-Dame.

40. Une relique byzantine de la Vraie Croix du musée diocésain de Gênes, apparemment assemblée à mi-bois, montre au dos une fracture longitudinale du bois de la traverse horizontale à partir de la mortaise. Le bras une fois démonté offrirait alors un excédent comparable. Cf. *Mandylion... da Bisancio a Genova*, p. 261-264 (avec fig. de la face et du revers).

41. *Le trésor de la Sainte-Chapelle*, n° 82 (*Note de Sauveur-Jérôme Morand au chanoine d'Astros relative aux reliques du Bois de la Croix prétenduement récupérées au Cabinet des Médailles*, 15 avril 1806).

INTÉRIEUR DE L'ÉTUI DE LA VRAIE CROIX.

Fig. 11 - *Intérieur de l'étui de la Vraie Croix*, gravure de l'intérieur de la staurothèque du trésor de la Sainte-Chapelle publiée par S.-J. Morand en 1790, pl. face à la p. 44

Cependant, la relique du Phare acquise par saint Louis reposait, à son arrivée à Paris, dans une staurothèque en forme de coffret plat, dotée d'un couvercle à glissière, dont une gravure, publiée par le même Sauveur-Jérôme Morand en 1790, nous a conservé le souvenir (fig. 11)[42]. Or ce coffret, pour autant qu'on en puisse juger, ne pouvait guère remonter au-delà du XIIe siècle et paraît avoir résulté d'une campagne de réfection des reliquaires impériaux de la Passion à l'époque des Comnènes, bien difficile toutefois à juger dans son ampleur. En témoigne encore indiscutablement aujourd'hui l'admirable plaque aux Saintes Femmes provenant du reliquaire de la Pierre du Sépulcre du Christ, chef-d'œuvre de l'art constantinopolitain du XIIe siècle, déposée en 1793 au Museum central des Arts, futur musée du Louvre. La staurothèque du Phare acquise par saint Louis, en outre, était manifestement destinée à contenir trois croix distinctes. Seule la plus grande parvint en France, tandis que l'une des deux autres, la plus petite, pourrait être identifiée par ses dimensions comme par sa provenance impériale, avec la croix expédiée à Venise par Henri de Flandre en 1205[43]. Cette disposition si particulière de trois reliques de la Croix à l'intérieur d'une même staurothèque reprenait-elle le parti d'une staurothèque impériale plus ancienne, ou résultait-elle d'une innovation du temps des Comnènes ? Un témoin latin, au milieu du XIIe siècle, affirme la présence au Palais de trois reliques de la Croix (*Crux dominica et eiusdem Crucis tria frusta*)[44], ce qui peut correspondre au reliquaire du Phare parvenu en 1241 à la Sainte-Chapelle. Mais on notera que dans un passage du *Livre des cérémonies*, ici même évoqué par Holger Klein[45], le troisième dimanche de Carême, "trois précieuses croix vivifiantes" étaient déjà associées dans des cérémonies de vénération ; tandis que la première était portée à Sainte-Sophie et la deuxième à la Néa, la troisième restait au Palais : faut-il supposer au Xe siècle l'existence de trois reliquaires ultérieurement confondus ou déjà d'un seul auquel on aurait pu ôter successivement au Palais et dans son enceinte deux croix avant de l'emporter avec la troisième à Sainte-Sophie ?

En tous cas, la croix impériale acquise par saint Louis, la plus grande et la plus propice par ses dimensions exceptionnelles à une exaltation publique, était probablement celle-là même qui se trouvait au XIe siècle dans le "pinakidion" mentionné par le manuscrit de Dresde. Dans ces conditions, le morceau aujourd'hui à Notre-Dame de Paris pourrait bien être un vestige tangible de la Croix que l'auteur du récit du manuscrit de Dresde a vu lui même servir aux cérémonies du 14 septembre à Sainte-Sophie.

---

42. *Le trésor de la Sainte-Chapelle*, no 17.

43. Voir *Le trésor de la Sainte-Chapelle*, *ibidem* ; J. DURAND, Art byzantin et art français au XIIIe siècle, *Actes du colloque de Venise*, 2004, à paraître.

44. Voir *Le trésor de la Sainte-Chapelle*, tableau récapitulatif, p. 32-33.

45. *Supra*, p. 52.

THE RUINED RELIQUARY OF THE HOLY CROSS
OF THE GREAT LAVRA, MT. ATHOS

Thomas F. MATHEWS and Edmund P. DANDRIDGE

The ruin of the great triptych reliquary of the Holy Cross of the Great Lavra, believed to be the gift of Nikephoros Phokas (963-969) to Saint Athanasios, is a distressing loss both to the Orthodox Church and to the world of art history at large. On the night of December 5th to 6th, 1989, the triptych, a unique treasure of Middle Byzantine gold-smithing, was stolen from the catholikon of the monastery; when it was recovered a week later it was a pitiful wreck, systematically broken into its constituent elements (fig. 1). The theft escaped all coverage in the press. Unpleasant though it be to discuss, the disaster raises difficult conservation issues for the Lavra community that cannot be avoided; at the same time the tattered remains of the reliquary contain important historical information. We will start with the historical evidence and turn to the conservation problem at the end.

Prior to its theft the reliquary was rarely seen and never studied, and André Grabar's cursory discussion in 1969 was based on photographs of 1918 rather than personal observation (fig. 2 and 3).[1] In July of 1994 the then abbot, the late Philippos Archimandrites, invited the present authors along with conservator Richard E. Stone of the Metropolitan Museum of Art to examine the reliquary and study the problems posed by its ruin.

Although Diehl and Frolow dated the reliquary to Michael VII (1071-78) on the basis of an 18th century catalogue of the treasury,[2] current scholarship accepts Grabar's attribution to Nikephoros Phokas.[3] The connection to Phokas is made in the single historic document that touches on the reliquary, an imperial chrysobull dated 6 May 964, in which the emperor Nikephoros Phokas claimed:

---

1. A. GRABAR, La précieuse croix de la Lavra Saint-Athanase au Mont-Athos, *CArch.* 19 (1969) p. 99-125; the photographs were take by the French Armée d'Orient.

2. Ch. DIEHL, *Manuel d'art byzantin*, Paris 1910, p. 649; A. FROLOW, *La relique de la vraie croix: Recherches sur le développement d'un culte* [Archives de l'Orient Chrétien 7], Paris 1961, n° 233; ID., *Les reliquaires de la vraie croix* [Archives de l'Orient Chrétien 8], Paris 1965, p. 58.

3. N. ŠEVČENKO, The Limburg Staurothek and its Relics, Θυμίαμα στη μνήμη της Λασκαρίνας Μπούρα, Athens 1994, p. 289-94; A. CUTLER and J.-M. SPIESER, *Byzance Médiévale, 700-1204,* Paris 1996, p. 162-63.

Byzance et les reliques du Christ, éd. J. Durand et B. Flusin (Centre de recherche d'Histoire et Civilisation de Byzance, Monographies 17), Paris 2004.

Fig. 1 - Triptych Reliquary of the True Cross, present state

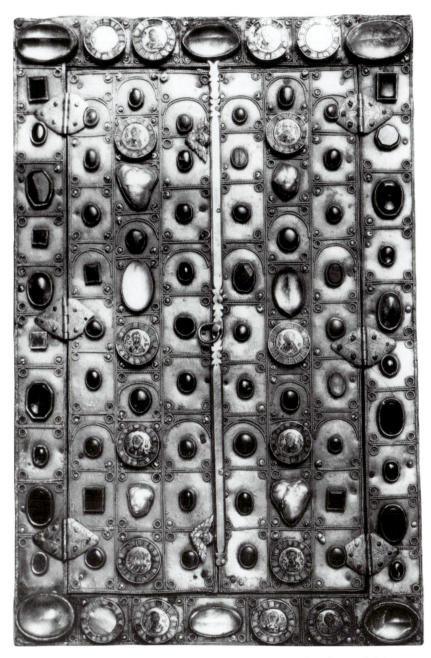

Fig. 2 - Triptych with doors closed, before theft (Photo Dumbarton Oaks)

Fig. 3 - Triptych with doors open, before theft

"Our god-crowned and cross-bearing Kingship has bestowed upon the aforementioned Lavra of the monastery this venerable and all holy wood of that very life-bearing wood which held my Lord and Master, in the shape of a double cross more than a *spithame* in height, less in width and in the thickness of a thumb."[4]

The term *spithame*, a hand span, approximates the actual dimensions of the relic, 19 cm. high, and the "double cross" format matches its upright with two horizontal bars, and considering the range of cross relic sizes, this general correspondence is good evidence. However the document, it should be observed, refers only to the relic, not to the silver-gilt triptych reliquary, which besides the cross, contained six subsidiary relics. If Phokas donated the cross relic, which in its gold casing was removable from the triptych, it is conceivable that the latter was made and donated separately, as happened with the Limburg Staurotheke. One must examine the physical evidence of the triptych, therefore, for confirmation of the date and location of its manufacture.

4. P. LEMERLE *et al.*, *Actes de Lavra* [Archives de l'Athos 5], Paris 1970, p. 105.

The triptych, measuring 45 x 29 x 5 cm., had already suffered some losses and revisions before the 1918 photographs. Three enamels were missing from their settings; the lid of the reliquary on the lower left had been stolen and replaced with a plain lid, and the little relic box was turned upside down in the 1918 photograph; and six new hinges and a door joiner were introduced in modern times – this last was not found after the recent theft.

The triptych was constructed of three rectangular wooden panels, which also did not survive the theft. Apart from the reverse of the central panel, all surfaces of the wooden support were clad in gilt silver sheets secured to the wood core with silver brads (fig. 4 and 5). Perhaps intending to redeem the parts for their base metal value, the thieves folded the sheets and began cutting them with shears. Upon recovery a misguided effort to flatten the panels further distressed the metal. Given the quality of the gold surface and its fluidity, it would appear that it was applied as an amalgam of mercury and gold after all of the silver elements – sheathing, filigree, and bezels – had been soldered together. No gold was applied to the spaces within the bezels or over areas subsequently covered by the enameled medallions (fig. 6).

Fig. 4 - Silver-gilt sheet of upper half of center panel

Fig. 5 - Silver-gilt sheets of doors, inner surface

Fig 6 - Compartment of quincunx designs

On the inside of the triptych wings paired braided wires divided the field into simple arched panels. The outside of the triptych wings and the entire central panel were divided by the same filigree technique into smaller arched or rectangular compartments, which were lavishly decorated with pearls, stones, and enamels, arranged in a kind of quincunx pattern with a large stone in the center and tiny pearls in the corners. Every one of these decorations were pried loose by the thieves with severe damage to the bezels and scratching and chipping of the stones and pearls. There are four large irregular pearls (fig. 7), eight large ridge-backed quartz crystals, an octagonal faceted stone that appears to be jasper, numerous smaller crystals with a red glaze applied to the reverse, and many glass cabochons whose color was enhanced by backings of silver foil or dyed textile fragments.

This enhancement of glass cabochons to make them appear more than they are is a very curious phenomenon. From Psellos' treatise *Concerning the Powers of Stones* we understand that precious stones were treasured not for their glitter but for the curative powers they were believed to possess.[5] The stones were imagined to radiate special emanations that one received by touch or sight (jasper, for example, was good for epilepsy and nightmares). In making the Lavra triptych the goldsmith or jeweler evidently knew that most of his stones were simply glass but wanted to make them appear like more potent stones. One might ask if his patron realized this.

The manner of compartmentalizing the gilt surface with braided wire is unusual. An exact parallel is found only in the Great Lavra's lectionary book cover, supporting the belief that it was part of the same donation as the triptych; but the book cover is itself a complicated pastiche, and it has not been studied beyond Grabar's treatment.[6] The Limburg reliquary, the finest piece of Byzantine goldsmith work, which inscriptions attribute to Basil the Proedros under Phokas' successor, John Tzimiskes (969-976), exhibits some parallels in the groupings of stones, but lacks the braided wire divisions.[7] The enamels too, with their shaky gold line, tunics of two shades of blue and blue haloes, invite comparison with the Limburg piece and with other works of the late

Fig. 7 - Four large, irregular pearls, one broken

5. *Michaelis Pselli Philosophica Minora*, ed. J. M. DUFFY, Leipzig 1989, I, p. 116-119.

6. GRABAR, La précieuse croix, *passim*.

7. J. KODER, Zu den Versinschriften der Limburger Staurothek, *Archiv für Mittelrheinische Kirchengeschichte* 37, 1985, p. 11-31.

tenth century (fig. 8-10). The medallions are approximately 1.9 cm in diameter, and appear to be fabricated from a single sheet of gold with the central cell sunk to allow for the placement of the gold cloisons outlining the details of the figural busts. Similarly, the cells for the inscriptions within the reserved gold field are worked back into the gold sheet. Nine different enamel colors can be distinguished: opaque white, yellow, green, red, flesh tone, light blue, medium blue, turquoise, and a translucent dark blue.

Fig. 8 - Enamels, Saints Andrew, Gregory, Elias and Paul

Fig. 9 - Reverse of same enamels

Fig. 10 - Blue glass rings, with St. Thomas enamel and empty

Fig. 12 - Reliquary boxes, clockwise from upper left: (1) Symeon, (2) Notarii, (3) Eustratios, (4) Niketas, (5) Kallinikos and 40 Martyrs, (6) Unknown

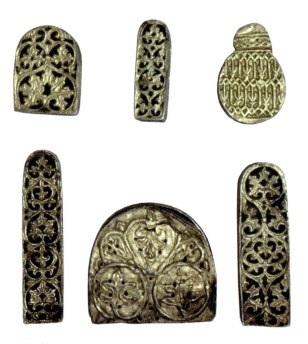

Fig. 13 - Reverse of the reliquary boxes in the same order

The sanctoral reliquaries that surrounded the cross are in much better condition (fig. 12-13). Each had been pried open by the thieves and was empty, but the boxes themselves were not further damaged. Each container was fabricated from sheet silver in box-like construction with the sides and backs soldered together and all exterior surfaces gilt. Four of the lids show saints in repoussé. We number them clockwise from the upper left.

The style of the repoussé figures Grabar compared to the reliefs of the Processional Cross at Lavra (fig. 14): "La façon de sculpter les visages aux joues pleines, les cheveux, les draperies aux plis amples et nobles, rejoignent la manière observée sur les reliefs de la croix."[10] The quality of sculpture is not uniform. Symeon (1) and Niketas (4) are figures of confident bearing and have the same kind of stippled halo. Symeon has a high thoughtful brow; the sculptor took care to show the pattern of Niketas' chlamys. On the other hand, the Notarii (2) are rather perfunctory with uncomfortable disjunctures between head and body and between hands and forearms; their haloes are irregular. Kalinikos (5) is smoothly handled in somewhat higher relief and is distinguished by the crimped line of his borders. In spite of the differences of workmanship, the open scroll pattern on the reverse of four of the boxes allows one to group them together (1, 2, 4, and 6). The back of box number 3 is a fragment cut from an earlier piece with a delicate interlace pattern. Box 5 has a low relief of foliate scrollwork on its reverse. Nothing in our examination would lead us to question Grabar's dating.

Fig. 14 - Relief lids of reliquary boxes 1, 2, and 4

10. GRABAR, La précieuse croix, p. 106.

The losses induced by the brutality of the thieves are irreversible. As we have seen, all the ornaments were violently stripped away from the reliquary. In nearly every instance the bezels were torn and/or cut in several places with large sections flattened, distorted and lifted away from the silver sheet. Some of the stones were fractured in the process and most of the inlays are no longer associated with their backings. The small seed pearls threaded into all the corners of the compartments were ripped out of their settings. The enamels came out more easily and with less damage. Stripped of their ornaments, the scratched and marred silver sheets were pulled away from their wooden cores. The wood supports were discarded and the silver sheets were folded back onto themselves. The central sheet was cut in two pieces; solder joins failed; some of the silver strips that covered the edges of the wooden plaques were severely distorted, crushed and torn.

Over time silver undergoes a certain "age-hardening" or embrittlement, losing its capacity to be stressed without damage. Bending of the sheets therefore resulted in visible tearing and separation. The only method that would allow the silver to be brought back into plane would entail its heat treatment. The annealing of the silver, however, would irreparably change the structure of the metal and erase technical information contained therein. Heat treatment would also adversely affect the gilding by inducing the interdiffusion of silver and gold, making the end product very silvery in tone. In its present state, however, the triptych remains an incomparable document of Byzantine goldsmithing.

The ruin of the reliquary underlines the urgent need of outside oversight of the historical collections of Great Lavra. The theft demonstrates that traditional security systems are no longer adequate protection for the treasures. In addition we must go on record as observing that conservation measures at the monastery are woefully inadequate. In addition to the ruined reliquary, the late abbot also invited consultation from experts from the Metropolitan Museum of Art concerning the library and the icons of the monastery. The manuscript collection was found to have an infestation of book lice. A report was submitted to the abbot, a program was drawn up for treatment of the problem, and a scientific paper was published on the situation, but no action has been taken.[19] Left untreated, book lice reduce parchment to a fine white powder. A similar problem was found in the icon collection, which is extensively infested with powder-post beetle. It is unusual that a scholarly paper should end on a hortatory note, but the monastery's religious guardianship of an incomparable historical collection must take advice and counsel from qualified outside experts if more serious losses are not to follow.

19. R. J. Koestler and T. F. Mathews, Application of Anoxic Treatment for Insect Control in Manuscripts of the Library of Great Laura, Mount Athos, Greece, in *Environnement et conservation de l'écrit, de l'image, et du son : Actes des journées internationales d'études de l'ARSAG, Paris, 16-20 May 1994*, p. 59-62.

ROMANOS LEKAPENOS AND THE MANDILION OF EDESSA

Sysse Gudrun ENGBERG

The Mandilion[1] was named after the towel, or thin cloth, which, as legend has it, miraculously received the image of Christ drying His face with it after washing. This image-not-made-by-hand (*acheiropoietos eikon*) was sent to King Abgar of Edessa, together with a letter written by Christ. Abgar, who was baptized with all his family, placed the image in the wall at, or above, the main entrance to the city. Other such miraculous, not man-made images of Christ are known: the Kamouliana image, several 'Veronica-images' and, of course, the burial shroud at Turin. Attempts have been made to prove that some of these different images are identical, e.g. that the Mandilion was in reality the Turin shroud folded up. However, it is important to stress that the word '*mandilion*' is exclusively connected with the story of Christ and King Abgar, and that supposedly it was a smallish towel with the imprint of Christ's face only. The Byzantine sources refer to the relic by expressions such as *theia eikon*, *apeikonisma*, *ektypoma*, *ekmageion*, *cheiromaktron*, while '*mandilion*' seems to have become current from being used in connection with the liturgical feast day of the relic.

In the summer of A.D. 943 John Curcuas, general of the Byzantine Emperor Romanos Lekapenos, laid siege to the town of Edessa, which, in order to avoid destruction, handed over its most important possession: the Acheiropoietos Image of Christ.[2] In exchange, the town obtained the release of 200 captives, perpetual immunity from attack and 12,000 silver crowns. The relic was taken to Constantinople (fig. 1) in a solemn journey, the entry into the Capital took the form of a triumphant reception, and August 16 was instituted as a feast day in remembrance of the event. Four months later, the Emperor Romanos had been deposed by his own sons who, in their turn, were exiled in January 945 by Constantine VII Porphyrogennetos, now sole emperor.

It is generally believed that after the initial grand ceremony, the Mandilion inconspicuously joined the emperor's large collection of relics in the Chapel of the Virgin, in the part of the palace close to the waterfront and the lighthouse, the Pharos. In this paper, I hope to show that even if the Mandilion ended up in the Pharos Church, it was initially installed at the Chalke Gate, the official entrance to the imperial palace at the Augousteion, opposite Hagia Sophia; this was the logical place to depose this particular relic.

1. Or Mandylion, as it came to be known among art historians. In the Skylitzes manuscript, this is how it is spelled in the inscription opposite the image of its reception in Constantinople, but the prophetologion manuscripts spell the word with *iota* or *eta*, never with *ypsilon*.
2. According to the 'liturgical' sources, Edessa also handed over Christ's letter.

Byzance et les reliques du Christ, éd. J. Durand et B. Flusin (Centre de recherche d'Histoire et Civilisation de Byzance, Monographies 17), Paris 2004.

The Mandilion must have continued to play a role as protecting palladium in hard times for the Capital. During a six month drought in AD 1036/37, it was carried in procession from the Great Palace to the Blachernae, together with Christ's letter and His swaddling-clothes (*spargana*). The miniature in the Skylitzes manuscript that illustrates this event shows three persons, each carrying a small golden casket (fig. 2).[3] Christ's letter is said by the historians to have been found in AD 1032 by Georgios Maniakes and sent to the emperor in Constantinople; it disappeared during riots in 1185.[4]

Foreign travellers saw the Mandilion in Constantinople in the 11th-13th centuries:
– The description of Constantinople contained in the manuscript *Tarragonensis* 55 and dated in the 11th century refers to the Mandilion enclosed in a golden vessel (Ihesu Christi vultus in linteolo... clausum aureo vase, cf. fig. 2). This, and Christ's letter, were both kept in the emperor's palace, "imperatoris in palatio".[5]
– *Relliquiae Constantinopolitanae* from c. 1150 mentions the Mandilion (Mantile, quod, visui Domini applicatum, imaginem vultus eius retinuit) kept in a box (capsula). Likewise, Christ's letter is closed within a golden box with the emperor's seal:

Fig. 1 - Skylitzès, *Synopsis Historiarum*, Madrid, cod. Matr. graec. Vitr. 26-2, fol. 131 (after *Facsimile Edition*, Athènes, 2000)

---

3. SKYLITZES, ed. THURN [CFHB 5], Berlin & New York 1973, p. 400[39-44]; GLYKAS, PG 158, 588B-C. The historians scathingly add that "not only did it not bring about any rain, on the contrary it brought a gigantic hailstorm that ruined the trees and the City's roofs".

4. Cf. EPHRAEM [Bonn], vv. 3001-3003; CEDRENUS [Bonn], II, p. 501; Niketas CHONIATES, Andr. Komn. II, 12, ed. VAN DIETEN [CFHB 11], Berlin 1975, p. 347.

5. Kr. N. CIGGAAR, Une description de Constantinople dans le *Tarragonensis* 55, *REB* 53, 1995, p. 120.

Fig. 2 - Skylitzès, *Synopsis Historiarum*, Madrid, cod. Matr.graec.
Vitr. 26-2, fol. 270vo (after *Facsimile Edition*, Athènes, 2000)

"consignata est signo imperatoris in capsula aurea". Both relics were seen in the emperor's chapel, "in capella imperatoris".[6]
– Two sources refer to Christ's letter only. Whether this means that the Mandilion was temporarily kept somewhere else, or whether the actual pilgrim simply was not interested in this relic, is difficult to say. The text traditionally ascribed to the Icelandic abbot Nicolaus Thingeyrensis mentions only the letter, which was kept in the palace: "In Constantinople, in the Old Palace, is the Letter that Our Lord wrote with his own hands" (I Miklagardi i pollutum enum fornum er rit that, er drottinn vár reit sealfr sinum höndum).[7] Unfortunately, it is impossible to guess from which source this passage about the relics of Constantinople in the manuscript AM 194 8vo is taken, and equally impossible to date it more precisely than between 1032 and 1185. Likewise, the 12th century *Diegesis* only mentions the Letter, which was kept in the emperor's palace, and not the Mandilion.[8]

6. P. RIANT, *Exuviae sacrae Constantinopolitanae*, Genève 1878, II, p. 211-212.

7. *Ibidem*, p. 213-216. The abbot Nikolaus (either of Thingeyrar, died 1158, or of Thverá, died 1159 or 1160) returned to Iceland before 1153; he had visited Jerusalem, but apparently not Constantinople. His travelogue ends on f.16r of the manuscript "Arnemagn. Saml. 194 8vo" (Copenhagen), and after this follow several detailed descriptions of churches and relics in Rome and Italy, Spain, France and Constantinople, copied from unknown sources. The manuscript was compiled in 1387 and the scribe of this part of the ms, Olafur Ormsson, relates only the authorship of the travelogue, not of the following descriptions. The passage which describes the relics of Constantinople consists of at least two notes, taken from different sources, and it should be renamed "Pseudo-Nicolaus", or "the list in AM 194 8vo", since it has no connection to Nicolaus whatsoever. Cf. Kr. KÅLUND, *Alfrædi íslenzk. Islandsk encyklopædisk litteratur, I. Cod. mbr. Arnemagn.samling 194, 8vo* [STUAGNL 37], Kbh. 1908; Kr.KÅLUND, *En islandsk Vejviser for Pilgrimme fra 12. århundrede* [Aarbøger for Nordisk Oldkyndighed og Historie], Kbh. 1913; *Medieval Scandinavia: An Encyclopedia*, ed. P. PULSIANO, New York & London, 1993, p. 390-391 s.v. Leidarvisir.

8. Kr. N. CIGGAAR, Une description anonyme de Constantinople du XIIe siècle, *REB* 31, 1973, p. 341.

– In contrast, the *Descriptio sanctuarii Constantinopolitani*, normally dated c.1190, mentions only the Mandilion: "Manutergium ... in quo ab ipso Domino sua ipsius transfigurata est ymago" which was kept in the imperial chapel, "in capella imperiali".[9]
– The *Anonymus Mercati,* dated by Ciggaar in the late 11th century, saw all three connected relics, Mandilion, Letter and Keramion, in the Pharos Church.[10] The tile, or Keramion, on which Christ's face had miraculously been copied from the Mandilion, was brought to Constantinople in AD 967 and displayed in Blachernae. Afterwards, the clerics of Hagia Sophia brought it to the Church of All Saints where it was deposed.[11] By the late 11th century, it had apparently ended up in the Pharos Church where it seems to have remained, together with the Mandilion.

After 1185, when the Letter had disappeared, Mandilion and Keramion are mentioned together and their placement in the Pharos Church is explicitly mentioned:
– Antonius from Novgorod saw around 1200 in the emperor's palace (in aedibus aureis Caesaris) the Mandilion and two keramia: "linteum faciem Christi repraesentans (ubrus na nemzhe obraz khristov); Ceramidia duo".[12]
– Nikolaos Mesarites, guardian of the Pharos Church, described in the year 1200 the ten Passion relics kept here. After this "decalogue", he mentions the "Giver of the Law himself", Christ, pictured on a cloth and engraved in clay, i.e. the Mandilion and the Keramion.[13]
– Finally, in 1203 Robert de Clari saw the Keramion (tuile) and the Mandilion (touaile), or rather, he saw the golden capsules in which they were kept hanging in silver chains from the ceiling of the imperial chapel: 'il i avoit ij (i.e. deux) rikes vaissiaux d'or, qui pendoient en mi le capele, à ij (deux) grosses c[h]aaines d'argent: en l'un de ches vaissaus, si i avoit une tuile, &, en l'autre, une touaile'.[14]

It seems certain that the Mandilion was kept in the palace, but not all sources specify where; it could have been kept in any of the palace's chapels or churches, or in the *skeuophylakion*. Only from the 12th century, or maybe from the late 11th century, it is explicitly stated that it was in the Pharos Church which the Western travellers called the emperor's chapel. However, this does not necessarily mean that it was there all the time, or that it was deposed there in AD 944.

---

9. RIANT, *Exuviae sacrae*, II, p. 217. One should perhaps be more careful about dating these sources on the basis of which relics they omit, since there might be a number of reasons for not mentioning a specific relic; in several sources the Keramion is not mentioned, even though it must have been present when the pilgrim in question visited the Capital.

10. Kr. N. CIGGAAR, Une description de Constantinople traduite par un pèlerin anglais, *REB* 34, 1976, p. 245.

11. SKYLITZES, ed. THURN, p. 271; Fr. HALKIN, Inédits byzantins d'Ohrida, Candie et Moscou [*Subsidia Hagiographica* 38], Bruxelles 1963, p. 259-260.

12. RIANT, *Exuviae sacrae*, II, p. 223.

13. Nikolaos MESARITES, *Die Palastrevolution des Joannes Komnenos*, in: Fr. GRABLER, *Die Kreuzfahrer erobern Konstantinopel* [Byzantinische Geschichtsschreiber 9], 1958, p. 287. The fact that Mesarites mentions the Mandilion and the Keramion in association with the Passion relics has perhaps lead to the perception of the Mandilion as a Passion relic which, of course, it is not – quite the contrary!

14. RIANT, *Exuviae sacrae*, II, p. 231.

With the Fourth Crusade, the Mandilion disappeared from Constantinople. It is named in the list, dated June 1247, of relics ceded by the Latin Emperor of Constantinople, Baudouin II, to Saint Louis of France, as 'a holy cloth mounted on a board' (sanctam Toellam tabule insertam), and it is mentioned in all the inventories of relics in Sainte-Chapelle in Paris, from where it disappeared in 1792.[15] King Abgar is said to have fastened the Mandilion to a board when he placed it above the city gate of Edessa, and since this is how it is described in the list from 1247, and how it appears later in several pictures of the relics of the Sainte-Chapelle, it is sometimes assumed that it was also kept in this way in Constantinople.[16] Yet, this is contradicted by some of the sources: the "aureum vas" of the *Tarragonensis* and the "capsula" of *Relliquiae* are much more consistent with the "vaissiaux d'or" that Robert de Clari saw hanging down from the ceiling, and with the vessel (σκεῦος) in which Christ's letter was kept, according to Niketas Choniates; these words are difficult to imagine used about a flat, rectangular box as the one in which the Mandilion was later kept at Sainte-Chapelle. If the miniature in the Skylitzes manuscript is to be trusted, the Mandilion was kept folded up in a small, golden box, identical with those in which Christ's letter and swaddling-clothes were kept during the procession in 1036/37 (cf. fig. 2).

Another Western church that makes claims to the Mandilion is S. Silvestro in Capite in Rome. Reportedly, the Mandilion was kept there until c. 1870, when it was transferred to the private chapel of the Pope.[17] It has certainly left its traces in S. Silvestro which houses no less than three representations of the Mandilion. The oldest is a fresco above the altar representing a rigid cloth, maybe fastened to a board, and carried by two angels; this is duplicated in a fresco above the entrance to the church itself. The third image is set on top of the outer entrance to the building complex, in the baroque facade looking on to the street. Here, the Mandilion is a soft, hanging cloth, as in many other representations.

This particular placement above the entrance is characteristic for mandilion images, as is apparent from the Kremlin churches, and especially striking in the Uspensky cathedral where it is represented twice, flanked by angels, on the exterior frescoes, above both the north and the south entrances to the church; inside, a mandilion icon without angels is placed in the nave above the door to the sanctuary, immediately to the left of the Holy Doors. It also appears on the interior wall of the Cathedral of the Annunciation, above the entrance (fig. 3). As Grabar has pointed out in his study, the mandilion is found in this position, above main entrances or above the sanctuary, in many Roumanian and South Slavic churches, maybe as a reflection of the position of the original Mandilion at Edessa above the main entrance to the city as a protective, or apotropaic image.[18] However, the Kremlin complex of palace and churches, and the

---

15. RIANT, *Exuviae sacrae*, I, p. ccix n. 3, and *Le trésor de la Sainte-Chapelle*, J. DURAND et M.-P. LAFFITTE ed., Paris 2001, p. 70.

16. Cf. E. VON DOBSCHÜTZ, *Christusbilder. Untersuchungen zur christlichen Legende* [Texte und Untersuchungen zur Geschichte der altchristlichen Literatur N. F. Bd.3], Leipzig 1899, p. 59**; *Le trésor de la Sainte-Chapelle*, p. 70-71; A. Grabar, *La Sainte Face de Laon*, Prague 1931, p. 16.

17. Information kindly provided by an employee of the church. Cf. G. CARLETTI, *Memorie istorico-critiche della chiesa, e monastero di S. Silvestro in Capite di Roma*, Rome 1795.

18. Grabar even speculates that the mandilion originated in the Gorgoneion.

Fig. 3 - Moscow, the Kremlin, Cathedral of the Annunciation, Northern Gallery:
the Mandilion above the entrance to the church, on the interior wall

religious processions taking place here in the "Third Rome", clearly imitate Constantinople and its intertwining relations of emperor and church. Even though these images are late (16th c. and later), they are carriers of an older tradition for the placement of the image as a protective palladium of a church or a unit of official buildings. This probably echoes the recent Constantinople, rather than the, both geographically and chronologically, distant Edessa. Even today, mandilion icons may be found over doors in churches of Istanbul: in the Church of the Patriarchate in Fanari, in the Blachernae Church and in the Holy Trinity monastery on Chalki Island.

Traditionally, the event that triggered the outbreak of both the first and the second Iconoclastic periods is said to have been the taking down of the image of Christ above the Chalke Gate, the entrance to the Great Palace from the Augousteion, opposite Hagia Sophia. After the end of Iconoclasm, a new image was placed above the Chalke as a replacement. The image of Christ at the official entrance to the Great Palace took on great symbolic value, both as a theological sign in favour of the restoration of images, and as a demonstration of the emperor's close bond with God and his role as mediator between God and his people. The Chalke Gate was, in Leslie Brubaker's words "a locus of divine interaction with the emperor", and the sacred portrait was "an image to embody (literally) God's voice and God's presence".[19]

From the historians we know that Romanos Lekapenos built a chapel to Christ the Saviour at the Chalke Gate.[20] The chapel was so small that it could hold only 15 people, and it was built on a raised level, since it was reached by a winding staircase. When the Emperor John Tzimiskes enlarged this chapel in AD 971 to celebrate his victory over the Bulgarians, he placed important relics there, viz. the Beirut icon of the Crucifixion and Christ's sandals, and he was himself buried in this church. The new church, which replaced Romanos' chapel, was situated 'above the arch of the Chalke', and consequently the older chapel must have been built on the same spot, above the gate.[21]

The Old Testament lectionary, *prophetologion*, tells us that the Church of the Saviour at Chalke was dedicated on August 16, the same day as the triumphal entry of the Mandilion into Constantinople. This cannot be a coincidence. With very few exceptions, the *prophetologion* manuscripts celebrate just one event for each feast and do not heap unrelated events on the same date, as do the *typika*. In the *prophetologion*, the feast for the Mandilion ousted the older commemoration on August 16 of the siege of Constantinople by the Arabs in AD 718,[22] a feast which has been transposed to a different date in some manuscripts. Of the 28 feasts of the fixed year commemorated

19. L. BRUBAKER, The Chalke Gate and the Trier Ivory, *Byzantine and Modern Greek Studies* 23 (1999) p. 267 and 279.

20. Τὴν δὲ Χαλκῆν τὸν Σωτῆρα ἀνήγειρεν Ῥωμανὸς ὁ γέρων, *Patria* iii, 213 (ed. Th. Preger, *Scriptores originum Constantinopolitanarum*, II, Leipzig 1907, p. 282); cf. EPHRAEM [Bonn], vv. 2877-78.

21. Ὁ δὲ βασιλεὺς χαριστήρια τῶν τροπαίων ἀποδιδοὺς τῷ σωτῆρι Χριστῷ ναὸν ἄνωθεν τῆς ἁψῖδος τῆς Χαλκῆς ἀνῳκοδόμησεν ἐκ καινῆς SKYLITZES, ed. THURN, p. 311[74-75]; cf. CEDRENUS [Bonn], II, p. 413; ZONARAS, 17, 4, 6 [Bonn], III, p. 536; LEO DIACONUS [Bonn], p. 128-129.

22. Cf. J. MATEOS, *Le Typicon de la Grande Église. Ms. Sainte-Croix n⁰ 40, xᵉ siècle* [Orientalia Christiana Analecta 165], Roma 1962, I, p. 372.

by Old Testament readings, only two concern relics: the Elevation of the Cross on September 14, and the *translatio* of the Mandilion; clearly, special importance was attached to this feast. It is a fair assumption that the *translatio* of the Mandilion and the dedication of Romanos's small chapel for Christ the Saviour above the Chalke Gate are intimately related, and that the chapel was indeed built to house the relic. Its smallness might be ascribed to insufficient time for building a large church, from the beginning of the siege of Edessa to the arrival of the Mandilion in Constantinople. In view of the close bond between the icon of Christ, the victory of the images and the Chalke Gate, this was the obvious place to depose the relic that "proved" the legitimacy of the icons and demonstrated the emperor's unique relation with God.

The only scholar to claim that Romanos "enshrined the famous relic" in the Chalke chapel for the Saviour seems to have been E. Baldwin Smith.[23] He was promptly refuted by Cyril Mango who maintained that since the Chalke Church is not mentioned in Skylitzes, the Mandilion could not have been deposited there.[24] However, the Pharos Church, where some sources place the relic, is not mentioned in Skylitzes either, nor in any of the other historians. To my mind, an argument *e silentio* in not convincing here.

Apparently an image of Christ was painted on the exterior of the Chalke Church, as mentioned in the anonymous description of Constantinople from the late 11th century in *Tarragonensis* 55.[25] At the beginning of the 15th century it was still there, over the western door of the church, to be seen by the anonymous Russian pilgrim, who also tells us that many infirm persons used to be healed on its feast day.[26] The Church of "Christ Kremastos" may be identical with the Chalke Church, in which case the name is derived from the position of the church above the Chalke Gate, of the icon above the entrance, or both.[27] It was natural to place an image of the Mandilion over the entrance to the church that housed (or had housed) the relic itself, and the continued placement of the mandilion icon over entrance doors, in Constantinople, Moscow, Rome and elsewhere, could echo the Chalke Church.

23. E. BALDWIN SMITH, *Architectural Symbolism of Imperial Rome and the Middle Ages*, Princeton 1956, p. 138.

24. C. Mango, *The Brazen House: A Study of the Vestibule of the Imperial Palace of Constantinople* [Arkæologisk-kunsthistoriske Meddelelser 4.4], København 1959, p. 106: "The Mandylion of Edessa was deposited in the church of Pharos (Note: reference to Dobschütz and Ebersolt), and not in the chapel of the Chalkê, as Smith thinks, and the text accompanying the miniature makes no mention of the Chalkê."

25. CIGGAAR, Une description de Constantinople dans le *Tarragonensis* 55, p. 127, lines 371-372: "iuxta basilicam Sancti Salvatoris, in cuius introitu idem Ihesus est egregie effigiatus"

26. MANGO, *The Brazen House*, p. 154; R. JANIN, *La géographie ecclésiastique de l'empire byzantin*, I: *Le siège de Constantinople et le patriarcat oecuménique*, III: *Les églises et les monastères*, Paris 1969², p. 530. Whether this image was, or had become identical with the famous Chalke image of Christ is difficult to decide; at any rate, by the 13-14th century there must have been several images of the Saviour at and around the Augousteion, cf. e.g. G. MAJESKA, The Image of the Chalke Savior in Saint Sophia, *Byzantinoslavica* 32, 1971, p. 284-295.

27. JANIN, *Églises et monastères*, p. 511.

The feast for the *translatio* of the Mandilion, August 16, appears in 14 *prophetologion* manuscripts dating from the 10-11th to the 16th centuries.[28] It is printed as L 73 in the edition of the *Prophetologium*. In most of these the feast has the following heading: "The vigil of the Acheiropoietos image of Christ our God, sent from Edessa".[29] However, in seven of the 14 manuscripts, among which is the 11th century Constantinopolitan-type manuscript *Venetus Marcianus* 13, the heading continues: "and the dedication of the famous Church of our Saviour Jesus Christ at Chalke".[30]

For the vigil of this feast, three Old Testament lections are prescribed: two from Deuteronomy and one from iii Reg. To my knowledge, the only scholar to have analysed the readings semantically in relation to the feast is Léonide Ouspensky.[31] Unfortunately, he used the full text from the Septuagint instead of the actual readings themselves which, as he remarks, omit quite large portions of the Bible text. Originally, only unabridged texts from the Old Testament were used as readings in the Byzantine church, but increasingly in later centuries the readings became eclectic and omitted passages in order to make the Old Testament text more clearly typological. In this way, new meanings were interpreted into the text by a rearrangement of the original text and it is, of course, vital to analyse the omissions, as well as the final selective text itself.

The readings for the *translatio* of the Mandilion and the dedication of the Chalke Church (L 73abc) were carefully chosen, and they must have been read at the very first celebration of the Mandilion feast in AD 944. The readings are the following (for the full text, see below):

(a) Deut. 4.1a, 6-7, 9-13a, 14a, 15b.
(b) Deut. 5.13a, 4-5a, 6-7, 9b-10, 23a, 24-26, 28a, 30a; 6.1a, 2a, 3b-5, 13, 18a.
(c) iii Reg.8.22-23, 27bc, 28-30; 9.2a, 3a; ii Chron. 7.(14,) 15-16a.

As appears from the list, all three lessons are extremely selective in their choice of text. The two lessons from Deuteronomy are not read at any other feast, but are chosen especially for the *translatio* of the Mandilion. Even more significant is the fact that, apart from L 73ab, only two texts from Deuteronomy are read in the Orthodox church, otherwise this book is not represented at all; the two Deuteronomy lections form part of a series read in commemoration of the oecumenical synods of Nicaea (L 44) and Chalkedon (L 69), which have identical readings. The two synod feasts are definitely old, and their readings belong to the older stratum of the *prophetologion*. The

---

28. Monumenta Musicae Byzantinae, Lectionaria i: *Prophetologium*, I-II, Hauniae 1939-1981. About 200 prophetologion manuscripts are known to me at present. Of these, approximately half have more than 100 folios, whereas one fourth are fragments of less than 24 folios. Moreover, many of the larger manuscripts lack either beginning or end, or both, where the fixed feasts would often appear; it is therefore difficult to establish how many of the manuscripts may once have contained the feast for the Mandilion.

29. Τῇ παραμονῇ τῆς ἐξ Ἐδέσσης ἀνακομισθείσης ἀχειροποιήτου θείας εἰκόνος Χριστοῦ τοῦ Θεοῦ ἡμῶν.

30. Καὶ τὰ ἐγκαίνια τοῦ περιωνύμου ναοῦ τοῦ σωτῆρος ἡμῶν Ἰησοῦ Χριστοῦ τῆς Χαλκῆς. The words τῆς Χαλκῆς appear only in one manuscript: Athos Esfigmenou 46, a 12th century manuscript of the Constantinopolitan tradition.

31. *La théologie de l'icône dans l'Église orthodoxe*, Paris 1980.

fact that Deuteronomy is chosen for the Mandilion, means that this new feast was felt to be comparable to the synod commemorations, perhaps even seen as equally important. The text probably also serves as a confirmation of the orthodox, iconodule faith, and of the union between church/patriarch and empire/emperor. It is perhaps worth remembering that when the Mandilion was brought to Constantinople, the Emperor Romanos' son Theophylaktos was patriarch.

The Deuteronomy readings (L 73 a and L 73b) omit the passages which point directly to the people of Israel. Obviously, the Second Commandment had to be omitted (Dt. 5, 8-9a: You shall not make for yourself an idol etc.), but specific references to the tablets and the Ten Commandments (Dt. 4, 13b; 5,11-22, 29), and to the Promised Land (Dt. 4, 1b, 14c; 6, 1b, 3b, 18b) have been omitted as well. In contrast, the readings stress the aspect of the chosen people, taken as the people of Byzantium, and focus on God's *voice* and God's *presence*, as he speaks from a mountain burning with fire; this theme recurs in the Epistle and the Gospel of the feast and refers, of course, to the power of the Mandilion to provoke fire, as it did in AD 544 in order to protect Edessa from Chosroes' army, according to Evagrius, and on several other occasions. The role that Moses plays in the "doctored" readings should probably be understood as an analogy to the emperor as mediator between God and the chosen people.

The third reading for the Mandilion is almost identical with one of three readings for the dedication of a church (L 50a) ascribed to that of the Anastasis Church in Jerusalem in most *prophetologion* manuscripts, and to that of Hagia Sophia in others. Still, all three dedication lessons were originally chosen for Hagia Sophia: two of the lessons, L 50b (Prov. 3.19-34) and L 50c (Prov. 9.1-11), have the word "sophia" (wisdom) at the very beginning of the text, and the lesson which concerns us here, L 50a, contains the description from iii Reg. 8.22ff of Solomon's prayer to God in his newly built temple, clearly an allusion to the famous exclamation of Justinian in the completed Hagia Sophia: "Solomon, I have surpassed thee".

The reading L 73c for the Mandilion-cum-Chalke feast is primarily a reading for a dedication of a church. However, it has a significant addition, which is a true patchwork from disparate texts, viz. iii Reg. 9.2a, 3a, and ii Paraleip. 7.(14), 15-16a. Whereas the body of the reading relates how Solomon prays to God in the temple, the whole point of the addition is that God appears to Solomon (viz. the Emperor Romanos) and speaks to him. Justinian may have surpassed Solomon as far as architecture goes, but Romanos has surpassed Justinian with his tiny chapel above the Chalke Gate, because Christ himself is present in the chapel through the Acheiropoietos image. In this way, the reading L 73c combines the dedication of a church with the celebration of the arrival of the Mandilion.

Why do the sources not mention the Chalke Church, when some state explicitly that the Mandilion was deposed in the Pharos Church? In order to elucidate this, it is necessary to examine what exactly is said about the deposition of the Mandilion.

Most Byzantine historians have a very short version of the *translatio*. They state that Theophanes, the *parakoimomenos* of the Emperor, went to the river Sagar to meet the Mandilion, a fact which the liturgical texts omit, and that he accompanied it to Blachernae, where the Emperor was already present. The next day a procession consisting of Romanos' two sons, Stephen and Constantine, his son-in-law Constantine

(Porphyrogennetos), the patriarch Theophylaktos and all the senators on foot carried the Mandilion from the Golden Gate to Hagia Sophia. After a service there, the Mandilion was taken up into the palace, without specification as to which part of the palace.[32] The text is almost identical in the different historical texts. A much shorter version simply states that the Mandilion came to Constantinople under Romanos I Lekapenos.[33]

One incident is related by Ps.-Symeon Magistros alone.[34] It is told as a prophecy heavily in favour of Constantine Porphyrogennetos, who is said to have been able to discern the eyes and ears of the Holy Face of the Mandilion, while Romanos' two sons could only see the contour of the face. This incident is an expansion of the story about the monk Sergios who warned Romanos against his sons with the words that, like Eli in the Old Testament, he risked to pay the price for the lawlessness of his own sons (cf. i Reg. 3.12). This story is told by all the historians, but Ps.-Symeon adds Sergios's comment on the different perceptions that the three younger *basileis* had of the Mandilion: both parts saw what was fitting for them individually and the diffe-rence between them is explained in the words of Psalm 33.16-17 (Ps. 34.15-16), "The eyes of the Lord are upon the righteous, and his ears are open unto their cry. The face of the Lord is against them that do evil, to cut off the remembrance of them from the earth". In my view, the words of the Psalm are more likely to have inspired the anecdote of Constantine's perspicacy than the other way round, and the passage is an allusion to the fact that Constantine was to depose Romanos's two sons.

The most detailed account of the entry of the Mandilion into Constantinople is that of the *Narratio de Imagine Edessena*, a text traditionally ascribed to Constantine Porphyrogennetos.[35] The precise relation between this text and that of the liturgical texts connected with the feast day of August 16 is not clear at this point, but they are obviously interrelated, and their account of the *translatio* is opposed to that of the historical texts. The shorter liturgical texts (*Synaxarion, Memoria*) have an account of the procession route so short as to distort the meaning.

The *Narratio* describes the early history of the relic, the Emperor Romanos' eager-ness to acquire both the Mandilion and Christ's letter, and the journey of both relics from Edessa to Constantinople. The text dwells on an event occurring at some distance from Constantinople, when a man beset by a daemon is cured by the Mandilion resting in a Monastery of the Holy Virgin, after exclaiming "Receive, oh Constantinople, the glory and the joy; and you, oh Constantine Porphyrogennetos, receive your empire".[36] Indeed, this whole episode is told as a digression[37] prophesying the downfall of Romanos, which

32. Ἐν τῷ παλατίῳ ἀνήγαγον.

33. Long version in: LEO GRAMMATICUS, PG 108, 1160C, PS.-SYMEON MAGISTROS, PG 109, 812A; THEOPHANES CONTINUATUS, PG 109, 449C; GEORGE HAMARTOLOS, PG 110, 1185B. The short version in SKYLITZES, ed. THURN, p. 232 and CEDRENUS [Bonn], p. 319, identical except that Skylitzes mentions Theophanes; ZONARAS [Bonn], p. 479; EPHRAEM [Bonn], v. 2740.

34. PG 109, 812C - 813A.

35. PG 113, 423-45; DOBSCHÜTZ, *Christusbilder*, p. 39**-85**.

36. Ἀπόλαβε (...), Κωνσταντινούπολις, δόξαν καὶ χαρὰν καὶ σύ, Κωνσταντῖνε Πορφυρογέννητε, τὴν βασιλείαν σου, *Narratio*, PG 113, 448C-449A, ed. DOBSCHÜTZ, p. 79**.

37. The author even apologizes for making it: Ἀλλὰ τούτου μὲν οὕτως συμβάντος μεταξύ, μνησθῆναι ἴσως οὐκ ἄκαιρον. Ἐπὶ δὲ τὰ ἐχόμενα τῆς διηγήσεως βαδιούμεθα (*ibidem*). The same incident is briefly related in ms. C of CEDRENUS [Bonn], p. 319.

contemporary of Constantine Porphyrogennetos, mainly on the basis of this homily, in addition to the fact that texts ascribed to him are found in 10th and 11th century manuscripts. Certainly the whole discourse suggests that it was written for the first feast of the Mandilion in AD 944. Only one emperor appears in the text, and his crowning the Mandilion with a wreath (στέφανος) refers to the ceremony in the Chrysotriklinos.[47] In § 18, the triumphal entry into the city is described: the "ark" with the Mandilion at the head of the procession, then the Emperor on foot, dancing like King David, and all Israel rejoices; the patriarch is mentioned and compared to Aaron.

Of the numerous quotes from the Old Testament in this text, none is from the three readings (L 73abc) chosen for the feast, except for the oblique reference to the people of Israel as a metaphor for the Christians of Byzantium. On the contrary, the passage dealing with King David (iii Reg.8.24-26) is *omitted* from the reading L 73c. Is it possible that the referendarius, the person responsible for the official contacts between emperor and patriarch, did not know which readings were chosen for the feast? Did he avoid the text of the readings on purpose, or could the explanation be that he composed his speech a long time in advance and did not want to change it after the readings were selected? [48] Be that as it may, the *topos* of David dancing at the head of the procession reappears in the liturgical hymns for the feast.

Even though he and Romanos had been co-emperors when the Mandilion was acquired, Constantine receives almost all the credit in the *Synaxarion* and the *Narratio*, texts that may have been commissioned by him, or in other ways heavily influenced by his interpretation of the events. On the famous icon at Mount Sinai (fig. 4), it is his features, not Romanos's, that are applied to King Abgar: Constantine as the new Abgar receiving the Holy Image of Christ for the second time (fig 5).

Constantine VII Porphyrogennetos would not be very interested in promoting the symbol of Romanos's (and Curcuas') military and theological triumph. The feast for the Mandilion was not suppressed; maybe the fact that Romanos's son Theophy-laktos stayed patriarch of Constantinople after the deposition of his father helped the feast to survive. In spite of Theophylaktos's alleged fondness for his horses over and above his religious zeal, he was not deposed by Constantine, but remained patriarch until his death in 956. In texts perhaps commissioned by Constantine, the triumph of Romanos was played down as much as possible, his absence at the long procession through the City on Aug. 16 was highlighted, an incident 'prophesying' the reign of the Porphyrogennetos as the only legitimate ruler was interpolated, and finally, the relation of the Mandilion to Romanos' chapel above the Chalke was suppressed in favour of an account of its placement in the Pharos chapel. Indeed, Constantine Porphyrogennetos would have been the one to move the relic to a place where it would lose its enormous symbolic value, being just one relic out of many. The Pharos Church seems to have gained its liturgical importance for the imperial house at a relatively late date. There is no mention of this church in the *Typikon* of the Great

---

47. GREG. REF., ed. DUBARLE, § 28, p. 29.

48. Another possibility is that the speech was composed many years later, maybe for a renewed *translatio* of the mandilion into the Chalke church instigated by John Tzimiskes. However, there is nothing in the sources to point to such an initiative, which is purely conjectural.

Fig. 4 - Mount Sinai, St. Catherine's Monastery,
icon of the legend of the Mandilion

Fig. 5 - Mount Sinai, St. Catherine's Monastery,
icon of the legend of the Mandilion, detail: King Abgar

Church (Mateos), or in the liturgical rubrics of the *Prophetologion*; both sources reflect an early stage where The Great Church, Hagia Eirene, Chalkoprateia and Blachernae play the main role in processions and displays of relics.

This presumed suppression of Romanos' triumph, and its transposition to Constantine and the Pharos Church, was successful insofar as even modern texts present it as belonging to Constantine: "The kudos for Constantine was as great as that won by Heraclius with the Recovery of the True Cross".[49]

The sources tell us that the Emperor John Tzimiskis placed the image of Christ the Saviour on coins, and that he restored and enlarged the small Chalke chapel; maybe these initiatives were related to each other, and also to a reinstalling of the Mandilion in the church above the Chalke Gate. When the *Patria* states that Tzimiskis placed the important relics from his Eastern victories, viz. Christ's sandals and the holy icon from Berytos, in the Chalke Church, it may not be inconsistent with the information in Leo the Deacon that the sandals were given to the Pharos Church or, indeed, that they appear in the catalogue of Nikolaos Mesarites (Mango, *Brazen House*, p. 150-151): both sandals and Mandilion could have been moved from the Chalke Church to the Pharos Church at a later date.

This is, of course, mere conjecture. Still, it seems more than likely that the Chalke chapel was built by Romanos Lekapenos expressly for the Mandilion, partly as a reference to the special status of the emperor as mediator between God and the chosen (Byzantine) people, partly as a symbol of his military triumphs, a symbol resurrected 27 years later by another successful general and emperor, John Tzimiskis.[50]

49. Averil CAMERON, The History of the Image of Edessa; The Telling of a Story, in *Okeanos. Essays presented to Ihor Ševčenko...*, ed. C. MANGO and O. PRITSAK = *Harvard Ukrainian Studies* 7,1983, p. 93; cf. also H. MAGUIRE, *The Icons of their Bodies. Saints and their Images in Byzantium*, Princeton 1996, p. 10.

50. My thanks are due to Bernard Flusin, Jan Olof Rosenqvist, Jonna Louis-Jensen, Lis Pihl and Svend Hvass who in different ways have taken an interest in this paper.

Readings for the translatio of the Mandilion, August 16

The passages printed in **bold** are the ones selected for the reading, while the text printed in normal script and round brackets are those omitted from the reading. Angular brackets < > indicate text "invented" for the reading and non-existing in the Septuagint. Quoted from the New American Standard Bible.

The feast for the Mandilion, the first reading from the Old Testament (L 73 a):
Deuteronomy 4. 1a, 6, 7b, 9-12, 13a, 14a, 15b.

- **Moses said to the people:**
1. **"Now, O Israel, listen to the statutes and the judgments which I am teaching you to perform, so that you may live** (and go in and take possession of the land which the Lord, the God of your fathers, is giving you.)
2-5. omitted
6. **"So keep and do them, for that is your wisdom and your understanding in the sight of the peoples who will hear all these statutes and say, 'Surely this great nation is a wise and understanding people.'**
7. "(For what great nation is there that has a god so near to it) **as** (is) **the Lord our God <is present> whenever we call on Him**.
8. omitted
9. **"Only give heed to yourself <all the House of Israel> and keep your soul diligently, so that you do not forget the things which your eyes have seen and they do not depart from your heart all the days of your life; but make them known to your sons and your grandsons.**
10. **"Remember the day you stood before the Lord your God at Horeb, when the Lord said to me, 'Assemble the people to Me, that I may let them hear My words so they may learn to fear Me all the days they live on the earth, and that they may teach their children.'**
11. **"You came near and stood at the foot of the mountain, and the mountain burned with fire to the very heart of the heavens: darkness, cloud and thick gloom.**
12. **"Then the Lord spoke to you from the midst of the fire; you heard the sound of words, but you saw no form--only a voice.**
13. **"So He declared to you His covenant which He commanded you to perform,** (that is, the Ten Commandments; and He wrote them on two tablets of stone.)
14. **"The Lord commanded me at that time to teach you statutes and judgments, that you might perform them in the land** (where you are going over to possess it.)
15. "(So watch yourselves carefully, since you did not see any form) **on the day the Lord spoke to you at Horeb from the midst of the fire.**

Second reading from the Old Testament (L 73b):
Deuteronomy 5. 1-3a, 4-5a, 6-7, 9b, 10, 23a, 24-26, 28a, 30a; 6. 1a, 2a, 3b-5, 13, 18a.

5.1. (Then) **Moses summoned all Israel and said to them: "Hear, O Israel, the statutes and the ordinances which I am speaking today in your hearing, that you may learn them and observe them carefully.**
2. **"The Lord our God made a covenant with us at Horeb.**

3. **"The Lord did not make this covenant with our fathers, but with us,** (with all those of us alive here today.)

4. **"The Lord spoke to you face to face at the mountain from the midst of the fire,**

5. **while I was standing between the Lord and you at that time, to declare to you the word of the Lord;** (for you were afraid because of the fire and did not go up the mountain.) **He said,**

6. **'I am the Lord your God who brought you out of the land of Egypt, out of the house of slavery.**

7. **'You shall have no other gods before Me.**

8. ('You shall not make for yourself an idol, or any likeness of what is in heaven above or on the earth beneath or in the water under the earth.

9. 'You shall not worship them or serve them;) **for I, the Lord your God, am a jealous God,** (visiting the iniquity of the fathers on the children, and on the third and the fourth generations of those who hate Me,

10. but) **showing loving kindness to thousands, to those who love Me and keep My commandments.**

11-22. omitted (= the rest of the ten commandments)

23. **"And when you heard the voice from the midst of the fire, while the mountain was burning with fire, you came near to me,** (all the heads of your tribes and your elders.)

24. **"You said, 'Behold, the Lord our God has shown us His glory and His greatness, and we have heard His voice from the midst of the fire; we have seen today that God speaks with man, yet he lives.**

25. **'Now then why should we die? For this great fire will consume us; if we hear the voice of the Lord our God any longer, then we will die.**

26. **'For who is there of all flesh who has heard the voice of the living God speaking from the midst of the fire,** (as we have,) **and lived?**

27. ('Go near and hear all that the Lord our God says; then speak to us all that the Lord our God speaks to you, and we will hear and do it.')

28. **"The Lord heard the voice of your words when you spoke to me, and the Lord said to me,** ('I have heard the voice of the words of this people which they have spoken to you. They have done well in all that they have spoken.

29. 'Oh that they had such a heart in them, that they would fear Me and keep all My commandments always, that it may be well with them and with their sons forever!)

30. **'Go, say to them,** ("Return to your tents.")

31-33. omitted

6.1.**"Now this is the commandment, the statutes and the judgments which the Lord your God has commanded** (me to teach you, that you might do them in the land where you are going over to possess it,)

2. **so that you** (and your son and your grandson) **might fear the Lord your God, to keep all His statutes and His commandments** (which I command you, all the days of your life, and that your days may be prolonged.

3. "O Israel, you should listen and be careful to do it,) **that it may be well with you and that you may multiply greatly,** (just as the Lord, the God of your fathers, has promised you, in a land flowing with milk and honey.)

4. **"Hear, O Israel! The Lord is our God, the Lord is one!**

5. **"You shall love the Lord your God with all your heart and with all your soul and with all your might.**

6-12. omitted

13. **"You shall fear only the Lord your God; and you shall worship Him and swear by His name.**

14-17. omitted

18. **"You shall do what is right and good in the sight of the Lord, that it may be well with you** (and that you may go in and possess the good land which the Lord swore to give your fathers).

Third reading from the Old Testament (L 73c):
iii Reg. 8.22-23a, 27bc, 28-30; 9.2a, 3a; ii Paraleip. 7.(14), 15-16a.

iii Reg. (1 Kings)

8,22. (Then) **Solomon stood before the altar of the Lord in the presence of all the assembly of Israel and spread out his hands toward heaven.**

23. **He said, "O Lord, the God of Israel, there is no God like You in heaven above or on earth beneath** (keeping covenant and showing loving kindness to Your servants who walk before You with all their heart)

24-26. omitted

27. "(But will God indeed dwell on the earth?) **Behold, heaven and the highest heaven cannot contain You, how much less this house which I have built!**

28. **"Yet have regard to the prayer of Your servant and to his supplication, O Lord my God, to listen to the cry and to the prayer which Your servant prays before You today;**

29. **that Your eyes may be open toward this house night and day, toward the place of which You have said, 'My name shall be there,' to listen to the prayer which Your servant shall pray toward this place.**

30. **"Listen to the supplication of Your servant and of Your people Israel, when they pray toward this place; hear in heaven Your dwelling place; hear and forgive <all those who call upon you>**

End of L 50a, the dedication of Hagia Sophia; the Mandilion reading continues:

8, 31-66. omitted

(9,1. Now it came about when Solomon had finished building the house of the Lord, and the king's house, and all that Solomon desired to do)

9,2. (that) **the Lord appeared to Solomon** (a second time, as He had appeared to him at Gibeon.)

3. **<and> the Lord said to him, "I have heard your prayer and your supplication** (which you have made before Me) **<and> I have consecrated this house** (which you have built by putting My name there forever, and My eyes and My heart will be there perpetually.")

ii Paraleip. (2 Chronicles)

- **<"and I will forgive the whole people">** (cf.7,14: I will hear from heaven, will forgive their sin and will heal their land.)

7,15. **"Now My eyes will be open and My ears attentive to the prayer offered in this place.**

16. **"For now I have** (chosen and) **consecrated this house that My name may be there** (forever and My eyes and My heart will be there) **perpetually.**

RELICS OF "THE FRIENDS OF JESUS" AT CONSTANTINOPLE

JOHN WORTLEY

Among the many relics conserved at Constantinople prior to the sack of 1204 there were those which were known as relics of "the friends of Jesus." The friends in question, however, are not who one might think. The passage in the Gospel which springs to mind is the one where Jesus says to his apostles: "I have called you friends[1]," yet these are not they. Only one of the twelve apostles figures among the "friends" in question here: James "the Lord's brother[2]." There is one other person to whom the Lord applies the name of friend: Lazarus "the four-days-dead" (ὁ τετραήμερος).[3] Lazarus is certainly one of the "friends" whose relics were cherished at Constantinople. So too are the sisters of Lazarus, Martha and Mary who, together with the other (four?) "myhrr-bearers" (μυροφόροι), women who appear to have ministered to Christ and the Apostles.[4] We may therefore safely conclude that the word friend (φίλος) has a specialised frame where the relics of the "friends of Jesus" are concerned. On the basis of the examples just mentioned, this would appear to be familial and domestic, but we can go a little further. When it is taken into account that this Mary was traditionally identified with that "woman who was a sinner," the one who bathed the feet of Christ with her tears and wiped them with her hair[5], another reason begins to emerge why this group of relics was so important. This also explains why it is appropriate for these relics to be considered in the context of a study of relics of the passion.

The earliest relics were martyrs' remains;[6] hence the most valuable relics of all would have been relics of Christ himself, the archetypal martyr. Since the body of Christ had been "carried up into heaven" (Lc 24, 51) there could be no primary relics of the Lord. In their absence, secondary relics of Christ were held to be of outstanding

---

1. Ὑμᾶς δὲ εἴρηκα φίλους, Jo 15, 15.

2. Ἰάκωβος ἀδελφόθεος, but ἀδελφὸς τοῦ Κυρίου in older sources, *e.g.* in Hippolytus Thebanus (8th cent.), see G. W. H. LAMPE, *A Patristic Greek Lexicon*, Oxford 1976[4], *s.v.* μνήστωρ

3. *Syn. CP*, col. 146[21]; the reference is to Jo 11, 17 and 39. Christ addresses Judas Iscariot as "friend" in some translations of the Gospel but these are misleading. He says: ἑταῖρε, ἐφ᾽ ὃ πάρει; (Mt 26, 50.)

4. *Syn. CP*, col. 789[6-8]: ἠγάπα δὲ ὁ Ἰησοῦς τὴν Μαρίαν καὶ τὴν ἀδελφὴν αὐτῆς καὶ τὸν Λάζαρον, Jo 11, 5.

5. This is stated explicitly, Jo 11, 2 and 12, 3; cf. Mc 14, 3-5, Mt 26, 6-7 and especially Lc 7, 36-39 but it is now rejected by the Roman Catholic Church.

6. The σουδάρια and σιμικίνθια which were applied to Paul's body and then used to heal the sick (Act. 19, 12, cf. 5, 15) should probably be considered to be secondary relics – but of a living person, which is not quite the same thing.

Byzance et les reliques du Christ, éd. J. Durand et B. Flusin (Centre de recherche d'Histoire et Civilisation de Byzance, Monographies 17), Paris 2004.

importance. This was supremely true of the Wood of the True Cross, ὦ ξύλον μακαρισ-
τὸν ἐφ᾽ οὖ θεὸς ἐξετανύσθη,[7] the *arbor decora et fulgida / ornata regis purpura* of
Venantius Fortunatus' great hymn.[8] The importance of the Sacred Wood came to be
shared by the other "instruments of the passion" (the crown of thorns, the lance, the
nails and so forth); subsequently by a variety of objects directly connected with the
passion narrative: for instance, the basin in which he washed the disciples' feet[9] and
the column of flagellation. It is not difficult to explain the popularity of such relics. In
the absence of any "primary" relics of the Lord, the importance of these "secondary"
relics lay in the fact that they had been *in physical contact* with the Lord's person.
This explains (for instance) the enthusiasm for the sacred *mandylion* of Edessa. To
say nothing of the political importance of its coming to Constantinople in 944, the
devotional value of the *mandylion* lay in the alleged fact that it had not only been
pressed upon the face of the God-man, but had taken the imprint of that sacred face.
So great was the reverence in which it was held that even the tile (*keramidion*) upon
which the *mandylion* had impressed its image partook of that reverence.

Underlying and explaining this reverence was the commonly-held belief that the
healing power (δύναμις) of a holy person could be communicated to others by the
means of material objects (as in the well known case of Paul of Tarsus); or even by
a mere shadow, as in the well-known case of Paul of Tarsus.[10] Implicit here is the
conviction, clearly expressed in the Gospel-story of the woman with an issue of blood
(*haemorrhoousa*), that exceptional persons could communicate healing power. The
woman says: "If I can only touch his (Christ's) clothing I will be healed." When she
had touched him, the Gospel reads, "Jesus, immediately knowing within himself that
virtue (δύναμις) had gone out of him . . . *etc.;*" meanwhile the woman's "fountain
of blood was dried up and she knew in her body that she was cured of the scourge."[11]
Something similar is indicated when sick people "besought him that they might only
touch the hem of his garment: and as many as touched were made perfectly whole."[12]
Thus already by the time the gospels emerged the apparel of Christ had an especially
strong claim on the attentions of the devout for its ability to convey healing power.

It is not difficult to imagine the syllogism which supplied the connection between
objects and people: if something inanimate which had been in close contact with the
Lord (such as clothing) was capable of communicating his healing power, how much
more so then would the mortal remains of *persons* with whom the living Christ was
directly connected, be able to do so? Hence the popularity of the physical relics of
persons who had been in physical contact with the Lord.

7. *Orac. Sibyll.,* 6. 26, quoted in Sozomenus, *Historia Ecclesiastica,* 2, 1, 10, ed. J. Bidez and
G. Chr. Hansen [GCS 50], Berlin 1960, p. 50³.

8. *Vexilla regis prodeunt / fulget crucis mysterium / qua vita mortem pertulit / et vitam morte
protulit* (6th century).

9. Jo 13, 4-5.

10. Act 19, 11-12; 5, 15.

11. Mc 5, 25-34.

12. Καὶ παρεκάλουν αὐτόν, ἵνα μόνον ἅψωνται τοῦ κρασπέδου τοῦ ἱματίου αὐτοῦ· καὶ ὅσοι
ἥψαντο διεσώθησαν Mt 14, 36; cf. ὁ ὄχλος ἐζήτουν ἅπτεσθαι αὐτοῦ, ὅτι δύναμις παρ᾽ αὐτοῦ
ἐξήρχετο καὶ ἰᾶτο πάντας, Lc 6, 19.

It goes without saying that the first and most venerated of these "friends of the Lord" was his own mother, she whose physical contact with him was perforce more intimate and protracted, from the moment of conception to the descent from the cross,[13] than that of any other person. But neither tomb nor physical relics of the Theotokos are ever mentioned, which is held to be clear evidence of the antiquity of the belief that her mortal remains were corporally assumed into heaven. This also explains why, in the absence of a body, secondary relics of the Virgin were not only acceptable but highly esteemed, most significantly the *maphorion* (shawl) conserved at Blachernae and the *zônè* (girdle) at Chalcoprateia. In this respect however the Virgin appears to have been exceptional. Of the other "friends of the Lord" apparently only the *primary* relics counted. There is good evidence that Theodosius, Patriarch of Jerusalem, sent the episcopal vestments of Saint James the *adelphotheos*, the first Bishop of Jerusalem, to Photius in 869. Yet this gift must not have been highly valued for it appears never to be mentioned again.[14] Then there is the case of the throne of this same first bishop of Jerusalem, well attested at Jerusalem as early as the fourth century.[15] If any value were set on that, given the importance of James, how could it have escaped imperial expropriation? The implication appears to be that while the mortal remains of a holy person might transmit the virtue [*dynamis*] of a yet more holy one, this quality did not (with the one exception of the Theotokos) extend to his/her secondary relics.

While it can be said with some certainty that already by the end of the fourth century relics were being brought to Constantinople, it is difficult to say how early the quest for relics of "friends of the Lord" began. There is some evidence of the fairly early (but not very vigorous) acquisition of such relics. This was followed by some centuries of inactivity but then there was a period of intense activity, a period during which most of the relics in question whose date of arrival is known came to the capital: roughly the later ninth and tenth centuries, *i.e.* in the full flush of "the triumph of orthodoxy," which may be no mere coincidence.

Never is the process of relic-acquisition by the capital better illustrated than in the case of John the Baptist. "En général," remarks Lucius, not unjustly, "l'histoire des reliques de ce saint est un des épisodes les plus bizarres de l'histoire du culte des saints."[16] The Baptist holds a particularly exalted position in the Christian tradition. As the last of the prophets and the forerunner of Christ, he can be associated with the Apostles, while his baptism in blood effectively incorporates him into the church, to paraphrase Irenaeus.[17] He has a multiple claim to the title of "friend of Jesus" whose cousin-germane and close contemporary he was. He it was who baptised the Lord;

---

13. But not the resurrection appearances: "Touch me not . . ." Jo 20, 17.

14. MANSI, 16, p. 25-27.

15. "The throne of James . . . has been preserved to this day. The Christians there, who in their turn look after it with loving care, make clear to all the veneration in which saintly men high in the favour of God were regarded in time past and are regarded to this day," EUSEBIUS, *Historia Ecclesiastica* 7. 19 (trans. G. A. WILLIAMSON, 1965), ed. E. BARDY, II [SC 41], Paris 1955, p. 197.

16. E. LUCIUS, *Les origines du culte des saints*, Paris 1908, p. 219

17. *Adversus omnes haereses* 3, 11, 4

CAPVT S. IOANNIS BAPTISTÆ . QVOD
ASSERVATVR ET COLITVR IN ECCLESIA
CATHEDRALI AMBIANENSI

L'alouette fecit

Fig. 1 - The Head of John the Baptist at Amiens.
Ch. Du Cange, *Traité historique du chef de S. Jean Baptiste,* Paris, 1665

he for whom (as the Gospels bear witness) the Lord showed great respect and to whom he appears on occasion to have deferred. In fact the Gospels tell more about John the Baptist than about anybody else other than the Lord himself; no doubt all these considerations contributed to his popularity with relic-seekers. And they were very successful, for more relics of John the Baptist were brought to Constantinople than of any other "friend of the Lord." That is a notable distinction, but not the greatest distinction so far as Byzantinists are concerned. The Baptist's relics enjoy the distinction of having been the subject not only of a substantial monograph by no less a person than Charles Dufresne, Sieur Du Cange, written in the seventeenth century; but also of a significant chapter by Daniel Papebroch penned in the eighteenth.[18] The work of Du Cange, *Traité historique du chef de S. Jean Baptiste*, is extremely diffi-cult to obtain but the effort to obtain it is richly rewarded. It is really a book about the "three heads" of John the Baptist, written primarily to validate the head conserved at Amiens. But, as one would expect of the great *Cangius*, it is a work which contains a wealth of very useful (and arcane) information.

In broad outline, the history of the heads goes like this. According Sozomen, the Head of John the Baptist (who was executed by decapitation, Mt 14, 1-12) first came to Constantinople at the end of the fourth century. Discovered at Jerusalem, it found its way to a village named Cosilaos, whence the Emperor Theodosius the Great personally brought it to the capital and then deposited it some distance away from the city, at Hebdomon (*i.e.* "at the seventh mile-post" from the *Forum Constantini*), first in a Church of Saint John the Divine. But then the Magister Rufinus persuaded him to build anew, hence "he erected a spacious and magnificent temple" dedicated to the Baptist expressly to house the relic: this was a domed church with apses, known as "The Prodromos". There the deposition the relic took place on 21 March 392.[19]

Yet, strange to relate, this head is never mentioned again in any source which Du Cange was or the present writer has been able to discover. "Par des causes inconnues, peut-être parce qu'elle s'était trouvée d'abord entre les mains de moines hérétiques, ou parce qu'elle n'opérait pas des miracles suffisants, la relique n'attira pas particu-lièrement l'attention des croyants, si bien qu'il devint possible de retrouver un autre crâne authentique du Baptiste" comments Lucius.[20] Thus, when Justinian sought to

18. Ch. DU CANGE, *Traité historique du chef de S. Jean Baptiste*, Paris 1665; D. PAPEBROCH, De inventionibus et translationibus sacri capitis [Ioannis Baptistae] in Oriente factis, AASS *Iunii* IV, Antwerp 1708, p. 711-739. Both works include the main texts on the subject, *BHG* 839, 840, 841 and 842.

19. SOZOMEN, *Historia Ecclesiastica* 7.21, an "independent chapter"; cf. *Chronicon Paschale* on *AD* 391: "Theodosius Augustus found the head of Saint John the Baptist at the house of a certain Macedonian woman living in Cyzicus, recovered it, and laid it to rest for a time in Chalcedon. Finally he built from the foundations a church in the name of the saint at the so-called Hebdomon of Constan-tinople, and in it he laid the precious head of the Baptist [18th February]" (trans. M. and M. WHITBY, *Chronicon Paschale 284-628 AD*, Liverpool 1989, p. 54). See also *Patria CP* 3.145, ed. Th. PREGER, *Scriptores originum Constantinopolitanarum*, II, Leipzig 1907, p. 260[14-21] and THEODOROS ANAGNOSTES, *Historia Ecclesiastica*, ed. G. Chr. HANSEN [GCS, Neue Folge 3], Berlin, 1995[2], 268. In spite of this wealth of evidence, there is no echo of the event in either the hagiological or the liturgical tradition of Byzantium.

20. LUCIUS, *Les origines*, p. 220-221. It could be added that Hebdomon was a good three-hour journey from the capital.

celebrate the encaenia of the restored Church at Hebdomon[21] a century and a half later, he had to borrow the Head of John the Baptist from Emesa for that occasion. The evidence of this is found in a document to which we will return, a λόγος attributed to Theodore Daphnopatès (later tenth century, possibly one of the "Continuators of Theophanes") on the bringing of the *Hand* of John the Baptist to Constantinople. Here are Theodore's words:

> Some considerable time elapsed and then this is what the Emperor Justinian did, in addition to other pious measures which he took. He transferred to the capital this wonder-working right hand of the Forerunner from Antioch, the χιτών of Christ our God ἐν Μαρατσμέρῃ τῇ πόλει [?] and the all-venerable head out of Emesa. Sealing these with the seal of the Emperor-among-the-saints Constantine, he ensured that no fragment could be removed from them. When the seals were removed he sanctified and consecrated the church he had built for the Forerunner in the Hebdomon with the Dominical χιτών[22] and the other relics. After that he set his own seals upon them and sent them back where they came from, except that he left the prophet's hand unsealed because it was exuding myrrh and continued to do so until the feast of the Exaltation [of the Holy Cross, 14th Sept.][23]

According to tradition, this Head from Emesa first came to light in the time of Constantine the Great. It was then stolen and hidden in a cave, a cave which subsequently became a monastery. There the Head was discovered by Marcellus the Higoumen on 18th February 453[24] as a result of some remarkable visions. The bishop and his senior clergy were summoned to translate it. One cynical cleric (named Malchus) who clapped his hand to the jar, found that he could not remove it until many prayers had been offered; he never did fully regain the use of that hand. On 26 October of the same year the relic was deposited at the same monastery in a temple specially built for it[25] and there it remained at the Spèlaion Monastery until 761 when, presumably for security reasons, it was moved into the city of Emesa. It was still at Emesa when Theophanes wrote (*ca* 813)[26] but then silence descends; there is

---

21. Janin is not at all sure that this was the same church though (R. JANIN, *La géographie ecclésiastique de l'empire byzantin,* I : *Le siège de Constantinople et le patriarcat œcuménique,* III. *Les églises et les monastères,* Paris 1969², p. 267-269).

22. This may be the earliest reference to this garment, ὁ χιτὼν ἄρραφος, ἐκ τῶν ἄνωθεν ὑφαντὸς δι᾽ ὅλου Jo 19, 23. It is not to be confused with the χλαμὺς κοκκίνη Mt 27, 28 and 31 (cf. Mc 15, 16 and Jo 19, 2) which has a quite different history.

23. *BHG* 849, Θεοδώρου τοῦ Δαφνοπάτου λόγοι δύο, ed. B. LATYSHEV, *Pravoslavnyj Palestinkij Sbornik* 59, 1910, p. 25. Latin translation in AASS *Iunii* IV, Antwerp 1707, p. 738-743; summary in *Syn. CP,* col. 375⁵-376²⁶. Presumably the Hand was left unsealed because it was not going anywhere, but staying at Constantinople.

24. There is some confusion about the date; see M. and M. WHITBY, *Chronicon Paschale,* Liverpool 1989, p. 82, note 270.

25. The fullest account is *BHG* 840, allegedly the eye-witness testimony of Marcellus, AASS *Iunii* IV, Antwerp 1707, p. 724-728 (reprinted from DU CANGE, *Traité historique du chef de S. Jean Baptiste,* p 215-229.) The Greek text is extremely defective; one has to supplement it with the Latin version of Dionysius Exiguus. This *inventio* is mentioned by MARCELLINUS COMES and also in *Chronicon Paschale.* It is commemorated in the *Synaxaria* on 24th February.

26. THEOPHANES, *Chronographia,* ed. C. DE BOOR, Leipzig 1888, 1, p. 431¹⁶⁻²²: τῷ δ᾽ αὐτῷ ἔτει [*AM* 6252] μετετέθη ἡ κάρα τοῦ ἁγίου Ἰωάννου τοῦ προδρόμου καὶ βαπτιστοῦ ἐκ τῆς μονῆς τοῦ

no further mention a the Head at Emesa. Du Cange speculates that a migration of Christian refugees from Emesa brought the Head into the Empire, where it was carefully concealed from the Iconoclasts "qui faisoient la guerre aux images et aux reliques."[27]

And then a Head of John the Baptist is said to have been discovered at Comana; whether in Armenia or Cappadocia, whether from Emesa or elsewhere, no-one can say. But we do know that, in the time of the Patriarch Ignatius and of the Emperor Michael III, this head triumphantly entered Constantinople, "and was deposited there with great honour like all the other holy objects and the relics of the saints, for her protection and security."[28] Du Cange suggests it was first deposited in the Palace, at the Lighthouse Church, but Stoudios' Monastery (which was dedicated to John the Baptist) eventually came into possession of his Head. Arcadius the Higoumen requested it of Euthymius for prophesying his elevation to the patriarchal throne in the year 900. Euthymius made no promises and it is not known what ensued; but it is clear that the monastery did eventually get the Head for, in 1025, this was the relic which Alexis, the then Higoumen, brought to Basil II on his death-bed (and for which kindness he was rewarded with the patriarchate).[29] Whether this was the head from Emesa *via* Comana or yet a third one it may never be possible to tell.

As already intimated, other relics of the Baptist were acquired by the City. In spite of Rufinus' statement that pagans opened up the tomb of John the Baptist at Sebasteia, burned the relics and scattered the ashes,[30] relics of this saint continued to

Σπηλαίου εἰς τὸν ναὸν αὐτοῦ κατὰ τὴν Ἐμεσηνῶν πόλιν περιφανὴ ὄντα, καὶ ἡ κατάβασις ἐκτίσθη ἔνθα μέχρι τῆς σήμερον ὑπὸ τῶν πιστῶν προσκυνουμένη εὐωδία σωματικῇ τε καὶ πνευματικῇ τιμᾶται, βλύζουσα πᾶσι τοῖς πίστει προστρέχουσι τὰ ἰάματα.

27. Du CANGE, *Traité historique du chef de S. Jean Baptiste*, p. 83. It is by no means certain that iconoclasts were also opposed to relics; see J. WORTLEY, Iconoclasm and Leipsanoclasm: Leo III, Constantine V and the Relics, *Byz. Forsch.* 8, 1982, p. 253-279. LUCIUS (*Les origines*, p. 222, note 3) thinks the head remained at Emesa for some time and that this is the *caput cum capillis integrum et barba* mentioned in Robert of Flander's Letter to Alexis I (P. RIANT, *Exuviae sacrae Constantinopolitanae*, 2, Geneva 1877, p. 208) which John Tsimiskis brought to the capital (*vide infra*) in the later tenth century.

28. Καὶ ἐναπετέθη μετὰ μεγάλης τιμῆς ἐν αὐτῇ ὡς καὶ τὰ λοιπὰ πάντα ἅγια καὶ τὰ τῶν ἁγίων λείψανα εἰς σκέπην καὶ ἀσφάλειαν αὐτῆς. Thus concludes the synopsis in *Syn. CP*, col. 485[50]-487[44], a text which is only found in one MS: *Cod. Vatic. graec.* 1613 (11th cent.) See also *Le Typicon de la Grande Eglise*, ed. J. Mateos [Orientalia Christiana Analecta 165], Rome 1962, vol. 1, p. 238[10-13]. 847 or 848 seems to be the most likely date; this *inventio* is commemorated on 25 May in the *Synaxaria*.

29. JANIN, *Églises*, p. 425 citing *Vita Euthymii*, ed. C. DE BOOR, p. 31-32 and ZONARAS 17, 9, 35 (Bonn, p. 568[35]-569[3]). See also SCYLITZES, ed. H. THURN [CFHB 5], Berlin and New York 1973, p. 368[11]-369[15]. In the early twelfth-century travelogue we call "*Anon. Mercati*" (originally edited by S. G. MERCATI, Santuari e reliquie Constantinopolitane secundo il codice Ottoboniano Latino 169 prima della Conquista latina (1204), *Rendiconti della pontificia Accademia Romana di Archeologia* 12, 1936, p. 133-156 but of which we now have a much improved edition – used here – by Krijnie N. CIGGAAR, Une description de Constantinople traduite [du grec] par un pèlerin anglais, *REB* 34, 1976, p. 211-267) cc. 1[18-20] and 56, it is claimed that one could see the *caput* of the Baptist at the Lighthouse Church, the *calvicium* (scalp?) at Stoudios'.

30. RUFINUS (*Hist. Eccl.* 2, 28, PL 21, col. 536A-C, endorsed by PHILOSTORGIUS, *Hist. Eccl.* 7.4, ed. J. BIDEZ and F. WINKELMANN [GCS 21 *ter*], Berlin 1981, p. 80[5]-81[5], THEODORET, *Hist. Eccl.* 3.6, ed. PARMENTIER-HANSEN, GCS N. F. 5, Berlin 1998, p. 182) adds that some cinders were salvaged and sent to Alexandria where they were conserved. "En conséquence on vit poindre, depuis le commencement du

arrive at the Capital. During the sole reign of the Emperor Constantine VII Porphyrogenitus (944-959), there came the relic already mentioned which was distinguished
both by the method of its coming and by the story with which it came: the Hand of
John the Baptist, a relic which would have been particularly venerable as the limb
which had baptised (and, presumably, touched) the Lord. In this case we learn not
only that moral scruples went overboard where relics were concerned, but also that
relics could arrive at Constantinople by the action of private individuals acting
(apparently) on their own initiative.

Legend has it that the Hand of John the Baptist was first separated from the body
by no less a person than St. Luke the Evangelist, who then presented it to his home
city of Antioch.[31] At Antioch the relic was rescued from the obscurity into which it
had accidentally fallen by a miraculous revelation (a familiar course of events in relic
stories) and then became a popular object of devotion to the Antiochenes, in part
because it possessed a certain propensity for prognostication. Sometimes the hand
would be closed up into a fist, indicating that the year ahead was going to be a time
of poor harvests and lean crops. At other times the hand would be fully extended,
causing the people confidently to expect plentiful harvests and abundance. It was,
perhaps, on account of this prophetic quality that emperors had in the past tried
(in vain) to remove the Hand to the capital. Presumably three centuries of enemy
occupation had not made Antioch any more likely to surrender its famous relic. Yet
those who coveted it could argue that the relic was in some sense a prisoner of war
and, therefore, ought to be liberated.[32]

Such a liberation was effected by a person of whom nothing else is known: one
Job, a deacon of the Antiochene church. Acting (apparently) on his own initiative,
Job set himself the task of acquiring the famous Hand. First, he took up residence in
the narthex of the Church of St. Peter the Apostle, the church in which the relic lay,
and there he struck up an acquaintance with the keeper of the relics. When he felt that
the friendship was sufficiently advanced, he asked the keeper to allow him to pass a
night in the presence of the relics; maybe he was inspired by the legend of Galbius
and Candidus.[33] Perhaps the keeper of the relics knew that legend too or maybe it was
simply the case that incubation was not allowed at that church; but for some reason or
other, the keeper would not hear of it, so Job was frustrated in his first attempt. Not
to be outdone, however, the deacon prepared a feast for the man at which he offered
copious quantities of strong wine. The guest, having partaken a little too freely, fell
into a deep sleep and Job seized his chance. Letting himself into the church by a win-

---

IVe siècle, des reliques du Baptiste de plus en plus nombreuses. Il y en eut bientôt dans toutes les provinces
de l'empire. Toutefois, la plus considé-rable fut le crâne du saint..." comments Ernest LUCIUS, *Les origines*,
p. 220. For relics of the Baptist at Cyrus see THEODORET, Φιλόθεος ἱστορία 21. 19-22, ed. P. CANIVET and
A. LEROY-MOLINGHEN [SC 257], Paris 1979, p. 101-107.

31. This and the following data are alleged in the oration attributed to Theodore Daphnopatès (*BHG*
849, *ut supra*) cc. 8ff.

32. "Now that this Hand has appeared having by a remarkable sequence of events escaped the hands
of the barbarians by whom it appeared to be held prisoner . . . ," *BHG* 849, beginning of c. 2.

33. *BHG* 1058: THEODORUS SYNCELLUS CONSTANTINOPOLITANUS, *Inventio et depositio vestis Deiparae
in Blachernis*. Galbius and Candidus steal the *maphorion* whilst incubating in its shrine.

dow, he grasped the relic – ὦ τοῦ φρικτοῦ καὶ δράματος καὶ ἀκούσματος ! declares Theodore[34] – and made off with it. There followed a long and dangerous journey to the Capital.

When Constantine VII learnt of Job's coming (it is at this point that one begins to wonder whether Job really did act on his own initiative or whether he might not have been an imperial agent) preparations were made to receive the relic as though it were the saint himself. The imperial trireme was sent with the clergy[35] and Senate to bring it across the Bosphorus; on arrival at Constantinople, it was reverently deposed within the Great Palace, presumably at the Lighthouse Church for that is where two visitors reported it to be in the twelfth-century.[36] The City-guarded-by-God thus acquired not only yet another guarantor of its safety but also a useful indicator of things to come. The Hand may have had another role to play; Anthony of Novgorod speaks of it as "la main droite de Jean Baptiste par laquelle on sacre le tsar," but he also saw in the same location "un bâton de fer surmonté d'une croix [ayant appartenu] à Jean Baptiste avec lequel on bénit le tsar nouveau lors du sacre."[37] One may suspect an element of confusion here.

There remained however something strange about the famous Hand which needed to be explained: why was it lacking the thumb? An explanation of this defect was forthcoming, perhaps from Job himself. It went like this: Long, long ago, when Antioch was still a largely pagan city, a fierce dragon infested the outskirts, to which the annual sacrifice of a maiden had to be made; the custom was to choose the victim by lots. One year, the lot fell on the maiden-daughter of a Christian who, predictably, was profoundly distressed by this turn of events. Accordingly, he had recourse to St. John the Baptist, at whose shrine he went to pray. When they presented the famous relic of the hand for him to venerate, as he pressed it to his lips, he surreptitiously bit off the thumb and concealed it in his mouth. When the day of sacrifice came round, the father was there and so was half the town, expecting to see the dragon placated. But at the very moment when it was about to seize its prize, the father thrust the thumb of John the Baptist down its throat and the beast fell down dead. "Non credo quemquam nunc futurum qui aliter haec legat quam fabulam ad imitationem Andromedae fictam" was Daniel Papebroch's comment on this story, but that in no way alters the fact that the Antiochenes and the Byzantines appear to have taken it seriously. The thumb was retrieved and a shrine built for it on the spot where it had vanquished the dragon and there it was honoured by an annual festival. There is no indication that the thumb ever made its way to Constantinople nor does it appear ever to be heard of again.[38]

---

34. Ed. LATYSHEV, p. 307-8.

35. Theophylact is named as patriarch in one source, putting this prior to 956 (*BHG* 849 ed. LATYSHEV c. 17) but elsewhere it is dated to the first year of Polyeuctus' patriarchate, 956 (SCYLITZES, ed. THURN., p. 245[27-33]). See also J. EBERSOLT, *Sanctuaires de Byzance*, Paris 1921, p. 80-81.

36. Ἐν τοῖς βασιλείοις ἐναπέθετο, *Syn. CP,* col. 375[2]-376[26]; ANTHONY OF NOVGOROD (tr. M. EHRHARD, Le Livre du Pèlerin d'Antoine de Novgorod, *Romania* 58, 1932, p. 44-65), p. 57; *Anon. Mercati* (*manus eius cum brachio*), ed. CIGGAAR, p. 245, c.1[18-20].

37. ANTHONY OF NOVGOROD, *loc.cit.*

38. THEODORE DAPHNOPATÈS, *op. cit.* An unpublished *inventio manus dexterae* is noted at *BHG* 842d.

Constantinople also claimed to possess a lock of the hair of John the Baptist. In a famous letter to Aschod III, King of Ani, John Tsimiskis recalls how in the previous year (974) he had carried off the relics of St. James of Nisibis from the city of that name (though he says nothing of what became of them). On the events of the present year, he claims to have found a lock of John the Baptist's hair and other significant relics at Gabaon.[39] This extraordinarily direct piece of evidence is by no means without difficulties, not the least of which is Tsimiskis' claim to have found all three relics at Gabaon. According to Leo the Deacon, the sandals of Christ (which John received "as a gift from heaven") and the lock of John the Baptist's hair were both found at Mempetze (Membedj).[40] He adds that the sandals were deposited in a Church of the Mother of God in the Palace (presumably the Lighthouse Church) while the hair went to a Church of the Saviour ὃν αὐτὸς (the Emperor) ἐκ βάθρων ἀνήγειρεν and in which he intended to be buried (as he subsequently was).[41] Leo is not entirely reliable concerning the origins of relics, as we see from his statement that the *keramidion* was found at Edessa (presumably by confusion with the more famous *mandylion*). Later writers further confuse the matter: Scylitzes and Zonaras (obviously working from a common source) claim that it was not John, but Nicephorus Phocas, who found the lock of hair, and that he found it at Hierapolis together with the *keramidion*.[42] It is of course possible that the relics were found elsewhere by his lieutenants and brought to John at Gabaon (before he became emperor, Nicephorus Phocas returning in triumph from Crete "brought a portion of the raiment of John the Baptist which he found conserved in Berroia"[43]) but there is a degree of confusion here which it may never be possible to penetrate.

The same may be true of where the hair was located. If the *Patria* can be believed, there had been hair of the Baptist in the holy *Soros* (the Chapel of the girdle of the Theotokos) at Chalcoprateia since the time of the Emperor Justin II.[44] Anthony of Novgorod saw an icon of John the Baptist hanging above the tomb of Theodore Stratelates in the galleries at Blachernae "dans laquelle [icône] les cheveux de ce saint sont enfermés et scellés du sceau impérial," while *Anon. Mercati* saw *de capillis eius*

---

39. "Tu sauras que Dieu a accordé aux Chrétiens des succès comme jamais nul n'en avait obtenu. Nous avons trouvé, à Gabaon, les saintes sandales du Christ, avec lesquelles il a marché lorsqu'il parut sur la terre, ainsi que l'Image du Sauveur qui, dans la suite des temps, avait été transpercée par les Juifs, et d'où coulèrent, à l'instant même, du sang et de l'eau ; mais nous n'y avons pas aperçu le coup de lance. Nous trouvâmes aussi dans cette ville *la précieuse chevelure de saint Jean-Baptiste le Précurseur.* Ayant recueilli ces reliques, nous les avons emportées pour les conserver dans notre Ville que Dieu protège." The text of the entire letter, "indiscutablement authentique," which survives in the Chronicle of MATTHEW OF EDESSA, is to be found in G. SCHLUMBERGER, *L'épopée byzantine à la fin du dixième siecle*, Paris 1896, p. 283-290; this quotation from p. 290.

40. LEO THE DEACON [Bonn], p. 165-166.

41. LEO THE DEACON [Bonn], p. 177.

42. SCYLITZES, ed. THURN, p. 271[62]; ZONARAS, 16., 25, 12 (Bonn, III, p. 503[2]). Both refer to a bloody lock, βόστρυχον, πεπιλημένον αἵματι (Scylitzes), αἵματι πεφυρμένον (Zonaras).

43. SCYLITZES, ed. THURN, p. 254[50-52], ZONARAS 16, 23, 23 (Bonn, III, p. 494[5-6]). Anon. Mercati saw *de vestimento eius et cinctura* at the Lighthouse church in the twelfth century (ed. CIGGAAR, p. 245, c.1[19-20]).

44. *Patria CP* 3, 148, ed. PREGER, p. 263[15-16]; see EBERSOLT, *Sanctuaires de Byzance*, p. 58, note 8.

at the Lighthouse Church.[45] Anthony also claims that the chest, a finger and a tooth of the Baptist were to be seen at Stoudios' (which he wrongly claims to have been under the patronage of Saint Theodore) and also "la face de Jean Baptiste"; cf *Anon. Mercati*: *in illa parte* [near the Hippodrome] *est ecclesia sancti Iohannis Baptistae et habet in se de dentibus eius.*[46]

Now, leaving the Baptist, let us speak of other "friends of Jesus." One of the most curious (and detailed) relic stories told by Sozomen concerns the invention of the relics of the Prophet Zacharias near Eleutheropolis, probably in 407.[47] The date is significant for in 415 Constantinople acquired the relics of Joseph son of Jacob and of Zacharias the father of John the Baptist [Lc 1, 5-22 and 57-80]. It looks rather suspiciously as though the two Zacharaias might have been confused (*Anon. Mercati* calls the Baptist's father "prophet") even though they are carefully distinguished in the Use of Constantinople.[48] The deposition of 415 is well documented:

> In this year there took place the [re-]dedication of the Great Church of Constantinople on Sunday 10 October. On Saturday there arrived at the Chalcedonian steps in Constantinople the relics of Joseph son of Jacob and of Zacharias, the father of John the Baptist. These relics were carried in two caskets by Atticus, Patriarch of Constantinople and by Moses, Bishop of Antarados in Phoenicia, they being seated in cars drawn by mules. These relics were deposed in the Great Church with Ursus, Eparch of the City, leading the procession and the entire Senate [in attendance.][49]

This account is well known as the event it describes is one of the candidates for the occasion depicted in the famous Trier Ivory.[50] There are however difficulties which cast doubts on its veracity. For instance: relics are never mentioned in connection with any other dedication of the Great Church, nor is any relic (other than apostolic relics) known to have been deposited within the Constantinian city before that time. If the report has any substance in it, the likelihood is that the relics in question remained only for a short time at the Great Church (as later became the custom) and were subsequently deposited in a sanctuary of their own. In the one case this could have been in the small monastery of Zacharias at Katabolos, well attested in the fifth century.[51]

---

45. ANTHONY OF NOVGOROD, trans. EHRHARD, p. 58; *Anon. Mercati*, ed. CIGGAAR, p. 245, c. 1[19]. A lock of hair can of course be easily divided.

46. ANTHONY OF NOVGOROD, p. 58, *passim*; *Anon. Mercati*, c.16, ed. CIGGAAR, p. 257.

47. SOZOMENUS, *Hist. Eccl.* 9, 16 (end) and 17, ed. BIDEZ and HANSEN, p. 407[9]-408[12]; THEOPHANES, ed. DE BOOR, I, p. 86[20-24]; see LUCIUS, *Les origines*, p. 216-217.

48. *Anon. Mercati*, ed. CIGGAAR, c. 12, p. 255. There is no mention of a translation of the Prophet's relics, but he was twice commemorated each year, 8 February and 16 May, with a *synaxis* at his *propheteion*, which rather suggests the presence of relics (*Syn. CP*, col. 449[27], 690[19-21]). Janin (*Églises*, p. 132-133) lists three sanctuaries of Zacharias, one of the prophet, one of the father of the Baptist and one of uncertain dedication; he mentions no relics.

49. *Chronicon Paschale* [Bonn], p. 572[15]-573[2] (cf. trans. WHITBY, p.64); cf MARCELLINUS COMES, *Chronicon*, v. B. CROKE, *The Chronicle of Marcellinus*, Sydney 1995, p. 11.

50. See J. WORTLEY, The Trier Ivory reconsidered, *GRBS* 21, 1980, p. 381-394.

51. JANIN, *Églises*, p.133.

The case of Joseph is a very different matter and something of a mystery: his relics are never mentioned again, no shrine in his honour is known and he has to share a feast day with the Theotokos of Blachernae on 26th December or with his son, James the ἀδελφόθεος and the Prophet [King] David (who gets all the limelight) on the Sunday after Christmas in the Use of Constantinople.[52] This neglect of Joseph ὁ μνήστωρ, "the man nearest to Christ"[53] is somewhat surprising given the interest we have noted in "the friends of the Lord." Joseph's dossier in *BHG* is very slender indeed and he appears to be "generally absent from Christian art."[54]

Symeon the Just, ὁ θεοδόχος (Lc 2, 25-35) only knew Jesus as an infant but "he took him up in his arms", so there was physical contact and this presumably allows him to be counted one of the friends. Unfortunately the testimony to the presence of his relics at Constantinople is in a particularly suspect passage of the *Patria*, suspect *inter alia* because it alleges relic-acquisition in a period when no other relic-acquisitions are recorded:

> [Justin II, 565-578] also built Saint James' [church] and he placed the relics of Saint Symeon ὁ θεοδόχος, of the Prophet Zacharias and of Saint James the ἀδελφόθεος in the casket of the Holy Innocents [*lit.* infants] and within the holy [shrine of the] casket the hair of Saint John the Baptist on the left, all the bodies [τὰ σώματα πάντα] of the holy myrrh-bearing women on the right.[55]

The most that can be deduced from this is that these relics were eventually believed to be in the locations mentioned. Thus *Anon. Mercati* speaking of Chalcoprateia: *in atrio autem foras ipsius ecclesiae est ecclesia sancti Iacobi apostoli, suptus autem ipsius ecclesiae in cripta iacet sanctus Iacobus frater Domini et sanctus Zacharias propheta, pater sancti Iohannis Baptistae et sanctus Symeon qui suscepit Dominum et sancti Innocentes.*[56] The presence of the relics of Symeon at St. James'

---

52. *Syn. CP,* col. 344[22-23] (μνήμη τοῦ ἀγίου καὶ δικαίου Ἰωσὴφ τοῦ μνήστορος) and 347[28]-348[40]. Sunday after Christmas only in *Typicon de la Grande Église,* ed. Mateos, vol. 1, p. 160[17-23]) with the Troparion: Εὐαγγελίζου, Ἰωσήφ, τῷ Δαυὶδ τὰ θαύματα τῷ θεοπάτορι κ. τ. λ.

53. The title of a book on Joseph by F. L. FILAS sj (Milwaukee 1944, London 1947). Joseph does get a brief mention in connection with the Flight into Egypt in SOZOMEN, *Hist. Eccl.* 5.21.5, echoed in THEODORE THE LECTOR, ed. G. C. HANSEN [GCS 54], BERLIN 1971, p. 60[26]-61[3].

54. *BHG* 1046 is *Protevangelium Iacobi* of which cc.17-20 refer to Joseph. There is mention of an apocryphal *History of the Carpenter* which was popular in the east, 4th-7th centuries (F. L. CROSS, ed., *The Oxford dictionary of the Christian Church,* sv Joseph), Coptic translation of lost Greek text, ed. S. MORENZ, *Die Geschichte von Joseph dem Zimmermann,* Berlin 1951, thus J. IRMSCHER and A. CUTLER in *ODB,* p. 1072. *Per contra,* there is a huge literature on Joseph, son of Jacob, in *hagiographica graeca,* etc.

55. *Patria CP* 3.148, ed. PREGER, p. 263[11-17]. There are various indications that St. James and the neighboring (contingent?) Marian church at Chalcoprateia shared a common crypt. If this were so, the reference to a *holy* σορὸς may well mean the chapel in which the σορὸς (casket – the word can have both meanings) of the Holy Girdle of the Mother of God lay.

56. *Anon. Mercati,* c.12, ed. CIGGAAR, p. 255. Anthony of Novgorod has clearly confused the two great Marian locations for he says of *Blachernae:* "Dans la même église sous l'autel repose Jacques, frère du Seigneur; là aussi repose le saint prophète Zacharie. . ." (trans. EHRHARD, p. 58). Notice also in a *Descriptio* of 1190: *caput justi Symeonis; caput Zacharie patris Johannis Baptistae quorum duorum in eadem urbe requiescunt corpora,* P. RIANT, *Exuviae Sacrae Constantinopolitanae,* II, Geneva 1878, p. 217.

Chalcoprateia might explain why the *synaxis* of Symeon and of Anna (Lc 2, 36-38) took place there.[57] Anthony of Novgorod may have meant Chalcoprateia when he said the body of James lay beneath the altar at Blachernae. Then, on the other hand, he alleged it was "dans la clôture du choeur" at Holy Apostles.[58]

Now to Lazarus whom Jesus loved[59]– and raised from the dead. Lazarus is a fairly important figure in the Byzantine liturgical tradition, largely because the Gospel of his raising from the dead was read on the Saturday preceding Palm Sunday, one of the four solemn occasions of baptism at Constantinople.[60] This is how his relics came to the capital: in the thirteenth year of his reign (898-899) Leo VI was divinely inspired to begin the construction of a monastery for eunuchs at *Topoi*, "on the eastern city wall overlooking the sea;" this was to be dedicated to Lazarus, the friend of Jesus.[61] The church of this monastery, which would be of outstanding size and beauty,[62] must have been at least approaching completion by April 901 for, in that year, the higoumen of Saint Lazarus' refused to allow the defunct Empress Eudocia to be buried there.[63] This church, however, did not yet possess any significant relic. This would explain why it appears that, in this case, Leo reversed the usual procedure of building a shrine for a relic which had already arrived. The *Synaxarium* is explicit:

> Moved by a divine zeal as by some godly inspiration, [the Emperor Leo] first built a most beautiful church, and then, having sent [agents] to the island of Cyprus, found the holy relic in the city of Citium, lying, after a lapse of nearly a thousand years, underground, in a marble sarcophagus, on which was engraved this inscription in a different alphabet [γράμματα ἑτερόγλωσσα]: "Lazarus the four-days [dead] and friend of Christ." Having immediately taken up the honourable treasure and placed it in a silver casket, they translated it to Constantinople. After adoring it and performing the accustomed ceremonies, they reverently deposited it in the church which the Emperor had built.[64]

---

57. No location is given in *Typicon,* ed. MATEOS, I, p. 224[13-14] but *Syn. CP,* col. 439[23]-440[22] is explicit. The *Synaxis* of James took place in his *Apostoleion* within the church of the Theotokos at Chalcoprateia: *Syn. CP,* col. 151[27].

58. ANTHONY OF NOVGOROD, p. 58, 59.

59. Ἴδε, πῶς ἐφίλει αὐτόν, Jo 11[36].

60. *Typicon,* ed. MATEOS, vol. 2, p. 62[9]-64[26] μνήμη τοῦ ὁσίου καὶ δικαίου Λαζάρου.

61. SYMEON MAGISTER [Bonn], p. 704, specifies a monastery for eunuchs. (Was the association of Lazarus with eunuchs because he was "not as other men are" when he returned from the grave?) Scylitzes writes: "In honour of his first wife, Theophano, the Emperor erected a very beautiful church in her name, close by Holy Apostles'. He built another church in the Topoi-quarter dedicated to Saint Lazarus. Here he brought and deposited the body of the saint [Lazarus] and also that of his sister, Mary Magdalene" (SCYLITZES, ed. THURN, p. 180[14]-181[18]). *Theophanes Continuatus* [Bonn], p. 365, adds that it was while the navy was engaged in constructing these churches that Tauromenium in Sicily was captured by the Africans with great loss of Roman lives. *Georgius Monachus Continuatus* [Bonn], p. 860, says the body of Lazarus came from Cyprus, that of Mary Magdalene from Ephesus. These data are also to be found in *Syn. CP,* col. 146[14ff], 658[38] - 659[3], 833[34], 835[7] and are noted by the Metaphrast, PG 117, col. 553A-C.

62. See Cyril Mango's comment in R. J. H. JENKINS, B. LAOURDAS and C. MANGO, Nine Orations of Arethas from Cod. Marc. Gr. 524, *BZ* 47, 1954, p. 1-40; p. 10.

63. *Ibidem*, p. 10, citing *Vita Euthymii.*

64. *Syn. CP,* p. 146[12-24] (17 October), italics added.

We know something both of "the accustomed ceremonies" [τὰ εἰκότα] and also the date on which they were performed because Arethas, later Metropolitan of Caesarea, was called upon to discharge his office of court orator on that occasion. His speech has survived; it can be dated with reasonable certainty to the year 901.[65] But a more informative elocution was made before the Emperor by the same orator in the following year, at the consecration (κατὰ ταύτην τὴν κυρίαν τῶν ἐγκαινίων ἡμέραν) of St. Lazarus' Church. Recalling the events of the previous year, Arethas describes how the Emperor sailed out early in the morning to meet the relic as it arrived at Chrysopolis and how, like Moses bringing the law, he walked in simple dress, unguarded (this only a little before the assassination attempt at Saint Mocius') through the thronged and decorated streets of Constantinople, to the singing of a hymn which he had himself composed for the occasion (no longer extant). It was late in the (October) day when they reached the Great Church, where the lamps were lit and – this is an interesting detail – the floor had been overlaid with planks of wood because of the cold (or was it to protect the marble from winter boots?) The stamping of feet on the wood made it impossible for the Emperor to deliver his intended oration; and when he joined the Patriarch to open the casket in which lay Lazarus' remains there was such a pressing forward, almost into the sanctuary itself, that he shut up the relic-casket and withdrew it, prostrating himself before it in tears and prayer. Then he ascended to the imperial loge and the service began, the various segments of the congregation vying with each other in the singing of hymns, while the emperor presided over the contest and distributed prizes from on high. Presumably the relic was finally taken to St. Lazarus' (or Arethas' reference to the crowd at last year's event "at the eastern city wall" makes little sense) – by which time it must have been getting on for midnight, or possibly next day. The stamping of the congregation apparently did not deter Arethas from delivering his own address (ἐπιβατήριος) during the ceremony in the Great Church. He seems to have chided the people for their inordinate pressing forward to touch the relic, enjoining upon them a more *spiritual* devotion to the sacred casket which (he said) was perfectly capable of communicating its salutary effect by indirect means as well as by direct contact: meaning by sight, shadow and fragrance. Such was the wisdom of Arethas.

Somewhat later (presumably, since Arethas makes no mention of them) relics of St. Mary Magdalene, "the myrrh-bearer," were brought from Ephesus (where they are attested in the sixth century). On this occasion Leo and his brother Alexander carried the relics in a silver casket to their resting place on the left-hand side of the Sanctuary in which Lazarus was buried on the right. The commemoration of this deposition was celebrated together with that of the encaenia, on 4th May.[66] The association of Mary Magdalene with Lazarus appears to be due to the traditional identification of her with

---

65. Ed. Mango, in Jenkins *et al.*, Nine Orations, p. 20-22, ἐπιβατήριος ἐπὶ τοῖς τιμίοις λειψάνοις Λαζάρου ἃ Λέων ὁ φιλόχριστος βασιλεὺς ἐκ Κύπρου μετήνεγκεν. On the date of this document see *ibidem*, p. 2 and 6-8; there is a summary in English on p. 5. Cf. *Arethae archiepiscopi Cæsariensis scripta minora*, ed. L. G. Westerink, 2, Leipzig 1972, p. 7-10.

66. Nicephorus Callistus, cited by Mango, Nine Orations, p. 10; *Syn. CP*, col. 658³⁷-659³. See also *Syn. CP*, col. 834³⁴-835⁷ (22 July, commemoration of Mary Magdalene) for her association with Ephesus and the Seven Sleepers; *ibidem*, col. 664²⁰ for her association with Saint John the Divine.

Mary, the other sister of Lazarus; thus the commemoration τῆς ἀδελφῆς τοῦ Λαζάρου Μαρίας ἥτις τοὺς πόδας τοῦ Χριστοῦ νάρδου ἀλείψασα ταῖς θριξὶν ἐξέμασσε on the feast of the Raising of Lazarus.[67] The sisters of Lazarus are listed as μυροφόροι[68] and relics of both were eventually to be seen at Saint Lazarus'[69] but nothing is known of how they got there.

There were many other relics of which the same is true. *Anon. Mercati* (for instance) attests the presence of secondary relics of the Baptist at the Lighthouse Church (*de vestimento eius et cinctura*) and of relics of another apostle who for an obvious reason (nevertheless stated) had a claim to the title "friend" as defined above: *calvicium sancti Thome apostoli et digitus eius quem misit in latus Domini.* Not disimilar is a relic seen at the Monastery of Saint Basil by Anthony of Novgorod: "Un os de la main de saint Syméon qui reçut Dieu."[70]

This is not be any means all that can be said of the relics of the Friends of the Lord; a much longer article could be written about what became of them (or was alleged to have become of them) after 1204, including the amazing story of how some relics which are known to have been removed from Constantinople miraculously re-appeared there. It is a sad fact that far more is known about the dispersion of the relics than about their acquisition, mainly because the Byzantine authors are so amazingly reticent about the relics, no matter of whom or what. I do not think this is because they had anything to hide. The visitors' accounts make it clear that the relics were no secret, at least not in the Comnenian era. It is far more likely that the relics were simply taken for granted. There is a similar dearth of information about the great monuments of Constantinople, possibly for the same reason. Modern examples of societies which take their great wealth and good fortune for granted are not hard to find. Given the circumstances, the amazing thing is that we can know as much as we seem to know about the relics. And if we seek to know what really became of them after 1204, here at least is one answer:

Ποῦνε λοιπὸν τὰ λείψανα; ποῦ αἱ ἅγιαι εἰκόνες,
ἡ Ὁδηγητρία, ἡ Κυρά, ἡ Δέσποινα τοῦ κόσμου;
λέγουσιν ἀνηλήφθησαν στὸν οὐρανὸν ἀπάνω·
τὰ λείψανα τὰ ἅγια καὶ τοῦ Χριστοῦ τὰ πάθη;
οἱ ἄγγελοι τὰ πείργασιν ἔμπρος εἰς τὸν Δεσπότην.[71]

---

67. *Syn. CP* [Mc], col. 548[47], 18 March. See also (4 May) ἀνάμνησις τῆς ἀνακομιδῆς τῶν τιμίων λειψάνων τοῦ ἁγίου καὶ δικαίου Λαζάρου καὶ τῆς μυροφόρου Μαρίας τῆς Μαγδαληνῆς ἐπὶ Λέοντος [VI], *Syn. CP*, col. 658[37-41].

68. *Syn. CP*, col. 743[2-3], but at col. 755[55-56] they are not so identified.

69. "ibi iacet sanctus Lazarus . . . et sancta Maria Magdalena et reliquie sancte Marthe et Marie sororis Lazari" (*Anon. Mercati*, ed. CIGGAAR, p. 249, c. 5[2-4]).

70. ANTHONY OF NOVGOROD, trans. EHRHARD, p. 58.

71. Θρῆνος τῆς Κωνσταντινουπόλεως, in Ch. DU CANGE, *Constantinopolis Christiana*, Paris 1680, IV, p. II.XXIV (4:91.).

L'USAGE DES RELIQUES DU CHRIST
PAR LES EMPEREURS AUX XIe ET XIIe SIÈCLES :
LE SAINT BOIS ET LES SAINTES PIERRES[1]

Sandrine LEROU

> *À n'en pas douter, les reliques (...)*
> *sont devenues un nouvel objet historique[2].*

Si le geste médiéval[3] ainsi que ses codes sont maintenant bien étudiés, l'objet, source ou récepteur de ce geste est, quant à lui, encore souvent oublié, bien qu'il soit difficile de séparer l'un de l'autre. De même, la relique, son reliquaire et leur rapport au pouvoir commencent seulement à devenir un sujet historique[4]. Un certain nombre de reliquaires qui proviennent du palais impérial[5] sont actuellement conservés en Occident avec leurs reliques, leur décor d'origine accompagné d'inscriptions poétiques et il suffirait de les replacer "dans leur véritable milieu" afin qu'"ils s'animent d'une vie intense"[6]. Ce contexte, ici l'usage des reliques par les empereurs de Byzance[7], peut être reconstitué à partir des véritables témoins, les objets, en les confrontant, dans la mesure du possible, avec toutes les autres catégories de sources : les chroniques tant

---

1. Je souhaite remercier ici MM. J. Durand et Bernard Flusin, pour leur aide et leur accueil au sein de cette table ronde, ainsi que Mademoiselle Stéphanie Vlavianos pour ses conseils lors de la relecture de ce texte.

2. P. GEORGE, Les reliques des saints : un nouvel objet historique, dans *Les reliques. Objets, cultes, symboles. Actes du colloque international de l'Université du Littoral-Côte d'Opale (Boulogne-sur-Mer), 4-6 septembre 1997,* E. BOZOKY et A.-M. HELVÉTIUS éd., Turnhout 1999, p. 229-237, ici p. 237.

3. J.-C. SCHMITT, *La raison des gestes,* Paris 1990.

4. Voir *Les reliques* (cité n. 2), en particulier l'introduction, p. 11-16, ainsi que *Le trésor de la Sainte-Chapelle,* J. DURAND et M.-P. LAFFITTE éd., Paris 2001. Pour l'aspect politique, P. J. GEARY, *Le vol des reliques au Moyen Age,* Paris 1993 (Princeton 1978) ; *Valérie et Thomas Becket, de l'influence des princes Plantagenêt dans l'œuvre de Limoges,* catalogue de l'exposition de Limoges 1999, et E. BOZOKY, La politique des reliques des premiers comtes de Flandre (fin du IXe-fin du XIe siècle), dans *Les reliques,* p. 271-292.

5. Les reliques proviennent d'un don ou d'un vol, du moins pour cette période.

6. J. EBERSOLT, *Les Arts somptuaires de Byzance, études sur l'art impérial de Constantinople,* Paris 1923, p. 2.

7. S. MERGIALI-SAHAS, Byzantine Emperors and holy relics. Use and misuse of sanctity and authority, *JÖB* 51, 2001, p. 41-60. L'auteur évoque ces usages sur toute la période byzantine. Je remercie M. Vivien Prigent de m'avoir signalé cette référence.

Byzance et les reliques du Christ, éd. J. Durand et B. Flusin (Centre de recherche d'Histoire et Civilisation de Byzance, Monographies 17), Paris 2004.

latines que grecques et surtout certains poèmes grecs, témoins d'objets disparus[8]. Pour les objets conservés, seuls ceux dotés d'une inscription qui indique le nom de l'empereur peuvent être considérés comme des sources sûres.

Le choix d'une période entre la mort de Basile II et la prise de Constantinople par les Croisés permet de déceler d'éventuels changements dans un monde qui se présente toujours comme immuable : cette époque est particulièrement riche en témoins occidentaux qui trouvèrent, sur leur route vers Jérusalem et ses reliques, Constantinople et son empereur. Souvent, seules les descriptions des Occidentaux permettent de connaître certaines des pratiques byzantines, puisque les intéressés n'évoquent pas ce qui est évident pour eux. Enfin, mettre en parallèle les sources latines et grecques donne accès à une plus large compréhension des usages des reliques.

Au cours de ces deux siècles, l'utilisation des reliques par les empereurs de Byzance paraît limitée ; d'une part, peu de reliques sont accueillies par l'empereur à Constantinople[9], ce qui tranche avec la période précédente[10] : les grandes conquêtes en Syrie qui constituèrent une période faste pour l'arrivée de reliques venues de Palestine dans l'Empire sont terminées[11]. D'autre part, les empereurs s'en tiennent essentiellement

8. Les sources seront élargies aux reliquaires appartenant aux impératrices et aux membres de la famille impériale, plus nombreux, ou du moins plus souvent conservés (une dizaine à peu près). Les documents essentiels pour cette étude sont fournis par A. FROLOW, *La relique de la Vraie Croix. Recherches sur le développement d'un culte*, Paris 1961, et *Les reliquaires de la Vraie Croix*, Paris 1965. L'auteur regroupe tous les types de sources : chroniques tant latines que grecques, objets inscrits et poèmes conservés. Pour les reliquaires conservés en Italie, voir aussi A. GUILLOU, *Recueil des inscriptions grecques médiévales d'Italie*, Rome 1996, qui donne des reproductions des objets, et, pour ceux conservés en France, *Le trésor de la Sainte-Chapelle* (cité n. 4), ainsi que *Byzance, l'art byzantin dans les collections publiques françaises, [exposition] 3 novembre 1992-1er février 1993*, J. DURAND éd., Paris 1993. Les poèmes-*ekphraseis* de l'époque des Comnènes proviennent essentiellement d'un manuscrit de la Marcienne (Venise, Bibl. Marc., gr. 524). Une partie seulement est éditée par S. LAMPROS, (῾Ο Μαρκιανὸς κῶδιξ 524, *Νέος Ἑλληνομνήμων* 8, 1911, p. 3-59 et 123-192. Certains d'entre eux sont traduits et étudiés dans C. MANGO, *The Art of Byzantine Empire, 312-1453, Sources and Documents in the History of Art*, New Jersey 1972. Une édition complète est en cours, voir P. ODORICO et C. MESSIS, L'anthologie Comnène du Cod. Marc. gr. 524 : problèmes d'édition et problèmes d'évaluation, dans *Dossiers byzantins III : l'épistolographie et la poésie épigrammatique (Actes de la 16e table ronde du XXe Congrès international des études byzantines à Paris, 2001)*, Paris 2003, p. 191-213. Dans certains cas, les auteurs des poèmes sont connus : il s'agit de Jean Mauropous (voir P. DE LAGARDE, *Johannis Euchaitarum metropolitae quae in codices Vaticano graeco 676 supersunt*, t. 1 [Abhandlungen der hist.-phil. Classe der königl. Gesellschaft der Wissenschaften zu Göttingen, Bd. 28], Göttingen 1882, réimpr. Amsterdam 1979) et de Nicolas Kalliklès (voir R. ROMANO, *Nicola Callicle. Carmi*, Naples 1980).

9. Une relique d'un cheveu de saint Jean Baptiste en 1032, sous Romain III (YAHIA D'ANTIOCHE, PO 47, p. 529-531) ; toujours sous Romain III, la lettre d'Abgar ainsi que la réponse du Christ (ZONARAS III, LXVII, 12, [Bonn], p. 580 ; SKYLITZÈS, ed. H. Thurn [CFHB 5], p. 387 ; YAHIA D'ANTIOCHE, PO 47, p. 515) ; une relique de sainte Agathe venue de Sicile, article *reliques* dans *Dictionnaire encyclopédique du Moyen Âge*, A. VAUCHEZ éd., Paris 1997, p. 1306 ; sous Manuel Ier, la Pierre dite d'Éphèse, Pierre de la Déposition du Christ (KINNAMOS VI, 8, [Bonn], p. 277-278 ; CHONIATÈS, éd. J. A. VAN DIETEN [CFHB 11-12], Berlin 1975, p. 222-277 ; le texte de l'acolouthie célébrée lors de l'arrivée à Constantinople, dû à Georges Skylitzès, est édité par A. Papadopoulos-Kérameus, Ἀνάλεκτα Ἱεροσολυμιτικῆς σταχυολογίας, V, Bruxelles 1888, réimpr. 1963, p. 180-189).

10. B. FLUSIN, Les reliques de la Sainte-Chapelle et leur passé impérial à Constantinople, dans *Le trésor de la Sainte-Chapelle*, p. 20-31.

11. Voir l'article de Paul MAGDALINO dans ce recueil.

à deux types de reliques, toutes deux dominicales. Les reliques de la Théotokos semblent beaucoup moins utilisées par les empereurs qu'auparavant, ce qui coïncide peut-être avec le grand développement du culte aux différentes icônes de la Théotokos[12]. Force est de constater que les empereurs Comnènes s'intéressent plus particulièrement aux icônes qu'aux reliques. Ainsi, parmi ces dernières, les empereurs se concentrent davantage sur la relique de la Vraie Croix, celle-ci très souvent placée au cœur de staurothèques contenant d'autres objets témoins des derniers moments du Christ. Ces staurothèques sont mises au service du pouvoir impérial ; elles rendent l'empereur maître des serments. Cependant, une autre relique dominicale, la Sainte Lance, commence à concurrencer la Croix à cette période. Sous les empereurs Comnènes apparaît également une dévotion particulière pour les pierres attachées à la mort du Christ (Pierre du Sépulcre et Pierre de la Déposition). Cette dévotion envers ces nouvelles reliques de l'Incarnation et de la Jérusalem terrestre, révèle un intérêt commun à Byzance et à l'Occident.

LE "BOIS", UNE FONDATION[13] IMPÉRIALE

Plus qu'à toute autre relique, l'empereur se lie à celle du Saint Bois, au point de la faire sienne et de se l'approprier grâce au reliquaire. Il en devient le seul véritable *fondateur*. En effet, à l'instant même où l'objet est vu, la première impression est impériale. Non seulement la relique possède un reliquaire voulu, composé et offert par l'empereur, ce qui constitue la plus sûre garantie d'authenticité – d'ailleurs la relique n'a pas besoin, une fois arrivée en Occident de faire des miracles – mais la valeur de l'objet s'enrichit de la dévotion impériale.

L'expression *Vraie Croix* est plus occidentale[14] que byzantine. Les termes équivalents relevés dans les sources grecques évoquent plutôt la matière, "le Bois" ou la valeur, "Précieux Bois" τιμίου ξύλου[15], "Précieuse Croix". Si la formule "Précieuse Croix" reste ambiguë[16], celle de "Précieux Bois" indique clairement dans les sources la présence d'une relique. Les poèmes insistent sur cette matière : "Romain, orne convenablement d'or le Bois qui a effacé la corruption venue du bois..."[17].

---

12. Voir en dernier lieu *The Mother of God: representations of the Virgin in Byzantine art*, M. VASSILAKI éd., Milan 2000.

13. Le mot est ici employé dans le sens byzantin. Par exemple, il est possible à Byzance de se dire *ktètôr*, fondateur d'un monastère même si celui-ci n'est pas entièrement construit par la personne qui prend ce titre ; une simple restauration suffit.

14. La formule "les Occidentaux" sera utilisée ici pour désigner les pèlerins et les Croisés, qui transitent par Byzance.

15. Épigramme de Jean MAUROPOUS, éd. P. LAGARDE, nᵒ 58 et A. FROLOW, *La relique de la Vraie Croix*, nᵒ 212, p. 271.

16. Elle peut tout autant désigner une relique qu'une simple croix. Très souvent les chroniques byzantines sont peu explicites. Du côté occidental, le terme de Vraie Croix ne semble pas correspondre à une recherche d'authenticité mais il est utilisé pour opposer la simple représentation de la croix à la relique de la Croix. Sur les doutes émis au sujet des reliques, du côté byzantin, voir G. DAGRON, L'ombre d'un doute : l'hagiographie en question, VIᵉ-XIᵉ siècle, *DOP* 46, 1992, p. 59-68. Du côté occidental, des auteurs comme Claude de Turin au IXᵉ siècle et Guibert de Nogent au XIIᵉ discutent l'authenticité de certaines reliques, article *reliques* dans *Dictionnaire encyclopédique du Moyen Age*, p. 1305.

17. FROLOW, *La relique de la Vraie Croix*, nᵒ 205, p. 266.

Le Bois se trouve soit seul, ce qui semble plus fréquent qu'aux siècles précédents, soit, dans le même reliquaire, au cœur d'une hiérarchie de reliques qu'il domine toujours. Lorsqu'elle est seule dans le reliquaire, la pièce peut être entière, ou reconstituée à partir de plusieurs morceaux unis en forme de croix[18]. Elle s'impose toujours par sa grande taille souvent mentionnée[19]. La relique du Saint Bois a, en effet, la particularité d'être divisible plus facilement que d'autres.

L'empereur peut aussi associer dans le même reliquaire le Bois à d'autres fragments de reliques afin de lui donner le sens qu'il désire. Ces reliques peuvent être d'autres reliques du Christ (morceaux des Clous, de la Couronne d'épines, des Langes, etc...), quelquefois accompagnées de celles de la Théotokos (Ceinture, Voile, etc...), ou de saints martyrs (dans ce dernier cas des reliques directes). Ce type d'association est toujours attesté, mais aux XIe et XIIe siècles ce sont plutôt les reliques du Christ et seulement elles, qui accompagnent le Saint Bois. De plus, le Clou, la Lance et la Couronne d'épines ne sont pratiquement jamais utilisés seuls, ils ne sont là que pour escorter le Saint Bois.

Pour accéder à la relique, il faut passer par le reliquaire. La rhétorique du poème inscrit sur le reliquaire unit, en les opposant, le contenant et le contenu, ce qui constitue un *topos*[20] : au bois végétal toujours en vie[21], "bois divin de la vie"[22], "bois de vie"[23], "bois vivifiant", ξύλον ζωηφόρον[24], répondent les pierres précieuses, brillantes mais inertes : "Des perles et des pierres précieuses pourraient-elles glorifier ce que les gouttes du sang de Dieu ont revêtu de puissance et de gloire divine ?"[25] ; ou encore : "Ceci n'est pas une forêt ni le lieu du Crâne où ce bois a été planté jadis, mais c'est un lieu pavé de pierres ou plutôt d'or où s'épanouit un parterre blanc formé de perles, parmi lesquelles te plante, bois vivifiant, le flambeau des Doukas, l'impératrice Irène (...)"[26].

---

18. *Ibidem*, n° 203, p. 265. Ici la relique est constituée de douze morceaux, chiffre symbolique (source occidentale invoquée : BERTHOLD, *Narratio quomodo portio S. Crucis Werdeam pervenerit* [MGH, SS, XV, 2], p. 768-770).

19. FROLOW, *La relique de la Vraie Croix*, n° 223, p. 275, (source occidentale invoquée : *Vita Annonis archiepiscopi Coloniensis, 30, [MGH, SS, XI]*, p. 479) ; ou, pour un don de Constantin VIII à Robert le Pieux : "un très grand morceau de la vénérable croix du Seigneur notre Sauveur", dans RAOUL GLABER, *Histoires*, traduites et présentées par Matthieu Arnoux, Turnhout 1996, p. 257 ; voir également L. THEIS, *Robert le Pieux, le roi de l'an mil*, Paris 1999, p. 185 ; ou bien encore, dans un acte de Lavra, un don de Nicéphore Phocas, pour lequel les mesures sont précisées (P. LEMERLE, A. GUILLOU, N. SVORONOS, *Actes de Lavra I*, Paris 1970, p. 105).

20. FROLOW, *La relique de la Vraie Croix*, p. 267.

21. Le miracle opère constamment. Ce thème peut être relié à la Couronne d'épines qui fleurit toujours (cf. K. N. CIGGAAR, Une description anonyme du XIIe siècle, *REB* 31, 1973, p. 340).

22. FROLOW, *La relique de la Vraie Croix*, n° 275, p. 298 ; GUILLOU, *Recueil*, p. 27 ; ROMANO, *Nicola Callicle, Carmi*, n° 34.

23. Croix-reliquaire de l'impératrice Irène Doukas, GUILLOU, *Recueil*, n° 90, p. 91-92, planche 94-98. Voir plus bas fig. 4.

24. Épigramme de Nicolas Kalliklès sur une staurothèque d'Irène Doukas : FROLOW, *La relique de la Vraie Croix*, n° 241, p. 281 ; ROMANO, *Nicola Callicle, Carmi*, n° 6.

25. Invocation à la croix par l'impératrice Marie, peut-être Marie d'Alanie : cf. GUILLOU, *Recueil*, n° 80, p. 84-85 et planches p. 78-79 ; FROLOW, *La relique de la Vraie Croix*, n° 273, p. 297.

26. Voir note 23.

Or voir une relique, n'est-ce pas avant tout voir son reliquaire ? La relique, quelquefois scellée d'une marque affirmant son authenticité[27], n'existe finalement que par son écrin. Contrairement à l'icône qui est icône parce qu'elle est vénérée[28], mais ne porte pas toujours sur elle les marques de cette vénération[29], la relique, simple morceau de bois ou d'os, est nue et elle ne prend de sens que parce que ces marques de vénération – le reliquaire – sont sur elles. L'objet ainsi constitué fait appel à deux des cinq sens, les plus significatifs, peut-être pour le Moyen Âge, la vue et le toucher.

L'empereur scelle la relique dans un ensemble qu'il fige à jamais. En effet, le reliquaire, est souvent une staurothèque que les sources latines nomment parfois "tabula"[30] ou "ycona"[31]. De plus, le Bois est généralement caché par une première plaque coulissante[32] (fig. 1). Il est donc presque toujours enfermé, comme le dit un poème inscrit sur l'un des reliquaires, "dois-je t'enfermer, toi, source de vie ?"[33],

Fig. 1 - Reliquaire de la Vraie Croix à glissière (XIᵉ siècle), Paris, musée du Louvre, département des Objets d'art nᵒ OA8099, voir note 32

27. ANNE COMNÈNE, *Alexiade*, III, 10, éd. et trad. B. Leib, t. I, Paris 1934, p. 135 : "un reliquaire d'or ciselé renfermant des fragments de différents saints dont on connaît les noms par une étiquette apposée sur chacun" ; éd. H. BECK, D. REINSCH et A. KAMBYLIS [CFHB 40], Berlin 2001, p. 114.

28. M. F. AUZÉPY, L'iconodoulie : défense de l'image ou de la dévotion à l'image ?, dans *Nicée II, 787-1987, douze siècles d'images religieuses : actes du colloque international Nicée II, tenu au Collège de France, Paris, les 2-3-4 octobre 1986*, F. BOESPFLUG et N. LOSSKY éd., Paris 1987, p. 157-165.

29. Cependant les poèmes du Marc., gr. 524 sont souvent consacrés à des revêtements d'icônes ; pour les derniers siècles de Byzance, voir A. GRABAR, *Les revêtements des icônes byzantines*, Venise 1975.

30. Voir note 18.

31. Il s'agit d'un objet volé par un Amalfitain lors d'une émeute à Byzance, peut être sous Michel V, et qu'il offrit au Mont-Cassin : FROLOW, *La relique de la Vraie Croix*, nᵒ 227, p. 276 (d'après une source occidentale : *Chronica Casinensis*, III, 55 [MGH, SS, VII], p. 742).

32. Voir le commentaire dans *Byzance, l'art byzantin dans les collections publiques françaises*, reliquaire nᵒ 237, p. 322.

33. FROLOW, *La relique de la Vraie Croix*, nᵒ 275, p. 298-299 ; GUILLOU, *Recueil*, nᵒ 92, p. 94-95, planche 100. Nous reprenons ici la traduction d'André Frolow.

ce qui implique que la relique n'est pas vue immédiatement mais par étapes[34] : il faut l'approcher pour apercevoir la forme de la croix au milieu de la structure rectangulaire, les pierres recouvrent de leur éclat un objet sombre ; et le reliquaire doit être ouvert pour permettre un véritable accès à la relique elle-même. Son décor d'or et de perles est "beau à voir" : ῾Ωραῖον εἰς ὅρασιν ὀφθὲν τὸ ξύλον[35] disent les Grecs ; "mirificae" dans une source latine[36]. Il représente parfois Constantin et Hélène au pied de la Croix selon une formule parallèle aux représentations de la Théotokos et de saint Jean : ainsi sur le reliquaire de Jaucourt, dont le couvercle représente Marie et Jean, tandis que Constantin et sa mère figurent à l'intérieur, plus proches de la relique elle-même (fig. 2)[37]. Ceci rappelle et actualise l'invention de la Croix par sainte Hélène et surtout, permet d'inscrire sur le reliquaire l'image de personnages impériaux.

Fig. 2 - Reliquaire de Jaucourt (Aube) -
Paris, musée du Louvre, département des Objets d'art, nᵒ OA6749

34. Les miniatures de la chroniques de Skylitzès représentent souvent des boîtes, sauf dans un cas où l'empereur Nicéphore Phocas tient un reliquaire en forme de croix dans ses mains, A. GRABAR, M. MANOUSSACAS, *L'illustration du manuscrit de Skylitzès de la Bibliothèque nationale de Madrid*, Venise 1979, fig. 195 (fol. 152).

35. Inscription d'un reliquaire impérial au nom de Romain à Saint-Pierre de Rome, 1028-1034 ou 1068-1071 : GUILLOU, *Recueil*, nᵒ 52, p. 55, planche 34 ; FROLOW, *La relique de la Vraie Croix*, nᵒ 134, p. 231-232. Voir plus bas fig. 3.

36. FROLOW, *La relique de la Vraie Croix*, nᵒ197, p. 260 ; *AA SS*, Nov. II, 1, p. 484.

37. Reliquaire dit de Jaucourt (XIIᵉ-XIIIᵉ siècle et Champagne vers 1320-1340) dans *Byzance, l'art byzantin dans les collections publiques françaises*, nᵒ 249, p. 335-336.

Les inscriptions sont moins présentes pour jouer le rôle d'*ekphraseis* que pour se faire prière. Toutes s'adressent directement à la relique, ce qui n'est pas le cas pour d'autres objets[38]. Si, sur les reliquaires impériaux, le nom de l'empereur figure par définition, l'intention ici est d'associer éternellement ce nom impérial à la prière. Les inscriptions peuvent être soit sur le revers[39] (fig. 3) soit sur l'avers[40] (fig. 4) du reliquaire ; dans ce dernier cas, elles sont lues ou, du moins, vues en même temps que celui-ci. De plus, la prière, nouvelle façon d'enrichir le reliquaire, précise au spectateur ce que son œil ne pourrait percevoir, par exemple, les gouttes de sang sur le bois[41]. Enfin, le reliquaire ne quitte plus sa relique. Cet ensemble est si fondamental que la plupart des reliquaires impériaux du Saint Bois venus en Occident, s'ils possèdent parfois un second cadre roman ou gothique (fig. 3 et fig. 5)[42], ont longtemps conservé leur premier cadre byzantin, à la fois précieux et impérial[43].

Ainsi, la relation particulière[44] entre l'empereur et le Bois reste constamment inscrite sur le reliquaire quelquefois qualifié par les sources de "Croix impériale"[45]. N'est-elle pas doublement *impériale*, croix du *basileus* terrestre et du *basileus* céleste ? Par le revêtement, l'empereur se fait, encore une fois, véritable nouveau Constantin, inventeur constant du Bois de la Vraie Croix, porte-relique éternel.

Par son décor, son agencement, le reliquaire fige également dans sa matière même, le souvenir des gestes que l'empereur eut envers la relique. Le reliquaire est nourri d'un sens supplémentaire : l'expression de la dévotion impériale. Les grandes reliques du Christ ou de Jean Baptiste sont souvent elles-mêmes un geste conservé : le bras droit de Jean Baptiste[46] ainsi que sa tête sont particulièrement vénérés au Moyen Âge. Le bras n'est-il pas celui même qui baptisa le Christ, sa tête n'est-elle pas celle qui fut coupée ? Il s'agirait, en somme, presque moins de posséder le corps entier que le membre correspondant aux gestes qui font le saint. Pour le Christ, à Byzance, ce sont les objets qui témoignent de ces gestes : les Langes, témoins privilégiés de l'Incarnation ; la margelle du puits de la Samaritaine, parce qu'il s'y est assis ; les Clous, la Couronne d'épines, et la Lance, objets qui entrèrent dans sa chair-même. Ces objets furent touchés par le Christ, ou plutôt, selon le chroniqueur Jean Kinnamos, ces reliques "ont approché de près le corps du Christ Sauveur"[47]. Or, l'objet qui a touché le corps du *basileus* céleste est maintenant touché par le *basileus* terrestre.

---

38. Icônes de Dresde en ivoire, *The Glory of Byzantium, Art and Culture of the Middle Byzantine Era, A. D. 843-1261,* H. C. EVANS, W. D. WIXOM éd., New York 1997, nᵒ 89 et nᵒ 90.

39. Voir note 35, par exemple, le reliquaire de Romain.

40. Voir note 23, par exemple, le reliquaire d'Irène Doukas.

41. Voir note 25.

42. Exemple du reliquaire de Stavelot, *The Glory of Byzantium,* nᵒ 301, p. 461-462.

43. Les exceptions sont rares à l'époque, voir note 31 et FROLOW, *La relique de la Vraie Croix,* nᵒ 205, p. 266 (cas d'une châsse latine).

44. Au point de devenir un modèle : André Frolow suggère que la forme des staurothèques impériales servit ensuite de modèle (FROLOW, *Les reliquaires,* p. 101).

45. GEORGES ACROPOLITÈS, *Annales,* éd. P. Wirth, Stuttgart 1978, p. 19. André Frolow n'y voit lui qu'un "terme technique".

46. Voir FLUSIN, Les reliques de la Sainte-Chapelle.

47. KINNAMOS [Bonn], p. 277-278.

Fig. 3 - Croix reliquaire au nom de l'empereur Romain
(XIe siècle), Saint-Pierre de Rome, voir notes 35 et 39

Fig. 4 - Croix reliquaire au nom d'Irène Doukas
(XIIe siècle), Venise, trésor de Saint-Marc, voir notes 23 et 40

Fig. 5 - Reliquaire provenant de l'ancienne abbaye de Stavelot (Belgique)
(Constantinople XIe siècle et art mosan 1155-1158), Pierpont Morgan Library, New York, voir note 42

Lors de la réception d'une relique à Constantinople, les spectateurs voient en même temps que la relique, le corps de l'empereur qui la touche. Par exemple, la Pierre d'Éphèse – celle de la Déposition – est reçue par Manuel Iᵉʳ qui la porte directement sur ses épaules "comme s'il portait le corps même de Dieu"[48].

Ainsi, le reliquaire lui-même pérennise (par les inscriptions, les matières précieuses qui sans cesse touchent le Bois) le lien tactile qu'il y eut entre l'empereur et la relique. Et souvent, les poèmes utilisent le présent afin de rendre éternel le geste de l'empereur : "(…) de nouveau la lumière de la croix et de nouveau un Constantin. Le premier en a vu la figure se former dans le ciel, le second contemple la croix elle-même et la *tient*, fidèlement adorée, entre ses mains"[49].

Selon certaines sources occidentales, la relique bénéficie non seulement du pouvoir inhérent à toute relique, pouvoir d'autant plus grand qu'elle est la relique majeure parmi toutes les reliques, mais elle permet d'atteindre le pouvoir impérial. Un récit occidental[50] rapporte l'histoire du comte Manegold Iᵉʳ de Werd, qui obtint de l'empereur Constantin VIII une staurothèque. Or la source précise que l'empereur vénérait cet objet deux fois par jour[51] et qu'il l'offrit à contre-cœur ; de plus, l'objet faisait partie des insignes impériaux et fut recherché à la mort de cet empereur pour investir son successeur. Le comte fut même accusé de l'avoir détourné. S'il est possible de mettre en doute le fait que cette relique précise était liée à une investiture, l'histoire reste significative[52].

Le lien entre la relique et son reliquaire est donc le résultat d'un jeu d'emboîtements, lors duquel chaque couche ajoutée renforce la puissance de l'ensemble. Dire que l'objet fut "reçu des mains de l'empereur"[53] est à double sens : c'est une garantie d'authenticité à laquelle se joint la dévotion impériale ; toucher la relique, c'est, pour l'empereur, toucher le *basileus* céleste. Au *basileus* céleste, correspond le premier geste et le premier objet, la relique, au *basileus* terrestre, le second geste, le reliquaire. L'empereur est l'intermédiaire par lequel il faut passer pour atteindre la relique, tout comme le reliquaire impérial doit être vu avant de voir la relique.

---

48. CHONIATÈS, éd. VAN DIETEN, p. 222. La pierre est d'ailleurs pourpre, privilège impérial. Commentaire d'Évelyne PATLAGEAN, La double Terre Sainte de Byzance. Autour du XIIᵉ siècle, *Annales, Histoire, Sciences Sociales* 49, mars-avril 1994, p. 459-469, réédité dans É. PATLAGEAN, *Figures du pouvoir à Byzance (IXᵉ-XIᵉ siècle)*, Spolète 2001, p. 209-222, ici p. 214.

49. Le poème est une œuvre de Jean Mauropous : cf. éd. P. LAGARDE, nᵒ 58, p. 34 ; FROLOW, *La relique de la Vraie Croix*, nᵒ 212, p. 271.

50. Voir note 18, et MERGIALI-SAHAS, Byzantine Emperors.

51. Quelques sources occidentales insistent sur le fait que les reliques proviennent de la "chapelle impériale", (*capella imperatoris*) en particulier quand ces reliques ne sont pas celles du Christ, voir A. COULON, À propos des reliques de saint Mammès, *An. Boll.* 46, 1928, p. 78-80, A. VASILIEV, The opening stages of the Anglo-saxon immigration to Byzantium in the eleventh Century, *Annales de l'institut Kondakov (Seminarium Kondakovianum)* 9, 1937, p. 63-64 et J. DURAND, Les reliques de saint Mammès au trésor de la cathédrale de Langres, *TM* 14, *Mélanges Gilbert Dagron*, Paris 2002, p. 181-200.

52. Plus tard, au XVᵉ siècle, un reliquaire impérial semble avoir été utilisé en Pologne pour les sacres, voir E. DABROWSKA, Deux notes sur la croix appartenant à Manuel Comnène, *Cahiers de Civilisation médiévale* 40, 1997, p. 253-259.

53. Voir note 18.

L'EMPEREUR, MAÎTRE DES RELIQUES DU CHRIST

Le Bois est au service de l'empereur. Il exprime le niveau hiérarchique de celui qui le possède et le nombre élevé des reliquaires impériaux composés montre sa puissance. Être maître des reliques du Christ, c'est se rendre maître de la victoire, de la diplomatie et des serments. Ces trois thèmes passés en revue ici correspondent aux trois constantes déterminées par Sophie Mergali-Sahas[54], qu'il convient de préciser en retrouvant les gestes et les enjeux qu'ils impliquent, pour la période choisie.

Les poèmes et les autres sources évoquent le rôle classique du chrisme lors de la victoire depuis Constantin et du saint Bois que Maurice portait devant ses armées au bout d'une lance d'or[55]. L'exemple le plus clair est la staurothèque de Manuel Ier, dont l'existence est attestée par un poème conservé dans le manuscrit *Marc. gr.* 524 : "Or, sachant que le grand Constantin, dont la couronne est le support de la foi orthodoxe, a obtenu la victoire grâce à la figure cruciforme du Bois divin, il a orné lui-même d'or ce signe au milieu duquel il a placé les signes de la Passion du Christ et des fragments de reliques de saints vénérables[56] en qui il a davantage confiance qu'en la multitude de son armée. Ô Croix, ô bâton ($\dot{\rho}\dot{\alpha}\beta\delta o\varsigma$), frappe les adversaires, oui, ô Croix du Christ, mets en déroute les tribus persanes"[57].

Ainsi, parce qu'elle fut l'objet de la plus grande des victoires, celle du Christ sur la mort, elle donne toutes les victoires ; l'origine de la forme des reliquaires du Bois, une staurothèque, ne pourrait-elle pas d'ailleurs venir de l'utilisation de celle-ci comme bannière lors des combats ?

Les sources de la période signalent la perte de reliques au combat. Isaac II perd à la bataille de Sipka, en 1190, une staurothèque contenant le "Saint ($\ddot{\alpha}\gamma\iota o\nu$) Bois, des reliques de martyrs, du lait de la Théotokos, et un morceau de sa ceinture"[58]. Inversement, Jean II à Antioche retrouve une croix qui avait été perdue par Romain IV lors de la défaite de Mantzikiert[59]. Un autre type de récit coïncide avec ce qui précède : le chroniqueur Nicétas Choniatès[60] déplore la perte de la relique de la Lettre dite d'Abgar lors de la révolte qui eut lieu sous Andronic Ier Comnène. Le thème se décode facilement : à la perte d'une bataille correspond la perte d'une relique, ou plutôt, les reliques abandonnent l'empereur dans ce cas-là[61]. Perdre une relique, c'est perdre le pouvoir. La retrouver, c'est reprendre le pouvoir. La défaite de 1204, n'est-elle pas finalement celle des reliques ?

---

54. Voir MERGIALI-SAHAS, Byzantine Emperors.

55. FROLOW, *La relique de la Vraie Croix*, n° 38, p. 183.

56. Il s'agit peut-être de saints militaires.

57. FROLOW, *La relique de la Vraie Croix*, n° 367, p. 343 ; poème du codex *Marc. gr.* 524, éd. LAMPROS, n° 92, p. 51. Le Bois, ici, étrangement, n'est pas associé à une relique de la Théotokos, pourtant chef des armées.

58. FROLOW, *La relique de la Vraie Croix*, n° 381 ; GEORGES ACROPOLITÈS, éd. WIRTH, p. 19.

59. Dans cet exemple, le fait qu'il ne s'agisse pas d'une croix-reliquaire (le texte évoque du marbre), n'ôte rien au raisonnement. Les Byzantins jouent, en effet, de la confusion autour de la "précieuse Croix" et le chroniqueur insiste sur la valeur de l'objet ; NICÉTAS CHONIATÈS, éd. VAN DIETEN, p. 30-31.

60. NICÉTAS CHONIATÈS, éd. VAN DIETEN, p. 347.

61. Ce qui n'est pas le cas des icônes. Par exemple, une icône particulièrement vénérée par Andronic Ier Comnène pleure avant qu'il ne meure, NICÉTAS CHONIATÈS, éd. VAN DIETEN, p. 354. Sur le culte des icônes à la cour, voir A. WEYL CARR, Court Culture and Cult Icons in Middle Byzantine Constantinople, dans *Byzantine Court Culture from 829 to 1204*, H. MAGUIRE éd., Washington 1994, p. 81-100.

L'objet devient diplomate et cadeau, toujours offert à de hauts personnages. Dans un cas, il s'agit d'un *enkolpion* du prince hongrois, Emmeric, contenant un morceau de la Croix offert à l'occasion de sa naissance, pour qu'il le porte à son cou[62]. Il est probable que l'empereur fut l'un des parrains de l'enfant. Mais la plupart du temps, l'empereur associe le Bois à d'autres reliques, ce qui lui donne un sens précis[63]. Ainsi, la staurothèque offerte par Basile II à l'église d'Aparan en Arménie qui contient le Saint Bois, des fragments de l'Éponge, du Clou, de la Serviette du lavement des pieds et des Langes, constitue un message œcuménique pour l'Église non-chalcédonienne comme le souligne Jean-Pierre Mahé[64]. Dans d'autres cas, enfin, elle peut être aussi offerte pour des alliances, "afin de vaincre l'ennemi"[65], par exemple à Henri IV, sous Alexis Comnène. Donner la relique, c'est offrir la victoire.

Or, même si elle est toujours accompagnée d'autres objets, la relique reste un cadeau particulier : elle est le signe concret de l'alliance qui vient d'être scellée ; le geste ou l'échange d'objets à l'époque valent tout autant voire plus qu'un acte écrit, même dans le monde byzantin qui se dit romain ; il est présence sacrée et témoin de l'acte. Mais surtout, dans le jeu du don et du contre-don, fondement des relations diplomatiques du Moyen Âge, lors duquel le bénéficiaire est soumis au donateur et se doit de rendre l'équivalent ou de surenchérir, parmi tous les cadeaux, la relique est celui qu'il ne peut refuser. Ainsi, le récit de Nicétas Choniatès précédemment cité[66], au cours duquel l'empereur Jean II retrouve une croix perdue par Romain IV lors de la bataille de Mantzikert, raconte que Jean II choisit cet objet au milieu de tous les cadeaux qui lui étaient présentés, et le "*préféra*" à tous les autres. À cela s'ajoute un second sens : l'empereur va directement vers ce qui fut impérial.

Inversement, si les reliques sont exposées et montrées aux Croisés[67], dans aucun des récits latins – qui n'auraient pas omis de le signaler – l'empereur, parmi les cadeaux offerts aux Croisés, n'offre de relique, parce qu'il veut certainement leur signifier que la Nouvelle Jérusalem était devant eux, dans le palais. Ces ostensions de reliques semblent par ailleurs liées au serment.

---

62. Voir note 36.

63. Voir aussi les cadeaux de Manuel Iᵉʳ aux princes russes, et les reliquaires russes de la même époque : I. STERLIGOVA, Byzantine and Russian Passion reliquaries of the 12th-14th centuries , *Pré-actes du XXᵉ Congrès International des Études byzantines*, III, p. 443.

64. FROLOW, *La relique de la Vraie Croix*, n° 151, p. 242 ; J.-P. MAHÉ, Basile II et Byzance vus par Gregor Narekac'i, *TM* 11, 1991, p. 555-574.

65. FROLOW, *La relique de la Vraie Croix*, n° 245, p. 282, (source occidentale invoquée : Benzo d'Alba VI, 4 [*MGH, SS*, XI], p.664) ; ANNE COMNÈNE, *Alexiade*, III, 10, éd. et trad. LEIB, t. I , p 135; éd. REINSCH, p. 114. Il s'agit peut-être d'un *enkolpion*. Il est accompagné par "un calice en sardonyx, une coupe de cristal, une pierre de foudre (…) et de l'opobalsamon".

66. Voir note 59. De même, par exemple, Raoul Glaber raconte que lors d'un échange de cadeaux entre l'empereur Henri II et Robert le Pieux, Henri n'accepta, parmi l'abondance qui lui était proposée, qu'un évangéliaire et un reliquaire : RAOUL GLABER, éd. ARNOUX, p. 157 et THEIS, *Robert le Pieux*, p. 181.

67. Les princes croisés ne furent pas les seuls bénéficiaires de ces visites : un empereur du Xᵉ siècle montre aux princes russes "la Couronne et les Clous, le Manteau de pourpre, les reliques des saints", puis les hommes prêtent serment, voir L. LÉGER, *La chronique dite de Nestor*, Paris 1884, p. 29.

Les sources rapportent une multitude de serments. C'est en effet un acte habituel dans le monde byzantin. Il est si courant, qu'en temps normal la croix – au sens de la représentation de la croix – et l'Évangile constituent des garanties suffisantes lors des serments[68]. Pour qu'il y ait recours aux reliques, il faut que des conditions exceptionnelles soient réunies : présence de personnages importants, accords très graves (fidélité, contre des complots ou pour les Croisés). Les conditions concrètes de la prestation du serment devant les reliques sont extrêmement difficiles à reconstituer, pour trois raisons essentielles.

Premièrement, les sources précisent rarement de quelles reliques il s'agit. Souvent les formules telles que "sur les saintes reliques" ou "sur les reliques"[69] suffisent. Quand les reliques sont mentionnées, généralement par les sources non grecques, c'est pour montrer combien l'empereur fut parjure. Dans ces cas, le Saint Bois est présent, à chaque fois[70] et en premier lieu. Lors de la Première Croisade, si certaines reliques sont nommées, elles ne le sont pas toutes : "nous avons juré sur la Vraie Croix, la Couronne et d'autres reliques"[71].

Ensuite, jurer sur la relique peut simplement signifier jurer en son nom, sans que cette dernière soit obligatoirement présente. Anne Comnène rapporte un serment de Bohémond prêté "la main sur les Évangiles (...) en leur associant *dans mon esprit* la très vénérée Croix du Christ, la Couronne d'épines, les Clous et cette Lance qui a transpercé le Côté du Christ"[72]. Seul l'Évangile est présent, mais le personnage pense en même temps aux reliques, ce qui semble donner plus de force au serment.

Enfin, et, pour la plupart des autres attestations, s'il n'est pas dit explicitement que les personnes jurent sur les reliques, l'exposition de celles-ci précède de très près la prestation du serment. Ainsi, Jean Kinnamos évoque les reliques qui *"ont approché"* le corps du Christ lorsque Louis VII, reçu par Manuel Ier au début de la IIe Croisade, vient les visiter. La phrase suivante énonce un serment[73] sans qu'il soit dit explicitement qu'il fut prêté sur des reliques. La lecture et l'étude de l'ensemble de ces types de serments, et le fait que les serments soient un acte si courant pour les Byzantins qu'ils ne précisent pas toujours l'avoir prêté, rendent l'hypothèse suivante très séduisante : à chaque fois qu'il y a présentation de reliques, cela n'impliquerait-il pas un serment, même s'il n'est pas précisé ? Ainsi en 1025, sur son lit de mort, l'empereur Basile II reçoit l'higoumène de Saint-Jean-Baptiste du Stoudios, qui lui apporte la relique de la tête de Jean Baptiste[74]. C'est l'un des seuls cas à l'époque où un empereur meurt devant une relique. À la suite de cette visite, l'empereur accorde à l'higoumène la

---

68. La représentation de la croix peut même être envoyée à des musulmans : YAHIA D'ANTIOCHE, PO 23, p. 457.

69. *Ibidem*, p. 421.

70. Nous n'avons relevé qu'une exception : Bohémond de Tarente prête serment devant la Sainte Lance seulement (ANNE COMNÈNE, XIV, 1, éd. et trad. LEIB, III, p. 140, éd. REINSCH, p. 424).

71. RAIMOND D'AGUILERS, Historia Francorum qui ceperunt Iherusalem [Recueil des historiens des croisades, historiens occidentaux, III], Paris 1866, p. 235-309.

72. ANNE COMNÈNE, XII, 25, éd. et trad. LEIB, III, p. 137, éd. REINSCH, p. 422.

73. Voir note 47.

74. Ch. DU CANGE, *Traité historique du chef de S. Jean-Baptiste*, Paris 1665. La relique elle-même est maintenant à Amiens, voir *Byzance, l'art byzantin*, n° 240. ZONARAS [BONN], III, p. 568-569.

fonction de patriarche. D'après Gustave Schlumberger[75], la venue de cette relique n'aurait été qu'un prétexte de l'higoumène pour se rendre au palais. Il est possible que l'higoumène vienne en compagnie de la relique pour rappeler à l'empereur son serment passé ou pour lui faire prêter serment à ce sujet. La relique peut parfois même devenir ambassadeur : afin de persuader Constantin Dalassène de revenir à Constantinople, Michel IV lui envoie un de ses familiers avec "les Précieux Bois de la Croix, la Sainte Empreinte, la Lettre autographe de Notre Seigneur et Sauveur Jésus-Christ à Abgar et l'icône de la Très sainte Mère de Dieu"[76]. Là encore le déroulement concret est difficile à reconstituer : doit-on comprendre que les trois reliques entières traversèrent une partie du territoire de l'empire ou bien qu'une staurothèque spéciale fut constituée de leurs fragments à cette fin, la partie valant dans ce cas pour le tout ? La première solution semble probable puisque ces reliques sortirent à nouveau dans la capitale sous le règne du même empereur[77]. Un cas similaire est connu en Occident : pour éviter que son neveu ne fomente un complot contre lui, l'empereur Charles III lui envoie un fragment de la Vraie Croix sur lequel il avait prêté serment[78].

Comment le serment était-il prêté lorsqu'une relique était présente ? Lorsque l'empereur était l'une des parties, s'agissait-il toujours d'un échange de serments ou seul l'autre personnage jurait-il ? Posait-on la main sur le reliquaire comme sur l'Évangile ? Aucune source byzantine ne l'indique. L'un des seuls cas où le geste effectué devant un reliquaire ait été représenté est occidental. Il s'agit du serment d'Harold sur la broderie de Bayeux, point central du récit, présenté comme un parjure (fig. 6)[79]. Ouvrait-on alors le reliquaire ? Si cela peut arriver dans d'autres circonstances dans le monde byzantin[80], il ne semble pas que ce soit le cas pour un serment, puisque les croisés, qui n'auraient pas manqué de le signaler, n'en disent rien et qu'il semble bien qu'en Occident non plus le reliquaire n'était pas ouvert à cette époque[81].

La grande taille des reliques, outre le fait qu'elle montre la richesse de l'empereur qui seul peut s'offrir et offrir une telle relique, a peut-être un sens lié au serment. Un passage d'Anne Comnène[82] permet une telle hypothèse. Il montre en effet la mère

---

75. G. SCHLUMBERGER, *L'épopée byzantine à la fin du dixième siècle,* Paris 1910, p. 621, note 1.

76. SKYLITZÈS, éd. THURN, p. 394.

77. *Ibidem*, p. 515-516. À l'occasion d'une sécheresse, les reliques sont portées en procession par les frères de Michel IV.

78. Ce dernier pleure devant la relique mais n'en continue pas moins ses projets : FROLOW, *La relique de la Vraie Croix*, n° 112, p. 224, (source occidentale invoquée : *Annales de Fulda* [MGH, SS, I], p. 405).

79. Harold est représenté en train de prêter serment sur deux reliquaires. Voir M. PARISSE, *La tapisserie de Bayeux, un documentaire du XIe siècle*, Paris 1983 et D. M. WILSON, *La tapisserie de Bayeux*, Paris 1985.

80. C'est le cas plutôt devant des icônes : ainsi, d'après Antoine de Novgorod, on retire la garniture d'argent d'icône de saint Nicolas en présence de l'empereur, voir B. KHITROWO, *Itinéraires russes en Orient*, Genève 1889, p. 110 ; M. EHRHARD, Le livre du pèlerin d'Antoine de Novgorod, *Romania* 58, 1932, p. 64.

81. Helgaud de Fleury précise que Robert le Pieux était si respectueux de Dieu que lorsqu'il faisait prêter des serments à ses sujets, le reliquaire était vide, ce qui signifie qu'il n'y avait pas besoin d'ouvrir le reliquaire pour prêter serment. HELGAUD DE FLEURY, *Vie de Robert le Pieux*, introduction, éd. et trad. R. H. BAUTIER et G. LABORY, Paris 1965.

82. ANNE COMNÈNE, V, 6, éd. et trad. LEIB, I, p.78 ; éd. REINSCH, p. 68.

Fig. 6 - Broderie dite de la reine Mathilde. Bayeux, trésor de la cathédrale,
détail : serment d'Harold (XIe siècle) Bayeux, voir note 79

d'Anne, qui a trouvé refuge dans une église, répliquant au messager de l'empereur qui lui demande de sortir : "– 'Je ne sortirai pas de ce temple saint avant d'avoir reçu la croix du *basileus* comme gage de mon salut'. Alors Straboromanos, retirant la croix qu'il portait au cou, la lui offre. Mais elle : 'Ce n'est pas à vous que je demande cette garantie (...), je n'accepterai pas non plus la croix que l'on m'offrirait, si elle était de petite dimension ; *il faut qu'elle soit de dimension respectable*'." Et Anne Comnène d'ajouter : "Elle demandait cela pour que le serment qu'on lui ferait fût manifeste ; *car si la promesse avait été faite sur une petite croix, sa confirmation aurait risqué d'échapper à la plupart des spectateurs*".

Même s'il ne s'agit pas d'une staurothèque, mais peut-être plutôt d'un *enkolpion*, l'idée que les témoins doivent pouvoir voir l'objet garant du serment reste importante et suggestive.

Le principe selon lequel toute relique peut jouer un rôle lors d'un témoignage, est si fort au XIIe siècle, que, lors de l'évocation de la Pierre d'Éphèse reçue par Manuel Ier [83], le chroniqueur Jean Kinnamos rapporte un récit juridique : "Marie de Magdala, dit-on, prit cette pierre et vogua tout droit vers Rome, pour aller accuser devant le César,

83. KINNAMOS [Bonn], p. 277 ; traduction fr. de J. ROSENBLUM, *Jean Kinnamos, chronique*, Paris 1972, p. 179.

Tibère Pilate et les Juifs iniques du meurtre de Jésus"[84]. Ainsi d'autres reliques, dont le témoignage avait été invoqué à l'époque même du Christ, pouvaient continuer à jouer leur rôle et à être utilisées par l'empereur lors des serments. Or l'empereur n'utilise que le Saint Bois. En effet, dans la mesure où le Saint Bois est, dans la hiérarchie des reliques la plus précieuse, l'empereur maître de cet objet, ne possède-t-il pas aussi les moyens de tenir par un serment plus terrible ceux qui le prêtent que s'ils le faisaient ou même l'avaient prêté auparavant devant toute autre relique?

Des cas de reliques volées à l'empereur dans le palais par des Occidentaux ont été déjà signalés. Voler la relique du Saint Bois à l'empereur exprime la volonté d'une prise de pouvoir. Or, une autre relique de la Passion commence à devenir le signe d'une opposition à la puissance impériale, tant de la part d'Occidentaux que de Byzantins. Deux chroniques arméniennes[85] signalent un fait étrange : les Croisés de la Première Croisade, restèrent longtemps à Antioche avant de repartir vers Jérusalem. L'un des moteurs de ce départ fut la découverte miraculeuse de la Sainte Lance. Et le comte Raymond de Saint-Gilles, qui n'avait pas voulu prêter serment devant l'empereur, serait revenu à Constantinople, après la prise de Jérusalem, pour offrir à l'empereur la relique de la Sainte Lance. Ce récit semble peu probable, d'autant que l'empereur possède déjà et depuis longtemps la Sainte Lance. Ne témoignerait-il pas de la volonté d'inverser les rôles et de devenir nouveau pourvoyeur de reliques, surtout face à l'empereur ? Il est troublant d'ailleurs que ceux qui prirent la croix, aient trouvé de nouvelles motivations dans la Sainte Lance[86], et non dans une nouvelle invention du Bois de la Croix.

Or cette opposition à l'empereur au moyen de la sainte Lance s'exprime à Byzance à la même époque : un passage d'Anne Comnène, raconte comment un complot fut ourdi contre Alexis Comnène, par Grégoire Gabras. Les conjurés pressentis, qui ont déjà tout révélé à l'empereur incrédule, exigent de Gabras un serment prononcé en présence de la Sainte Lance et lui indiquent où elle se trouve dans le palais. Il la prend en secret et il est arrêté en sa possession ; ce seul fait constitue pour Alexis une preuve irréfutable du complot tramé[87]. Là encore ce n'est pas le Bois qui est utilisé, et le vol de la Lance dit le complot.

Pourquoi préférer la Sainte Lance à une autre relique de la Passion ? Il est possible qu'elle ait été considérée comme l'équivalent du Bois, les deux objets étant liés à la victoire et au combat[88], contrairement à la Couronne d'épines ou aux saints Clous qui, peut-être, n'ont pas la même signification.

---

84. Le voyage à Rome est là pour justifier la présence de la relique à Éphèse où la sainte aurait échoué. De même, la pierre tombale du Christ est, d'après Nicolas Mésaritès, témoin de la Résurrection : voir FLUSIN, Les reliques de la Sainte Chapelle, p. 29.

85. GUIRAGOS DE KANTZAG, Histoire d'Arménie (extraits), Recueil des Historiens des Croisades, Documents arméniens, t. 1, Paris 1849, p. 419, et MATTHIEU D'ÉDESSE, trad. E. Dulaurier, Chronique de Matthieu d'Édesse, t. 2, Paris 1858, p. 227.

86. Voir note 70 (Bohémond jure sur la Sainte Lance seule, dans une circonstance au moins).

87. ANNE COMNÈNE, IX, 6, éd. et trad. LEIB, II, p. 154 ; éd. REINSCH, p. 257.

88. Voir plus haut. Dans le Saint Empire romain germanique, l'empereur partait au combat avec la Sainte Croix et la lance de saint Maurice, voir FROLOW, La relique de la Vraie Croix, nᵒ 231.

Fig. 7 - Plaque et couvercle à glissière du reliquaire de la Pierre du Sépulcre du Christ
(XIIᵉ siècle), Paris, Musée du Louvre, MR 348 (plaque) MR 346 (couvercle), voir note 89

Les sources n'insistent pratiquement sur aucune des autres reliques dominicales ; les autres objets sont bien présents au palais, mais ne sont jamais cités seuls dans les textes. L'empereur est maître de la plus haute des reliques, que les Croisés ne lui contestent pas. L'opposition s'affirme donc par une autre relique, ici la Sainte Lance. Cependant les Comnènes semblent avoir eu, à l'égard des reliques du Christ une dévotion particulière pour les pierres. Au Saint Bois de vie s'opposerait la pierre, matière inerte.

LES PIERRES ET L'INCARNATION

Le culte envers les Pierres, mis en perspective avec certaines inscriptions trouvées sur les reliquaires impériaux du Saint Bois, rend compte d'un attachement tout particulier à la Jérusalem terrestre, au Christ dans sa mort, et, seulement ensuite, dans sa souffrance. Quelles sont-elles ? Tout d'abord la pierre disparue du reliquaire du Saint-Sépulcre conservé jusqu'à la Révolution parmi les trésors de la Sainte-Chapelle acquis par saint Louis, et dont ne subsiste plus aujourd'hui que les deux couvercles (fig. 7). Si cet objet était depuis longtemps présent au palais de Constantinople, son revêtement fut renouvelé à l'époque des Comnènes, ce qui indique un nouvel intérêt à son égard[89]. La deuxième est la Pierre dite d'Éphèse, pierre sur laquelle le corps du Christ reposa lors de la Déposition de la croix, baignée des larmes de sa Mère, et accueillie par Manuel Ier qui la porta sur ses épaules. Quelques poèmes du manuscrit *Marc. gr.* 524 signalent des *enkolpia* qui portent des morceaux de ces pierres. Sur les cinq repérés, l'un est associé à Constantin Monomaque[90], ce qui prouve que le culte de ces objets existait déjà à l'époque précédente. Les quatre autres *enkolpia* sont liés à des personnages de la cour vivant sous les Comnènes. Deux contiennent un fragment de la Pierre du Sépulcre ; un *enkolpion* contient un fragment de la pierre tombale de la Théotokos, un autre un fragment de la Pierre de la Déposition, un dernier contient à la fois des fragments des pierres du Sépulcre, de la tombe de la Théotokos, du Golgotha, du mont des Oliviers et du Mont Sinaï[91]. Ces quelques poèmes témoignent d'un culte plus important pour ces pierres aux XIe et XIIe siècles au sein du palais. Enfin, une inscription, conservée dans les ruines de l'église de la Panagia d'Élatée en Crète mentionne même une "pierre de Cana" (οὗτός ἐστιν ὁ λίθος ἀπὸ Κανὰ)[92].

Si, contrairement à une idée fausse, les empereurs de Constantinople, la Nouvelle Jérusalem, n'oublièrent jamais la Jérusalem terrestre[93] – Romain III n'est-il pas surnommé par des Occidentaux, le "hiérosolymitain"[94] ? – les XIe et XIIe siècles

89. J. DURAND, dans *Le Trésor de la Sainte-Chapelle*, p. 75.

90. Poème du codex Marc. gr. 524, éd. LAMPROS, no 112.

91. *Ibidem,* nos 215, 217, 254, 255 ; l'un des *enkolpia* possède également "du bois du jardin de Gethsémani".

92. Ch. DIEHL, La Pierre de Cana, *Bulletin de correspondance hellénique* 9, 1885, p. 28. L'auteur se demande s'il agit de la table ou du lit sur lequel le Christ s'allongea pour manger.

93. PATLAGEAN, La double Terre Sainte.

94. GUILLAUME DE TYR, Historia rerum in partibus transmarinis gestarum..., *Recueil des Historiens des Croisades, Historiens occidentaux*, t. I, livre I, chapitre VI, Paris 1844, p. 19.

correspondent à un regain d'intérêt pour la Ville sainte, à travers les reliques de ces pierres qui lient véritablement les empereurs à son sol même. Or ce culte envers les pierres est commun à l'Orient et à l'Occident. Une étude des documents occidentaux fournis par André Frolow montre une présence plus importante de morceaux de pierres dans les reliquaires de la Croix, à partir du Xe siècle. Si la pierre du Sépulcre est très souvent mentionnée[95], d'autres pierres – absentes cette fois des évangiles canoniques – apparaissent vers le XIe siècle : pierre du lieu de l'Ascension[96], pierre sur laquelle le Christ était lorsqu'il récita le *Notre Père*[97], ou bien, sans plus de précisions, celle "sur laquelle se tenait le Christ"[98]. Tout se passe comme si les objets auxquels correspondaient les événements de l'Incarnation étaient doublés d'une pierre à chaque fois[99]. Toutes ces pierres expriment l'attention accrue que Byzance et l'Occident portent à la Jérusalem terrestre. Les travaux récents sur les Croisades affirment que l'intérêt pour la Jérusalem terrestre du côté occidental est nouveau au XIe siècle. Auparavant, seule comptait la Jérusalem céleste[100].

Du côté byzantin peut être plus encore que du côté occidental, les pierres qu'on vénère répondent à un culte plus marqué envers le Christ moins dans sa Passion que dans sa Résurrection et surtout dans sa mort. De Basile II à Constantin IX, les empereurs de cette période s'attachèrent particulièrement à reconstruire le Saint-Sépulcre[101]. De même, au moment de sa mort, l'empereur Jean II regrette de ne pas avoir offert des candélabres au Saint-Sépulcre de Jérusalem[102], offrande effectuée par son fils Manuel comme l'indique un autre poème de la Marcienne[103]. Manuel, quant à lui, porte la Pierre d'Éphèse sur ses épaules, de la même manière qu'il porta le cercueil de son père[104]. Cette relique quitta le palais pour être placée au pied du tombeau de Manuel dans sa propre fondation, le monastère du Pantocrator. Cet acte fut généralement interprété comme une concentration des biens du palais sur une famille particulière. Or ne serait-il pas préférable de privilégier ici une autre thèse ? En effet, de même que le vocable de la fondation est lié aux mots *autocrator* (*basileus* terrestre) et *Pantocrator* (*basileus* céleste)[105], de même ce geste établit un parallèle entre la tombe de l'empereur et le tombeau du Christ. Par ailleurs, beaucoup d'inscriptions sur les reliquaires du Saint Bois invoquent la relique pour le salut et ce, au moment-même de la mort ;

95. En particulier lorsque Foulque Nerra, devant le Saint-Sépulcre, réussit à en détacher un morceau avec les dents : FROLOW, *La relique de la Vraie Croix*, no 188, p. 260.

96. FROLOW, *La relique de la Vraie Croix*, no 230, p. 277, entre autres.

97. *Ibidem*, no 307, p. 315.

98. *Ibidem*, no 376, p. 347.

99. De même, les sandales du Christ sont plus souvent recherchées et apparaissent dans les reliquaires occidentaux à partir de l'an 1000 (voir par exemple FROLOW, *La relique de la Vraie Croix*, no 191, p. 261).

100. G. LOBRICHON, *1099, Jérusalem conquise*, Paris 1998.

101. H. Vincent, F. M. Abel, *Jérusalem. Recherches de topographie, d'archéologie et d'histoire*, Paris 1914-1922, et D. PRINGLE, "Church-building in Palestine before the Crusades", dans J. FOLDA, *Crusader Art in the Twelfth Century*, [BAR International Series no 152], Jérusalem 1982, p. 6.

102. KINNAMOS [Bonn], p. 25-26.

103. Éd. LAMPROS, no 226.

104. KINNAMOS [Bonn], p. 31.

105. PATLAGEAN, La double Terre Saint, p. 214.

dans de tels cas, le Bois est soit seul dans le reliquaire, soit escorté de reliques des derniers instants du Christ, et sans la présence des Saints Langes cette fois : "Voici donc que je t'apporte, en tout dernier lieu, à l'heure où je suis déjà sur le pas des portes mêmes de l'Hadès, cette offrande divine, le bois de la vie sur lequel tu as remis l'esprit au Père"[106].

Quelques-unes de ces inscriptions laissent entendre que l'on doit voir non plus une croix mais presque un crucifix représentant le Christ, tandis que d'autres insistent sur les clous ou la mort du Christ : "le Christ me vivifie par sa mort charnelle", (σαρκικῶς θανὼν ξύλῳ)[107] ou "Jésus Christ attaché à la croix (Στ(αυ)ρῷ παγείς) a élevé la nature des hommes, (...)"[108]. Elles invoquent le lieu même du Golgotha, "ceci n'est pas le lieu du crâne"[109].

Parmi ces pierres, la Pierre de la Déposition est à part ; comme la lettre à Abgar ou la Sainte Face, elle peut être qualifiée de relique apocryphe puisqu'elle n'est évoquée dans aucun des quatre Évangiles[110] (contrairement à la Pierre du Sépulcre et à tous les autres objets liés à la mort du Christ). Pourquoi les empereurs ont-ils privilégié cette pierre ? Ne possédaient-ils pas la Pierre du Sépulcre (qu'ils auraient pu réinventer, au sens médiéval de terme) ou le Saint Suaire (si célèbre plus tard en Occident)[111] ? En fait, cette attention toute particulière portée à la Pierre de la Déposition permettait de lier la Mère de Dieu, si importante au XIIᵉ siècle, à son Fils. C'est même l'une des seules reliques qui puisse unir la Mère et son Fils, puisque cette pierre, sur laquelle reposa le Christ mort, fut baignée des larmes de la Théotokos[112]. La douleur de la Théotokos précède, en quelque sorte, la souffrance de son Fils. Cette relique incarne d'ailleurs le motif du thrène qui apparaît, lui aussi, à la même époque, sur les murs des églises byzantines (fig. 8)[113]. Ce lien que les Byzantins cherchent à établir entre la Mère et le Fils se retrouve également dans l'association fréquente du reliquaire du saint Bois et de l'icône de la Théotokos. Quelquefois, la relique du saint Bois est offerte à la Théotokos[114] : "L'Auguste Marie née dans la pourpre te consacre le plant de l'Éden, l'Arbre de Vie, à toi, Vierge célébrée par tous".

Ainsi, une relique, quelle qu'elle soit, n'est rien sans son reliquaire qui la scelle dans un véritable système d'images, d'inscriptions ou d'ornements selon l'interprétation désirée. C'est par son reliquaire que la relique du Saint Bois appartient véritablement à l'empereur. Celui-ci la fonde en l'habillant de ses propres gestes de dévotion, dont elle témoigne éternellement. L'empereur, grâce à elle, obtient la victoire. Plus que l'icône – qui peut être possédée par tous – la relique, à la fois riche et unique devient dans les seules mains impériales un objet politique. Parce qu'il possède toutes les

---

106. Voir note 23.
107. Voir note 35.
108. Voir note 52.
109. Voir note 26.
110. Nous n'en trouvons pas trace non plus dans les évangiles apocryphes.
111. Déjà Robert le Pieux s'y intéressa, voir THEIS, *Robert le Pieux*, p. 220.
112. Un des poèmes de Jean Mauropous est consacré aux larmes de la Théotokos (éd. LAGARDE, nᵒ 20).
113. I. SINKEVIC, *The Church of Saint Panteleimon at Nerezi*, Wiesbaden 2000.
114. C'est le cas pour le reliquaire d'une princesse byzantine, Marie, deuxième fille d'Alexis, conservé en Belgique, à Eyne (FROLOW, *La relique de la Vraie Croix*, nᵒ 249, p. 283).

Ces reliques sont donc des reliques de la souffrance, en devenir à Byzance et à venir en Occident. Le culte de l'Incarnation s'exprime par un nouveau culte envers des pierres "apocryphes", témoins d'un intérêt plus fort pour la Jérusalem terrestre. Le Christ dans sa mort est lié à sa Mère ; au thrène byzantin correspond bientôt la piétà occidentale. Ce lent passage d'un culte du Christ victorieux – culte toujours actuel à l'époque – à un Christ dans sa mort constitue la meilleure des transitions vers saint Louis qui achète la sainte Couronne d'épines et devient un roi souffrant[117]. Un éloge anonyme, du XIIᵉ siècle, paraît presque l'annoncer ; y sont loués les vêtements impériaux, dont les ornements cruciformes correspondent à chaque partie du corps du basileus[118] "crucifié avec le Christ, comme le dit le grand apôtre" : ὁ δ᾽ ἐν χρυσῷ κόσμος ἐν σταυρικῷ τῷ σχήματι γέγραπται, ἵν᾽ ὅλα τὰ μέλη τούτῳ συσταυρωθείη Χριστῷ κατὰ τὸν μέγαν ἀπόστολον.

117. J. LE GOFF, *Saint Louis*, Paris 1996.
118. S. LAMPROS, Ἔκφρασις τῶν ξυλοκονταριῶν, *Νέος Ἑλληνομνήμων* 5, 1908, p. 17.

THE RELICS OF CONSTANTINOPLE AFTER 1204

George P. MAJESKA

If one tabulates the mentions of relics in lists composed either by pilgrims to Constantinople or by people writing to advertise the sacred treasures of Constantinople to potential worshipers before the time of the Latin conquest of the city in 1204 or shortly thereafter,[1] it becomes clear that the five most recorded relics are those connected with Christ's passion and death: the crown of thorns (11 mentions), Christ's cross (10), the nails of the crucifixion (10), the lance that pierced Christ's side (9), and the purple robe of derision (8).[2] (see Tab. 1). These, then, would seem to be the most commonly valued and important Christian relics of the Byzantine capital. The next four most recorded relics in the city included one more "passion relic," the reed/mock sceptre put in Jesus hand when he was tormented,[3] as well as two other relics of Christ, His sandals and the miraculously imprinted image of Christ's face

---

1. The twelve texts consulted here are the "Mercati Anonymus," published as: Une description de Constantinople traduite par un pèlerin anglais, *REB* 34, 1976, p. 211-267; Une description anonyme de Constantinople du XIIᵉ siècle, *REB* 31, 1973, p. 335-354, and, Une description de Constantinople dans le *Taragonensis* 55, *REB* 53, 1995, p. 117-140, all three edited by K. CIGGAAR; the "Pilgrim Book" of Anthony of Novgorod, published as *Kniga Palomnik: Skazanie mest Svjatych vo Caregrade Antonija Archiepiskopa Novgorodskogo v 1200 godu*, ed. Ch. M. LOPAREV = *Pravoslavnyj Palestinskij Sbornik* 17/3 (St. Petersburg, 1899); ROBERT OF CLARI, *La conquête de Constantinople*, ed. P. LAUER, Paris 1924; the (spurious) "Letter of Alexis Comnenus to Robert of Flanders," excerpts from William of Malmesbury's "Deeds of the English," the English anonymus of ca. 1150, Nicholas of Thingeyar's "Catalogue of Relics," William of Tyre's "History of Deeds Done Beyond the Sea" (the description of Amaury's visit to Constantinople), the anonymous description of Constantinople of ca. 1190, and Nicholas of Hydrunta's notes, all published in P. RIANT, *Exuviae sacrae constantinopolitanae*, Geneva 1877-78, II, p. 202-217, 233-34. Cf. the list of mentions of Constantinopolitan relics deeded by the Latin emperor Baldwin to St. Louis, King of France, in B. FLUSIN, Les reliques de la Sainte-Chapelle et leur passé impérial à Constantinople, *Le trésor de la Sainte-Chapelle*, ed. J. DURAND & M.-P. LAFFITTE, Paris 2001, p. 32-33. Most of these relics were preserved in the Pharos church of the imperial palace; see the inventory by the Skeuophylax of the church, Nicholas Mesarites, in A. HEISENBERG, ed., *Nikolaos Mesarites: Die Palastrevolution des Johannes Komnenos*, Würzburg 1907, p. 29-31.

2. There is some confusion in this material about which "robe of Christ" was preserved among the passion relics, the purple mock royal robe or the seamless garment the soldiers cast lots for at the foot of the cross, or both! On the date and circumstances of the appearance of the true cross and the holy lance in Constantinople, see most recently H. KLEIN, Constantine, Helena and the Cult of the True Cross in Constantinople, in the present volume.

3. Or perhaps this is the reed on which a sponge saturated with vinegar was offered to Christ on the Cross; some sources specify that this was the mock sceptre, other sources simply call the object *arundo* or *harundo* ("the reed").

Byzance et les reliques du Christ, éd. J. Durand et B. Flusin (Centre de recherche d'Histoire et Civilisation de Byzance, Monographies 17), Paris 2004.

An anonymous Russian pilgrim text ca. 1390 describes how the passion relics were preserved at the St. George Mangana Monastery:

> there is a large chest with a silver crucifixion on top of the chest. In this chest is another chest, and in a third chest repose the Lord's Passion relics. This chest is covered in gold. If any poor man comes to venerate the Lord's Passion relics before Holy Thursday and after the [service of] the Lord's Passion [Gospels, i.e., the service of the reading of the twelve passion gospels performed Holy Thursday night, that is, if one should come outside of the time when the passion relics are exposed for public veneration in the Church of St. Sophia], he comes and prostrates in front of the chest and kisses the crucifixion and the chest...[17]

Some thirteen years later, the Spanish diplomat Ruy Gonzalez de Clavijo penned a similar description of the passion relic coffer in the Petra Monastery of St. John the Baptist where the passion relics were then kept, a particularly valuable description because the authorities opened the chest and actually displayed the individual relics to the diplomat:

> ...a blood red chest... This chest was sealed with two seals of white wax, that covered two silver hinges secured with two locks. And they opened them and brought out two large gilded silver trays on which to place the relics. And then they brought out of the aforesaid chest a sack of white muslin that was sealed with wax and they broke the seal and from inside [the sack] they brought out a small round gold box.[18]

This text goes on to describe three more boxes, a smaller "chest," several bags, and a "reliquary." All contained relics connected with Christ's passion, along with Christ's "seamless robe" for which the soldiers cast lots at the foot of the cross – all in the same chest (with the two large silver display trays).[19] Given the number of boxes and bags, as well as a "reliquary" and the complete seamless robe (folded neatly, with a sleeve available for viewing) kept inside the chest, along with the display trays, the relics and their containers must have been quite small unless the chest was immense (unlikely, since the monks "came carrying it in"). We are talking here, then, only about *fragments* of passion relics, and, in fact, it turns out, we are talking about fragments of much less revered passion relics than those shown earlier.

The Palaeologan "passion relics" as catalogued by Clavijo are made up of objects connected with Christ's passion that are for the most part different from those venerated in Constantinople before 1204. Among the "passion relics" Clavijo lists are the sop of bread Christ gave to Judas at the Last Supper, a vial of blood that flowed from Christ's side on the cross, blood from the famous stabbed icon of Berytus, hairs of Christ's beared plucked out during His execution, a piece of the stone slab of anointment, a "morsel" of the sponge with which Christ was offered vinegar and gall to drink on the cross, as well as Longinus' spear head, and, as noted earlier, the

---

17. Russian Anonymus in MAJESKA, *Russian Travelers*, p. 140-141.

18. CLAVIJO, *Embajada a Tamorlán*, p. 51. I am grateful to Prof. Luis Millones for this translation; cf. also G. LESTRANGE, trans., *Embassy to Tamerlane, 1403-1406*, London 1928, p. 80-81.

19. *Embajada a Tamorlán*, p. 51-53; cf. trans. LESTRANGE, p. 80-83.

seamless robe.[20] Although they were apparently not allowed to see the individual passion relics, many of the visitors to Constantinople in Palaeologan times mention many of these exact same relics as being among the passion relics, doubtless quoting what was told them in Constantinople. Indeed, every one of the relics listed above is noted by at least one reputable source among the later visitors besides Clavijo, and usually more (See Tab. 2).

Tab. 2 - Most venerated passion relics of Constantinople, 1261-1453[21]

Holy Lance	8 mentions
Reed	7 mentions
Christ's Robe	7 mentions
Sponge	7 mentions
Stone of Anointment	3 mentions
Sop of Judas	3 mentions
Berytus Icon Blood	3 mentions
Christ's Blood	2 mentions
Christ's Beard Hairs	2 mentions

Note that only three of the six passion relics most often recorded in the pre-Latin-conquest pilgrim materials (the lance, the reed and Christ's robe) are noted in the careful catalog reported by Clavijo, the only traveler that we know of for whom the chest was actually opened and the individual relics displayed; his testimony on the presence of these relics in late Byzantine Constantinople is backed up by at least six other travel accounts. The most important of the passion relics from earlier times shown to Clavijo is the head of the lance that pierced Christ's side on the cross:

the lance-point of the spear with which Longinus pierced our Lord Jesus Christ. It was thin like a blade or an iron arrow, and it was hollow where the shaft fitted in. In length it might measure a palm and two fingers [i.e., about 24 cm.], and at the edges of the blade was blood as fresh as though what it did to the body of Jesus Christ had just happened. The width of the blade across was about two fingers [i.e., about 3.50 cm.]... The blade was not bright; rather it was dull as though it had been constantly in use.[22]

20. *Ibidem.* The seamless robe is, according to Clavijo, "dark red in color, sort of rose colored" (roughly the equivalent of purple in modern parlance), so this relic might equally well be the purple robe of derision with which Christ was clothed in the Praetorium, or, for that matter the reddish robe which Christ wore when he healed the woman with an issue of blood, pieces of which Manuel II distributed around Europe around 1401 in the hope of inspiring a crusade against the Turks; see G. T. DENNIS, Two Unknown Documents of Manuel II Palaeologus, *Travaux et Mémoires* 3, 1968, p. 397-404.

21. See the sources cited in note 15.

22. CLAVIJO, p. 5 (translation of Prof. Millones). On medieval/early modern Spanish measurements see *Diccionario de la lengua española,* ed. Real Academia española, 16' ed. (Madrid, 1939), s.vv. dedo, palmo.

The second of the important passion relics of earlier times that is still shown in Constantinople after the Fourth Crusade is the reed-mock sceptre, here only a segment ("a piece of the Rod with which they struck Jesus Christ on the head when He stood before Pilate; it was about two and a half palms in length"[23] [i.e., just over one-half meter]. The third of the relics considered very imporant earlier might be the "robe," be it the purple robe of derision or the seamless garment for which the soldiers cast lots at the foot of the cross. But given the confusion about the exact nature of this relic, it should probably be dropped from discussion.

As with the other testimonies on the passion relics in Constantinople after 1261, Clavijo, our best witness to the contents of the basic collection of passion relics, makes no mention of the crown of thorns, the nails of the crucifixion, or even of a *particle* of the true cross, the other most famous passion relic of earlier times. Indeed, only one source, the mémoire of the fifteenth-century Spanish adventurer Pero Tafur, claims that the author was shown not only the lance and the seamless coat ("that seemed to have been purple, but due to time was now brownish" – the confusion between the two robe relics goes back a long time!), but also a nail from the crucifixion, thorns from the crown of thorns, wood of the true cross, and the pillar at which Christ was scourged (but not the reed).[24]

But there are excellent reasons to discount Tafur's information here.[25] Note that the Tafur text as we have it was apparently considerably revised almost twenty years after Tafur's visit to Constantinople when specific details of his visit would have been a bit murky, making it not unlikely that he confused things a bit; he is also much given to exageration.[26]

One must then draw the conclusion that the citizens of Constantinople admitted to having lost their most precious relics during Latin rule – the crown of thorns, the nails of the crucifixion, and (at least the bulk of) the holy rood, the cross on which Christ died – and, as far as we can tell, did not "reïnvent" them.

23. CLAVIJO, *loc. cit.*

24. TAFUR, *Andanças é viajes,* p 172, translation again thanks to Prof. Millones; cf. Malcolm LETTS, trans., *Pero Tafur: Travels and Adventures, 1435-39,* London 1926, p. 140.

25. First, no other sources record the presence in the Byzantine capital after 1261 of a nail of the crucifixion or thorns from the crown of thorns, or, for that matter, a piece of the true cross being preserved as part of the passion relics, although the late fourteenth-century Russian Anonymus speaks of a piece of the true cross in the sanctuary of St. Sophia in 1349 (MAJESKA, *Russian Travelers,* p. 131, 222) and Clavijo mentions a fragment in the Perbileptos Monastery in the next century (CLAVIJO, p. 39). It is unthinkable that these other relics (the crown of thorns and the nails of the crucifixion) could have gone unrecorded by pilgrims or visitors were they in Constantinople. Secondly, there is no other testimony that the passion relics were preserved at the Church of St. Sophia as Tafur describes them; they were displayed for public veneration there annually during the latter part of the week before Easter, but were kept the rest of the time at the Monastery of St. George at the Mangana or at the St. John the Baptist Monastery at Petra (with some also preserved at the Monastery of the Virgin τῆς Παντανάσσης), and the pillar of Christ's scourging (even if only a piece of the column, hardly a portable relic that could be carried out by the clergy for Tafur to venerate as he claims was done) was at the Church of the Holy Apostles, not at St. Sophia (MAJESKA, *Russian Travelers,* p. 299-301). Cf. PERO TAFUR, trans. LETTS, 1; p. 1-17 (Introduction), and *passim.*

26. *Ibidem.* He claimed, for example, to be a relative of the Byzantine emperor John VIII, to have visited the Mosque of Omar disguised as a Muslim, etc.; see *Pero Tafur,* trans. LETTS, *loc. cit.*

But what of the lance and the fragment of the reed, relics that are reported not only in Constantinople, but also elsewhere after the Latin occupation? It would certainly not be surprising to find a *piece* of the reed (or, for that matter, of the sponge – four mentions in pilgrim literature before 1204), remaining in Constantinople, as several sources besides Clavijo attest.[27] These were obviously divisible relics, and, indeed, in Western Europe fragments of these relics were shown not only in Paris' Ste.-Chapelle, but also at Soissons, Konstanz and Halberstadt (the reed),[28] and Corbie, Halberstadt, St.-Quentin, Soissons, and Venice (the sponge).[29] From Clavijo's careful description, however, the relic of the lance shown in Constantinople was apparently the whole lance-head, despite the fact that the Holy Lance was widely held to be at the Ste.-Chapelle in Paris (with fragments elsewhere in the West).[30] But, as noted above, other sources also locate the Holy Lance in post-crusader Constantinople, including western venerators of relics who one would expect knew that the Holy Lance had been transferred to Paris with considerable advertisement.[31] The utterly untrustworthy Sire John Mandeville (or his source) notes having seen both the Holy Lance in Constantinople and the one in Paris, and then remarks simply that the one in Constantinople is larger; that there are two of them he apparently finds only mildly surprising.[32]

The Holy Lance seems to have been a puzzle as a relic already in the middle ages. Even de Mély, who probably knew more about the Holy Lance than anyone else, was forced to remark, "Des grandes reliques de la Passion, la sainte Lance est certainement celle dont l'identification présente le plus de difficultés."[33] Its pedigree was never as clear as, for example, the Cross, although Andrew of Crete claims the lance was discovered together with the Holy Cross by Constantine's mother, St. Helen. Its physical existence (in Jerusalem) is first noted only in the sixth century, and by the seventh century it is described as broken, perhaps "broken" in that the blade has been separated from the shaft to be sent to Constantinople by a Roman official to whom a Persian soldier presented it (614); the shaft, however, apparently remained in Jerusalem.[34] This history may be "folklore," but by the tenth century the lance is not only an important relic in the imperial collection, but it is the center of a special cult:

---

27. Russian Anonymus of ca. 1390, Alexander the Clerk, Deacon Zosima (who describes the reed as being the shaft of the lance); see MAJESKA, *Russian Travelers*, p. 133, 161, 187-188); an Armenian and a French traveler (BROCK, Medieval Armenian Pilgrim's Description, p. 88; de la Broquière, p. 154).

28. RIANT, *Exuviae sacrae*, II, p. 248, 257, 33, 35, 192, 68; I, p. 20.

29. RIANT, *Exuviae sacrae*, II, p. 176, 198, 227, 190; I, p. 20, 192, 148.

30. DE MÉLY, *Exuviae sacrae*, p. 23-163; DURAND, La translation des reliques impériales, p. 40.

31. B. DE LA BROQUIÈRE, p. 154; BUONDELMONTI, p. 276; TAFUR, *Andanças é viajes*, p. 172; and, of course, CLAVIJO, *Embajada a Tamorlán*, p. 52; as well as their Eastern counterparts, three later Russian pilgrim narratives (the Russian Anonymus, Alexander the Clerk, Deacon Zosima; see MAJESKA, *Russian Travelers*, p. 133, 161, 187; cf. p. 216-217, 143-144), and a fourteenth-century Armenian text (BROCK, Medieval Armenian Pilgrim's Description, p. 88).

32. *Mandeville's Travels*, ed. M. LETTS, London 1953, I, p. 10; II, p. 235-236, 421. This text, however, also claims (*loc. cit.*) that a significant part of the crown of thorns was in Constantinople as well as in Paris. Cf. DE MÉLY, p. 42-43.

33. DE MÉLY, p. 23.

34. DE MÉLY, p. 23-39.

While the lance, and other of the passion relics, were presented to the veneration of the faithful in St. Sophia from the evening of Wednesday of Holy Week until noon on Good Friday, the emperor, possibly with the court, ritually venerated the Holy Lance privately at noon on Good Friday in the Imperial Palace.[35] Even if the Holy Lance is a metonymy for the whole collection of passion relics, it clearly holds a major enough place in that special collection of relics to give its name to the whole set.

The lance would also seem to have developed specificly imperial connotations: the Latin Emperor Baldwin's posession of the relic seems to have solidified his claim to the throne of Constantinople.[36] Still in 1247, in return for debt relief, the Latin emperor of Constantinople was forced to cede the lance to St. Louis, King of France, who was himself not without imperial pretensions.[37] But to complicate matters further, the crusaders (or one group of them at least) "miraculously" uncovered another "holy lance of Longinus" buried at the city of Antioch which was under siege. The argument about this lance's authenticity, one should note, revolved around the credibility of the man who was told in a vision to dig it up, not the authenticity of the relic itself (the doublet of which the crusaders knew was in Constantinople).[38]

The Armenians, to be sure, claim that the original lance that pierced the side of the Savior has been in Holy Echmiadzin since apostolic times.[39]

The lance that Baldwin sent to St. Louis we are told survived the French Revolution, only to disappear from its resting place in the (old) Bibliothèque Nationale before the eighteenth century was ended.[40] The fate of the Holy Lance venerated in Constantinople in Palaeologan times (and noted by the later visitors), however, might be even more colorful: it supposedly fell into the hands of the Turks after 1453, and the Sultan Bayezid II sent it as a gift to Pope Innocent VIII in 1492. Apparently it is still preserved at the Vatican, ostensibly as part of the colossal Bernini statue of St. Longinus in the niche of the northeast pier of St. Peter's basilica (or possibly with other passion relics in the podium of the southwest ["St. Veronica"] pier where it is exhibited on Good Friday).[41]

---

35. Constantine Porphyrogenitus, *De cerimoniis*, ed. I. I. Reiske [Bonn], I, p. 179-180. See also Majeska, *Russian Travelers*, p. 369 and note 48, and S. Janeras, *Le Vendredi-saint dans la tradition liturgique byzantine. Structure et histoire de ses offices* [Analecta Liturgica 13], Rome 1988, p. 300-305.

36. The theme of connection between the passion relics of Christ and imperial power is developed in P. Magdalino, L'église du Phare et les reliques de la Passion à Constantinople; S. Lerou, L'usage des reliques du Christ par les empereurs; and Cl. Billot, Des reliques de la Passion dans le Royaume de France (in the present volume).

37. De Mély, p. 40-41; Durand, La translation des reliques impériales, p. 40-41.

38. S. Runciman, *A History of the Crusades*, I, Cambridge 1951, p. 241-254; 273-274; de Mély, p. 46-52; this lance was eventually lost by Raymond de St.-Gilles in a battle with the Saracens.

39. De Mély, p. 53-58, but cf. *ibidem*, p. 58-63. Besides these three Eastern Christian holy lances, one might note that there are two "holy lances" of German derivation (one in Krakow, the other in Vienna), although they developed into holy lances first by having relics secured in them for their magical pro-perties, and only later were confused with the Longinus lance; see de Mély, p. 63-98; *Krönungen: Könige in Aachen – Geschichte und Mythos: Katalog der Ausstellung in zwei Bänden* (Mainz, 2000), I, p. 297, 324.

40. Leclerq, Instruments de la Passion, col. 1155.

41. De Mély, p. 44-45, 160-61; on the current location of this relic, see, for example, *Guida d'Italia del Touring Club Italiano: Roma e dintorni,* Milan 1934.

IMAGES DU CHRIST, RELIQUES DES SAINTS :
UN TRIPTYQUE GÉORGIEN INÉDIT*

Ioanna RAPTI

Remontant aux débuts du christianisme, le culte des reliques implique tout le monde chrétien (Orient et Occident) et ne cesse d'évoluer jusqu'à l'époque moderne. À travers la mutation des pratiques dévotionnelles et grâce aux approches diverses des spécialistes, il apparaît comme un phénomène aux multiples facettes. Relevant de ce monde par leur nature de restes humains, les reliques sont en même temps une présence active du divin ; c'est ainsi que le sacré se matérialise pour recevoir la prière, pour cautionner le pouvoir d'un empereur, intervenir pour le salut des fidèles en difficulté. La hiérarchie des reliques qui semble vite s'élaborer culmine avec la Sainte Croix et accorde une place primordiale aux reliques du Christ et de la Vierge ; elle restera en vigueur à Byzance jusqu'aux deux derniers siècles de son histoire, lorsque l'Empire se trouve dépourvu de ses pieux vestiges. Si le culte des reliques persiste, les pratiques cultuelles ne cessent d'évoluer. L'Occident s'approprie les reliques conservées dans la capitale byzantine mais pas les habitudes cultuelles qui leur étaient associées[1]. Comme les trésors constantinopolitains transférés à Paris, les reliques ont une forte valeur dévotionnelle qui explique leur intense circulation. Une certaine "démocratisation" des reliques dont le culte survivra à l'épreuve de la Réforme protestante puis à celle des Lumières et des révolutions pourrait être à l'origine de l'assimilation des reliques aux restes corporels qui seront maçonnés dans les ossuaires européens[2].

* Je tiens à exprimer ma sincère gratitude au Professeur J.-P. Mahé ainsi qu'à la propriétaire du reliquaire qui m'en ont confié l'étude. Le résultat serait d'une moindre qualité sans les photographies réalisées par l'artiste Bernard Pons que je remercie profondément. Merci également à tous les amis et collègues pour leurs suggestions avisées.

1. M.-M. GAUTHIER, Reliquaires du XIIIe siècle entre le Proche Orient et l'Occident latin, *Atti del XXIV Congresso internazionale di Storia dell'arte, II. Il Medio Oriente e l'Occidente nell'arte del XIII secolo*, H. BELTING éd., Bologne 1982, p. 55-115 et H. BELTING, Die Reaktion der Kunst des 13. Jahrhunderts auf den Import von Reliquien und Ikonen, *ibid.*, p. 35-53 (voir aussi ID., *Image et Culte. Une histoire de l'image avant l'époque de l'art*, Paris 1998) ont montré le rôle déterminant, à partir de 1204 en Occident, d'une assimilation progressive de l'icône grecque au reliquaire latin, en sorte que l'image a pu acquérir une efficacité cultuelle proche de celle de la relique.

2. Au sujet des ossuaires ainsi que pour une approche anthropologique, voir *La mort n'en saura rien. Reliques d'Europe et d'Océanie*. Catalogue de l'exposition à Paris Musée national des Arts d'Afrique et d'Océanie, 12 octobre 1999 - 24 janvier 2000, Paris 1999, p. 69-73, 84. Pour l'accessibilité des reliques, voir J. M. H. SMITH, Women at the Tomb: Access to Relic Shrines in the Early Middle Ages,

Byzance et les reliques du Christ, éd. J. Durand et B. Flusin (Centre de recherche d'Histoire et Civilisation de Byzance, Monographies 17), Paris 2004.

Si Byzance s'éteint dépourvue de ses reliques emblématiques, le culte des reliques dans le monde post-byzantin évolue ; comme les images les parcelles d'ossements sont des preuves de la présence physique du sacré dans l'instrument du culte. Les modalités de ce culte à l'époque post-byzantine sont l'une des nombreuses questions que soulève le triptyque reliquaire présenté ici, un objet intéressant à plus d'un titre : pour sa double fonction d'icône et de reliquaire, ses originalités iconographiques dans l'imagerie de la Passion, ainsi que pour ses commanditaires qui appartiennent aux milieux dirigeants de la Géorgie.

PRÉSENTATION DU TRIPTYQUE

Le reliquaire, inédit jusqu'à présent, appartient à un particulier qui l'a acquis aux enchères et qui nous en a généreusement confié l'étude.

Le triptyque est conservé entier, en très bon état, avec des traces de remaniement sur le revêtement du panneau central. Fermé, il mesure 23 x 18, ép. 4 cm. Il porte un revêtement d'argent au repoussé cloué sur une âme de bois. Sur l'avers des volets, on a représenté l'Annonciation selon un schéma consacré dans la tradition iconographique orientale : la Vierge, debout avec les attributs de fileuse, porte la quenouille dans une main et le fil dans l'autre, qu'elle replie sur la poitrine, perplexe mais calme devant l'ange figuré sur le volet gauche (fig. 1). Brandissant l'étendard, le messager

Fig. 1 - Reliquaire géorgien (Paris, collection privée)
Extérieur : l'Annonciation

lui adresse un geste d'allocution. Ses habits suivent à peine l'élan du mouvement qu'indique la disposition des pieds. L'archange est désigné par son nom inscrit en slavon, mais d'un tracé accusant une main géorgienne peu habituée à cette écriture. Les sigles identifiant la Vierge sont aussi maladroitement gravés. Le revers est orné d'une croix aux extrémités trilobées, dressée sur un piédestal à gradins (fig. 2) ; les compartiments définis par les bras abritent l'inscription dédicatoire suivante :

ჩვენ ფ[ა]დრ[ო]ნმა]ნ მდ[ი]ვა]ბ[ე]გმ[ა]ნ ორბელ და თ[ა]ნამეცხ[ე]დრეშ[ა]ნ ჩ[ე]მ[მა]ნ არ[ა]გვ[ი]ს ერ[ი]სთა]ვ[ი]ს ფ[ა]დრ[ო]ნ[ი]ს ზაალ[ი]ს ას[უ]ლმ[ა]ნ ფ[ა]დრ[ო]ნმან თამ[ა]რ შ[ე]ვ[ა]მკეთ ხ[ა]ტი ესე მრ[ა]ვ[ა]ლწ[ა]ნწილი სახს[ოვ]რ[ა]თ ს[უ]ლ[ი]სა ჩვ[ე]ნისა და წ[ა]რს[ა]ნ[ა]რთებ[ლ]ა]დ ძეთა ჩ[ვე]ნთა

"Nous le patron *Mdivabeg* Orbel et mon épouse la patronne T'amar, fille du patron Zaal, eristav d'Aragvi, nous avons embelli cette icône pleine de reliques pour le souvenir de notre âme et la conduite de nos enfants."

L'inscription impose une datation au dernier quart du XVIIe siècle. Malheureusement, elle ne fournit pas d'élément éclairant l'usage de cette icône, à savoir son emplacement précis et les conditions de sa vénération.

Fig. 2 - Reliquaire géorgien (Paris, collection privée)
Revers : inscription dédicatoire

Avant d'étudier le décor du triptyque, il convient de situer les commanditaires dans le contexte historique. Depuis 1553, au terme d'une longue période de guerre, Ottomans et Séfévides se sont partagé la Géorgie en deux zones d'influence. Les Ottomans contrôlent la partie occidentale. La partie orientale, qui comporte le Kartli et la Kaxeti, revient à la Perse. Au début du XVIIᵉ siècle, les campagnes de schah Abbas transforment ces deux royaumes en principautés vassales où règnent souvent des souverains Bagrationi qui ont fait – au moins en apparence – allégeance à l'islam et ont participé aux campagnes perses en Afghanistan. La langue administrative de la cour est le persan ; le géorgien subsiste comme simple langue d'usage et le christianisme est plus ou moins étroitement surveillé. Le maître de Vaxtang Orbeli, le roi Géorgi XI, au pouvoir depuis 1675, jugé trop complaisant à l'égard du christianisme et soupçonné d'être l'instigateur d'un soulèvement contre le schah de Perse, fut ainsi renversé en 1688 et remplacé par Ereklé I dit Nadir Ali khan[3]. Dans cette période troublée, l'église géorgienne tente de s'ouvrir à la chrétienté extérieure représentée d'une part par les missions occidentales, établies depuis longtemps en Perse, et d'autre part par la Russie dont l'influence gagne en importance dans la région[4].

Vaxtang Orbeli, le commanditaire du triptyque, fut *mdivanbeg* (= grand juge) du royaume de Kartli – l'une des deux composantes de la Géorgie orientale, sous le roi Géorgi XI, de 1674 à 1696[5]. Il avait épousé T'amar, fille de Zaal, eristav d'Aragvi, une principauté située au nord de Mcxeta. Vaxtang est bien attesté dans des documents administratifs concernant le royaume[6]. Malgré les tensions politiques et religieuses, le XVIIᵉ siècle est une époque de renouveau : en 1609, la première imprimerie géorgienne – notons que l'islam fut hostile à cette nouvelle technique – édite des livres religieux et laïcs, dont le premier dictionnaire de la langue géorgienne[7]. T'amar et Orbel destinaient le triptyque à l'instruction morale de leurs enfants. Ils en eurent quatorze dont Sulkhan Saba Orbeliani (1658-1725) qui fut le tuteur et l'un des principaux conseillers du roi Vaxtang VI (1703-1724)[8]. Fabuliste et lexicographe,

dans K. MITCHELL et I. WOOD éd., *The World of Gregory of Tours*, Leyde, Boston, Cologne 2002, p. 163-180, notamment p. 176-178.

3. Pour l'histoire de cette période, voir K. SALIA, *Histoire de la Nation géorgienne*, Paris 1980, notamment p. 327-334.

4. J. RICHARD, *La Papauté et les missions d'Orient au Moyen Âge (XIIIᵉ-XIVᵉ siècles)*, Rome 1977, p. 183-195, 257, et M. TAMARATI, *L'église géorgienne, de l'origine à nos jours*, Rome 1910, p. 489-501.

5. C. TOUMANOFF, *Les dynasties de la Caucasie chrétienne de l'Antiquité jusqu'au XIXᵉ siècle. Tables généalogiques et chronologiques*, Rome 1965, table 24, p. 145. D'après le document IM, Sd-536 la juridiction de Vaxtang s'étendrait aussi à Tbilisi, Sabaratiano et Somkhiti, dans le sud du pays. Je remercie le Professeur Zaza Skhirtladze de ces informations et des orientations bibliographiques sur la famille des commanditaires ainsi que de la lecture de la version initiale de cet article.

6. T. ENUKIDZE, *Agmosavlet sakartvelos mdivangebta kronologiuri rigi* (Liste chronologique des Mdivabegs de la Géorgie Orientale) [Mravaltavi. Proceedings of the Institute of Manuscripts I], Tbilisi 1971, p. 304-305. On connaît aussi son sceau personnel : A. BAKRADZE, *Masalebi kartuli sfragistikis istoriisatvis* (Matériaux pour l'histoire de la Sigillographie géorgienne), I, Tbilisi 1978, p. 64.

7. D. RAYFIELD, *The Literature of Georgia. A History*, Oxford 1994, p. 112-121 ; A. JAVAKHISHVILI et G. ABRAMISHVILI, *Jewellery and Metalwork in the Museums of Georgia*, Leningrad 1986, p. 110.

8. SALIA, *Histoire de la nation géorgienne*, le mentionne comme oncle du roi ; Saba est mort en Russie où il suivit Vaxtang qui s'y réfugia en 1724 (TAMARATI, *L'église géorgienne*, p. 614). Pour la chronologie voir TOUMANOFF, *Les dynasties*, p. 527 et 145.

par son œuvre littéraire et érudite, il introduisit les lumières en Géorgie. Embrassant le catholicisme, officiellement en 1710 mais peut-être bien avant, il intégra l'ordre de saint Basile, prenant l'habit, sous le nom de Saba, au monastère de Saint-Jean-Baptiste à Gareja qui retrouvait alors le prestige qu'il avait eu mille ans plus tôt[9]. En 1714, il se rendit en Europe dans le cadre d'une mission, vouée à l'échec, que les rois géorgiens envoyèrent auprès de Louis XIV et du pape Clément pour solliciter l'aide occidentale contre des concessions religieuses et politiques[10]. À travers l'inscription dédicatoire et les sources documentaires, notre reliquaire se trouve donc associé à une élite locale dont l'importance dépasse le cadre national.

L'ouverture du triptyque s'avère un parcours mystique qui relève de la disposition complexe et insolite de l'objet (fig. 3-5). Le panneau central est en réalité une châsse dont la hanche inférieure est amovible et permet par son ouverture de glisser l'icône emboîtée, peinte des deux côtés de l'effigie du Christ (l'*Ecce Homo* et le *Mandylion*), qui forme le couvercle. La face externe[11] est munie d'un revêtement en argent doré, décoré au repoussé de rinceaux et orné sur le bord de pierres semi-précieuses, d'améthystes et de turquoises en alternance. Douze saints martyrs et hiérarques peints sur le revers des volets escortent le Seigneur. En retirant l'icône du milieu, on découvre que le fond du panneau central du triptyque est agencé en trente compartiments dont vingt-neuf contiennent des parcelles d'ossements incrustées dans une pâte grisâtre[12]. Les reliques sont identifiées par des *authentiques* (les noms des saints correspondants) tracées directement sur le bois à l'encre noire et en minuscule cursive[13].

L'AVERS : ECCE HOMO (fig. 4 et 6)

Sur l'avers de l'icône enchâssée dans le panneau central, le Christ est représenté à partir des hanches, torse nu, vêtu seulement d'un pagne blanc ceint autour de la taille. Il se tient de face dans l'axe de la croix inscrite dans le revêtement. Dans ses mains croisées et attachées avec un cordon noir et blanc sur la poitrine, il porte le roseau dont le rendu évoque plutôt la palme, attribut des martyrs. La tête penchée vers sa droite, il a les yeux ouverts mais il baisse le regard. Le nimbe porte l'inscription ὁ ὤν.

---

9. Les détails de sa conversion nous demeurent inconnus, mais il faut situer ces événements au tournant du siècle : voir TAMARATI, *L'église géorgienne*, p. 589.

10. RAYFIELD, *The Literature of Georgia*, p. 117-121. TAMARATI, *L'église géorgienne*, p. 595 situe plus précisément le voyage vers le début d'avril de cette année.

11. C'est le revêtement qui définit les faces comme externe et interne.

12. Cf. G. OIKONOMAKI-PAPADOPOULOU, B. PITARAKIS et K. LOVERDOU-TSIGARIDA, Ἐγκόλπια. Ἱερά Μονή Βατοπεδίου, Mont Athos 2000, n° 28 (croix reliquaire où les parcelles sont fixées à l'aide du mastic) et S. BOCK *et al., "Gold, Perlen und Edelstein": Reliquienkult und Klosterarbeiten im deutschen Südwesten, Augustinermuseum Freiburg*, Freibourg 1995, n. 17 (un disque de bénédiction avec des parcelles, estampages et agnus Dei fixés sur un support mélangé de cire et de résine artificielle avec de la colle).

13. Le terme *authentique*, plus courant dans le vocabulaire occidental, désigne surtout des pièces de parchemin ou de papier qui identifient les reliques et qui les accompagnent enroulées ou déployées.

Fig. 3 - Reliquaire géorgien (Paris, collection privée)
Le triptyque ouvert

Fig. 4 - Reliquaire géorgien (Paris, collection privée)
Le triptyque ouvert

Fig. 5 - Reliquaire géorgien (Paris, collection privée)
Le triptyque ouvert sans le panneau central

Fig. 6 - Reliquaire géorgien (Paris, collection privée)
Le panneau central, avers : Ecce Homo

Les carnations peu modelées et l'abondance du blanc accentuent l'aspect charnu de la figure. Au niveau du bras droit, le revêtement n'épouse pas parfaitement le corps du Christ, ce qui trahit une intervention postérieure.

L'image correspond au récit de Jean 19, 4-5. Après la flagellation et la dérision, Jésus, les mains liées et la couronne d'épines sur la tête, fut présenté aux Juifs par Pilate avec les mots : *Voici l'homme*. Ce passage de Jean – les synoptiques ne relatent pas l'épisode – est parfois illustré dans les manuscrits, notamment occidentaux, mais d'une manière assez réservée puisqu'on se garde de montrer la souffrance de Jésus[14].

Le thème iconographique de l'Ecce Homo fait son apparition vers la fin du Moyen Âge pour se concrétiser au XVe siècle et se répandre désormais en Occident dans des compositions fort narratives ainsi que comme image de dévotion, sur des objets de culte et des supports variés. En revanche, l'image a moins de succès en Orient, où se développe dans le même ordre d'idées le thème du Christ aux liens[15]. L'image de notre triptyque est une interprétation particulière de l'Ecce Homo, où la nudité du corps souligne la parenté iconographique avec le thème du Christ de Pitié (*Man of Sorrows, Akra Tapeinosis*)[16].

Dérivé, comme l'a signalé Belting, de la Crucifixion (nudité, position inclinée de la tête) et du Pantocrator (représentation frontale et en buste), le Christ de Pitié apparaît à la fin du XIIe siècle comme l'image liturgique correspondant par excellence aux rites de la Passion[17]. Dans les décors monumentaux, où elle se place dans le cœur de l'abside ou dans une des pièces latérales, ainsi que dans les manuscrits et les icônes, cette image acquiert désormais une forte connotation liturgique et sacrificielle. Apparu à la même époque dans la peinture murale géorgienne, le Christ de Pitié sera également représenté sur des icônes portatives comme sur des broderies liturgiques[18].

---

14. Voir le manuscrit *Paris. gr. 74* (H. OMONT, *Évangiles avec Peintures Byzantines du XIe siècle. Reproduction des 361 miniatures du manuscrit grec 74 de la Bibliothèque Nationale,* Paris s.d., pl. 138).

15. Si les opinions sur le plus ancien exemple post-byzantin se partagent entre l'icône de Patmos (M. CHATZIDAKIS, *Icons of Patmos. Questions of Byzantine and Post-Byzantine Painting,* Athènes 1985, p. 88-89) et celle de la collection Lichachev (C. BALTOYANNI, The Icon of Christ from Patmos, dans *El Greco at Crete. Proceedings of the International Symposium,* Iraklion, Crete, 1-5 September 1990, Athènes 1995, p. 87), elles convergent sur le tournant du XVIe siècle. Le thème ne semble pas connaître d'importante popularité, même si les mentions dans les sources notariées crétoises permettent de supposer une diffusion plus large que celle attestée par les quelques icônes qui nous sont parvenues. Le Christ aux liens dépend des épisodes narratifs de la Dérision et du Chemin de Croix, où la figure du Seigneur, souvent de plus grande échelle, apparaît entre les groupes des soldats et des Juifs. Les contaminations iconographiques sont fréquentes, notamment à partir de l'époque des Paléologues ; ainsi dans la scène du Chemin de Croix, le Christ ne porte pas toujours l'instrument du supplice mais il croise ses mains liées et – exceptionnellement – il porte le roseau. Pour la typologie, voir A. KATSELAKI, Ο Χριστός ελκόμενος επί σταυρού. Εικονογραφία και τυπολογία της παράστασης στη βυζαντινή τέχνη (4ος-15ος αι.), *DChAE D,* IX, 1996-1997, p. 167-199.

16. Les premières icônes post-byzantines partagent l'iconographie du Christ vêtu de la tunique, les mains attachées sur la poitrine, et la tête, portant la couronne d'épines, penchée sur l'épaule.

17. BELTING, *Image et culte,* p. 83

18. N. LOMOURI, Storia della Georgia dal 1400 al 1800, dans *Religione, cultura e arte dans Christiani du Oriente. Spiritualità, arte e potere nell'Europa post Bizantina,* Milan 1999, p. 117-119, p. 119, n. 63 ; le Christ de Pitié sera également diffusé en Occident sur nombre de gravures probablement sous l'inspiration d'un icône en mosaïque apportée à l'église Sainte-Croix-de-Jérusalem du mont Sinaï, cf. H. Evans éd., *Faith and Power,* New Heaven 2004, p. 547-550 et 556-557.

Dans notre image, la distinction entre le Christ de Pitié et le Christ aux liens repose sur des détails : le Christ n'a pas de plaie sur les mains et sur le flanc. Le Christ de Pitié ne porte pas le roseau et ses mains ne sont pas retenues par la corde bien que souvent elles se croisent sur le thorax dans une disposition très semblable, qui, dans les deux cas, évoque la posture funéraire. En outre, les yeux ouverts ne caractérisent pas l'iconographie habituelle du Christ de Pitié bien que cette variante existe, dotée de surcroît d'une interprétation dogmatique[19]. L'*Ecce Homo* de notre triptyque est d'une allure occidentale. Dans le monde orthodoxe, ce thème, attesté seulement à l'époque post-byzantine, ne semble pas avoir été répandu. Les compositions qui le mettent en œuvre ont en commun l'iconographie du Christ vêtu de la tunique les mains attachées sur la poitrine et la tête, portant la couronne d'épines, penchée sur l'épaule[20].

L'iconographie de l'image en question, que caractérise la nudité du corps semble pénétrer dans le monde orthodoxe par le biais des gravures au cours du XVIIe siècle ; introduite dans les églises des îles ioniennes (fig. 7) où le thème orne désormais la clôture du sanctuaire, elle se retrouve également sur quelques icônes sur papier[21]. C'est très probablement des gravures ou des icônes portatives, grecques ou occidentales, que s'inspirent les quelques représentations géorgiennes du thème en peinture murale. On le retrouve à Tabakini (premier tiers du XVIe siècle) et à Ac'i dans une couche attribuée au XVIIe siècle[22]. Ces peintures murales ou des œuvres importées ont sûrement déterminé le choix de l'auteur anonyme du triptyque qui demeure – notons-le – un exemple rare sinon unique dans l'art géorgien.

Fig. 7 - Zantes, Musée Byzantin, porte de sanctuaire : Ecce Homo
(d'après Z. Mylona, *Μουσείο Ζακύνθου*, Athènes 1998)

19. Voir à ce sujet D. Simić-Lazar, Le Christ de Pitié vivant. L'exemple de Kalenić, *Zograf* 20, 1989, p. 93.

20. *Cf. supra* n. 15.

21. Z. Mylona, *Μουσείο Ζακύνθου*, Athènes 1998, p. 296 ; M. Georgopoulou-Verra, Z. Mylona et D. Rigakou, *Holy Passion Sacred Images. The Interaction of Byzantine and Western Art in Icon Painting*, Athènes 1999, n. 19-20, p. 84-88 ; A. Xyngopoulos, *Esquisse de l'histoire de la peinture religieuse depuis la chute de Constantinople*, Athènes 1957, pl. 59 ; D. Papastratou, *Χάρτινες εικόνες. Ορθόδοξα θρησκευτικά χαρακτικά 1665-1899*, Athènes 1986, p. 66-68.

22. Je tiens à remercier le Professeur Zaza Skhirtladze à qui je dois ces références, ainsi que les docteurs Jean-Michel et Nicole Thierry qui m'ont généreusement montré leurs diapositives de ces monuments.

LE REVERS : LE MANDYLION (fig. 8)

La face cachée de l'icône contenue dans le panneau central représente le Mandylion. Sur un fond vert, le visage du Christ se projette sur le linge blanc, rehaussé de dorures sur le bord, qui pend de deux angles supérieurs en formant deux nœuds. Le nimbe autour de la tête du Seigneur est dessiné d'un simple trait rouge mais à l'origine le fond devait être doré[23]. Comme sur l'avers de l'icône, l'inspiration occidentale est frappante dans les traits faciaux ainsi que dans l'éclat des carnations qui évoque la peinture à l'huile, en fort contraste avec le style des volets. L'ocre et le blanc sont les

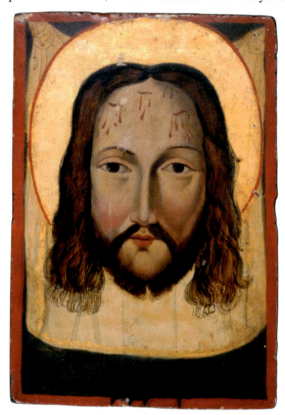

couleurs dominantes tandis que la forme des yeux comme le menton triangulaire confèrent à la figure un effet personnalisé. Deux particularités étrangères à l'iconographie orientale du Mandylion retiennent d'emblée l'attention. Sur le front, des gouttes de sang émanent de quatre plaies. Tout en évoquant la sueur jaillissant comme des gouttes de sang du récit évangélique (Luc 22, 44), ce sont les plaies ouvertes par la couronne d'épines qui saignent[24].

Fig. 8 - Reliquaire géorgien
(Paris, collection privée)
Le panneau central, revers : Mandylion

---

23. G. WOLF, From Mandylion to Veronica : Picturing the "disembodied" face and disseminating the true image of Christ, dans *The Holy Face and the Paradox of Representation,* H. KESSLER et G. WOLF éd., Bologne 1998, p. 164-165, note judicieusement la contradiction entre le nimbe et le linge, dont l'association est pourtant fréquente et donne lieu à des inventions iconographiques. Dans le triptyque sinaïtique, *supra* p. 137, fig. 4, l'effigie du Christ sur le mandylion que porte Abgar n'est pas nimbée.

24. Selon une tradition associant le Mandylion à la Passion du Christ et à Luc 22, 44, connue à Byzance mais ayant une place secondaire, le voile serait parvenu à Abgar après l'Ascension du Christ, *cf.* E. KITZINGER, The Mandylion at Monreale, dans *Arte profana e arte sacra a Bisansio,* A. JACOBINI et E. ZANINI éd., Rome 1995, p. 582.

Quant à la couronne, on l'aperçoit à peine dessinée de vert sur le fond vert du tableau sous le linge. Le travail des carnations et l'éclat des couleurs évoquant la peinture à l'huile suggère aussi une date plus tardive que celle fournie par l'inscription. Il est donc probable que l'icône centrale a été retouchée au cours du XVIIIe siècle.

Le visage du Christ imprimé sur un linge est au cœur de la pensée et du culte chrétiens. Sans discuter ici des traditions littéraires ou iconographiques extrêmement vastes et complexes autour du Mandylion[25], nous nous contentons de rappeler quelques précisions terminologiques et de souligner les aspects cultuels du thème qui sont pertinents pour l'étude du triptyque en question ainsi que pour la problématique des reliques de la Passion. La Sainte Face regroupe le Mandylion (Linge), le Kéramion (Brique, Tuile), la Véronique auxquels on peut ajouter l'icône acheiropoïète du Latran dont le culte s'est développé sans doute sous l'influence de la diffusion de la Véronique[26]. Ces termes et les formules iconographiques correspondantes relèvent de reliques et de légendes différentes qui convergent vers l'idée du *logos* incarné dont l'empreinte du visage du Christ est la preuve inébranlable[27]. Les deux premiers se fondent sur l'histoire du roi Abgar, guéri de sa maladie par l'intervention de l'effigie du visage du Seigneur.

La légende d'Abgar connaît une large diffusion en Orient bien avant les images dérivées. Or, si l'histoire d'Abgar est parfois représentée[28], c'est dissocié de la légende que le linge avec l'empreinte de la Sainte Face est consacré dans les décors des églises. La tuile, pour sa part, est la reproduction miraculeuse du Mandylion, cas unique de

25. Nous n'allons pas énumérer les nombreuses publications consacrées aux divers aspects de la Sainte Face. Près d'un siècle après la publication incontournable du dossier des textes par E. von DOBSCHÜTZ, *Christusbilder*, Leipzig, 1899), l'œuvre de H. BELTING, qui culmine avec la parution de *Bild und Kult* et sa traduction en plusieurs langues, a offert une connaissance exhaustive de l'iconographie de la Sainte Face en Orient et en Occident avec toutes ses variantes et ses mutations. Pour Byzance, l'étude par K. WEITZMANN (The Mandylion of Constantine Porphyrogennetos, *Cahiers archéologiques* 11, 1960, p. 163-184) de l'icône sinaïtique avec la légende d'Abgar est un repère important. Plus récemment, Z. SKHIRTLAZE (Under the sign of the Triumph of Holy Cross: Telovani Church Original Decoration and its Iconographic Programme, *Cahiers archéologiques* 47, 1999, p. 119-126), dans l'étude des fresques de Telovani, et S. GERSTEL (*Beholding the Sacred Mysteries. Programs of the Byzantine Sanctuary*, Seattle et Londres 1999), dans sa monographie sur la décoration du sanctuaire, se sont intéressés aux origines et aux fonctions du thème dans la peinture monumentale. L'intérêt pour la Sainte Face se poursuit comme le montre une bibliographie croissante où l'on notera, dans l'orientation de Belting et comme une suite de son *Bild und Kult*, les actes du colloque de la Biblioteca Hertziana (*The Holy Face and the Paradox of Representation*, H. KESSLER et G. WOLF éd., Bologne 1998), et, dans une autre perspective, l'exposition *Il volto di Cristo* tenue à la Bibliothèque du Vatican et le catalogue qui l'accompagne (*Il Volto di Cristo*, a cura di G. MORELLO, G. WOLF, Milan 2000).

26. WOLF, From Mandylion to Veronica, p. 167. La plus ancienne référence est une chronique française de la fin du XIIe siècle qui associe la Véronique au pape Célestin III qui, en 1197, aurait construit un autel pour la relique ; voir aussi *Il Volto di Cristo*, p. 103.

27. GERSTEL, *Beholding the Sacred Mysteries*, p. 68.

28. L'histoire de la translation encadre le Mandylion sur quelques icônes russes datant des XVIIe-XVIIIe siècles, ainsi que sur le cadre de l'icône de Gênes. Cependant, ce n'est pas un thème courant dans la peinture d'icônes. Les œuvres semblent constituer une catégorie à part avec quelques enluminures. Voir WOLF, From Mandylion to Veronica, p. 159.

duplication d'une icône acheiropoiète[29]. D'une iconographie identique, variant seulement quant au support de l'image (linge ou tuile), les deux sujets sont souvent représentés de pair dans la peinture monumentale de Byzance, détentrice de la relique, et dans l'aire d'influence de l'empire. En revanche, en Occident, c'est sous une autre forme et plus tard que le sujet deviendra important. Le Mandylion n'est pas une relique de la Passion mais une relique de la vie terrestre du Christ, donc de l'Incarnation[30]. C'est en tant que tel qu'il est triomphalement introduit dans la capitale et déposé à la chapelle du Phare, où il fut conservé avec les reliques de la Passion[31]. Avec la translation de la relique commence l'enrichissement sémantique de l'image et le rayonnement de son culte que reflète le développement iconographique du Mandylion[32]. Transféré en Occident après le sac de Constantinople en 1204, il aboutit à la Sainte-Chapelle. Cependant, sa place dans le trésor de saint Louis semble secondaire, comme le laissent comprendre les descriptions, les gravures et le fait qu'il n'a pas quitté son reliquaire byzantin pour être montré dans un nouveau reliquaire en cristal de roche[33]. En effet, après le transfert du Mandylion en France, sa valeur se déplace sur la Véronique de Rome qui l'emporte comme seul portrait authentique.

Rappelons ici que le nom de Véronique est à l'origine attribué à l'hémorroïsse ; ultérieurement la légende fait d'elle une femme qui, sur le chemin de la croix, donna à Jésus son voile pour qu'il s'essuie le visage. Le Seigneur y laissa ainsi son empreinte[34]. Comme le Mandylion, le voile de la Véronique n'est pas non plus lié initialement à la Passion du Christ ; cela se produit vers 1300 et c'est depuis lors que le motif de la couronne d'épines est repris sur des répliques et que le voile de Véronique figure parmi les *Arma Christi*[35].

---

29. Il y a au moins deux copies : l'une, à partir du linge même, que fit Ananias à Hiérapolis sur son chemin du retour ; l'autre, l'auto-duplication miraculeuse de la tuile une fois à Édesse ; cf. H. KESSLER, Configurating the Invisible by Copying the Holy Face, dans *The Holy Face and the Paradox of Representation*, p. 146, d'après la *Narratio de Imagine Edessena*, PG 113, col. 432. Un autre récit montre Abgar réunissant les deux tuiles et le linge au-dessus d'un puits dans lequel il laisse une tuile pour maintenir le pouvoir curatif de l'eau. La réplique a rejoint le Mandylion dans la chapelle du Pharos quelque trente ans plus tard.

30. Cf. BELTING, *Image et culte*, p. 282.

31. Notons que dans la liste que dresse Mésaritès à la veille de 1204, le Mandylion est mentionné indépendamment du décalogue hiérarchisant les reliques de la Passion qui se trouvaient alors à la Théotokos du Phare : cf. B. FLUSIN, Les reliques de la Sainte-Chapelle et leur passé impérial à Constantinople, dans *Le trésor de la Sainte-Chapelle*, J. DURAND et M.-P. LAFFITTE éd., Paris 2001, p. 29-30.

32. Pour la diversité terminologique autour du Mandylion dans les sources grecques, voir Chr. WALTER, The Abgar Cycle at Mateic, dans *Studien zur Byzantinischen Kunstgeschichte. Festschrift für Horst Hallensleben zum 65. Geburstag*, B. BORKOPP, B. SCHELLEWALD et L. THEIS éd., Amsterdam 1995, p. 223-225.

33. L'utilisation des matières vitreuses est attestée en Occident déjà au IXe siècle, cf. A. FROLOW, *Les reliquaires de la Vraie Croix*, Paris 1965, p. 31. Il semble en tout cas que le Mandylion était déjà en mauvais état lorsqu'il arriva en France, cf. J. DURAND, dans *Le Trésor de la Sainte-Chapelle*, p. 70-71.

34. KITZINGER, The Mandylion at Monreale, p. 582 ; WOLF, From Mandylion to Veronica, p. 156.

35. Le culte important de la couronne d'épines depuis sa translation à Paris a dû déterminer l'introduction de cet élément dans l'iconographie de Véronique.

Des légendes d'une moindre diffusion ainsi que des épisodes anecdotiques – tel que l'envoi de la Sainte Face de Laon, une image orientale, pour satisfaire la demande de l'abbesse de Montreuil-les-Dames qui souhaitait se procurer la Véronique de Saint-Pierre de Rome – illustrent bien l'assimilation de la légende du Mandylion et de l'iconographie orientale par son héritière romaine[36].

En tant que thème iconographique, le Mandylion devient une image poly-valente[37]. Il est signe apotropaïque, qui protège et sauve la ville d'Édesse assiégée par les Perses[38]. Il est aussi le porteur de la dialectique entre la piété et le pouvoir impérial qui implique le corps civique[39] et, par son intermédiaire, l'empereur s'appro-prie aussi à son profit la légende d'Abgar, à qui il s'identifie – la représentation du roi d'Édesse sous les traits de Constantin Porphyrogénète sur le triptyque sinaïtique en est la preuve[40]. En possession de la relique, les empereurs peuvent désormais, à l'instar de Moïse, voir le visage de Dieu ; est-ce une simple coïncidence que peu après, au XIᵉ siècle, dans une copie enluminée de Jean Climaque, *Vat. Ross.* 251, le Mandylion et le Kéramion, figurés l'un à côté de l'autre, sont désignés comme πλάκες πνευματικαὶ ?[41]

---

36. BELTING, *Image et culte*, p. 278. Rappelons que c'est au XVIᵉ siècle que les inventaires de la Grande Châsse de la Sainte-Chapelle attribuent le nom de Véronique à la toile avec l'empreinte de l'ef-figie du Christ, apportée de Constantinople avec le lot des reliques. Mais la confusion des deux reliques a déjà lieu dans les traductions latines de l'*Epistula Abgari*, cf. WALTER, The Abgar Cycle, p. 223. Pour la Sainte Face de Laon, cf. *Faith and Power*, p. 174-175.

37. *Cf.* A. GRABAR, *La sainte face de Laon. Le Mandylion dans l'art orthodoxe* [Seminarium Kondakovianum, Zografica 3], Prague 1931, p. 24 et T. VELMANS, Valeurs sémantiques du Mandylion selon son emplacement ou son association avec d'autres images, dans *Studien zur Byzantinischen Kunstgeschichte. Festschrift für Horst Hallensleben zum 65. Geburstag*, p. 173-184. La configuration du thème est certes déterminante pour la signification de chaque représentation. Or, plutôt qu'indépen-dants, les aspects sémantiques du Mandylion semblent s'associer et s'échelonner selon le contexte iconographique.

38. Voir A. CAMERON, The History of the Image of Edessa: the Telling of a Story, dans *Okeanos. Essays presented to Ihor Ševčenko on his Sixtieth Birthday* = Harvard Ukrainian Studies VII, 1983, p. 80-94 et, pour le rôle apotropaïque du Mandylion, G. PEERS, Orthodox Magic: an Amulet Roll in New York and Chicago, *Byzantine Studies Conference* 28, 2002, p. 44-45.

39. E. PATLAGEAN (L'entrée de la Sainte Face d'Édesse à Constantinople en 944, dans *La religion civique à l'époque médiévale et moderne (chrétienté et islam). Actes du colloque organisé par le Centre de recherche "Histoire sociale et culturelle de l'Occident. XIIᵉ-XVIIIᵉ siècles" de l'Université de Paris X-Nanterre et l'Institut universitaire de France (Nanterre, 21-23 juin 1993)*, A. Vauchez éd., Rome 1995, p. 21-35, en part. p. 31) note que l'entrée du Mandylion à Constantinople se présente comme un *adven-tus*, une entrée impériale et, p. 33, que Constantinople est avec l'empereur actrice du rituel d'installa-tion de l'Image et de la Lettre. Cette connotation demeure propre au Mandylion byzantin, ce qui constitue une différence notoire avec son pendant occidental, la Véronique. Cela se manifeste aussi dans les contextes respectifs des célébrations, le Mandylion étant associé à l'Assomption au 15 août tandis que la procession de la Véronique se déroulait à l'occasion de la fête des Noces de Cana.

40. L'interprétation de Weitzmann fut acceptée et suivie unanimement. WEITZMANN, The Mandylion of Constantine Porphyrogennetos, p. 163-184.

41. *Il Volto di Cristo*, p. 17.

En revanche, il convient de préciser que sous cet aspect le Mandylion se différencie radicalement de son pendant occidental, la Véronique, dont le parcours et l'iconographie évoluent indépendamment. Elle relève d'une procédure différente voire opposée : propagée par l'intermédiaire des indulgences (qui accentuent le pouvoir salvateur de l'icône) et de légendes populaires disponibles en langue vernaculaire, la Véronique représente en effet un autre rapport entre les fidèles et le divin, réglementé et géré par l'église[42].

Le Mandylion est aussi l'illustration du dogme de l'Incarnation : agissant à la place du Christ, l'effigie de son visage s'avère équivalente à sa présence physique. C'est à ce titre que, souvent doublé par le Kéramion (Tuile), il s'intègre dans les programmes iconographiques des Églises. Souvent entre les deux pendentifs orientaux, par sa place intermédiaire entre l'Annonciation et le Pantocrator, il contribue au message de la coupole[43].

Enfin, il peut être symbole eucharistique : la signification initiale de l'Incarnation s'élargit par une nouvelle dimension sémantique complémentaire, liée à la liturgie. Cette évolution se traduit par le transfert du Mandylion dans la partie la plus sacrée de l'église[44] ; dans le programme du sanctuaire qui, au XIIe siècle, se restructure sur l'idée du sacrifice eucharistique, le Mandylion est le symbole du Logos incarné et du sacrifice non-sanglant[45].

Tout comme le style de l'exécution, les particularités iconographiques de notre image – la couronne d'épines et les gouttes de sang sur le front de la Sainte Face – la distinguent du Mandylion en la rattachant à la Véronique et à la production artistique occidentale. L'iconographie la plus courante et la plus ancienne de la Sainte Face sur la toile de la Véronique reprend celle du Mandylion telle qu'elle se présente à Byzance : le visage du Seigneur entre deux volumes de cheveux se détache sur la surface blanche du linge[46]. Si dans les textes le Mandylion est associé à la Passion, ce n'est que tardivement, à partir du XVe siècle, que cela est visualisé par l'addition de la couronne et du sang. L'incorporation de la Véronique parmi les *Arma Christi* – catalogues des instruments et des reliques de la Passion qui inspiraient de pieuses

---

42. *Il Volto di Cristo*, p. 104 et 107-108 et WOLF, From Mandylion to Veronica, p. 166-171. À travers la figure même de la femme portant le voile, la Véronique offre un modèle de dévotion laïque.

43. GERSTEL, *Beholding the Sacred Mysteries*, p. 68 ; N. THIERRY, Deux notes à propos du Mandylion, *Zograf* 11, 1980, p. 16-19.

44. Notons à propos de la pluralité sémantique du Mandylion la double représentation du thème à Sakli kilise, une fois dans le naos et l'autre dans le sanctuaire (C. JOLIVET-LÉVY, *Les églises byzantines de Cappadoce ; le programme iconographique de l'abside et de ses abords*, Paris 1991, p. 85-86). Le transfert de l'image du Mandylion dans le sanctuaire est en quelque sorte un retour, dans la mesure où ses plus anciennes représentations se trouvent dans les pastophoria (THIERRY, Deux notes).

45. JOLIVET-LÉVY, *Les églises byzantines de Cappadoce*, p. 127 ; GERSTEL, *Beholding the Sacred Mysteries*, p. 71-73.

46. La représentation du Christ sur le Mandylion à partir de la nuque, de règle jusqu'à la fin du XIIe siècle, est désormais remplacée par celle de la tête seule entourée du nimbe. La survivance du premier type dans certaines églises situées en Crète et dans le Péloponèse est considérée comme un archaïsme, un recours des peintres locaux à des modèles plus anciens. Voir S. PAPADAKI-OEKLAND, Τo άγιο Μανδήλιο ως τo νέo σύμβoλo σε ένα αρχαίo εικoνoγραφικό σχήμα, *Deltion tes Christianikes Archaiologikes Hetairias* D-14 1987-1988, p. 283-294 et note 5 pour une liste exhaustive des exemples.

méditations – a certainement favorisé l'émergence de cette iconographie qui, en même temps que d'autres *imagines pietatis*, devient chère surtout dans l'Europe du Nord et chez les peintres germaniques[47]. Progressivement, le voile portant la Sainte Face avec ou sans les attributs du supplice apparaît indépendant de la figure de la propriétaire qui présentait la relique, sur des supports divers, surtout sur des prédelles, pour accompagner une Crucifixion sur le panneau central, ou sur des gravures[48].

Comme dans le cas de l'Ecce Homo sur l'avers du panneau, cette iconographie a pu se transmettre par des gravures, directement aussi bien que par l'intermédiaire de modèles russes. Signalons toutefois que, malgré les infiltrations occidentales qui nourrissent l'iconographie russe, le Mandylion, qui connaît un développement important à partir du XIVᵉ siècle, demeure assez conservateur, dépourvu des références réalistes à la Passion. Pourquoi l'artiste ou des commanditaires ont-ils opté pour ces modèles ? On ne peut qu'émettre des hypothèses que nous réservons pour l'interprétation d'ensemble. Malgré ses contaminations occidentales, le panneau central demeure une image du Mandylion ; c'est en tant que tel qu'il a pris au cœur du triptyque une place que la tradition géorgienne a certainement confortée.

Pour la Géorgie en effet, l'effigie acheiropoïète du Christ est d'une importance particulière. Elle remonte à la légende d'une copie miraculeuse du Mandylion, empreinte sur une tuile (*kéramion*) conservée au monastère Saint-Anton-de-Martqopi d'où elle devait disparaître lors des invasions de Tamerlan au XIVᵉ siècle[49]. Un des treize saints pères syriens, Anton, aurait secrètement apporté cette relique d'Édesse au milieu du VIᵉ siècle[50]. Selon une tradition du XIIᵉ siècle, avant même le Kéramion, une autre icône acheiropoïète aurait gagné la Géorgie : repeinte, dotée d'un revêtement en argent et placée au centre d'un triptyque au cours d'au moins quatre interventions, l'icône du Sauveur d'Anči, actuellement conservée au Musée national de Tbilisi, aurait été apportée d'Hiérapolis par l'apôtre André[51]. La provenance présumée de Hiérapolis pour l'icône d'Anči pourrait s'expliquer comme une contamination de la légende par celle du Kéramion dont la translation est plus solidement associée à cette ville. Quelle que soit l'historicité de ces légendes, on comprend

47. *Il Volto di Cristo*, p. 197. Pour quelques exemples italiens, voir *ibid.*, p. 190 et fig. p. 140 (le Santo Volto attribué à Carlo Criveli ou à Antonio da Viterbo l'Ancien) et p. 186, fig. 136 (la Vera Icona de Michele Bono dit Giambono) ; *cf.* BELTING, *Image et culte*, p. 297.

48. Il est fréquent sur des *encolpia* ou des bannières russes, cf. OIKONOMAKI-PAPADOPOULOU *et al.*, Εγκόλπια, p. 178 ; *Il Volto di Cristo*, nᵒ IV. 50-53, IV. 55-57.

49. Z. SKHIRTLADZE, Canonizing the Apocrypha: the Abgar Cycle in the Alaverdi and Gelati Gospels. Papers from a colloquium held at the Bibliotheca Hertziana, Rome and the Villa Spelaman, Florence, 1966, dans *The Holy Face and the Paradox of Representation*, p. 70. Pour les "treize saints pères" voir B. MARTIN-HISARD, Les "Treize saints pères". Formation et évolution d'une tradition hagiographique géorgienne (VIᵉ-XIIᵉ siècles), *Revue des Études Géorgiennes et Caucasiennes* 1, 1985, p. 141-168.

50. MARTIN-HISARD, Les "Treize saints pères".

51. Cette légende est rapportée par Jean évêque d'Ani, qui composa une série d'hymnes en l'honneur de l'icône, SKHIRTLADZE, Canonizing the Apocrypha, p. 71 et 74. C'est de cette époque que date une partie du revêtement, exécuté par l'orfèvre Beka Opizari sur ordre de la reine Tamar. Complémentaires, ces diverses expressions d'honneur à l'icône indiquent l'importance de son culte à l'échelle nationale.

l'effort pour cautionner la formation de l'Église géorgienne par les reliques du Seigneur. Cette quête d'authenticité donnera naissance à une autre légende significative, bien qu'elle ne soit guère plausible : une inscription du XVIIIᵉ siècle sur le revêtement de l'icône d'Anči l'identifie à la relique même du Mandylion qui aurait été transférée de Constantinople au temps de Léon l'Isaurien (sic !) et déposée à l'église d'Anči afin d'échapper à la furie des Iconoclastes[52].

Toutefois, d'après le témoignage de divers manuscrits liturgiques, l'Église géorgienne célèbre également la translation de la relique à Constantinople à la date anniversaire du 16 août[53]. D'autre part, la *vita* d'Anton de Martqopi parvient à associer entre eux ces trois éléments relatifs à la Sainte Face, à savoir la célébration, l'icône d'Anči et Anton[54]. Il est intéressant de noter que la place du thème dans les décors peints ainsi que celle de la légende d'Abgar dans la tradition des manuscrits est significative pour la sensibilité géorgienne au Mandylion.

De nombreuses copies de l'histoire d'Abgar nous sont parvenues[55] : certaines indépendantes, d'autres dans des recueils tandis que quelques autres complètent des tétraévangiles ; cette dernière configuration est propre à la documentation géorgienne. Parmi ces témoins, l'évangile d'Alaverdi (de 1054 copié près d'Antioche) et l'évangile de Gélati (XIIᵉ siècle) méritent l'attention pour être enluminés. Leurs illustrations correspondent à des recensions différentes et s'ajoutent à des programmes christologiques dont le second est particulièrement développé. C'est encore une différence avec l'enluminure byzantine où l'illustration de la légende, attestée surtout dans des ménologes, s'inscrit dans un ensemble de commémorations calendaires.

Ainsi, sur le plan de la composition du manuscrit, la légende d'Abgar est-elle "canonisée" en rejoignant le texte des évangiles, dont l'usage liturgique est primordial. De plus, par sa place à la suite des évangiles, elle représente une étape dans l'économie du salut, celle de la propagation et de la consolidation du *logos*. En guise de conclusion au tétraévangile, l'histoire d'Abgar comme ses illustrations n'atteste-t-elle pas l'authenticité de ce qui précède tout en avançant le modèle de celui qui a cru sans avoir vu ?

Le Mandylion trouve sa place dans la peinture murale à partir du XIᵉ siècle sous l'influence du culte de la fameuse relique qui se développe à Constantinople. L'iconographie géorgienne l'a aussitôt intégré en combinant des modèles byzantins et la tradition nationale entourant la relique de la Sainte Face[56].

---

52. La légende est contradictoire puisqu'elle situe la provenance constantinopolitaine de l'icône avant la translation de la relique dans la capitale. Ce qu'il faut retenir avec SKHIRTLADZE, *op. cit.*, p. 72, c'est l'assimilation de l'icône d'Ani avec l'image d'Édesse.

53. D'après la traduction de Georges l'Athonite, ce qui suggère l'origine grecque de la célébration.

54. SKHIRTLADZE, *op. cit.*, p. 72.

55. SKHIRTLADZE, *op. cit.*, p. 76, note plus de soixante copies et signale que le nombre des manuscrits qui contiennent seulement le texte de la légende est très important.

56. Si l'on acceptait avec Z. SKHITRLADZE, Early Medieval Georgian Monumental Painting, *Oriens Christianus* 81, 1997, p. 169-206 la datation au IXᵉ siècle pour l'abside de l'église de Télovani, la tradition géorgienne remonterait plus haut que la translation de la relique à Constantinople et précèderait donc son introduction dans les programmes iconographiques byzantins. Cependant l'état de conservation ne permettant pas de conclusion certaine, l'image pourrait suivre simplement la tradition paléochrétienne et figurer la tête du Seigneur en médaillon, sans allusion à la relique.

La place du Mandylion dans la décoration des églises relève de sa polyvalence sémantique dont le contexte iconographique souligne un aspect ou un autre. Image avant tout de l'Incarnation entre les figures de l'Annonciation au-dessus de la porte du sanctuaire, elle ne perd pas pour autant son caractère apotropaïque. À l'intérieur de l'abside et à proximité de l'autel, c'est la dimension sacrificielle de l'image qui est la plus prononcée ; détachée de son contexte "historique" ou "narratif", l'empreinte de la Sainte Face symbolise la présence réelle du Christ dans le sacrifice accompli lors de l'Eucharistie[57]. Dans tous les cas, on constate que à l'instar de la pieuse relique, l'accessibilité de l'image est réduite et réglementée. Plus que la vénération d'une relique, l'adoration du Mandylion relève de la vision mystique de la face du Seigneur. À l'instar de la relique conservée dans la chapelle du Phare, l'image du Mandylion prend d'abord place dans la partie la plus inaccessible des églises, dans les abords du sanctuaire réservés aux clercs[58]. Si la célébration de son acquisition offre la relique au culte public à travers la procession et la présentation de la relique, cela se passe toujours à une certaine distance qui préserve justement la contemplation de la Sainte Face comme un privilège mystique. D'une façon analogue, quand l'image du Mandylion s'offre au regard des fidèles, elle est pareillement éloignée, tantôt disposée en hauteur, où l'effet visuel varie selon l'éclairage, tantôt à moitié perceptible derrière la clôture du sanctuaire[59].

Comme les manuscrits avec l'image du Mandylion sont exceptionnels, très peu d'icônes comportent ce sujet[60]. Le fameux triptyque sinaïtique demeure énigmatique non seulement pour son iconographie – la reconstitution proposée par Weitzmann, certes convaincante, reste une hypothèse – mais surtout pour sa provenance et sa fonction. Tout en affirmant la portée constantinopolitaine du triptyque, Weitzmann a noté que le choix des saints dans le registre inférieur indiquait une orientation syro-palestinienne, ce qui lui a permis d'envisager l'hypothèse que l'icône ait été un cadeau destiné par la cour byzantine au monastère du Sinaï[61]. Deux autres icônes portatives de l'aire byzantine sont de peu antérieures à l'éclosion de l'iconographie de la Sainte Face en Occident. Celle de la Galerie Tretjiakov offre un unique exemple

---

57. SKHIRTLAZE, *op. cit.* ; GERSTEL, *Beholding the Sacred Mysteries*, p. 69-77.

58. Le Mandylion semble s'être d'abord introduit dans les *pastophoria* (THIERRY, Deux notes, p. 16-19) avant d'être "montré" comme preuve de l'Incarnation : cf. GERSTEL, *ibid.* ; WEITZMANN, The Mandylion of Constantine Porphyrogennetos, p. 167 avait déjà noté la difficulté de voir la relique pour expliquer que l'iconographie de la toile ait évolué indépendamment de la relique même.

59. À Constantinople, la relique fut enchâssée dans un reliquaire doré et suspendue dans le saint des saints de la chapelle impériale du Pharos. On est tenté d'évoquer l'analogie entre l'emplacement en hauteur du Mandylion-reliquaire et la place de sa représentation dans l'espace des églises. Cf. la description de Robert de Clari citée par J. DURAND, dans *Le Trésor de la Sainte-Chapelle*, p. 37.

60. WOLF, From Mandylion to Veronica, p. 164, affirme que, bien que le Mandylion de la capitale n'ait pas survécu, le thème était bien connu non seulement par la commémoration mais aussi visuellement.

61. WEITZMANN, The Mandylion of Constantine Porphyrogennetos, p. 184. Dans la publication plus concise du triptyque avec les plus anciennes icônes du monastère de Sainte-Catherine (K. WEITZMANN, *The Monastery of Saint Catherine at Mount Sinai. The Icons. Volume I: from sixth to tenth century*, Princeton 1976), l'auteur n'a pas repris l'hypothèse du cadeau, mais il a évoqué le critère liturgique pour la constitution du programme de l'objet.

de Mandylion dans sa dimension liturgique en raison de son association avec la vénération de la croix par deux anges portant les instruments de la Passion. Nous avons peu d'informations sur la production de cette icône qui regroupe deux images-reliques. Attribuée à l'école de Novgorod, elle s'associe par les sujets représentés au cérémonial et aux trésors de la capitale ; Belting a suggéré que le revers faisait allusion à la croix du skeuophylakion de Sainte-Sophie et que l'icône servait à la liturgie du Vendredi Saint[62]. Si la typologie de la Croix ne suffit pas pour confirmer l'identification proposée pour le revers, on retient l'affiliation constantinopolitaine de son iconographie, exceptionnelle pour le répertoire des icônes. Quant à la Sainte Face de Laon, que son inscription slavonne fait remonter aux pays balkaniques, les indices historiques témoignent de son importance égale presque à la relique sans éclairer pour autant l'usage auquel elle était destinée[63]. Cependant, la provenance orientale et le passage par Rome ainsi que l'implication d'acquéreurs d'un haut rang hiérarchique laissent du moins penser que cette œuvre sortait de la production en série.

À propos de l'icône de Novgorod, Belting a expliqué la faible diffusion du Mandylion en tant qu'image de la Passion comme l'effet de l'ambiguïté et du risque de dérive idolâtre suscité par le canon de Léon de Chalcédoine[64]. Par contraste avec l'importance du thème dans les décors des églises, l'extrême rareté du Mandylion dans la peinture d'icônes pourrait refléter la réglementation du culte de la relique et de son image par le contrôle de son accessibilité. C'est ce que laissent entendre par ailleurs les légendes autour de deux icônes arrivées au XIVe siècle, l'une à Moscou et l'autre en Italie. La première revendique l'origine constantinopolitaine de l'icône qu'aurait apportée de Constantinople en 1354 le métropolite Alexis de Moscou, la seconde plaide pour l'authenticité de la relique, qui est le célèbre Santo Volto de Gênes[65] ; si l'on ne dispose pas de documents suffisants pour considérer l'hypothèse d'un cadeau diplomatique émanant directement du pouvoir ecclésiastique ou politique, force est de constater que la reproduction du Mandylion en format d'icône portative semble être une sorte de privilège par lequel la capitale établit ou renforce ses liens autour de l'Empire.

Tandis que les images de la Passion introduites par les peintres crétois sont multipliées dans les icônes post-byzantines, le Mandylion ne revient pas avec elles malgré sa propagation alors en tant qu'image de dévotion dans l'Europe occidentale.

---

62. H. BELTING, The Man of Sorrows. An Image and its Function in the Liturgy, *DOP* 1980-1981, p. 11 et, pour l'icône, V. LAZAREV, *Storia della pittura bizantina*, Turin 1967, p. 229 ; K. ONASCH, *Ikonen*, Gerd Mohn 1961, p. 348.

63. GRABAR, *La sainte face de la Laon*, notamment p. 7-13 pour l'histoire de l'icône.

64. BELTING, The Man of Sorrows, p. 11 ; V. GRUMEL, Léon de Chalcédoine et le canon de la fête du saint Mandilion, *An. Boll.* 68, 1950, p. 135-152.

65. L'une des icônes, qui a été repeinte postérieurement, aurait été apportée de Constantinople en 1354 par le métropolite Alexis de Moscou, GRABAR, *La sainte face de la Laon*, p. 30. Le Volto de Gênes fut acquis par le doge Montaldo qui le légua par testament au monastère de Saint-Barthélemy-des-Arméniens. Voir C. BOZZO-DUFOUR, Il "Sacro Volto" di Genova. Problemi e aggiornamenti, dans *The Holy Face and the Paradox of Representation*, p. 55-67 ; *Il Volto di Cristo*, p. 91-92 et *Mandylion: intorno al Sacro Volto, da Bisanzio a Genova*, G. WOLF, C. DUFOUR BOZZO et A. R. CALDERONI MASETTI éd., Milan 2004.

En revanche, il connaît un succès croissant en Russie associé à la légende d'Abgar ou au cœur d'un ensemble d'images[66]. L'appel à l'intervention du Christ en faveur du tsar en 1662, à la veille de la guerre turco-russe, par la fabrication d'une croix reliquaire portant le Mandylion et l'inscription θέα θεοῦ θεῖον θαῦμα montre que l'image conservait pleinement son sens byzantin[67].

Limitée à l'inscription du revers, la documentation autour de notre reliquaire n'éclaire point les raisons qui ont présidé au choix des thèmes représentés et des modèles utilisés, sur quoi on peut émettre seulement des hypothèses, que nous réservons pour l'interprétation d'ensemble. En tout cas, même sous cette nouvelle formule iconographique, insolite en Orient et explicitement liée à la Passion, l'image du Mandylion sur le revers de l'icône centrale pouvait sûrement être comprise par les fidèles géorgiens.

LE SANCTORAL (fig. 9 et 10)

L'intérieur des volets est divisé en trois compartiments qui comportent chacun deux saints figurés à partir des hanches et identifiés par leurs noms inscrits sur les bords supérieurs de chaque compartiment. Celui de gauche regroupe des saints militaires en plus du diacre Étienne. Le volet droit comprend de saints hiérarques précédés par Jean Baptiste et la série s'achève avec les saints médecins Côme et Damien.

Fig. 9 - Reliquaire géorgien (Paris, coll. privée)   Fig. 10 - Reliquaire géorgien (Paris, coll. privée)
Volet gauche, revers : saints   Volet droit, revers : saints

66. La diffusion de la Sainte Face dans l'art russe concerne divers supports et types d'objets, comme des *encolpia* et bannières, *cf.* OIKONOMAKI-PAPADOPOULOU *et al.*, Ἐγκόλπια, n. 67 p. 178.

67. GRABAR, *La sainte face de Laon*, p. 30.

Les saints militaires sont tous vêtus de manteaux agrafés à la manière du costume des dignitaires romains, attribué à saint Georges et Démétrius dès l'époque paléo-chrétienne. Ces derniers, représentés sur le registre supérieur, portent des croix de martyrs à longs manches. Les costumes paraissent élémentaires comparés aux cuirasses élaborées que leur attribuent les icônes contemporaines, grecques et russes.

Bien qu'il soit le premier martyr de l'Église, Étienne ne porte pas de croix, ni ses attributs de diacre habituels, l'encensoir et la boîte à encens. Vêtu d'une chasuble à manches larges, bordée de perles, et de l'*orarion* du diacre, il tient devant la poitrine un codex dont la reliure, ornée de perles et munie de deux fermoirs, est minutieusement rendue. Dignitaires romains, Artémios et Eustathe portent des costumes militaires d'un rendu approximatif. Leur représentation est assez courante mais l'iconographie n'est pas figée. Artémius est figuré tantôt jeune, tantôt, surtout dans la peinture murale, avec une barbe et la chevelure grise ; en tout cas, son culte relève de sa faculté de saint guérisseur due aux miracles accomplis à son martyrium[68]. Plus rare est, en revanche, la représentation d'Eustathe imberbe.

Les figures du volet gauche, comme les saints médecins en bas à droite, sont vues de face pour le corps, mais elles se tournent légèrement l'une vers l'autre, tandis que dans le volet opposé, le Précurseur et les hiérarques posent dans une stricte frontalité.

Jean Baptiste, vêtu de la mélote, replie la main droite et tourne la paume en avant d'une manière qui rappelle le geste habituel des martyrs plutôt que l'attitude tradi-tionnelle d'allocution ou de prière. Jean Chrysostome, en tenue d'évêque, bénit de la main droite tandis que, dans l'autre main, il semble porter un encensoir, attribut habituel des hiérarques. Dans le registre médian, Jean l'évangéliste est représenté comme un vieillard en tenue sacerdotale et porte un codex ouvert tourné vers le spec-tateur ; cette apparence vestimentaire – d'habitude il figure vêtu à l'antique – fait sans doute allusion à sa dignité d'évêque d'Éphèse. À son côté, on hésite à propos du saint désigné comme Sabas qui porte au lieu du *koukoulion* monastique un *omophorion* noir au croix rouges : s'agit-il de Sabas de Jérusalem qu'on attendrait en tant qu'insti-gateur du monachisme caucasien en Palestine, mais qui est en général figuré en tant qu'ascète, ou bien des raisons particulières ont-elles dicté la représentation du saint archevêque de Serbie ? Nous pencherions pour la première identification puisque l'artiste semble peu soucieux de l'exactitude des détails vestimentaires[69].

Les saints Côme et Damien sont vêtus de tuniques ceintes à la taille et de manteaux analogues à ceux de saints militaires ; chacun porte une boîte à remèdes. Côme tient aussi une croix à long manche et Damien, une palme.

---

68. V. DÉROCHE, Pourquoi écrivait-on des recueils de miracles ? L'exemple des miracles de saint Artémios, *Les saints et leur sanctuaire à Byzance. Textes, images et monuments*, C. JOLIVET-LÉVY, M. KAPLAN et J.-P. SODINI éd., Paris 1993, p. 95-116.

69. Cf. par exemple la représentation du saint avec le *koukoulion* monastique dans le manuscrit Ančisxati gulani, Tbilisi A-30-32, F. DEVDARIANI, *Miniat'ury Anchiskhatskogo gulani: khudozh-estvennye tenden'sii gruzinskoi miniat'urnoi zhivopisi XVII v.*, Tbilisi 1990, pl. III et XII. Saint Sabas est fréquemment représenté dans la peinture monumentale comme figure emblématique de l'orthodoxie géorgienne, *cf.* F. DEVDARIANI, *Miniat'ury Anchiskhatskogo gulani*, *op. cit.* p. 180.

Le choix et la répartition des saints ne sont guère surprenants ; représentant différentes catégories hagiographiques, ils figurent l'église triomphante instituée par le sacrifice du Christ[70]. On notera seulement l'absence de la sainteté féminine, qu'on voit souvent pourtant – il est vrai dans une proportion moins importante – parmi les figures du sanctoral des icônes ou des décors monumentaux. Ils appartiennent à trois catégories hagiographiques dont le rôle dans l'église est fondamental : les saints militaires – défenseurs de la foi –, les hiérarques – ministres de la liturgie –, et les médecins, garants de la guérison du mal (donc de l'espoir de la rémission des péchés). La vénération primordiale de saint Georges, à qui les Géorgiens doivent d'ailleurs cette appellation, a sans doute dicté son emplacement en tête du cortège ; Démétrius, qui le suit, est également un des saints les plus vénérés et les plus souvent représentés dans l'art géorgien[71]. Dans le même ordre d'idées, la présence de saint Sabas qui clôt la série des hiérarques évoque les origines du monachisme géorgien en Terre Sainte, qui, à cette époque, semble d'ailleurs connaître un certain renouveau. On pourrait également supposer la prédilection des commanditaires pour ce saint en rappelant que leur fils illustre prit ce nom quand il se fit moine.

Les reliques contenues dans le panneau central du triptyque en question ne correspondent qu'en partie au sanctoral figuré sur les volets. Les saints sont identifiés ainsi :

1er rang de g. à dr. : vide, Mercure, non identifié, Oreste, Euthyme

2e rang de g. à dr. : un apôtre, Jean-Baptiste, Côme, Damien

3e rang de g. à dr. : Théodore, Théodose, Jean l'Aumônier, Paraskève, Tous-les-saints (sic !)

4e rang de g. à dr. : Georges, Luc, Cyprien, Étienne le Protomartyr, Jean Amastielis,

5e rang de g. à dr. : Grégoire le Décapolite, Catherine, Étienne (le Jeune), Polycarpe, l'apôtre André

6e rang de g. à dr. : Sabas, Serge et Bacchus, Sabas, Jean Chrysostome, Gaïanē

On ignore comment ces parcelles ont été acquises et rassemblées. Mais le sanctoral du reliquaire reflète de manière satisfaisante la dévotion géorgienne et complète efficacement le répertoire hagiographique du reliquaire. On remarque que à l'instar de l'iconographie, la désignation des parcelles est approximative, voire insuffisante : outre la surprenante appellation "Tous-les-saints", on a une sainte parcelle anonyme et on n'apprend pas de quel Théodore ni de quel Sabas il s'agit. On retient la provenance orientale des saints représentés parmi lesquels on notera particulièrement la sainte arménienne Gaianē et Polycarpe, fort lié à la piété agricole[72]. Il y a cependant tout lieu de croire que c'est au moment de la confection du triptyque qu'on a agencé la planche reliquaire, sur laquelle nous reviendrons pour la typologie.

L'observation du reliquaire ouvert fait d'emblée sentir une différence frappante entre l'intérieur des volets et le panneau central, malgré la différence d'échelle des figures qui a sûrement déterminé la qualité de l'exécution. La représentation des saints à partir des hanches est caractéristique de cette période tardive et se retrouve

---

71. T. Velmans et A. A. Novello, *Miroir de l'Invisible. Peintures murales et architecture de la Géorgie (vie-xve siècles),* Milan 1996, p. 114-115.

72. À propos de Polycarpe, voir S. Gerstel, The Sins of the Farmer: Illustrating Village Life (and Death) in Medieval Byzantium, dans *Word, Image, Number. Communication in the Middle Ages,* J. J. Contreni et S. Casciani éd., Sismel 2002, p. 205-217.

dans des icônes russes mais aussi, plus près de notre objet, dans les fresques d'Ananouri. Les types faciaux sont fort stylisés et ne permettent pas le rapprochement ou l'attribution à un atelier. Plus caractéristiques, les personnages juvéniles se distinguent par la forme triangulaire des visages au menton pointu que marquent de grands yeux en forme d'amande sous des sourcils peu arqués ; comme les yeux, les lèvres fines et allongées confèrent une expression figée et suave, qui n'est pas sans évoquer l'art iranien[73] ; le même type de visage iranisant se retrouve sur les anges et les figures des damnés dans la composition du Jugement Dernier à Ananouri, dont le bon état de conservation permet la comparaison satisfaisante avec notre icône. Malgré son inspiration occidentale, l'icône centrale relève également du même ordre d'influence pour ce qui est de l'aspect charnu de l'Ecce Homo et surtout de ses traits faciaux. La différence dans la facture impose de distinguer une autre étape et de suggérer pour le panneau central une datation postérieure à celle des volets latéraux, pouvant même descendre jusqu'au début du XIXe siècle. L'observation de l'objet à l'œil nu ne permet pas d'affirmer l'existence d'une couche inférieure de peinture. Cependant, cela semble fort probable, du moins pour l'avers du panneau. Le revêtement, assez typique de l'orfèvrerie géorgienne du XVIIe siècle, fut certainement exécuté pour une image du Christ sur la croix, mais peut-être d'une iconographie différente[74]. La figure de Jésus ne s'inscrit pas dans l'espace découpé suggérant un décalage chronologique entre la peinture et le revêtement. Bien que les motifs soient trop différents pour comparer le revêtement externe à celui du panneau central, on ne peut exclure l'origine différente de ces deux parties : la qualité du métal n'est pas la même, non plus que le type des fers utilisés – même si des raisons pratiques peuvent expliquer ces différences. En tout cas, on peut envisager pour le revêtement de l'Ecce Homo une date de peu antérieure au revêtement externe, mais il faut voir dans la partie peinte le résultat d'une intervention postérieure ou bien de l'utilisation d'une nouvelle âme de bois qui aurait remplacé le panneau central d'origine.

Afin d'interpréter le décor de notre triptyque dans son ensemble et compte tenu de sa particularité fonctionnelle de reliquaire, il convient de le replacer au sein de deux catégories d'instruments du culte : d'une part les icônes, plus particulièrement les triptyques et, d'autre part, les reliquaires.

Comme les diptyques consulaires, les triptyques remontent aux formes des objets de culte de l'Antiquité et constituent une catégorie particulière au sein des icônes médiévales[75]. Peints ou sculptés, munis de revêtements, on en trouve sous des formats

---

73. L'influence iranienne se fait sentir dans l'art géorgien depuis les invasions des Mongols. À cette époque tardive le recours au langage plastique iranien est constant surtout pour le répertoire ornemental et l'enluminure à sujets profanes. Voir, K. WEITZMANN et G. ALIBEGAŠVILI et al., The Icon, Londres 1981, p. 91, S. AMIRANAŠVILI, La miniature géorgienne , Moscou 1966. fig. 91 et suiv.

74. T. SANIKIDZÉ et G. ABRAMISHVILI, Orfèvrerie géorgienne du VIIe au XIXe siècle, Catalogue d'une exposition au Musée d'Art et d'Histoire de Genève, Genève 1979, no 65 ; G. TSCHOUBINACHVILI, L'orfèvrerie géorgienne (VIIIe-XVIIIe siècles), Tbilisi 1959, p. 180-182.

75. T. F. MATHEWS, Imperial Art as Christian Art - Christian Art as Imperial Art. Expression and Meaning in Art and Architecture from Constantine to Justinian, Acta ad Archaelogiam et Artium Historiam Pertinentia 15 (NS 1), 2001, p. 171-172 ; W. EHLICH, Bild und Rahmen im Altertum: Die Geschichte des Bilderrahmens, Leipzig 1953, p. 83-90.

et sur des supports divers. Les exemples les plus anciens, conservés dans un état fragmentaire à Sainte-Catherine du Sinaï, datent du VIIe siècle[76]. De l'époque byzantine moyenne, on connaît des triptyques en ivoire, dont certains sont parvenus complets, mais apparemment pas en bois peint. C'est seulement à partir du XVe siècle que des triptyques en bois sont conservés en entier. En revanche, pour la Géorgie, une série de triptyques datant du Xe au XVIIIe siècle offrent un témoignage inégalé sur la continuité de ce genre d'icônes, du moins dans cette région du Caucase, ainsi que de l'évolution de sa structure iconographique[77].

La forme quasi-architecturale des triptyques conditionne leur manipulation et impose la hiérarchisation des sujets selon la dialectique ouverture-fermeture, propre à ce type d'objet[78]. Ainsi les scènes et les figures sont-elles regroupées et réparties selon un programme iconographique plus ou moins développé mais toujours cohérent, régi par une idée maîtresse. Leur emplacement, l'espace qui leur est accordé et l'ordre de leur apparition sont donc significatifs. On peut d'ailleurs comparer l'articulation d'un décor de triptyque à un ensemble de peintures murales[79].

D'une manière générale, comme dans les triptyques byzantins, les programmes des triptyques géorgiens s'articulent autour de l'idée de l'exaltation ou du culte de la Vierge, représentée, souvent avec l'Enfant, dans le panneau central. Mais les exceptions ne manquent pas :

– le triptyque d'Anči mentionné déjà ci-dessus pour l'icône acheiropoïète qui en constitue le noyau, offre, avec notre triptyque, un rare exemple où la figure du Sauveur occupe le panneau central. Mais il faut noter que le revêtement et les volets latéraux furent exécutés plus tard pour encadrer l'icône centrale, sans doute indépendante à l'origine[80].

– un triptyque de Ušguli, de la première moitié du XIVe siècle, orné de scènes de la Passion, est consacré au sacrifice du Christ : au milieu, on voit la Déposition de la Croix, selon une iconographie habituelle à l'époque. À gauche (sur le revers du volet

---

76. *ODB* III, p. 2120-2121. Pour la structure des triptyques du Sinaï, K. WEITZMANN, Fragments of an early St. Nicholas Triptych on Mount Sinai, *DChAE* D-4, 1964-1965, p. 18-23 et pour la présentation détaillée WEITZMANN, *The Monastery of Saint Catherine at Mount Sinai. The Icons, passim.*

77. La comparaison entre les productions byzantine et géorgienne des triptyques pose le problème de leur relation. N. CHICHINADZE, Some Compositional Characteristics of Georgian Triptychs of the Thirteenth through fifteenth Centuries, *Gesta* 35/1, 1996, p. 66-76, constate la parenté entre des triptyques géorgiens et les triptyques en ivoire byzantins quant à leur structure et leur iconographie. Ces dernier furent-ils à l'origine des reproductions en matériaux moins coûteux bien que tout aussi prestigieux puisque le plus souvent les triptyques géorgiens portent des revêtements en argent ? *Cf.* L. JAMES, *Light and Color in Byzantine Art*, Oxford 1996, p. 137 ; dans la hiérarchie de Paul le Silentiaire l'ivoire vient tout de suite après l'argent.

78. G. DIDI-HUBERMAN, Face, proche, lointain : l'empreinte du visage et le lieu pour apparaître, dans *The Holy Face and the Paradox of Representation,* p. 99 et J.-Cl. SCHMIDT, Les reliques et les images, dans *Les reliques. Objets, cultes, symboles. Actes du colloque international de l'Université du Littoral Côte d'Opale (Boulogne-sur-Mer) 4-6 septembre 1997,* E. BOZOKY et A.-M. HELVÉTIUS éd., Turnhout 1999, p. 149.

79. CHICHINADZE, Some Compositional Characteristics, p. 66-76.

80. SKHIRTLADZE, Canonizing the Apocrypha ; R. MEPISACHVILI et V. TSINTSADZE, *L'art de la Géorgie ancienne*, Leipzig 1978, p. 276.

droit), on a représenté le chemin de la croix avec l'image du Christ-aux-liens, emmené par un soldat derrière Simon qui porte la croix. Malheureusement la scène qui lui faisait pendant sur le volet opposé a disparu ainsi que la figure ou le motif qui surmontait la composition centrale, vers quoi les deux anges dirigent leur regard[81].
– notons en dernier lieu le programme hagiographique d'un triptyque provenant également de Ušguli et daté du XVe siècle, qui comporte au milieu la figure du prophète Élie, dans la grotte, nourri par le corbeau, flanquée par deux anges sur le revers des volets[82].

Pour revenir à la forme particulière de notre triptyque, on soulignera que sa divergence essentielle avec les icônes reliquaires est la dissimulation des ossements sous le panneau central. Il n'y a pas de doute que cette disposition est délibérée et conditionnée par la fonction de l'objet. En reconsidérant l'ensemble, on s'aperçoit de la cohérence dans la structure du décor ainsi que de son inspiration liturgique : image par excellence évocatrice de l'Incarnation, le Salut à la Vierge annonce le processus de rédemption mais soustrait au regard le mystère contenu derrière les volets fermés. Rarement représentée sur les triptyques – le plus souvent ce sont des anges ou des saints militaires qui gardent l'icône centrale –, l'Annonciation évoque ici par son emplacement les portes de bêma[83]. C'est dans ce même ordre d'idées que l'on comprendra l'enchaînement des images et des reliques à l'intérieur du triptyque. Tel qu'il apparaît à l'ouverture des volets, notre objet présente au fidèle le Christ dans l'extrême humilité qui précède son sacrifice, mais aussi triomphant au milieu de l'Église que représentent les saints sur le revers des volets – rappelons d'ailleurs que, par sa forme, le roseau ressemble à la palme des martyrs. Après cette lecture horizontale le fidèle est invité au retournement initiatique du panneau central : l'image-relique de la Passion du Mandylion avec les gouttes de sang et la couronne d'épines et en même temps les reliques des saints sont alors révélées et exposées à la vénération.

Le programme s'articule dans le même ordre d'idées que les décors de sanctuaire tandis que l'insertion des reliques dans la partie la plus secrète du triptyque perpétue l'habitude ancienne de consacrer les autels en y encastrant des reliquaires. Disposition et programme du triptyque suggèrent sa fonction liturgique, une sorte d'autel portatif ou d'*antimension*.

Sans chercher ici à établir une typologie exhaustive des reliquaires, nous insisterons plus particulièrement sur l'icône-reliquaire.

Si l'on peut dire qu'une hiérarchie des reliques s'est vite établie, il n'y a pas de doute que la croix y tient la place primordiale. Vénérée publiquement autant qu'en privé, elle est la relique la plus diffusée, bien sûr en parcelles ; la forme originale de

---

81. CHICHINADZE, *op. cit.,* p. 69, fig. 6.
82. CHICHINADZE, *op. cit.*, p. 71, fig. 7.
83. WEITZMANN, Fragments of an early St. Nicholas Triptych on Mount Sinai, p. 16-18, a constaté l'association entre le Mandylion et l'idée de passage, souvent visualisée dans la décoration des églises, et il a comparé l'ouverture des volets d'un triptyque à celle des portes de l'iconostase dans leur importance liturgique. J.-M. SPIESER, Portes, limites et organisation de l'espace dans les églises paléochrétienne, *Klio* 77, 1995, p. 440, à propos de l'ambiguïté de la porte qui est à la fois le dehors et le dedans, qui tient à la fois du sacré et du profane, cite la définition de la porte dans la *Vie d'Étienne le Jeune* : "Θύρα δὲ ἡ εἰκὼν λέγεται, ἥτις διανοίγει τὸν κατὰ Θεὸν κτισθέντα νοῦν ἡμῶν πρὸς τὴν ἔνδον τοῦ πρωτοτύπου καθομοίωσιν".

l'instrument de la Passion est constamment rappelée par celle du reliquaire, la stauro-thèque, soit à l'extérieur, soit à l'intérieur, avec l'entaille réservée dans une boîte à glissière[84].

À côté de cette forme, on rencontre diverses châsses, pyxides et coffrets qui contiennent des ossements des saints ou bien des reliques indirectes. La vénération des reliques des saints était liée à leur commémoration dans un espace et une céré-monie publics et, comme pour les reliques de la Passion, rythmée par le calendrier liturgique. Le "pillage" et le transfert en Occident des trésors religieux après 1204 ont appauvri la capitale byzantine en reliques et reliquaires – le trésor de la chapelle du Phare n'est pas un cas isolé – réduisant ainsi tristement notre documentation matérielle. Les tendances dans la fabrication et la diffusion des reliquaires divergent encore plus par la suite selon les concepts esthétiques et cultuels, comme le montre la transformation systématique des reliquaires apportés de Byzance[85]. Dans l'Occi-dent latin, les reliques de la Passion quittent leurs boîtiers peints ou ciselés pour des enveloppes transparentes en cristal de roche. À la même époque, les ossements des saints sont protégés dans des reliquaires "parlants" ou corporels (exécutés en ronde-bosse), souvent des statues entières, formes qui n'ont jamais existé à Byzance ni chez ses voisins[86].

Des icônes-reliquaires existent dans les deux mondes, mais avec peu de points communs. Leur apparition et leur utilisation posent problème ; les spécimens conservés sont peu nombreux, de datation incertaine mais sûrement assez tardive. La forme composite de ces objets, comportant des entailles pour les parcelles ou des pièces en argent greffées sur l'icône, complique de surcroît leur datation : les interventions succes-sives ne laissent pas toujours de trace. Certaines descriptions latines des reliquaires apportés en Occident témoignent de l'existence d'icônes-reliquaires destinées à contenir des reliques de différents saints. Mais ces mentions restent insuffisantes pour cerner l'inspiration byzantine des reliquaires gothiques comme pour reconstituer les

---

84. A. FROLOW, *La relique de la Vraie Croix. Recherches sur le développement d'un culte*, Paris 1961, p. 29-30. Cette priorité de la croix se reflète dans le grand nombre de reliquaires conçus pour en contenir des parcelles, même si parfois l'objet reste vide. Un exemple caractéristique est le reliquaire du Walters Art Museum avec des reliques réparties autour d'une croix, *Faith and Power*, nº 149, p. 240, N. ŠEVČENKO, The Limbourg Staurothek and its relics, *Θυμίαμα στη μνήμη της Λασκαρίνας Μπούρα*, Athènes 1994, I, p. 289-294, et pour l'importance des reliques du bras d'un saint, I. KALAVREZOU, Helping Hands for the Empire. Imperial Ceremonies and the Cult of Relics at the Byzantine Court, dans *Byzantine Court Culture from 829 to 1204*, H. MAGUIRE éd., Washington, DC, 1997, p. 53-79.

85. Cette transformation dépasse la simple intervention et peut concerner la fonction et l'utilité des objets. Ainsi, peu après son arrivée en Italie, un calice constantinopolitain se transforme-t-il en chef reli-quaire de saint Jean-Baptiste, de même que certaines icônes deviennent en quelque sorte des reliques, cf. *infra* p. 216.

86. Pour les reliquaires parlants, voir C. W. BYNUM et P. GERSON, Body-Part Reliquaries and Body Parts in the Middle Ages, *Gesta* 36, 1997, 1, p. 3-7 ; B. D. BOHEM, Body-Part Reliquaries: The State of Research, *Gesta* 36, 1997, ainsi que les autres contributions dans le même volume pour les reliquaires en Occident. Le seul cas de reliquaire byzantin annonçant le contenu par la forme est une catégorie de staurothèques. Une catégorie particulière est formée par les bras-reliquaires arméniens, où une relique corporelle devient un instrument liturgique, cf. A. BALLIAN éd., Armenian Relics of Cilicia, Athènes 2002, p. 83-93.

formes byzantines[87]. Plutôt que des icônes, ces objets étaient des reliquaires en forme de tableau, à savoir des boîtiers peu profonds munis d'un couvercle à glissière. Bien que ce système de fermeture ne soit pas attesté dans les exemples connus, les deux objets partagent une iconographie composite qui réunit plusieurs figures ou sujets sur la surface du panneau[88].

Les icônes-reliquaires sont intrinsèquement liées aux icônes-reliques, deux fonctions souvent assimilées au sein du même objet. Tout d'abord sur le plan linguistique : εἰκών comme *xati* en géorgien, ainsi que *imago* désignent le sujet représenté comme la réalisation matérielle de sa représentation. Ensuite, outre les icônes acheiropoïètes, qui en offrent l'exemple le plus éloquent, à la fin du Moyen Âge, certaines icônes sont traitées comme des reliques lorsqu'elles sont insérées comme noyau d'un triptyque ou d'une icône plus grande. Si l'objectif de ce genre de pastiche est de restaurer une pièce ancienne – d'ailleurs les matériaux sont souvent précieux, stéatites et ivoires – il s'agit en tout cas d'une manifestation de piété qui va de pair avec la réflexion créative pour fournir à l'œuvre isolée un nouveau contexte. Prenons l'exemple d'une icône-reliquaire de l'Ermitage : elle emboîte une Crucifixion du XIe siècle, plus petite, bordée de quelques parcelles de reliques ajoutées ultérieurement[89]. Pareillement un ivoire vénitien est placé au cœur d'une icône, conservée au Louvre, sertie de parcelles diverses avec des encadrements et des authentiques gothiques[90]. Encore plus caractéristique est l'exemple de l'icône en mosaïque du Christ de Pitié qui constitue le noyau central du triptyque conservé à l'église Sainte-Croix-de-Jérusalem et qui a stimulé la diffusion de ce thème iconographique en Occident[91] (fig. 11).

D'après le matériel connu et inventorié, la pratique de l'image dans l'image est de règle en Géorgie et, pour cela, c'est la forme du triptyque qui est systématiquement utilisée. Mais peut-on considérer les triptyques géorgiens au même titre que les icônes reliquaires, puisque nous ne connaissons pas d'exemple d'incrustation de reliques[92] ? Très souvent, l'icône destinée à remplir l'entaille au milieu du panneau central d'un triptyque non seulement lui est contemporaine, mais elle fait partie d'une conception d'ensemble. Tel est le cas dans le triptyque d'Ubissi où l'icône centrale, représentant sûrement la Vierge à l'enfant, s'intègre au cœur d'un programme de scènes vétéro-testamentaires. Y a-t-il une relation entre ces deux types d'objets, les reliquaires et les icônes qui partagent le schéma du triptyque ?

---

87. C. SOLT, Byzantine and Gothic Reliquaries, *BSL* 45, 1984, p. 212-216.

88. FROLOW, *Les reliquaires de la Vraie Croix*, p. 93-105. Cette forme de panneau sert surtout pour les staurothèques.

89. K. WEITZMANN, G. ALIBEGAŠVILI *et al.*, *The Icon*, Londres 1981, p. 19, 61 ; et Y. PIATNITSKY *et al.*, *Sinaï, Byzantium, Russia. Orthodox Art from the Sixth to the Seventh Century*, Londres 2000.

90. J. DURAND, L'icône reliquaire de la Nativité de l'ancienne collection Marquet de Vasselot, *La revue du Louvre et des Musées de France* 3, 1996, p. 29-41.

91. *Faith and Power*, no 131, p. 221. C. BERTELLI, The "Image of Piety" in Santa Croce in Gerusalemme, D. FRASER *et al.* éd., *Essays in the History of Art Presented to Rudolph Wittkower*, Londres 1967, p. 40-55.

92. Quelques mentions bibliographiques sont imprécises sur la nature et la disposition des reliques comme par exemple SANIKIDZÉ et ABRAMISHVILI, *Orfèvrerie géorgienne du VIIe au XIXe siècle*, no 60.

Fig. 11 - Rome, Sainte-Croix-de-Jérusalem : triptyque reliquaire
(d'après H. Evans éd., *Faith and Power*, New Heaven 2004)

Contrairement au grand nombre des objets avec des reliques incrustées en Occident, les icônes-reliquaires semblent apparaître tardivement et rester limitées à quelques œuvres exceptionnelles associées à des commanditaires d'un rang social important. Les mentions littéraires précèdent les témoins conservés. Ainsi, l'inventaire de Patmos, rédigé en 1200, décrit-il une icône-diptyque portant six images et les reliques correspondantes ainsi qu'une icône de saint Paul avec les reliques du saint[93]. Une icône

93. C. Astruc, L'inventaire dressé en septembre 1200 du trésor et de la bibliothèque de Patmos. Édition diplomatique, *TM* 8, 1981, p. 20. La notice est peu éclairante sur la forme des objets. L'icône à deux volets contenant dans l'une partie six icônes/représentations, à l'intérieur desquelles se trouvent les mêmes saintes reliques (εἰκών δίπτυχος ἔχουσα εἰς τὸ ἓν μέρος εἰκονίσματα ἕξ, ὧν ἐντός εἰσί τὰ αὐτῶν ἁγίων λείψανα) ne trouve de pendant ni dans les reliquaires ni dans les icônes que nous connaissons. Il semble peu probable que cet objet ait été semblable au diptyque de Cuenca puisque les représentations et les reliques se trouvent d'un seul côté ; on se demande aussi comment les reliques

datée du XIIIe ou du XIVe siècle provenant de Thessalonique réunit le portrait de saint Démétrius, en panneau en mosaïque exécuté dans la cavité de la planche, et une ampoule à eulogie insérée dans le bord muni par ailleurs d'un revêtement en argent[94]. Tous ces objets varient dans la disposition des reliques et on peut supposer qu'il n'y a pas eu de normes précisant la façon dont les reliques seraient incorporées ni leur nombre. La documentation ne permet pas non plus d'expliquer les raisons de l'ajout de reliques corporelles des saints sur une icône ni la façon dont ces icônes reliquaires étaient utilisées[95]. Il semble que l'insertion de parcelles fragments de reliques dans une icône était contemporaine de l'exécution de cette dernière et pouvait même constituer la raison de sa fabrication. Il est difficile néanmoins de préciser quand et surtout pourquoi les reliques quittent les boîtiers pour rejoindre des figures peintes sur une icône portative, bien que les deux modes coexistent. En tout cas cette nouvelle pratique change la relation visuelle entre les fidèles et les reliques, qui sont désormais rendues accessibles avec l'icône et offertes alors à la contemplation et à la prière (contrairement au contact instantané que semblent avoir les fidèles avec les reliques montrées par le clergé lors de rituels précis).

L'icône de l'Ermitage évoquée plus haut est un assemblage de figures et de reliques sur un panneau rectangulaire de moindre épaisseur qui répondrait à la piété personnelle du commanditaire ; selon André Grabar, les reliques l'emportent sur les représentations qui les encadrent. En tout cas, les unes semblent indépendantes des autres, et l'ensemble articulé selon une hiérarchie ecclésiale : avec les saints et les apôtres, les reliques encadrent le corps de l'Église représenté par le sacrifice du Christ au milieu et les saints hiérarques autour[96].

Dans les quelques autres exemples d'icônes-reliquaires, les parcelles d'ossements plus nombreuses encadrent le thème central du panneau. Ce dernier peut exposer librement les reliques, comme dans le cas de l'icône de l'Ermitage, ou bien les protéger par la fermeture des deux volets du diptyque. Rappelons l'exemple d'une icône roumaine commanditée par la famille aristocratique des Craiovescu[97]. Au centre de la composition, saint Jean-Baptiste ailé, figuré à mi-corps, est entouré par une série de reliques, toutes de la même taille, insérées dans la planche et identifiées par les noms des saints correspondants inscrits au-dessus de chaque parcelle. Sur l'axe central,

---

étaient disposées à l'intérieur (ἐντός) des sous-icônes. On se demande s'il ne s'agissait pas d'un objet comme le reliquaire géorgien provenant du monastère des Saints-Cyr-et-Julitte en Svanétie ; il pourrait consister en un volet-reliquaire à six compartiments fermés par de petits vantaux avec les effigies des saints et un couvercle, non pas à coulisse, mais qui se rabattrait comme un deuxième volet (cf. FROLOW, *La relique de la Vraie Croix,* no 662 et ID., *Les reliquaires de la Vraie Croix,* fig. 47).

94. *Faith and Power,* no 139, p. 231-233.

95. FROLOW, *Les reliquaires,* p. 103 considère la disposition des reliques autour d'une représentation centrale comme rare à Byzance.

96. A. GRABAR, *Les revêtements en or et en argent des icônes byzantines du Moyen Âge,* Venise 1975, p. 75-76. La production de cet ensemble factice est datée à l'époque des Paléologues, cf. PIATNITSKY *et al.,* *Sinaï, Byzantium, Russia,* p. 88-89 ; FROLOW, *Les reliquaires,* p. 103.

97. M. ACHEIMASTOU-POTAMIANOU, *Romanian Icons,* Athènes 1993, p. 46-47. Cette famille éprouve un intérêt plus large pour les reliques puisqu'elle est mentionnée à l'initiative du transfert des reliques de saint Grégoire le Décapolite au monastère de Bistriţa.

au-dessus du Précurseur, la Vierge à l'Enfant placée est au sommet d'un cortège de saints et de martyrs qui avec des parcelles rectangulaires encadrent la figure centrale, disposée également en buste. Leurs dimensions, plus ou moins les mêmes, sont plus grandes que celles de la rangée intérieure, selon semble-t-il l'importance des saints correspondants. Jean-Baptiste se trouve entouré d'abord par les reliques de saints pour la plupart moines, puis par un cortège de saints hiérarques d'une importance liturgique considérable[98]. Malheureusement, on ignore les conditions de vénération de cette icône.

Sur le diptyque de 1367-1368, conservé à la cathédrale de Cuenca, la princesse Maria Paléologina et son époux, Thomas Preljubović, se prosternent aux pieds du Christ et de la Vierge ; tout autour, vingt-huit saints sont représentés en buste authentifiant, avec leurs noms inscrits en abrégé, les reliques fixées dans le bois sous une protection en cristal de roche[99]. Une réplique plus modeste de ce diptyque existait sous une forme peinte aux Météores : cette œuvre contient également des reliques et est associée aux mêmes commanditaires que celui de Cuenca, mais elle est dépourvue de revêtement et mutilée de l'autre volet[100]. Quelques icônes géorgiennes, connues par des publications anciennes ou des catalogues d'expositions sont mentionnées comme porteuses de reliques mais leur fonction de reliquaire reste inexplorée.[101]

Plus instructif est un triptyque du monastère de Rila, non seulement pour sa parenté avec notre objet géorgien, mais aussi parce qu'étant encore en usage, il offre un témoignage inégalé sur le rôle cultuel de ce type d'icônes[102]. Il s'agit d'une œuvre attribuée au XVIᵉ siècle mais en partie restaurée au XIXᵉ siècle. Le panneau central (fig. 12) comporte au centre un panneau représentant la Vierge à l'enfant tandis que le reste de l'espace est divisé en carreaux contenant des reliques identifiées par des inscriptions et accompagnées des effigies des saints correspondants. Considérée comme miraculeuse, cette icône fait l'objet d'une vénération extrêmement populaire et s'associe à des célébrations qui attirent massivement les pèlerins. Constamment

---

98. Contrairement à l'opinion de l'auteur de la notice, il est improbable que des saints fussent initialement représentés à la place des reliques. En revanche une autre icône du même type, conservée à l'Ermitage, fut sans doute composée d'une icône mosaïque de l'époque paléologue et d'un cadre muni de reliques ajouté en Russie, PIATNITSKY *et al.*, *Sinaï, Byzantium, Russia*, p. 146-147.

99. La figure de Thomas fut effacée après sa mort en 1384 ; pour le reliquaire voir *Mother of God. Representations of the Virgin in Byzantine Art*, M. VASSILAKI éd., Milan 2000, p. 320.

100. *L'art byzantin, art européen. Neuvième exposition du Conseil de l'Europe*, Athènes, 1964, nᵒ 211, p. 259-260 et *Faith and Power*, *op. cit.* p. 52, 241.

101. Par exemple une icône du XVIᵉ siècle représentant la décollation de saint Jean Baptiste, Sanikitze et Abramishvili, *Orfèvrerie géorgienne*, nᵒ 65. Un triptyque reliquaire est mentionné par E. Takaishvili, *Expedition in Lechkhumi and Svaneti in 1910*, Paris 1937, p. 410. Cet objet qui daterait de la fin du XIIᵉ siècle et mentionnerait la mère de la reine T'amar représenterait la Déisis et des Archanges mais il n'a pas été retrouvé. Je remercie le Dr. Nina Chichinatze pour cette information.

102. E. Bakalova, La vénération des icônes miraculeuses en Bulgarie : aspects historiques et contemporains d'un pèlerinage, *Ethnologie française* 31, 2001/2, p. 267-270. La vénération de cet objet se comprend mieux dans le contexte de ce monastère qui fut un important centre de pèlerinage ; érigé à l'occasion de la translation des reliques de Jean de Rila en 1469, il a préservé son autonomie même pendant la domination ottomane en Bulgarie et eut un grand rayonnement sur le monde orthodoxe.

Fig. 12 - Monastère de Rila (Bulgarie)
Icône-reliquaire, panneau central

exposée sur un *proskynètarion* elle sert aussi à la cérémonie de la bénédiction des eaux. Pendant ces cérémonies, le triptyque est porté en procession et ensuite offert, ouvert, à la vénération des fidèles qui déposent des offrandes. Ici, le rôle protecteur du revêtement ne fait pas de doute et on se demande si la disposition au centre du triptyque est d'origine. On ne saurait affirmer la continuité de ces usages mais il est en tout cas clair que la vénération de la Mère de Dieu avec les reliques des saints n'était pas un rite quotidien ni octroyé à tous les fidèles. C'est l'importance rituelle de l'icône dans la bénédiction des eaux qui a conduit à reprendre la composition du panneau central dans le narthex, sur le mur est du péristyle près de la fontaine[103]. Dans des dimensions plus importantes, cette icône pouvait désormais être contemplée à une certaine distance par les fidèles et surtout elle associait définitivement l'icône dite miraculeuse à la cérémonie de la bénédiction des eaux. Toujours est-il que sur l'icône de Rila le panneau central s'offre au regard et à la vénération dès l'ouverture des volets ; ce procédé ressemble plus à la disposition des reliques dans les diptyques que dans celle de notre triptyque géorgien, dont l'originalité est la dissimulation des ossements sous le panneau central.

Il n'y a pas de doute que la disposition propre à notre triptyque soit délibérée et conditionnée par la fonction de l'objet. S'il combine les types du reliquaire à glissière et du triptyque, il ne saurait guère trouver de parallèles que dans des œuvres d'arts mineurs volontiers collectionnées par les élites de l'Europe à partir des XVe-XVIe siècles et qui avaient en commun la faculté de s'ouvrir pour dévoiler alors seulement des représentations en miniatures ou des reliques[104].

Pour replacer ce nouveau témoin de l'art géorgien de l'icône, nous pouvons résumer ses principales caractéristiques et les traditions dont elles dépendent. Par sa forme et par le style des reliefs d'orfèvrerie, l'objet s'inscrit dans la longue tradition géorgienne des triptyques. Pour leur part, l'iconographie et le style des figures des saints représentés sur le revers des volets, peu caractéristiques, n'échappent pas à la médiocrité qui marque souvent la peinture géorgienne au XVIIe siècle. Mais le choix des saints, comme la constitution du sanctoral dans la partie reliquaire, reflète parfaitement la piété nationale. L'inspiration occidentale du panneau central d'une part et l'inscription en slavon au-dessus de l'Annonciation ainsi que les parallèles décelés avec des icônes post-byzantines et russes, d'autre part, caractérisent un type d'objets de culte, souvent destinés à la dévotion privée, qui se développe aux XVe-XVIe siècles. Or les thèmes représentés retrouvent le sens que leur attribue l'iconographie géorgienne. Cela est très caractéristique dans le cas du Mandylion : malgré les éléments de la

---

103. H. HRISTOV, G. STOJKOV et K. MILATEV, *The Rila Monastery. History, Architecture, Frescoes, Wood-carvings*, Sofia 1959, fig. 92. Un dispositif comparable est également adopté dans l'église pour l'icône de la Vierge qui se trouve ajustée sur le pilier à côté de l'ambon ; les saints qui entourent la Mère de Dieu sont ici figurés de plain pied, *op. cit.*, fig. 76.

104. A. BALLIAN, Ο ξυλόγλυπτος σταυρός με βαθμιδωτή βάση του Μουσείου της Ιεράς Μονής Κύκκου, dans *Η Ιερά Μονή Κύκκου στη Βυζαντινή και Μεταβυζαντινή Τέχνη*, Nicosie 2001, p. 301. Pour des exemples de retables reliquaires et des croix comportant des parcelles de différents saints voir S. BOCK *et al.*, *"Gold, Perlen und Edelstein"*, p. 79-82, 105-106.

Passion qui, tardivement associés à l'effigie du visage du Christ, en font une image de dévotion, c'est la fonction de relique appliquée à cette image qui est primordiale. Pieusement protégée au centre du triptyque, au revers de la plaque centrale coulissante, avec des reliques de saints, elle rejoint la tradition ancienne qui lie la relique de la Sainte Face au Kartli et qui, au XVIIe siècle, reste bien vivante.

Enfin, le triptyque s'articule sur l'idée du salut par l'Incarnation et la Passion du Christ, d'une manière semblable aux programmes iconographiques des sanctuaires. Si la fonction d'*antimension* paraît plausible, la question de l'inspiration de l'ensemble reste moins claire. En tout cas, le caractère composite et la qualité de l'objet suggère une conception originale, savante et réfléchie, pour satisfaire la piété privée des commanditaires.

VERA CROCE, VERO RITRATTO E VERA MISURA: SUGLI ARCHETIPI BIZANTINI DEI CULTI CRISTOLOGICI DEL MEDIOEVO OCCIDENTALE

Michele BACCI

Agli occhi dei devoti e dei pellegrini occidentali Costantinopoli ha rappresentato per secoli uno scrigno venerabile, grande quanto un'intera città, dei più preziosi cimeli del Cristianesimo antico. Le sacre collezioni delle sue chiese, e in particolare il tesoro imperiale della cappella del Pharos, costituirono a lungo un modello da imitare per le maggiori istituzioni e i principali centri urbani d'Europa, da Aquisgrana a Praga, passando per Oviedo, Parigi e Venezia: il possesso di una selezione di 'memorie' del passaggio terreno e della Passione di Cristo, nonché dei più eminenti personaggi evangelici, divenne in tutti questi casi, oltre che un motivo di prestigio, anche un mezzo eloquente di autoaffermazione politica[1].

L'attrazione dei Latini verso i tesori sacri della capitale bizantina si manifestò nel peggiore dei modi durante la quarta crociata e nell'intero periodo del dominio franco (1204-1261), quando gran parte delle reliquie entrò nel bottino dei conquistatori e iniziò il suo esodo verso i paesi dell'Occidente. Tuttavia, benché la città venisse spogliata dei suoi oggetti più prestigiosi – come ci consta dalle fonti contemporanee – la sua fama di ricettacolo di *magnalia Dei* non cessò per questo di rimanere fortemente radicata nell'immaginario comune. Nel corso del secolo XIV i viaggiatori non mancarono di ricordare la proverbiale ricchezza di oggetti sacri delle maggiori chiese, a partire da Santa Sofia, la celebre basilica rivestita di marmo e coperta d'oro. Per i Frati minori insediati a Pera, il quartiere sotto controllo genovese sulla sponda opposta

---

1. Su questi temi rimane a tutt'oggi fondamentale lo studio in due tomi di P. RIANT, *Exuviae sacrae Constantinopolitanae*, Genève 1878; per la storia delle reliquie della Sacra Corona e della Santa Lancia cfr. F. DE MÉLY, *Exuviae sacrae Constantinopolitanae*, Paris 1905. Sulla funzione eminentemente politica della collezione reliquiale dei *basileis*, modello principe per gli altri centri di potere del mondo cristiano, cfr. soprattutto B. FLUSIN, Construire une nouvelle Jérusalem : Constantinople et les reliques, in *L'Orient dans l'histoire religieuse de l'Europe. L'invention des origines*, a cura di M. A. AMIR-MOEZZI e J. SCHEID, Turnhout 2000, p. 51-70, e ID., Les reliques de la Sainte-Chapelle et leur passé impérial à Constantinople, in *Le trésor de la Sainte-Chapelle*, catalogo della mostra (Parigi, 31 maggio-27 agosto 2001), a cura di J. DURAND e M.-P. LAFFITTE con D. GIOVANNONI, Paris 2001, p. 20-31, e i contributi raccolti nel volume *Vostočnohristianskie relikvii/ Eastern Christian Relics*, a cura di A. M. LIDOV, Moskva 2003, tra cui M. BACCI, Relics of the Pharos Chapel: A View from the Latin West, p. 234-246.

Byzance et les reliques du Christ, éd. J. Durand et B. Flusin (Centre de recherche d'Histoire et Civilisation de Byzance, Monographies 17), Paris 2004.

del Corno d'Oro, la competizione con i luoghi devoti greci si rivelava quantomai
ardua; l'ambasciatore castigliano Ruy Gonzalez de Clavijo, che visitò la chiesa di
San Francesco nel 1403, ebbe modo tuttavia di apprezzare un buon numero di cose
sacre, tra cui anche un reliquiario del braccio di sant'Anna, a cui mancava un dito
di cui si era appropriato l'imperatore Manuele II per la sua collezione personale, e
una stauroteca contenente reliquie dei santi Giovanni e Dionisio che, in seguito a una
controversia giudiziaria, il patriarca bizantino era riuscito ad ottenere indietro dai
cavalieri latini che se ne erano impossessati durante il sacco del 1204[2].

I Frati possedevano anche "una croce d'argento dorato ornata di pietre preziose e
di perle, nel mezzo della quale era incastonata una piccola croce del legno della vera
Croce". Questo genere di reliquia era indubbiamente tra i più diffusi e costituiva in
qualche modo una presenza immancabile nei tesori più prestigiosi, che a lungo pro-
posero alla venerazione oggetti che richiamavano la memoria della grande porzione
del sacro legno conservata al Pharos, di cui il crociato Robert de Clari aveva ammirato la grandezza pari a quella della gamba di un uomo[3]. Le ricerche di Anatole
Frolow, che ha raccolto uno straordinario *dossier* sulle singole reliquie della croce,
hanno posto in evidenza il ruolo svolto dai tesori di Costantinopoli come modello di
riferimento per intere generazioni, se così si può dire, di oggetti sacri, sia sul piano
delle forme di venerazione che su quello dell'elaborazione leggendaria[4].

Sebbene il culto di frammenti della Vera Croce conosca in Occidente una lunga
storia, si deve comunque rilevare che a lungo i Latini non ebbero dubbi sul fatto che
la più preziosa reliquia della Cristianità, suddivisa in un numero ancora limitato
di porzioni, fosse conservata nelle terre d'Oriente. Su questo punto ci informa con
eloquenza la lettera, databile intorno al 1118[5], con cui il franco Anseau (*Ansellus*),
cantore della chiesa del Santo Sepolcro a Gerusalemme, conferma al vescovo di Parigi
Gerberto l'invio in dono di una porzione del sacro cimelio da lui ricevuto dalle mani
della vedova del re di Georgia David ; questa, posta in venerazione nella cattedrale
di Notre-Dame e onorata in seguito con la cerimonia annuale del *Lendit*[6], consisteva
in una piccola croce ricavata dal legno del suppedaneo e inserita in una più grande,
fatta del legno stesso che servì per crocifiggere Cristo[7]. La sua importanza veniva
posta in evidenza dal chierico crociato in quanto si trattava di una delle poche porzioni
di una certa consistenza conservatesi dopo che la reliquia originaria, alla vigilia

---

2. RUY GONZALEZ DE CLAVIJO, *Embajada*, trad. it. a cura di P. BOCCARDI STORONI, *Viaggio a Samarcanda 1403-1406. Un ambasciatore spagnolo alla corte di Tamerlano*, Roma 1999, p. 77-78.

3. ROBERT DE CLARI, *La conquête de Constantinople* (1204), 82-83, ed. A. PAUPHILET - E. POGNON, *Historiens et chroniqueurs du Moyen Âge*, Paris 1952, p. 72-74.

4. A. FROLOW, *La relique de la Vraie Croix. Recherches sur le développement d'un culte*, Paris 1961. Cfr. anche A. LEGNER, *Reliquien in Kunst und Kult zwischen Antike und Aufklärung*, Darmstadt 1995, in part. 55-87.

5. Su questo punto cfr. G. BAUTIER, L'envoi de la relique de la Vraie Croix à Notre-Dame de Paris en 1120, *Bibliothèque de l'École des Chartes* 129, 1971, p. 387-397.

6. L. LEVILLAIN, Essai sur les origines du Lendit, *Revue historique* 155, 1927, p. 240-276.

7. L'aspetto della reliquia, oggi scomparsa, ci è noto da una miniatura quattrocentesca, per cui cfr. J. HUBERT, Quelques vues de la cité au XVe siècle dans un bréviaire parisien conservé à la Bibliothèque Municipale de Châteauroux, *Mémoires de la Société nationale des antiquaires de France* 77, 1928, p. 11-13.

dell'invasione araba della Palestina, era stata spartita allo scopo di garantirne una migliore conservazione:

> Itaque in Constantinopolitana urbe, praeter imperatoris crucem, sunt inde tres cruces, in Cypro duae, in Creta una, in Antiochia tres, in Edessa una, in Alexandria una, in Ascalone una, in Damasco una, in Hierusalem quatuor, Suriani habent unam, Graeci de Sancto Saba unam, monachi de valle Josaphat unam, nos Latini ad Sanctum Sepulcrum habemus unam, quae habet palmum et dimidium longitudinis, et pollicem unum latitudinis, et grossitudinis in quadro. Patriarcha quoque Georgianorum habet unam, rex etiam Georgianorum habuit unam, quam modo, Deo gratias, vos habetis […][8].

Il quadro della distribuzione delle reliquie della Vera Croce che Anseau presenta al suo interlocutore è in gran parte dominato da un intento ben preciso, quello di sottolineare come i maggiori centri della Cristianità orientale, in gran parte sottratti all'Islam pochi anni addietro, siano beneficati dal possesso di frammenti più o meno grandi. Costantinopoli viene significativamente per prima nella sequenza e nel numero di cimeli posseduti, tra i quali spicca la cospicua porzione posseduta dai *basileis* nella collezione del Pharos, a cui si allude incidentalmente come a cosa di comune conoscenza[9]; l'antica sede patriarcale di Antiochia, di recente riguadagnata alla fede, può vantare il possesso di tre croci, mentre Alessandria, ancora sottomessa ai Mussulmani, si deve accontentare di una, al pari delle città di minor prestigio come Edessa, Ascalona o Damasco. Gerusalemme, la nuova capitale del Regno latino, è l'unica a poter eguagliare Bisanzio: frammenti hanno continuato per secoli ad esser oggetto di venerazione in tre dei più eminenti monasteri greci e siriani, ma indubbiamente quello di dimensioni più cospicue va identificato nella Santa Croce conservata nella basilica del Santo Sepolcro, rinvenuta per grazia di Dio nel 1099 e presto assurta al ruolo di vero e proprio palladio dei Latini di Terrasanta[10]. Infine Anseau, che in Palestina è entrato in contatto con rappresentanti della Chiesa georgiana, non ignora che il lontano regno caucasico vanta una radicata tradizione di culto della croce, connessa

---

8. ANSEAU IL CANTORE, *Lettera al vescovo di Parigi Gerberto*, PL 172, col. 729-732.

9. Il passo può essere accostato alle parole dell'anonima descrizione di Costantinopoli del 1150 circa (RIANT, *Exuviae*, cit., II, p. 211), che, nel descrivere il tesoro del Pharos, enumera la "Crux dominica" e "eiusdem Crucis tria frusta". Esisteva dunque, accanto a tre piccole stauroteche, una porzione più cospicua e massiccia, che dev'essere identificata con la "pars maxima Ligni sanctae Crucis" menzionata dalla cosiddetta *Lettera di Alessio Comneno a Roberto di Fiandra* (*ibid.*, p. 208) e che si riteneva traslata a Costantinopoli da sant'Elena, come sottolineano Guglielmo di Malmesbury (*ibid.*, p. 211), l'abate islandese Nikulas Saemudarsson, che la colloca tuttavia in Santa Sofia (cfr. *ibid.*, p. 213). Va posto in evidenza come esistesse una sorta di corrispondenza tra la collezione cristologica del Pharos e quella della Grande Chiesa; l'*Anonimo Mercati*, un testo latino composto nel sec. XII sulla base di una precedente fonte patriografica greca, osserva a questo proposito che S. Sofia conserva il "lignum Domini et partes de sanctuariis omnibus quae sunt in magno palacio"; cfr. l'edizione di K. N. CIGGAAR, Une description de Constantinople traduite par un pèlerin anglais, *REB* 34, 1976, p. 211-267, in part. 246. Le fonti più antiche sono tuttavia concordi nell'attribuire alla Grande Chiesa il possesso della Vera Croce (intesa come il cimelio recuperato da Eraclio durante le guerre persiane) e di altre croci, trasportate da Niceforo Foca da Tarso : cfr. FLUSIN, *Construire une nouvelle Jérusalem*, cit., p. 51-54, 55, 61.

10. FROLOW, *La relique*, cit., p. 286-287; J. FOLDA, *The Art of the Crusaders in the Holy Land 1098-1187*, Cambridge (Mass.) 1995, p. 83.

fortemente all'ideologia reale che proclama la discendenza dei sovrani da Jesse, David e Salomone; quella che per lui è la vedova di David IV Aġmašenebeli (1089-1125), donatrice della reliquia, probabilmente è la prima moglie del re bagratide, ritiratasi in un monastero palestinese dopo esser stata ripudiata per favorire il rafforzamento dei legami politici col regno Kipčak del Caucaso settentrionale[11]. A lei si deve probabilmente la notizia di un'altra porzione posseduta dal metropolita georgiano, che fornisce un'ulteriore garanzia dell'autenticità del dono offerto alla chiesa di Parigi, prima in Occidente a poter vantare un così prezioso cimelio; per Anseau, d'altra parte, il valore della reliquia doveva essere accresciuto dal fatto che era nel monastero georgiano della Santa Croce, nei dintorni di Gerusalemme, che si venerava il tronco dell'albero da cui era stato ricavato lo strumento di pena capitale del Cristo[12].

Nei secoli successivi le reliquie della Vera Croce erano destinate a diffondersi e moltiplicarsi su larga scala nei tesori delle cattedrali, delle abbazie e dei conventi dell'intera Europa cristiana, e la percezione della loro distribuzione geografica dovette modificarsi di conseguenza. In seguito alla caduta di Gerusalemme in mano al Saladino pressoché nessuno ricordò frammenti del prezioso legno nella basilica del Santo Sepolcro, limitandosi ad ammirare il foro da lui lasciato sulla collina del Golgotha (visibile nella cappella sotterranea del Calvario), il punto esatto in cui fu nascosto dai Giudei per esser poi rinvenuto da sant'Elena o la finestra della cappella della Vergine in cui, stando ad alcune testimonianze quattrocentesche, era stato esposto alla venerazione nei tempi passati[13]. Dal 1241 in poi, la porzione più grande della reliquia (assieme a un'altra più piccola) era venerata nella Sainte-Chapelle di Parigi, dove, benché fosse in qualche modo messa in ombra dalla speciale enfasi posta sulla Sacra Corona, non mancava di attirare l'attenzione dei pellegrini: tra questi i due monaci irlandesi Symon Fitzsimon e Ugo il miniatore, che nel 1322 vi videro una "magna et gloriosa crux de ligno sanctae crucis salutiferae"[14].

Vale la pena di osservare come, nello stesso contesto parigino, il richiamo all'origine orientale delle reliquie della Passione (e quindi dei suoi elementi più preziosi, ossia la Corona e la Vera Croce) costituisse di per sé un mezzo efficace per sottolineare la loro autenticità. Nel settembre del 1287 il prelato nestoriano Rabban Sauma, ambasciatore dell'il-khan Arghūn presso le potenze cristiane d'Europa, visitò la

---

11. Z. AVALISHVILI, The Cross from Overseas, *Georgica* 1/2-3, 1936, p. 3-11.

12. D. PRINGLE, *The Churches of the Crusader Kingdom of Jerusalem. A Corpus*, Cambridge 1993-1998, II, p. 33-40.

13. GABRIELE CAPODILISTA, *Itinerario* [avvenuto nel 1440, scritto nel 1458], cap. 96, ed. A. L. MOMIGLIANO LEPSCHY, *Viaggio in Terrasanta di Santo Brasca, 1480, con l'Itinerario di Gabriele Capodilista, 1458*, Milano 1966, p. 161-241, in part. 205. Tuttavia, la presenza di un piccolo frammento della Croce nel Santo Sepolcro è ricordata da alcuni pellegrini occidentali nella seconda metà del Quattrocento: *Itinéraire d'Anselme Adorno en Terre Sainte (1470-1471)*, ed. J. HEERS e G. DE GROËR, Paris 1978, p. 264; ANONIMO, ed. B. DANSETTE, Les pèlerinages occidentaux en Terre Sainte : une pratique de la "Dévotion moderne" à la fin du Moyen Âge ?, *Archivum Franciscanum Historicum* 72, 1979, p. 106-133, 330-428, in part. 355.

14. SYMEON SYMEONIS [Simon Fitzsimons] e HUGO ILLUMINATOR, OM, *Itinerarium*, ed. J. NASMITH, Cantabrigiae 1778, p. 8. Sulle reliquie della Vera Croce nella Sainte-Chapelle cfr. J. DURAND, La Vraie Croix et les reliques constantinopolitaines rapportées de Syrie en 1241, in *Le trésor de la Sainte-Chapelle*, cit., p. 61-62, e schede 17-18, *ibid.*, p. 63-66.

capitale francese e chiese al re Filippo il Bello di essere accompagnato a vedere le cose più degne di nota: dopo che ebbe ammirato la Sorbona e Saint-Denis con le altre chiese, fu convocato nella Sainte-Chapelle dal re, che si teneva di proposito "vicino all'altare":

"Avete visto tutto ciò che si trova qui da noi?" gli domandò Filippo, "non vi resta più niente da vedere?".
Rabban Sauma gli rese grazie, e subito dopo salì col re verso un tabernacolo d'oro che il re aprì. Ne estrasse fuori un reliquiario di cristallo nel quale si trovava la Corona di spine che i Giudei posero sulla testa di Nostro Signore quando lo crucifissero. La Corona si vede all'interno del reliquiario, senza che questo venga aperto, grazie alla trasparenza del cristallo. Dentro si trova anche una parte del legno della Croce.
Il re disse loro: "Quando i nostri antenati conquistarono Costantinopoli e saccheggiarono Gerusalemme, portarono via con sé questi oggetti di benedizione"[15].

Il comportamento di Filippo il Bello in questo episodio si inquadra bene nella logica della corte francese in quegli anni, che tende a promuovere la sacralità della propria cappella di palazzo come mezzo di legittimazione dinastica; l'enfasi è posta sull'origine dai più riconosciuti "repositori" di cimeli sacri d'Oriente (Gerusalemme e Bisanzio) e si evita di dire che il tesoro è giunto in città attraverso una transazione commerciale, bensì se ne traspone l'origine in un tempo remoto e lo si considera il risultato di azioni belliche durante le diverse crociate. Sullo sfondo rimane la percezione viva che l'Île-de-France, a differenza delle terre d'Oltremare, non è il luogo naturalmente e tradizionalmente deputato al possesso di questo genere di oggetti sacri, strettamente legati alla memoria del passaggio terreno di Cristo in Palestina.

Non è probabilmente un caso se ancora nel 1356, quando scrive il suo *Livre des merveilles*, Jehan de Mandeville non ha dubbi nel dire che le memorie della Passione sono conservate a Costantinopoli, e che solo una parte della Corona e delle altre reliquie cristologiche fa bella mostra di sé nella cappella del re di Francia[16]. Possediamo sufficienti indizi relativi alla ricostituzione nella capitale bizantina di una collezione simile a quella anticamente custodita in Santa Maria del Pharos: al più tardi nella prima metà del secolo XIV questa era depositata nel monastero di San Giorgio dei Mangani, per esser poi trasferita, verso la fine del Trecento, nel già ricordato San Giovanni in Petra[17]; i pellegrini ci informano che, come a Parigi, erano i *basileis* a

---

15. *Storia di Mar Yaballaha III* [post 1317], cap. 7, trad. J.-B. CHABOT, Histoire du patriarche Mar Jabalaha III et du moine Rabban Çauma traduite du syriaque, *Revue de l'Orient latin* 2, 1894, p. 73-142, in part. 108. Cfr. anche l'ottima traduzione italiana a cura di P. G. BORBONE, *Storia di Mar Yahballaha e di Rabban Sauma. Un orientale in Occidente ai tempi di Marco Polo*, Torino 2000, p. 86, col commento a p. 201.
16. JEHAN DE MANDEVILLE, ed. M. LETTS, *Mandeville's Travels*, London 1953, I, p. 232-236.
17. R. JANIN, *La géographie ecclésiastique de l'Empire Byzantin, première partie. Le siège de Constantinople et le patriarcat œcuménique*, Paris 1969², p. 79 e 439-440; G. MAJESKA, *Russian Travelers to Constantinople in the Fourteenth and Fifteenth Centuries*, Washington, D.C., 1984, p. 342-344 e 368-370; J. DURAND, À propos des reliques du monastère du Prodrome de Pétra à Constantinople, *Cahiers archéologiques* 46, 1998, p. 151-167.

custodire le chiavi della cassa in cui gli oggetti sacri erano custoditi e che, di fatto, la gente comune poteva ammirarli unicamente quando erano mostrati a qualche perso-naggio di spicco (ad esempio a un ambasciatore come Clavijo[18]) oppure durante l'esibizione annuale in Santa Sofia in occasione del Giovedì e del Venerdì Santo. Per questo evento la Grande Chiesa possedeva uno speciale tavolo fatto del legno dell'Arca di Noè, che i fedeli veneravano, secondo la ricostruzione di George Majeska, nella navata sinistra, sulla faccia ovest del pilastro nordorientale[19]; qui le vide e le baciò il domenicano bolognese Francesco Pipino (che compose il suo *Itinerario ai Luoghi Santi* nel 1320[20]), e più tardi, probabilmente nel 1349, il pellegrino russo Stefano da Novgorod ebbe un'analoga opportunità[21].

L'impatto di questa cerimonia pasquale contribuì probabilmente a rafforzare, nella percezione comune, l'associazione diretta con Santa Sofia delle reliquie della Passione, considerate in alcune fonti (Pero Tafur[22], Bertrandon de la Broquière[23]) come il vero e proprio tesoro della Grande Chiesa. Non è chiaro in che misura e in che rapporto con la collezione cristologica si trovasse il frammento della Croce a cui fa riferimento Mandeville, il quale, secondo l'ipotesi di C. Deluz[24], si sarebbe basato sulla testimonianza del pellegrino Wilhelm von Boldensele: quest'ultimo, che scrive nel 1336, racconta di aver visto a Costantinopoli, per concessione del *basileus* in per-sona, "una grossa parte della Croce del Signore" assieme alla tunica inconsutile, alla spugna, alla canna e a uno dei sacri chiodi[25]. L'anonimo russo specifica che la Vera Croce si trova nello *skevophylakion* di Santa Sofia,[26] mentre Tafur la annovera tra i diversi cimeli del Salvatore lì conservati e un inventario datato 1396 testimonia del possesso di ben quattro stauroteche, tra cui una di dimensioni considerevoli[27]. L'esi-

---

18. Clavijo, *Embajada*, trad. Boccardi Storoni, cit., pp. 69-70.

19. G. Majeska, St. Sophia in the Fourteenth and Fifteenth Centuries: the Russian Travellers on the Relics, *DOP* 27, 1973, p. 69-87, in part. 80-91; Id., *Russian Travelers*, cit., pp. 216-218. Per la cerimonia cfr. J. Mateos, *Le Typicon de la Grande Église*, Roma 1963, II, p. 78.

20. Francesco Pipino [c. 1245-50 - post 1320], *Itinerario ai luoghi santi*, 119, ed. L. Manzoni, Frate Francesco Pipino da Bologna de' PP. Predicatori, geografo storico e viaggiatore, *Atti e memorie della R. Deputazione di storia patria per le provincie di Romagna*, ser. III, 13, 1895, p. 256-334, in part. 331: " In civitate Constantinopolitana vidi et osculatus fui ferrum lancee cum qua latus Domini in cruce apertum fuit. Item spongiam que cum aceto fuit apposita ori eius dum esset in cruce. Et partem arrundis cui infixa seu circum posita fuit per dictam spongia, autem purpuream illam qua Deus inductus fuit in derisus in domo Pylati. Hec omnia ostenduntur in parasceve in ecclesia sancte Sophye".

21. *Ot strannika Stefanova Novgorodtsa*, ed. Majeska, *Russian Travelers*, cit., p. 29-31.

22. Pero Tafur, *Andanças é viajes por diversas partes del mundo avidos*, ed. M. Jimenez de la Espada, Madrid 1874, p. 172.

23. Bertrandon de la Broquière, *Itinerario* (1432-1433), ed. Ch. Schefer, *Le Voyage d'Outremer de Bertrandon de la Broquière*, [Recueil de voyages et de documents pour servir à l'histoire de la géographie 12], Paris 1892, p. 152-153.

24. C. Deluz, *Le livre de Jehan de Mandeville. Une géographie au XIVᵉ siècle*, Louvain-la-Neuve 1988, p. 430.

25. Wilhelm von Boldensele, *Hodœporicon ad Terram Sanctam* [1336], ed. H. Canisius-I. Basnage, *Thesaurus monumentorum ecclesiasticorum et historicorum*, Amstelaedami 1725, IV, 335-357

26. *Skazanje o sviatih mesteh, o Konstjantinegrade*, ed. Majeska, *Russian Travelers*, cit., p. 131.

27. F. Miklosich e I. Müller, *Acta et diplomata graeca Medii Aevi sacra et profana*, II, Vindobonae 1887, p. 567 e 569-570. Cfr. Frolow, *La relique*, cit., p. 531-532.

stenza di una porzione consistente del sacro legno nella Costantinopoli paleologa è d'altra parte confermato indirettamente da alcune fonti; sappiamo infatti che l'ammiraglio degli Ospedalieri Domenico d'Alemagna, negli anni '90 del Trecento, ottenne a Costantinopoli un frammento della Vera Croce, assieme a varie memorie della Passione, dalle mani stesse del basileus Manuele II che, stando alle parole del pellegrino Nicola de' Martoni che ebbe modo di vedere questi oggetti a Rodi nella chiesa di Santa Caterina, li aveva raccolti "de ecclesiis Constantinopolitanis in quibus multe et pulcre dicuntur esse reliquie et corpora sanctorum et sanctarum a tempore Costantini imperatoris"[28]. È noto inoltre che, dopo la conquista di Costantinopoli nel 1453, Maometto II si impadronì di tutta una serie di cimeli sacri che costituirono la sua personale collezione, conservata nel Serraglio; nel 1488 il suo successore Bayazid II ne offrì una parte al re di Francia Carlo VIII, nella quale era presente anche "uno pezo delo ligno dela croce de N. S. Iesu Christo" che forse dev'essere identificato con la maggiore reliquia di Santa Sofia[29]. La presenza di quest'ultima nella basilica giustinianea era d'altra parte connessa al suo tradizionale coinvolgimento in cerimonie liturgiche importanti come l'*Elevazione della Croce* (14 settembre) o i riti pasquali, di cui si trova menzione fin dal secolo VII grazie alla *Relatio Arculfi* del monaco irlandese Adamnano[30].

Mandeville, che cita le reliquie costantinopolitane della Passione basandosi su Boldensele, è in ogni caso disposto a riconoscere senz'altro alla Croce di Santa Sofia un primato assoluto; per questo motivo si preoccupa di inserire subito di seguito quest'avvertenza:

> Ci sono anche alcuni che credono che metà della Croce di Nostro Signore si trovi a Cipro, in un'abbazia di monaci che è detta la "Collina della Santa Croce". Ma non è così, perché la croce che è a Cipro è quella su cui fu crocifisso Dysmas, il buon Ladrone. Non tutti lo sanno, però, ed è una brutta azione, perché, per trarre profitto dall'offerta, [i monaci] dicono che è la croce di Nostro Signore Gesù Cristo[31].

Il riferimento è al monastero di Stavrovouni, nell'entroterra di Larnaka, che nel tardo Medioevo godette di uno straordinario successo presso i pellegrini di Terra Santa e nella cultura occidentale in genere, grazie soprattutto al fatto che si diceva

---

28. NICOLA DE' MARTONI, *Liber peregrinationis ad loca sancta* (1394-1395), ed. L. LE GRAND, Relation du pèlerinage à Jérusalem de Nicolas de Martoni, notaire italien (1394-1395), *Revue de l'Orient latin* 3, 1895, p. 566-669, in part. 642-643; cfr. FROLOW, *La relique*, cit., p. 530.

29. Franz BABINGER, *Reliquienschacher am Osmanenhof im XV. Jahrhundert. Zugleich ein Beitrag zur Geschichte der osmanischen Goldprägung unter Mehmed II., dem Eroberer*, [Sitzungsberichte der Bayerischen Akademie der Wissenschaften. Philosophisch-historische Klasse, 1956, fascicolo 2], München 1956, p. 19.

30. ADAMNANO, *Arculfi relatio de locis sanctis*, III, 3, ed. L. BIELER, *Itineraria et alia geographica*, [Corpus christianorum. Series Latina 175], Turnholti 1965, p. 228-229; cfr. FROLOW, *La relique*, cit., pp. 194-195. Per l'impiego del "prezioso legno" nella cerimonia dell'Esaltazione della Croce cfr. J. MATEOS, *Le Typicon de la Grande Église*, Roma 1962-1963, II, p. 31; *Sinassario di Costantinopoli*, ed. H. DELEHAYE, *Synaxarium Ecclesiae Constantinopolitanae e codice Sirmondiano nunc Berolinensi*, [Propylaeum ad Acta Sanctorum Novembris], Paris 1902, p. 34, 43-45.

31. LETTS, *Mandeville's Travels, loc. cit.*; cfr. anche *ivi*, p. 242.

star sospesa prodigiosamente per aria senza l'intervento di alcun supporto[32]. Il poeta Guillaume de Machaut, che celebrò nella sua *Prise d'Alexandrie* le gesta del re Pietro I di Lusignano, subì anch'egli il fascino di questa celebre reliquia d'Oriente, che descrisse, sia pure collocandola arbitrariamente a Famagosta, in questi termini:

> A Famagosse a une crois,
> Que tu yes fos, se tu ne crois
> Que c'est la crois dou bon larron,
> Car sus siege ne sus perron
> N'est assise, mais purement
> Est en l'air, sans atouchement;
> Et cent mil hil hommes l'ont veü,
> Qui l'ont aouré et creü [...][33].

Il santuario risaliva all'età bizantina, giacché già ne faceva menzione l'igumeno russo Daniele nel 1106-1107; nella sua versione, oggetto della venerazione era una croce miracolosa che era stata collocata sulla cima del monte Olympos da sant'Elena, durante la sua sosta a Cipro nel ritorno da quel viaggio a Gerusalemme che aveva permesso il ritrovamento del sacro legno: al fine di scacciare i demoni che abitavano quel luogo l'imperatrice vi aveva posto in venerazione una croce di cipresso in cui era incastonato uno dei sacri chiodi. Non è improbabile che questo racconto traducesse in termini leggendari la progressiva metamorfosi di un antico luogo di culto pre-cristiano, frequentato sin dai tempi antichi per il ripetersi, in estate, di un fenomeno naturale inconsueto, quello che Daniele descriveva come il depositarsi, sugli arbusti posti in prossimità del luogo sacro, di una strana rugiada che cadeva dal cielo ed era riconoscibile come "balsamo d'incenso"[34]. Nel 1191, quando i Crociati guidati da Riccardo Cuor di Leone si impadronirono dell'isola, il "monte della Croce" godeva già di una certa rinomanza, che continuò a rafforzarsi, grazie soprattutto al fenomeno straordinario della levitazione che un autore islamico, Šems ed-Din ad-Dimašqī (1256-1327), attribuì sprezzantemente alla presenza di un magnete[35].

I monaci a cui alludeva Mandeville erano i Benedettini neri, insediati a Stavrovouni nel corso della prima metà del Duecento[36], senza che questo pregiudicasse d'altra parte la frequentazione da parte della popolazione greca. Fu durante la loro permanenza sul monte Olympos che, da quanto ci consta dai resoconti dei pellegrini, il luogo di culto divenne uno delle tappe obbligate del *grand tour* verso la Palestina

---

32. E. OBERHUMMER, Der Berg des Heiligen Kreuzes auf Cypern, *Das Ausland* 23-26, 1892, p. 364-366, 380-383, 394-397, 407-410; C. ENLART, Notes sur le voyage de Nicolas de Martoni en Chypre, *Revue de l'Orient latin* 4, 1896, p. 623-632; J. HACKETT, *A History of the Orthodox Church of Cyprus*, London 1901, p. 439-454.

33. GUILLAUME DE MACHAUT, *La prise d'Alexandrie ou Chronique du roi Pierre Ier de Lusignan*, vv. 291-316; ed. M. L. DE MAS LATRIE, Genève 1877, p. 10.

34. Per l'identificazione col ladano cipriota cfr. OBERHUMMER, Der Berg, cit., p. 365.

35. ŠEMS ED-DIN AD-DIMAŠQĪ, trad. A.F. MEHREN, *Manuel de la cosmographie*, Copenhagen 1874, p. 186.

36. N. COUREAS, *The Latin Church in Cyprus, 1195-1312*, Aldershot 1997, p. 187.

e l'oggetto miracoloso acquistò una più definita fisionomia leggendaria. La venerazione era diretta a una stauroteca cruciforme in argento dorato di dimensioni notevoli, che racchiudeva all'incontro dei bracci la reliquia vera e propria, consistente in un pezzetto di legno; non è fuori luogo pensare che, almeno in origine, solo quest'ultimo fosse stato al centro del fenomeno devozionale e che in un secondo momento, con l'incremento della frequentazione del monastero, la dignità cultuale sia stata estesa anche al contenitore della reliquia, che mostrava la prodigiosa qualità di rimanere sospeso per aria. Certo è che, a partire dalla prima metà del Trecento, di quest'ultimo si parlò come della croce su cui era stato crocifisso san Dysmas (meglio noto come il buon ladrone) e in cui era anche incastonato un piccolo pezzo dello strumento di tortura di Gesù Cristo[37]; secondo lo storico cipriota Leontios Machairas, sant'Elena in persona si era preoccupata di elevare questo cimelio sulla cima del monte, facendo racchiudere "nel suo cuore" una parte del legno del suppedaneo della Vera Croce[38].

Il cimelio di Stavrovouni, almeno nella sua forma originaria, non è giunto fino ai giorni nostri: stando a un autore arabo, già durante l'incursione mamelucca del 1426 i soldati, che avevano svelato il mistero della levitazione denunciando la presenza ben celata di un congegno a molle, l'avevano privata del suo prezioso rivestimento argenteo[39]; il legno fu tuttavia risparmiato, tant'è che nei secoli successivi continuò ad essere ricordato dai viaggiatori, tra cui Barthélémy de Salignac, che nel 1522 riportava come, per iniziativa di un nobiluomo francese, fosse stato provvisto di una nuova schermatura metallica per evitare che i devoti ne asportassero troppi frammenti[40]. Non è improbabile che la stauroteca che ancor oggi si venera nella chiesa di Pano Lefkara (fig. 1) ci restituisca in qualche modo l'aspetto dell'antica Croce di

37. Il primo autore a riportare l'identificazione con la croce del Buon Ladrone è BOLDENSELE, *Hodœporicon*, cit., p. 338; il pezzetto della Vera Croce incastonato al centro è ricordato invece da NICOLA DE' MARTONI, *Liber*, ed. cit., p. 636, da ALESSANDRO DI FILIPPO RINUCCINI, *Sanctissimo peregrinaggio del Sancto Sepolcro 1474*, a cura di A. CALAMAI, [Corpus peregrinationum italicarum 2.1], Pisa 1993, p. 57-58 (che d'altra parte non allude affatto alla storia del buon ladrone), da PIERRE BARBATRE (G. GRIVAUD, *Excerpta cypria nova, I. Voyageurs occidentaux à Chypre au XVème siècle*, Nicosie 1990, p. 100) e dall'anonimo francese del 1480 (*ivi*, p. 109).

38. HACKETT, *A History*, cit., p. 434. Per le leggende relative a sant'Elena cfr. J. W. DRIJVERS, *Helena Augusta. The Mother of Constantine the Great and the Legend of Her Finding of the True Cross*, Leiden 1992, p. 79-180.

39. OBERHUMMER, *Der Berg des Heiligen Kreuzes*, cit., p. 382; HACKETT, *A History*, cit., p. 444.

40. BARTHÉLÉMY DE SALIGNAC, *Itinerarium Hierosolymitanum*, IV, 5, ed. R. R. STEINHEMIUS, *Descriptio Terrae Sanctae et regionum finitimarum, auctore Borchardo, monacho Germano, familiae Dominicanae, quem vixisse accepimus circa annum Iesu Christi MCCXXCIII, item Itinerarium Hierosolymitanum Bartholomaei de Saligniaco, equitis et ic. Galli, idem argumentum pertractans*, parte seconda, Magdeburgi 1587, senza numerazione di pagina: "In huius montis cacumine sacellum extat fabrefactum, in quo crux visitur prodigiosae virtutis, et quoniam extenso per eam Iesu nimis arta fuerit, reiecta est. Cyprii asserunt esse hanc crucem boni latronis: reliqui vero putant verae crucis Christi partem huic esse inclusam, cuius virtute crebra fiant miracula, ita ut nobis praesentibus illustris quaedam Domina per hanc crucem ab immundo daemone liberata fuit. Est autem undique incrustata argento, sumptibus cuiusdam nobilis viri ex Gallia, ne frustratim in partes secta tolleretur". Il monastero di Stavrovouni (che a partire dal Cinquecento era passato sotto il controllo di monaci greci) possiede a tutt'oggi una stauroteca in cui è incastonato un frammento della Vera Croce e reca la data 1476: cfr. G. DER PARTHOG, *Byzantine and Medieval Cyprus. A Guide to the Monuments*, London 1995, p. 228.

Fig. 1 - *Croce con rivestimento argenteo*, fine sec. XIII.
Pano Lefkara (Cipro), chiesa della Santa Croce

Dysmas: realizzata come offerta votiva del vescovo greco Olvianos, che resse la diocesi di Amatonte tra il 1295 e il 1301, racchiude al centro una particola della Vera Croce, a cui rimandano con un gesto evidente i due angeli rappresentati nei medaglioni adiacenti sul braccio orizzontale[41]. Con questo raffinato lavoro di oreficeria fu promosso alla venerazione un oggetto sacro che si poneva in competizione con quello venerato nel santuario del monte Olympos: come apprendiamo dallo storico Stefano Lusignano, che compose la sua opera sul declinare della dominazione veneziana di Cipro, nei suoi anni la reliquia di Lefkara aveva fatto interamente proprie le coordinate leggendarie della sua rivale, giacché per alcuni era composta del legno della croce del buon ladrone, mentre altri – i preti del luogo – sostenevano che era ricavata da "quello scabello, che il nostro Signore haveva sotto alli piedi"[42]. Non è improbabile che questo fenomeno sia stato motivato dal desiderio del clero greco di affermare una dignità autonoma e uno spazio di azione distinto da quello della Chiesa latina e dei luoghi di culto da questa controllati.

41. A. PAPAGEORGHIOU, Ο σταυρός των Λευκάρων, in Θυμίαμα στη μνήμη της Λασκαρίνας Μπούρα, Athina 1994, p. 245-250.
42. STEFFANO LUSIGNANO, *Chorograffia et breve historia universale dell'isola di Cipro*, Bologna 1573, c. 9v.

Ancora nel Settecento al viaggiatore italiano Giovanni Mariti, di passaggio a Lefkara, fu raccontato che la croce venerata nella chiesa locale era stata un tempo posta a diretto confronto con quella di Stavrovouni e che, con l'inganno, i due sacri cimeli erano stati scambiati[43], mentre un'ulteriore versione sosteneva addirittura l'identità delle due reliquie[44]. Esistevano d'altra parte, nella Cipro franca, ulteriori frammenti del sacro legno che ambivano a un'analoga rinomanza devozionale: ve n'era uno nell'abbazia agostiniana di Bellapais[45], uno in Santa Sofia e nella chiesa degli Armeni di Nicosia[46], uno nel romitorio di san Neofito presso Paphos, un altro che essudava un liquido prodigioso nel monastero di Koukà[47], e ancora uno presso i monaci di Tochni, che la leggenda poneva in connessione diretta col viaggio di sant'Elena: si diceva infatti che l'imperatrice, costretta dalla bonaccia a sbarcare sulla costa presso Tochni, aveva lì ricevuto la visione di un angelo che le intimava di lasciare la Croce di Dysmas a Stavrovouni e la Vera Croce in quel luogo stesso; in questo modo, i fedeli greci rivendicavano piuttosto esplicitamente il possesso del dono più prezioso lasciato sull'isola dalla santa *vassilissa*, suscitando il risentimento dei correligionari latini. Nel 1318, stando al racconto di Machaeras e altri, un prete, certo Giovanni Santamarin, trafugò la stauroteca di Tochni e provò a fuggire su un'imbarcazione con quella nascosta sotto il mantello; ma poiché per prodigio il mare impediva alla nave di muoversi, l'equipaggio interpretò il segno celeste come l'irritazione divina verso il passeggero, che fu scaricato di nuovo sulla costa. A questo punto l'empio sacerdote, dopo aver privato la stauroteca dei gioielli e dell'oro, la nascose nell'incavo di un carrubo; ritrovata, conformemente a un *topos* della letteratura agiografica, da un pastore nel 1340, dimostrò subito il possesso di grandi virtù taumaturgiche e i buoni ortodossi, tra cui il vescovo greco di Lefkara, non faticarono molto a riconoscere l'autentica Vera Croce, mentre i Franchi, capeggiati dal titolare della diocesi latina di Famagosta, si ostinavano a dire che si trattava di una contraffazione. Ne nacque un diverbio che fu sottoposto al giudizio del re Ugo IV, nel cui palazzo operò il miracolo di restituire la favella a sua moglie Alice (che era rimasta muta dopo aver varcato, nonostante il divieto dei monaci, la soglia della chiesa di Machairas). La regina madre Marie d'Ibelin, in ringraziamento per la guarigione prodigiosa, fece erigere a sue spese, nel circondario di Nicosia, una chiesa di rito bizantino (intitolata allo *Stavros Phaneroumenos*) per ospitare la santa reliquia, che fece rivestire d'oro e pietre preziose[48].

43. G. MARITI, *Viaggi per l'isola di Cipro e per la Soria e Palestina fatti da Giovanni Mariti fiorentino dall'anno MDCCLX al MDCCLXVIII*, Firenze 1769, I, p. 209-212.

44. O. DAPPER, *Description des isles de l'Archipel*, Amsterdam 1703, p. 26. Questo autore racconta che la croce del Buon Ladrone fu ricoverata a Lefkara dopo un grosso terremoto avvenuto sul declinare del sec. XVI.

45. J. L. LA MONTE, A Register of the Cartulary of the Cathedral of Santa Sophia of Nicosia, *Byz.* 5, 1929-1930, p. 439-522, in part. 466, nº 59/37. La croce di Bellapais fu donata ai monaci nel 1246 dal cavaliere Rogier de Norman.

46. N. COLDSTREAM, *Nicosia-Gothic City to Venetian Fortress*, Nicosia 1993, p. 9-10; STEFFANO LUSIGNANO, *Chorograffia et breve historia universale dell'isola de Cipro*, Bologna 1573, c. 28r.

47. Machaeras, 38, ed. DAWKINS, cit., p. 38.

48. Per tutto questo cfr. HACKETT, *A History*, cit., p. 433-438. Per le reliquie della Croce venerate a tutt'oggi a Cipro cfr. O. MEINARDUS, Relics in the Churches and Monasteries of Cyprus, *Ostkirchliche Studien* 19, 1970, p. 19-43.

In una situazione del genere non può meravigliare che i Benedettini che custodivano la reliquia di Stavrovouni tollerassero o anche promuovessero una certa confusione tra la Croce del buon ladrone e il legno autentico dello strumento di supplizio di Cristo. In ogni caso il loro cimelio non temeva rivali presso i pellegrini, che al largo di Larnaka recitavano commossi le loro preghiere alla vista della cima del *mons Crucis*: da lì alla Terra Santa o a Rodi nessun altro santuario avrebbe potuto rassicurarli di fronte ai pericoli del mare. È suggestivo osservare come in quel tratto di Mediterraneo che preludeva all'esperienza diretta dei Luoghi Santi gli scali più importanti fossero marcati dalla presenza di importanti memorie cristologiche; nel descrivere la distribuzione dei principali oggetti di culto lungo le rotte di navigazione della sua epoca, l'inglese William Wey, che scrive nel 1458, fa riferimento al tratto Cipro-Rodi in questi termini:

> Innanzitutto, a venti miglia dal porto di Saline [Larnaka] si trova la croce del santo Ladrone che, come si dice, pende in una cappella senza l'intervento di alcun supporto. Quindi a Rodi è una spina della Corona di Cristo che sta fiorita al Venerdì Santo per un'ora quando viene letto il *Passio Christi*; vi è poi il braccio sinistro di santa Caterina vergine e martire e anche una croce fatta dalla bacinella in cui Cristo lavò i piedi dei suoi apostoli[49].

La sacra collezione rodiota, che era ospitata nella chiesa di San Giovanni del Kollakion all'interno del Palazzo del Gran Maestro dei Cavalieri (signori dell'isola tra il 1306 e il 1522), acquistò una certa fama a partire dalla seconda metà del Trecento, quando Rodi si affermò come una tappa obbligata lungo il viaggio tra Venezia e la Terrasanta[50]; benché qualcuno storcesse la bocca e le considerasse "volgari"[51], la maggior parte dei pellegrini non mancò di registrare la presenza in quel luogo di stupende reliquie, tra le quali spiccava, accanto alla spina miracolosa che fioriva il Venerdì Santo e a un frammento del sacro legno propriamente detto, un oggetto bizzarro, che attraeva senz'altro per la sua forma a croce ma doveva la sua dignità di reliquia al fatto di esser ricavato dalla bacinella utilizzata per la Lavanda dei piedi. Alcuni viaggiatori ci informano che si trattava di un'opera in bronzo[52] e si può immaginare che non fosse molto grande se era comune l'uso di distribuire ai fedeli dei piccoli calchi in cera, ritenuti molto efficaci contro le tempeste di mare[53]. La croce era considerata

49. WILLIAM WEY, *Itinerarium*, ed. G. WILLIAMS, *The Itineraries of William Wey fellow of Eton College to Jerusalem, 1458*, London 1858, p. 52.

50. D. STÖCKLY, *Sur les chemins des galères vénitiennes vers la Terre Sainte : l'étape de Rhodes*, Θησαυρίσματα 27, 1997, p. 79-88.

51. PIETRO CASOLA, *Viaggio a Gerusalemme* [1494], ed. G. PORRO, Milano 1855, p. 46.

52. PELLEGRINI DI METZ [Jehan de Raigecourt, Remion de Mitry, Poince le Gournaix, Nicole Louve], *Voyage* [1395], ed. [M. DE HUART], Relation d'un voyage de Metz à Jérusalem entrepris en 1395 par quatre chevaliers messins, *L'Austrasie* 3, juillet 1838, p. 149-168 e 221-236, in part. 150 ; OGIER VIII D'ANGLURE, *Le saint voyage de Jherusalem* [1395], 33, ed. F. BONNARDOT - A. LONGNON, Paris 1878, p. 9.

53. BERNHARD VON BREYDENBACH, *Peregrinationes* [1486], 25, ed. G. BERTOLINI - G. CAPORALI, Roma 1999, p. 31. Alla conquista ottomana di Rodi (1522) il tesoro reliquiale fu trasportato alla Valletta; difficile è l'identificazione della croce della Lavanda sulla base dei disegni inclusi in un inventario settecentesco: cfr. C. OMAN, The Treasure of the Conventual Church of St. John at Malta. Part 1, *The Connoisseur*, 1970, 2, p. 101-107.

miracolosa, in particolare nei confronti degli indemoniati, e si diceva essere uno dei tre esemplari associati con la figura di sant'Elena: secondo un pellegrino, la seconda si conservava tra le reliquie di Costantinopoli, mentre la terza era stata gettata dall'imperatrice tra le onde marine mentre attraversava il golfo di Antalya, che da allora cessò di agitarsi quando passavano le imbarcazioni[54]. In realtà questa leggenda ripeteva pedissequamente un *topos* che i navigatori del mar di Levante associavano da secoli con uno dei sacri chiodi, ma tornava probabilmente utile ai Cavalieri come mezzo per accrescere la dignità del loro tesoro sacro, che in qualche modo doveva porsi a confronto con quel modello ideale di collezione reliquiale che, ancora tra Tre e Quattrocento, era rappresentato dalla capitale bizantina.

Nello stesso periodo l'Occidente vede affermarsi un fenomeno di culto che si richiamava alla memoria di un cimelio sacro conservato nella città di Costantino: ancora nel tardo Quattrocento circolavano in Toscana delle *Orazioni della misura di Cristo*, capaci di proteggere da qualsiasi forma di malattia o avversità, che si raccomandava di "dire ogni dì divotamente et tenerle appiccate in casa dentro a l'uscio o in bottega o portarle adosso"[55]. Si trattava di piccoli fogli a stampa su cui era riprodotta una linea orizzontale la cui lunghezza, se moltiplicata ora per dodici ora per sedici, si riteneva corrispondere esattamente all'altezza di Gesù. Secondo una tradizione attestata nei manoscritti occidentali sin dal sec. X, siffatta misura era stata ricavata da un'originale che si conservava a Bisanzio: "Hec linea sedecies ducta longitudinem Dominici corporis ostendit", informava pressoché invariabilmente la relativa didascalia, "sumta a Constantinopoli, ex aurea cruce ad longitudinem Dominici corporis facta" (fig. 2)[56].

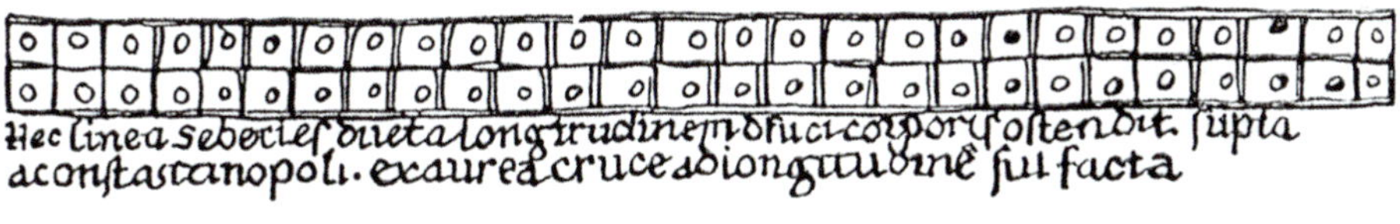

Fig. 2 - La *"santa misura"* del corpo di Cristo, riproduzione di una miniatura del sec. XIV. Da A. Spamer, *Die deutsche Volkskunde* (1934-1935)

Il riferimento era alla cosiddetta "crux mensuralis" che era conservata nello *skevophylakion* di Santa Sofia, in prossimità della porta sul lato ovest[57]. Secondo la tradizione riportata per la prima volta da un testo patriografico, il *Racconto sulla costruzione di Santa Sofia* (sec. X), l'esecuzione risaliva all'imperatore Giustiniano:

54. ANONIMO FRANCESE, *Pèlerinage* [1419c.-1425], ed. H. MORANVILLÉ, Un pèlerinage en Terre Sainte et au Sinaï au XVe siècle, *Bibliothèque de l'École des Chartes* 66, 1905, 70-106, in part. 103-104.

55. G. UZIELLI, L'orazione della misura di Cristo, *Archivio storico italiano*, ser. V, 27, 1901, p. 334-345.

56. Così ad esempio in una miscellanea astrologica del sec. XII oggi nella Bibliothèque municipale di Digione; cfr. *Catalogue général des manuscrits des bibliothèques publiques de France - Départements*, V, Paris 1885-1993, p. 107.

57. Così secondo l'ipotesi di G. MAJESKA, Notes on the Skeuophylakion of St. Sophia, *VV* 55, 1998, p. 212-215. Desidero ringraziare il prof. George Majeska per avermi reso disponibili, oltre a questo saggio, le sue note di commento all'edizione critica del testo di Antonio da Novgorod, attualmente in preparazione.

La santa croce che si trova oggi nel Tesoro è la misura dell'altezza del Signore nostro Gesù Cristo, la quale venne misurata esattamente da fedeli e lodevoli uomini a Gerusalemme. Per questo [Giustiniano] lo rivestì d'argento e pietre preziose e lo fece dorare, e sino ad oggi opera guarigioni di malattie e scaccia i demoni[58].

L'esistenza di questo oggetto venne in seguito confermata da due testi latini, il cosiddetto *Anonimo Mercati* e il resoconto del pellegrinaggio dell'abate islandese Nikulas di Munkathvera, risalente al 1151-1154, nonché dalla relazione di Antonio da Novgorod (c. 1200), mentre non si trova più alcuna menzione di esso dopo le devastazioni operate dai conquistatori franchi nel 1204[59]. In questo senso appare ancora più interessante il fatto che l'*aurea crux* della Grande Chiesa abbia continuato ad esercitare un impatto duraturo nella cultura occidentale, venendo assunta a documento "veritiero" delle dimensioni corporee di Cristo. In effetti, si verificò nei confronti di quest'oggetto qualcosa di analogo a quanto si mise in atto nell'attitudine latina verso l'iconografia sacra della Chiesa greca, che fu percepita come una testimonianza storica e attendibile, consacrata dalla sua derivazione da modelli risalenti alla prima età evangelica, circa le fattezze terrene dei principali personaggi della fede cristiana. Come le icone del Salvatore permettevano di conoscere i dettagli della Sua fisionomia (di cui si aveva un riscontro nelle descrizioni prosopografiche di antichi autori), così la Sua misura offriva al fedele un segno ancora più tangibile del passaggio terreno del Figlio di Dio, degno per questo della più alta venerazione.

Secondo un'ipotesi che mantiene a tutt'oggi tutto il suo fascino, l'altezza di Cristo costituì il probabile termine di paragone per coloro che, nei Comuni italiani del tardo Medioevo, furono incaricati di fornire nuove misure ufficiali che rimpiazzassero lo *stadio* e il *piede* di origine romana e riformulassero l'intero sistema metrologico sulla base di un parametro che, per essere investito di sacralità, era di per sé da ritenersi più affidabile: in questo senso, si è pensato che il *braccio* in uso in diverse località dell'Italia centrale sia stato calcolato come la terza parte del valore che si attribuiva, in ciascuna di esse, alla *mensura Christi*[60]. Se si accetta questa proposta e ci si basa sulle differenze nel computo delle *braccia* toscane, si deve riconoscere che a Gesù di Nazareth si pensava come a un uomo alto fra i m 1,70 e i m 1,80; tuttavia, i manoscritti che riportano la scala metrica tratta dalla croce di Costantinopoli dànno un'oscillazione diversa, tra i m 1,80 e i m 1,85[61]. Questo valore è sorprendentemente vicino a quello tramandato dalle antiche descrizioni letterarie dell'aspetto di Cristo,

58. *Diegesis*, 22, ed. Th. PREGER, *Scriptores originum Constantinopolitanarum*, Lipsiae 1901, p. 98-99.

59. CIGGAAR, Une description, cit., p. 246; NIKULAS DI MUNKATHVERA, ed. RIANT, *Exuviae*, cit., p. 213; ANTONIO DA NOVGOROD, ed. M. EHRHARD, Le livre du Pèlerin d'Antoine de Novgorod, *Romania* 58, 1932, p. 44-65, in part. 50. Cfr. in merito E. VON DOBSCHÜTZ, *Christusbilder. Untersuchungen zur christlichen Legende*, Leipzig 1899, p. 299**, e P. SAVIO, *Ricerche storiche sulla Santa Sindone*, Torino 1957, pp. 172-174.

60. G. UZIELLI, *Le misure lineari medievali e l'effigie di Cristo*, Firenze 1899.

61. Il primo valore ricorre nel codice di Digione citato alla nota 54; il secondo è presente nel manoscritto, di due secoli più tardi, conservato nella Biblioteca Laurenziana di Firenze, Plut. XXV, 3, f. 15v (A. M. BANDINI, *Catalogus codicum latinorum Bibliothecae Mediceae Laurentianae*, Florentiae 1774-1777, I, col. 748-754).

che avevano sempre insistito sulla Sua notevole altezza: per il monaco Epifanio (c. 800) era "di sei piedi" (ποδῶν), mentre la *Lettera dei Patriarchi* (sec. IX) lo definiva τρίπηχυς, ossia "di tre braccia". Se si assume, come tutto porta a credere, che ci si sia avvalsi delle misure ufficiali della capitale e si interpreta il πῆχυς come il "braccio maggiore" (giacché il minore, pari a un piede e mezzo, darebbe un numero troppo basso), appare chiaramente che entrambi gli autori concordano su un'altezza di m 1,87[62].

Anche se è evidente che il richiamo alle "tre braccia" equivalenti a "sei piedi" è in parte motivato da intenti numerologici e allusioni alla Trinità, è anche vero che costituisce comunque una misura ideale per un corpo maschile e sembra plausibile che in tale proporzione fosse stata riprodotta già nella croce aurea di Giustiniano. È anche verisimile che di quest'ultima venissero distribuite tra i pellegrini delle riproduzioni su stoffa, come già avveniva a Gerusalemme con le "lunghezze" del Sepolcro e delle impronte del corpo di Cristo nel Pretorio di Pilato[63], e che le scale metriche diffuse nella tradizione manoscritta occidentale siano derivate da modelli di questo genere. A compensazione dell'assenza di resti corporali del Salvatore, le copie della Sua altezza offrivano un ottimo utensile devozionale, in grado di evocarne per via analogica quella presenza fisica che le immagini dovevano richiamare per via mimetica. Non a caso tutta una serie di icone prodigiose celebrate dalla letteratura religiosa erano lodate per il fatto che univano in sé entrambe le qualità: il Cristo di Beirut, secondo la leggenda risalente agli Atti del settimo concilio ecumenico di Nicea del 787[64], mostrava Gesù crocifisso "nella sua interezza", mentre secondo la predica sulla *Vergine "Romana"* (sec. XI), all'inizio delle controversie iconoclastiche il patriarca Germano di Costantinopoli avrebbe affidato alle onde del mare un'immagine del Salvatore che "recava la misura della Sua altezza", pari naturalmente a tre braccia, "e le altre caratteristiche del Suo aspetto, nel modo in cui lo schema dell'uomo-Dio ci è stato trasmesso dai testimoni oculari dell'antichità"[65].

L'Occidente latino fu precocemente attratto da questo genere di oggetti sacri che, più di qualsiasi altro, si rivelavano conformi alla persona del Cristo storico. Già sul declinare del sec. IX troviamo menzione nella cattedrale di Narbona di una croce, donata dal vescovo Teodardo († 893), che conteneva un frammento del sacro legno

---

62. Su queste unità di misura cfr. E. SCHILBACH, *Byzantinische Metrologie*, München 1970, p. 20-21. Il piede bizantino era pari a cm 31,23; il braccio maggiore equivaleva a due piedi (cm 62,46).

63. ANONIMO DI PIACENZA, *Iter*, 22-23, ed. BIELER, *Itineraria*, cit., p. 140-141. Sul tema delle 'sacre lunghezze' cfr. X. BARBIER DE MONTAULT, Les mesures de dévotion, *Revue de l'art chrétien* 15, 1881, p. 360-419; A. SPAMER, *Die deutsche Volkskunde*, Berlin 1934-1935, II, p. 9; A. JACOBY, Heilige Längenmasse, *Schweizerisches Archiv für Volkskunde* 29, 1929, p. 1-17 e 181-216; ID., voci *Christi Länge* e *Länge Christi*, in *Handwörterbuch des deutschen Aberglaubes*, a cura di H. BÄCHTOLD-STÄUBLI e E. HOFFMAN-KRAYER [1930 e 1933], nuova edizione a cura di C. DAXELMÜLLER, Berlin-New York 1987, II, col. 64-64, V, col. 899-902; É. LEGROS, La mesure de Jésus et autres saintes mesures, *Enquêtes du Musée de la vie wallonne* 60, 1962, p. 313-337.

64. Cfr. le diverse versioni greche del sermone dello pseudo-Atanasio, PG XXVIII, col. 798b e 806d.

65. DOBSCHÜTZ, *Christusbilder*, cit., p. 246**-247**. Il fatto che questa immagine fosse conservata, nei secc. XI-XII, nello *skevophylakion* di Santa Sofia (MAJESKA, *Notes*, cit., p. 214) fa supporre una sorta di contaminazione leggendaria con la *crux mensuralis*.

ed era fatta "in modo equivalente alla statura di un uomo"[66], mentre a partire dal secolo X la diffusione per via liturgica della storia dell'icona beritense fu di stimolo all'attribuzione di simili tratti leggendari a nuovi oggetti di culto, come nel caso del Volto Santo di Lucca, un crocifisso ligneo che fu percepito come una riproduzione esatta del Salvatore nella sua "qualità e quantità"[67]. Ancora il tardo Medioevo e la prima età moderna produssero una serie piuttosto folta di effigi e reliquie che contaminavano le antiche tradizioni orientali della *mensura Christi*, della Vera Croce e del Vero Ritratto del Salvatore: mentre conoscevano una nuova diffusione un po' ovunque in Europa le riproduzioni dell'altezza realizzate in stoffa o incise su colonne, nella Catalogna del Tre-Quattrocento si affermava il culto della *Santa Longitut* della cattedrale di Valenza, un'icona – forse di fattura bizantina – che rappresentava Cristo a piena figura nel ruolo di Giudice universale; come apprendiamo dalle iscrizioni presenti nelle numerose copie che ne furono eseguite, si riteneva che fosse esattamente conforme alla "longitudo corporis omnipotentis domini nostri Iesu Christi"[68]. Altrove, come in Germania, le sacre misure continuarono ad essere associate con lo schema della croce, seppure reinterpretato in chiave figurativa, come nel caso del crocifisso "della stessa lunghezza di Cristo" di cui parla ancora il mistico Enrico Suso in uno dei suoi scritti[69].

Nell'immaginario latino Costantinopoli, intesa come serbatoio pressoché illimitato di cimeli sacri e *mirabilia* cultuali, continuò per secoli a godere di un prestigio e di una fama pressoché insopprimibili. Così come costituì a lungo la "patria naturale" delle reliquie della Passione e il focolaio dei più importanti culti cristologici, allo stesso modo fece da sfondo all'elaborazione leggendaria dei diversi "sottoprodotti" del culto della Croce, come la *crux mensuralis*, la stauroteca sospesa per aria di Stavrovouni o la "croce della Lavanda dei piedi" nel Kollakion di Rodi. Siffatto patrimonio di credenze, se pure subì adattamenti e contaminazioni, sopravvisse di secoli alla conquista ottomana della Città nel 1453.

66. H. KELLER, Zur Entstehung der sakralen Vollskulptur in der ottonischen Zeit, in ID., *Blick vom Monte Cavo. Kleine Schriften*, Frankfurt am Main 1984, p. 19-47, in part. 21.

67. Cfr. M. BACCI, The Berardenga Antependium and the *Passio ymaginis* Office, *Journal of the Warburg and Courtauld Institutes* 61, 1998, p. 1-16.

68. G. LLOMPART, Longitudo Christi Salvatoris. Una aportación al conocimiento de la piedad popular catalana medieval, *Analecta sacra Tarraconensia* 40, 1967, pp. 93-115.

69. *Exemplar*, I, 23, ed. K. BIHLMEYER, *Heinrich Seuse. Deutsche Schriften im Auftrag der Württembergischen Kommission für Landesgeschichte*, Stuttgart 1907, p. 67.

DES RELIQUES DE LA PASSION DANS
LE ROYAUME DE FRANCE

Claudine BILLOT

Le domaine des Reliques de la Passion, dans le royaume de France, recouvre un ensemble complexe, inspiré des pratiques des empereurs byzantins, avec trois strates : une pensée religieuse primordiale nourrit une méditation sur leur dimension symbolique et sous-tend, pour les Capétiens, pendant près d'un demi-millénaire, un dessein politique fort, l'exaltation de leur pouvoir.

La tradition assure que des Reliques de la Passion jouent un rôle important dès l'époque carolingienne comme, par exemple, la Sainte Tunique aujourd'hui conservée dans la basilique d'Argenteuil[1]. Son histoire permet de retrouver toutes les données communes à ce type de reliques[2].

Il s'agit de la tunique du Christ lors du Portement de Croix : "Restait la Tunique. Elle était sans couture, tissée d'une seule pièce depuis le haut"[3] ; et comme il est annoncé dans le psaume messianique 22 : "Ils tirent au sort ma tunique"[4]. Le récit assure qu'elle aurait été donnée par l'empereur byzantin Constantin VI (780-797) ou par sa mère l'impératrice Irène (797-802) à Charlemagne (768-814). Ce dernier aurait à son tour fait don de la relique à l'abbaye d'Argenteuil dirigée par sa fille Théodrade (†830). Avec le sac de l'établissement par les Normands en 850, la relique aurait disparu pendant trois cents ans avant de réapparaître quelques années avant 1156, retrouvée grâce à "une révélation divine".

Cet archétype réunit tous les avatars classiques des reliques : la référence au Nouveau Testament, le rôle de Byzance, l'un des grands centres de leur distribution après Jérusalem, l'intervention, à mi-chemin entre Histoire et Légende, de Charlemagne comme donateur, afin de lui attribuer une origine glorieuse, le transfert à un établissement religieux dont le prestige s'en trouve accru, la disparition temporaire et la redécouverte.

---

1. Argenteuil (Val d'Oise). La dernière ostension a eu lieu en 1984 et une exposition de la châsse a été effectuée pour l'an 2000.

2. P. DOR, *La tunique d'Argenteuil et ses prétendues "rivales", Étude historique,* La Mothe-Achard 2002. Cette récente publication réunit une documentation intéressante sans, malheureusement, en tirer des hypothèses valables (Sources et bibliographie, p. 241-259).

3. Jo 19, 23-24.

4. Ps. 22, 19.

Byzance et les reliques du Christ, éd. J. Durand et B. Flusin (Centre de recherche d'Histoire et Civilisation de Byzance, Monographies 17), Paris 2004.

En réalité, il n'existe pas de témoignages écrits au sujet de la Tunique avant le milieu du XIIᵉ siècle. Rappelons que l'abbaye d'Argenteuil a été prise (ou reprise) par l'abbaye de Saint-Denis en 1129, sous l'abbatiat de Suger (1081-1151). Cette main-mise dionysienne n'est probablement pas étrangère à la "réapparition" de la relique quelques années plus tard et à la valorisation du site. Un acte de 1156 rédigé par Hugues, archevêque de Rouen (1130-1164), accorde des indulgences aux fidèles qui viendront à Argenteuil[5]. Le récit d'Eudes de Deuil, abbé de Saint-Denis de 1152 à 1162, relate l'ostension de la Tunique le 10 octobre 1156[6]. Des chroniques prennent ensuite le relais énumérant processions, pèlerinages et miracles. Une confrérie est même fondée au XVIIᵉ siècle.

Des études scientifiques ont été opérées sur les fragments, restitués à la basilique d'Argenteuil après la Révolution, en 1892-1893, 1931-1932 et 1997-1998[7]. Elles rendent compte d'une parenté avec les tissus coptes de cette tunique de dessous en laine tissée, peut-être teinte en pourpre, tachée de sang, mais elles n'ont avancé aucune datation précise, ce qui serait aujourd'hui possible par l'analyse au Carbone 14.

Les Reliques de la Passion, reliques exceptionnelles, suscitent un regain de dévotion au XIIIᵉ siècle. Sous l'influence des ordres mendiants, le *Christocentrisme*, la vénération du Christ souffrant, donc le contact avec les objets de sa vie terrestre et le culte de la Croix, rénovent la sensibilité religieuse, les dévotions particulières et collectives. Ce recentrage spirituel est facilité par des circonstances historiques favorables avec la prise de Constantinople par les Croisés en 1204, les difficultés financières ultérieures des empereurs latins jusqu'en 1261 puis le reflux de leur cour en Europe occidentale, toutes modalités qui provoquent une intense circulation de ces reliques.

C'est ainsi que de coûteuses Reliques de la Passion sont transférées à Paris à la demande du roi Louis IX (1226-1270) : la Sainte Couronne en août 1239, un morceau de la Vraie Croix, parmi d'autres reliques, en septembre 1241, la Croix de Victoire, un autre fragment de la Vraie Croix, le fer de la Lance et la Sainte Éponge vraisembla-blement en août 1242[8]. Pour les abriter, le souverain fait construire dans son palais de la Cité à Paris, siège du pouvoir, la Sainte-Chapelle, réussite artistique exceptionnelle, et fixe les premières modalités du culte qui y est célébré.

Ces reliques servent alors de palladium protecteur à la dynastie capétienne et à leur royaume. Elles marquent symboliquement le lien qui s'établit entre la possession de la Vraie Croix et la légitimité du pouvoir. De manière identique, la Sainte Couronne garantit la validité de la couronne du sacre. Ces reliques attestent aussi une filiation politique et religieuse avec Byzance par la reprise du rôle impérial. Paris devient une nouvelle Jérusalem. La Sainte-Chapelle est un lieu saint où se déroulent ostensions, processions, où les visiteurs gagnent des indulgences, où de nombreux services sont fondés[9].

---

5. DOR, *La Tunique d'Argenteuil*, p. 40-45.

6. *Ibidem*, p. 46. Le document, d'après le ms. 348 du Queen's Collège d'Oxford, doit être édité par Thomas G. Waldman.

7. DOR, *La Tunique d'Argenteuil*, p. 46.

8. *Le Trésor de la Sainte-Chapelle*, catalogue de l'exposition, Paris, musée du Louvre, mai 2001-août 2001, J. DURAND et M.-P. LAFFITTE éd., p. 18-95 et nᵒˢ 1 à 22.

9. Cl. BILLOT, Le message spirituel et politique de la Sainte-Chapelle de Paris, *Revue Mabillon*, n.s. 63, 1991, p. 119-141.

Les Reliques participent également à des processions dans Paris, un moyen d'associer le peuple et les corps constitués à une entreprise qui se veut commune, que ce soit pour demander ou célébrer une victoire, pour prier pour la santé du roi. En 1535, pour expier les dommages causés par la Réforme protestante, une procession défile dans Paris[10]. L'ordre de la procession est, pour une fois, donné avec précision : devant, l'Université et les frères mendiants accompagnant le Chapitre cathédral ; ensuite la garde suisse du roi, les musiciens, le clergé de la Sainte-Chapelle, la chapelle du roi et ses hérauts d'armes, l'archevêque de Sens et des évêques portant les Saintes Reliques, des cardinaux, l'évêque de Paris portant l'Hostie ; le roi François Ier (1515-1547), la Chambre des Comptes, le prévôt de Paris et la municipalité d'un côté, le Parlement de l'autre. Le roi, sa chapelle, ses hérauts d'armes et sa garde personnelle d'une part, le clergé dans sa diversité avec ses dignitaires, ses chanoines de Notre-Dame et de la Sainte-Chapelle, ses frères mendiants d'autre part, l'Université, les Cours souveraines, la justice royale et les échevins : toute la société parisienne qui compte est représentée.

Le roi participe donc ponctuellement aux processions des Saintes Reliques dans les circonstances graves. Il est aussi le médiateur, oint au moment du sacre, entre ses sujets et Dieu. Il revêt le costume du sacre pour ouvrir la Grande Châsse et en sortir les Reliques pour l'ostension de la semaine sainte. On retrouve dans cette démarche l'écho du roi oint et de son ordination sacerdotale dans la Bible, à la manière de David ou de Salomon. Le sacre intègre le roi dans la hiérarchie ecclésiastique. La canonisation de saint Louis en 1297 magnifie cette intercession.

Cette exploitation des Saintes Reliques à des fins politiques et religieuses par les souverains français perdure. En témoignent les choix opérés, quatre siècles plus tard, par Louis XIV (1643-1715) tant aux Invalides que dans la chapelle du château de Versailles.

À Paris, le portail de l'église Saint-Louis des Invalides, édifice commencé en 1677, est encadré par les statues, réalisées par Coysevox et son neveu Nicolas Coustou, de Charlemagne (canonisé en 1165 sous la pression de Frédéric Barberousse), à droite, et de saint Louis portant la Couronne d'épines à gauche, comme saints patrons du royaume (fig. l). La coupole centrale est décorée par une fresque de Charles de La Fosse représentant de nouveau saint Louis, cette fois-ci offrant son épée au Christ.

La quatrième et dernière chapelle du château de Versailles est achevée par Robert de Cotte en 1710. Elle est construite sur un plan allongé ainsi qu'il sied à une église issue de la tradition médiévale des chapelles royales et non sur un plan centré comme il était prévu dans les études préliminaires[11]. Elle est fondée par un descendant de saint Louis – Louis XIV descend trente-six fois du roi confesseur – et sous son patronage. Elle est conçue sur le modèle architectural – deux étages, nef unique, toit d'ardoise à forte pente – caractéristique des Saintes-Chapelles[12]. Les statues des douze apôtres, piliers de l'Église, sont, cette fois-ci, placées à l'extérieur, à la base du toit. Charlemagne et saint Louis, thème récurrent, sont figurés en prière dans la chapelle.

---

10. THÉODORE GODEFROY, *Le grand cérémonial françoys,* Paris 1649, t. II, p. 939-945.

11. *Versailles à Stockholm,* catalogue d'exposition, Paris, Centre Culturel Suédois, 1985, C 23, D 1 et 3-10.

12. Cl. BILLOT, Les *Saintes-Chapelles royales et princières,* Paris 1998, p. 9-10 et voir Dom E. GUILLOU, *Francia coronatur.* La chapelle de Versailles et la Sainte-Chapelle, *Nouvelles de Chrétienté* 261-262 et 263-264, Paris 26 mai-2 juin et 9-16 juin 1960. Je remercie Hervé Pinoteau de m'avoir signalé cette étude.

Fig. 1a - La permanence d'une tradition dynastique à la fin du XVIIe siècle avec
les deux saints protecteurs du royaume : Charlemagne
(Portail de l'église du Dôme aux Invalides, Paris) [Cl. C. Billot]

Fig. 1b - La permanence d'une tradition dynastique à la fin du XVIIe siècle avec les deux saints protecteurs du royaume : Saint Louis tenant la Couronne d'Épines (Portail de l'église du Dôme aux Invalides, Paris) [Cl. C. Billot]

Louis XIV aurait probablement souhaité que la Couronne d'épines et la Vraie Croix soient transférées à Versailles, nouveau siège du pouvoir, mais il n'a pas réalisé ce dessein. Les Reliques de la Passion détenues par les Capétiens y figurent seulement dans le décor de l'entrée. La serrure (fig. 2) porte en un rapprochement audacieux mais dont, on l'a vu, le principe n'est pas nouveau, la Sainte Couronne, le sceptre, symbole de l'autorité absolue, et la main de justice, symbole de la délégation divine du pouvoir. Les reliefs des piliers sont ornés une dizaine de fois de la Couronne d'épines (fig. 3), de l'Éponge et du Fouet de la Flagellation. Ceux de la coupole (fig. 4) sont décorés d'anges emportant au ciel les instruments de la Passion. Au centre de la voûte, Coypel a également peint "le triomphe des Reliques de la Croix" (fig. 5). Dans la chapelle latérale Saint-Louis, les écoinçons sont frappés à nouveau du sceptre et de la main de justice. Le décor principal montre "Saint Louis rapportant la Couronne d'épines sur l'autel de la Sainte-Chapelle".

Si les Capétiens ont assuré leur propagande monarchique au sein même de leurs palais et de leur royaume, ils ont également voulu défendre "la promotion de la France au-dessus de toutes les formations politiques de la Chrétienté"[13]. On retiendra comme exemple les dons aux souverains norvégiens, problème qui a besoin d'être éclairci en fonction des études publiées à Oslo[14]. La Norvège "entre tardivement en chrétienté" à la fin du Xe siècle seulement. Le premier évêché n'est créé qu'en 1066. Haakon IV (1217-1263) célèbre en 1247 son sacre, le premier en Scandinavie. Il choisit Bergen comme capitale, qui compte bientôt, avec son propre palais en bois, une cathédrale,

Fig. 2 - La Couronne d'Épines, le sceptre et la main de justice ornant la serrure
de la grande porte d'entrée de la chapelle du château de Versailles
(d'après G. BRIÈRE, *Le château de Versailles*, Paris s. d. [1910], t. 1, pl. 34)

13. P. S. LEWIS, *Le sang royal*, Paris 1985, p. 9.
14. Je remercie Hege Roaldsen, spécialiste des chapelles royales de Norvège, de son aide amicale.

Fig. 3 - Les Instruments de la Passion dans les chutes de trophée décorant les piles carrées
du rez-de-chaussée de la chapelle du château de Versailles
(d'après G. BRIÈRE, *Le château de Versailles*, Paris s. d. [1910], t. 1, pl. 45 et 47)

Fig. 4 - La Couronne d'Épines et le sceptre de roseau présentés par des anges
dans les écoinçons des arcades du rez-de-chaussée de la chapelle du château de Versailles
(d'après G. Brière, *Le château de Versailles*, Paris s. d. [1910], t. 1, pl. 101)

Fig. 5 - *Le Triomphe des reliques de la Passion* peint par Antoine Coypel
au centre de la voûte de la nef de la chapelle du château de Versailles
(d'après G. Brière, *Le château de Versailles*, Paris s. d. [1910], t. 1, pl. 163)

vingt églises et chapelles, cinq monastères et deux hôpitaux. Son fils Magnus le Législateur (1266-1280) veut une monarchie à l'occidentale, à l'imitation des autres pays
européens. Le 30 septembre 1274, le roi de France Philippe III le Hardi (1270-1285)
charge l'archevêque de Norvège, de passage à Paris à son retour du Concile de Lyon,
de remettre à son souverain un reliquaire en forme d'ange tenant dans la main droite
une épine qu'il a fait détacher, en sa présence, de la Sainte Couronne pour la chapelle
royale des Saints-Apôtres de Bergen. Un office commémorant l'arrivée de cette épine
dans cette dernière capitale était célébré chaque 9 novembre d'après le *Bréviaire de
Throndhjem.*

Haakon V Magnusson (1299-1319) fixe la nouvelle capitale politique à Oslo,
abandonnant Bergen à son destin économique de grand comptoir de la Hanse. En
1304, Philippe IV le Bel (1285-1314) lui envoie alors une seconde épine de la Sainte
Couronne et une articulation du doigt de Saint Louis, récemment canonisé en 1297.
Le second reliquaire, d'or et d'argent doré, probablement un autre ange, a coûté 595
livres 10 sols. Il est déposé dans la chapelle royale Notre-Dame d'Oslo[15]. En 1319,
dans son testament, Haakon V fait don d'un "tableau" pour y conserver ces reliques[16].
Elles figurent encore dans deux documents ultérieurs : à la fin du mois de mars 1523,
dans l'inventaire des objets de Notre-Dame d'Oslo transférés par précaution au palais
royal devant l'invasion suédoise (deux anges portant les épines de la Couronne et une
"image" de Saint Louis, roi de France)[17], et dans une mention des *Annales* rédigées
entre 1550 et 1578.

Un espace religieux spécifique et prestigieux, la Sainte-Chapelle du palais de la
Cité à Paris abrite les plus fameuses Reliques de la Passion réunies par Saint-Louis.
Ostensions, fondations d'offices, processions, dons et échanges assurent le rayonnement
de leurs possesseurs, les Capétiens, dans la capitale, en France et en Europe. Avec
l'appui de l'Église et parfois même sans cet appui, il y a diffusion d'un message : la
valorisation sacrée du roi par le sacre selon la tradition biblique, la légitimité d'une
dynastie par la possession des Reliques de la Passion, à la manière des empereurs
byzantins. La France est le premier royaume entre les royaumes et son roi devient le
souverain des autres princes chrétiens[18].

---

15. D'après Odd JOHNSEN, *Les cadeaux de reliques de Philippe le Bel à Hakon V (1303-1304),
Historisk Tidsskrift* 44, Oslo, 1965.

16. *Diplomatarium Norvegicum,* t. IV, nº 128, p. 121-123, à la p. 122.

17. *Ibidem,* t. VIII, nº 528, p. 525-527, à la p. 525.

18. *Chronique anonyme des rois de France finissant en l'an 1286,* Recueil des historiens des Gaules
et de la France, t. XXl. 17, p. 84-85 – "La li monstra Dieus qu'il amoit lui [Louis IX] et le roiaume de
France quant il volt souffrir que si precieus saintuaire fussent aportez en ma couronne et au roiaume de
France. Et fist li rois Loois ses precieus saintuaires mettre en une chasse, en sa chapele à Paris. De quoi
le roi de France et le roiaume ont puis esté honnorez et seront, se Dieu Plest, et s'ils sont preudes
hommes, que c'est le chief des princes crestiens." Ce thème est constant et se retrouve chez les Valois.
Jean Michiel prédit au roi Charles VIII (1483-1498) "qu'il sera de tous les roys de la terre le souverain
et dominateur sur tous les dominants et unique monarchie du monde. Tu seras très plein de félicité, roy
des roys et seigneur des seigneurs et prince des princes de la terre" (I. CLOULAS, *Charles VIII et le mirage
italien,* Paris 1986, p. 41).

INDEX

Abgar, roi d'Édesse : 25, 27, 123, 127, 134 à 137, 160 n., 170, 173, 179, 201, 202 n., 203, 206, 209

Adamnan (Adomnan) d'Iona : 42 n., 43 à 45, 51, 229

Agathe (sainte) : 160 n.

Alexis Ier Comnène, empereur : 27, 62-63, 171, 175. Lettre apocryphe à Robert Ier de Flandre : 26, 32-33, 183 n., 225 n.

Alexis de Moscou, métropolite : 208

Amaury, roi de Jérusalem : 25-26, 30

Amiens. Cathédrale. Chef de saint Jean Baptiste : 146-147

Anastase, patriarche de Constantinople : 56

André (saint), apôtre : 205. Émail du triptyque de la Vraie Croix de la Lavra : 115-116. Reliques : 13, 184

Andronic Ier, empereur : 27

Anne Comnène : 27, 29, 172 à 175

Annonciation. Sur un triptyque reliquaire géorgien d'une collection privée parisienne : 192-193, 214

Anonyme de Mercati : 13, 126, 149 n., 152 à 154, 157, 183 n., 225 n., 236

Anonyme du *Tarragonensis* 55, voir : Tarragone

Anonyme russe de 1390 : 13, 186, 188 n.

Anseau, chantre du Saint-Sépulcre à Jérusalem : 224 à 226

Antioche. Main de saint Jean Baptiste : 150. Sainte Lance : 26, 175, 190

Antoine de Novgorod : 13, 126, 151 à 155, 157, 173 n., 183 n., 236

Apamée de Syrie. Culte de la Vraie Croix : 37 à 39, 41

Aparan (Arménie). Reliques de la Passion : 171

Arculfe, évêque gaulois : 43 à 46, 51

Argenteuil. Basilique. Sainte Tunique : 239-240

Artémios (saint). Sur un triptyque reliquaire géorgien d'une collection privée parisienne : 209-210

Artéthas, métropolite de Césarée : 156

Ashot III, roi d'Arménie : 23

Athanase (saint) : 107

Athos (mont). Grande Lavra. Croix de procession : 119. Lectionnaire : 114. Triptyque reliquaire de la Vraie Croix (endommagé en 1989) : 95, 107 à 122. – Monastère de Stavronikita : 62. – Monastère du Panteleimon. Ms. 2 : 92 n.

Bajazet II, sultan : 190, 229

Basile Ier, empereur : 12, 17, 19, 52

Basile II, empereur : 25, 171, 172, 149, 160. Ménologe (Vat. gr. 1613) : 48, 54-55, 72, 91-92

Basile le Proèdre : 121

Bassin du Lavement de pieds : 29-30, 234

Baudouin II, empereur latin de Constantinople : 127, 183 n., 185, 190

Bayeux. Cathédrale. Broderie dite de la reine Mathilde : 173-174

Benzo, évêque d'Alba : 58

Blaise (saint). Reliques : 13

Bohémond : 27, 172

Bois (saint), voir : Vraie Croix

Boldensele (Wilhelm von) : 228

Bonvoisin (Jean) : 102

Broderie dite de la reine Mathilde, à la cathédrale de Bayeux : 173-174

Calliclès (Nicolas) : 160 n.

Catherine d'Alexandrie (sainte). Reliques : 13

Cedrenus (Georges), voir : Kédrènos (Georges)

Ceinture de la Vierge : 145, 162

Ceremoniis (de), voir : *Livre des Cérémonies*

Charlemagne : 239. Statue du portail de l'église Saint-Louis des Invalides à Paris : 241-242

Charles III, empereur germanique : 173

Charles VIII, roi de France : 229, 248 n.

Chosroès, roi de Perse : 38, 132

Christ de Pitié, voir : Ecce Homo

Christophe de Mytilène : 13

Chronicon Paschale : 41 à 43, 45, 147 n., 153 n.

Chronique de Nestor : 12

Chrysanthos, patriarche de Jérusalem : 62

Chypre. Mont de la vraie Croix : 230 à 232

Claude de Turin : 161 n.

Clavijo (Ruy Gonzalez de) : 185 n., 186 à 189, 224, 228

Clous de la Crucifixion : 12, 26-27, 162, 165, 171-172, 175, 183-184, 188

Cologne. Trésor de la cathédrale. Croix reliquaire : 95

Colonne de la Flagellation : 32, 188

Côme (saint). Sur un triptyque reliquaire géorgien d'une collection privée parisienne : 209-210

Constantin Ier le Grand, empereur : 148, 170. Et le culte de la Vraie Croix à Constantinople : 33-34, 37, 41, 58-59, 189. Reliques : 184. Sur le reliquaire de Jaucourt : 164

Constantin V Copronyme, empereur : 20 à 22, 56, 239

Constantin VII Porphyrogénète, empereur : 14, 23-24, 31, 57, 121, 127, 132 à 136, 150-151, 203. – Voir aussi : *Livre des Cérémonies*

Constantin VIII Porphyrogénète, empereur : 162 n., 169

Constantin IX Monomaque, empereur : 177

Constantin II, patriarche de Constantinople : 55-56

Constantin Dalassène : 173

Constantin Doukas : 56

Constantinople. Chapelle Saint-Étienne de la Daphnè au Palais : 12, 19-20, 53. – Culte de la Vraie Croix : 31 à 59. – Église (chapelle) de la Vierge Théotokos du Phare au Grand Palais : 134, 136, 139, 151-152, 157. Reliques : 11-12, 15 à 30, 53, 102, 121, 123, 126, 132, 183 n., 202, 207, 215, 223 à 225, 227. – Église des Chalkoprateia. Ceinture de la Vierge : 145. Cheveux de saint Jean Baptiste : 152. – Église du Seigneur (Kyrios) au Palais : 12, 19. – Église Saint-Démétrius au Palais : 19. – Forum de Constantin : 36. – Grand Palais : 26. Porte de la Chalkè et sa chapelle : 24, 123, 129 à 132, 135, 139. Reliques : 12, 14, 30. *Spatharikion* : 48-49. – Monastère de Saint-Georges des Manganes. Reliques : 185 n., 186, 188 n., 227. – Monastère du Pantokrator : 25. – Monastère du Prodrome (de Saint-Jean-Baptiste) de

Pétra. Église du Prodrome : 147. Reliques : 186, 188 n., 227. – Nouvelle Église (Néa Ekklèsia) du Palais : 17 à 20, 52. Reliques : 12, 105. – Palais de Topkapi. Main de Jean Baptiste : 14. – Palais et église des Blachernes : 14, 16, 21, 26, 30, 39, 40 n., 124, 126, 134, 152. Voile de la Vierge : 145. – Reliques des "Amis de Jésus" : 143 à 157. – Sainte-Sophie : 26, 235-236. Cérémonies de l'Exaltation de la Croix d'après le Ms. *Dresdensis* A 104 : 61 à 89, 91-92. Diacres : 13. Mosaïques : 21. Reliques : 11-12, 15, 153, 156, 223, 228-229. *Typicon* : 45, 47 n., 48, 50 n., 51-52, 54, 136, 139. *Typicon* de Dresde : 61 à 89, 91. Vénération de la Vraie Croix : 41, 43 à 59. Vénération du Mandylion : 132 à 135

Corne de Samuel : 12

Cortone. Reliquaire de la Vraie Croix : 121

Cotte (Robert de) : 241

Couronne d'épines : 12, 26-27, 162, 165, 172, 175, 182, 183-184, 188, 202, 234, 240, 243 à 248

Coustou (Nicolas) : 241 à 243

Coypel, peintre : 244, 247

Coysevox, sculpteur : 241 à 243

Croix (vraie), voir : Vraie Croix

Croix reliquaire au nom de l'empereur Romain, à Saint-Pierre du Vatican : 164 n., 165 n., 166

Cuenca. Cathédrale. Diptyque de 1367-1368 : 219

Damien (saint). Sur un triptyque reliquaire géorgien d'une collection privée parisienne : 209-210

David IV Agma?enebeli, roi de Géorgie : 224, 226

Démétrius (saint). Sur un triptyque reliquaire géorgien d'une collection privée parisienne : 209 à 211

Dresde (Allemagne). Sächsische Landesbibliothek. Ms. A 104 (*typicon* de Sainte-Sophie) 61 à 89, 91 à 95, 105

Du Cange (Charles Dufresne, sieur) : 146-147, 149

Ecce Homo. Sur un triptyque reliquaire géorgien d'une collection privée parisienne : 195 à 199, 205, 212

Édesse. Mandylion, voir : Mandylion

Élatée (Crète). Église de la Panagia. Pierre de Cana : 177

Élie, prophète. Émail du triptyque de la Vraie Croix de la Lavra : 115-116

Émèse. Chef de saint Jean Baptiste : 148-149

Emmeric, prince hongrois : 171

Éphèse. Pierre de la Descente de Croix : 25, 160 n., 161, 169, 174, 177. Reliques de Marie-Madeleine : 156

Éponge de la Crucifixion : 12, 21-22, 26, 42, 171, 186-187, 189, 240

Estergom. Trésor de la cathédrale. Reliquaire : 180-181

Etchmiadzin (Arménie). Sainte Lance : 190

Étienne (saint), diacre. Sur un triptyque reliquaire géorgien d'une collection privée parisienne : 209-210. Reliques : 12

Eudes de Deuil, abbé de Saint-Denis : 26, 240

Euphémie (sainte). Relique : 12

Eustathe (saint). Sur un triptyque reliquaire géorgien d'une collection privée parisienne : 209-210

Eustrate (saint), martyr de Sébaste. Relique du triptyque de la Vraie Croix de la Lavra : 118, 120

Euthyme, patriarche de Constantinople : 149

Évagre le Scholastique : 38-39, 132

Évangile d'Alaverdi : 206. – De Gélati : 206

Exaltation de la Croix. Cérémonie à Constantinople : 41 à 43, 45 à 51, 61 à 89

Face (sainte), d'Édesse : 14, 179, 201-202

Fitzsimons (Siméon) : 226

Florence. Biblioteca Laurenziana. Ms. Plut. XXV, 3 : 236. – Dôme. Croix reliquaire : 95

Foucher de Chartres : 32 n.

Fouet (ou carcan de fer, chaîne) de la Flagellation : 32

François Ier, roi de France : 241

Gabaon. Reliques : 152

Gabras (Grégoire) : 175

Gênes. Cathédrale. Trésor. Croix reliquaire dite des Zaccaria : 95-96. – Musée diocésain. Relique de la Vraie Croix : 103 n. Santo Volto : 208

Génésios (Joseph) : 20

Georges (saint). Sur un triptyque reliquaire géorgien d'une collection privée parisienne : 209 à 211

Georges Kédrènos, voir : Kédrènos (Georges)

Georges Maniakès : 124

Géorgie. Triptyque reliquaire d'une collection privée parisienne : 191 à 222

Germain Ier, patriarche : 22 n.

Gisèle, fille de Pépin : 22

Grado. Trésor. Croix : 98 n.

Grégoire le Théologien (saint). Émail du triptyque de la Vraie Croix de la Lavra : 115-116

Grégoire le Référendaire : 135-136

Guibert de Nogent : 161 n.

Guillaume de Machaut : 230

Guillaume de Tyr : 26

Haakon IV, roi de Norvège : 244, 248

Haakon V Magnusson, roi de Norvège : 248

Harold le Saxon : 173-174

Hélène (sainte), mère de Constantin. Et le culte de la Vraie Croix : 33 à 36, 40, 43-44, 59, 189, 226, 230, 235. Sur le reliquaire de Jaucourt : 164

Helgaud de Fleury : 173 n.

Henri de Flandre, empereur latin de Constantinople : 105

Henri II, empereur germanique : 171 n.

Héraclius Ier, empereur : 42-43, 45, 58

Héraclius II, empereur : 55

Hiérapolis (Syrie). Reliques : 152. Sainte Tuile : 24, 205

Hilaire, pape : 37

Hugo illuminator : 226

Icône acheiropoïète du Christ de Kamouliana : 39-40, 127. – Du Latran : 201

Icône de la légende du Mandylion à Sainte-Catherine du Sinaï : 136 à 138

Icône de la Vierge Théothokos, en l'église du Phare à Constantinople : 28, 30

Icône miraculeuse de la Crucifixion : 24

Ignace, patriarche de Constantinople : 149

Innocent VIII, pape : 190

Irène, impératrice, mère de Constantin V : 239

Irène Doukas, impératrice. Croix au trésor de Saint-Marc de Venise : 96 à 98, 162, 165 n., 167

Irène l'Athénienne, femme de Léon IV, fils de Constantin V : 20, 22

Isaac II Angelos, empereur : 58, 170

Isaac III, empereur : 180

Istanbul, voir : Constantinople

Jacques (saint), le Mineur, apôtre : 143, 145

Jacques (saint), de Nisibe : 152

Jaucourt (Aube). Reliquaire, au Louvre : 164

Jean (saint), évangéliste. Sur un triptyque reliquaire géorgien d'une collection privée parisienne : 209-210

Jean Baptiste (saint). Chef : 14. Main droite : 14. Pierre du tombeau : 13. Reliques : 145 à 150, 157, 160 n., 165. Sur un triptyque reliquaire géorgien d'une collection privée parisienne : 209-210

Jean Chrysostome (saint). Sur un triptyque reliquaire géorgien d'une collection privée parisienne : 209-210

Jean Damascène (saint) : 21-22

Jean Ier Tzimiskès, empereur : 23-24, 129, 139, 152

Jean II, empereur : 170-171, 178

Jean Comnène, usurpateur : 27

Jean Kinnamos : 31-32, 165, 172, 174-175

Johannes Rufus : 35

Jérémie II, patriarche de Constantinople : 62

Jérusalem. Basilique du Saint-Sépulcre : 178. Vraie Croix : 224-225. – Reliques de la Passion : 15-16, 25, 37-38, 59. – Sainte-Croix. Ms. 40 : 61 n., 63

Job, diacre d'Antioche : 150-151

Joseph (saint). Reliques : 153-154

Joseph de Cantorbéry, moine : 13

Justin II, empereur : 39 à 41, 58

Justinien Ier, empereur : 132, 147-148

Justinien II, empereur : 22

Kallinikos (saint), martyr. Relique du tryptique de la Vraie Croix de la Lavra : 118 à 120

Kédrènos (Georges) : 39

Keramion, voir : Tuile (sainte)

Kinnamos (Jean), voir : Jean Kinnamos

La Broquière (Bertrandon de) : 228

La Fosse (Charles de) : 241

Lance (sainte) : 18-19, 22, 26-27, 42, 45, 61, 161-162, 165, 172, 175, 177, 183 à 185 à 190, 240

Langes du Christ : 11, 162, 165, 171, 179

Laon. Sainte Face : 202, 208

Lazare (saint) : 143, 155-156

Lectionnaire du Vatican (Vat. gr. 1156) : 46 à 49, 92-93

Lefkara (Chypre). Église Santa Croce. Croix revêtue d'argent : 232-233

Léon Ier l'Isaurien, empereur : 120, 206

Léon III, empereur : 12, 22

Léon V l'Arménien, empereur : 20

Léon VI, empereur : 17, 19, 155

Léon de Chalcédoine : 208

Léon Diacre : 24, 139, 152

Léon Toscan : 28 à 30

Lettre du Christ à Agbar : 25, 27, 123, 134-135, 160 n., 170, 173, 179

Liber Pontificalis : 37

Limbourg-sur-la-Lahn. Trésor de la cathédrale. Reliquaire de la Vraie Croix : 23, 96, 99, 110, 114, 116-117, 120-121

Linceul du Christ : 26

Linges (saints) : 29

Liturgie. Cérémonie de l'Exaltation de la Croix à Constantinople : 41 à 43, 45 à 51, 61 à 89

Liutprand de Crémone : 31

Livre des Cérémonies (De Ceremoniis), de Constantin VII Porphyrogénète : 12, 18 à 20, 48, 49 n., 50 n., 51-52, 54, 73, 84 n., 105

Louis IX, roi de France (saint) : 11, 15, 102, 105, 127, 177, 182, 183 n., 190, 240. Relique à Oslo : 248. Statue du portail de l'église des Invalides à Paris : 241, 243

Louis VII, roi de France : 26, 31-32, 58, 172

Louis XIV, roi de France : 241 à 247

Luc (saint), évangéliste : 150. Reliques : 184

Lucques. Volto Santo : 238

Madrid. Biblioteca nacional. Ms. Vitr. 26-2 (Chronique de Jean Skylitzès) : 124-125, 127

Magnus le Législateur, roi de Norvège : 248

Mandeville (Jean de) : 189, 227, 229-230

Mandylion (mandilion) d'Édesse : 12, 19, 24-25, 29-30, 123 à 142, 144, 152, 183-184. Sur un triptyque reliquaire géorgien d'une collection privée parisienne : 195, 200 à 209

Manegold Ier, comte de Werd : 169

Manteau de la Vierge : 14

Manteau de pourpre de la Passion (ou Robe de pourpre) : 12, 32, 183 à 185, 187-188

Manuel Ier Comnène, empereur : 25-26, 28, 30, 58, 160 n., 169, 170, 174, 172, 177-178

Manuel II Paléologue, empereur : 224, 229

Maphorion, voir : Voile de la Vierge

Margelle du puits de la Samaritaine : 11, 50, 165

Marie, sœur de Lazare : 143, 157

Marie d'Ibelin : 233

Marie-Madeleine (sainte) : 143. Reliques : 156-157

Mariti (Giovanni) : 233

Marthe, sœur de Lazare : 143, 157

Martoni (Nicolas de) : 229

Maurice, empereur : 40, 56, 170

Mauropous (Jean) : 160 n., 161 n.

Mehmet II, sultan : 229

Mempetze (Membedj). Relique de saint Jean Baptiste : 152

Ménologe de Basile II (Vat. gr. 1613) : 48, 54-55, 72, 91-92

Mercati Anonymus, voir : *Anonyme de Mercati*

Mésaritès (Nicolas) : 16, 27 à 30, 126, 139, 183 n., 202 n.

Mesure du corps du Christ : 235 à 237

Michel II Comnène Doukas, empereur : 56-57

Michel III, empereur : 12, 16, 18 à 21, 149

Michel IV, empereur : 173

Michel VII, empereur : 107

Michel le Bègue : 20

Michel Psellos, voir : Psellos (Michel)

Michel le Syrien : 39

Michiel (Jean) : 248 n.

Moenmvasie. Icône : 180

Mont Athos, voir : Athos (mont)

Mont Sinaï, voir : Sinaï (mont)

Morand (Sauveur-Jérôme), chanoine de la Sainte-Chapelle de Paris : 103 à 105

Moscou. Galerie Tretjakov. Icône du Mandylion : 207-208. – Kremlin. Cathédrale de l'Annonciation. Fresque du Mandylion : 127 à 129. Cathédrale Uspensky. Fresque du Mandylion : 127, 129

Narbonne. Cathédrale. Vraie Croix : 237-238

Nerezi (Macédoine). Église Saint-Panteleimon. Peinture murale : 179-180

New York. Pierpont Morgan Library. Staurothèque de Stavelot : 98, 168

Nicéphore Ier, patriarche de Constantinople : 55

Nicéphore II Phocas, empereur : 23-24, 30, 107, 110, 117, 121, 152, 162 n., 164 n.

Nicétas le Goth (saint). Relique du triptyque de la Vraie Croix de la Lavra : 118 à 120

Nicétas, patrice : 41-42

Nicétas Choniatès : 127, 170-171

Nicolas, abbé de Thingeyrar en Islande : 125, 183 n.

Nicolas Mésaritès, voir : Mésaritès (Nicolas)

Nicosie. Cathédrale. Croix de Bellapais : 233

Nikolaos Mystikos, patriarche de Constantinople : 56

Notaires (saints), Markianos et Martyrios. Reliques du triptyque de la Vraie Croix de la Lavra : 118 à 121

Orbeli (Vaxtang), grand juge du royaume de Kartli : 193-194

Orbeliani (Sulkhan Saba) : 194-195

Oslo. Cathédrale Notre-Dame. Reliques de la Passion et de saint Louis : 248

Pain de la Cène (pain de Judas) : 186-187

Pamphile (saint) : 11

Pantéleimon (saint), apôtre. Émail de la Lavra, provenant du triptyque de la Vraie Croix (?) : 116

Papebroch (Daniel) : 147, 151

Papias, grand portier du Palais impérial : 69

Paris. Bibliothèque nationale de France. Ms. gr. 1590 : 68 n. – Cathédrale Notre-Dame. Trésor. Relique de la Vraie Croix : 100 à 105, 224. – Collection privée. Triptyque reliquaire géorgien : 191 à 222. – Église Saint-Louis des Invalides. Statues du portail : 241. – Musée du Louvre. Plaque du reliquaire de la Pierre du Sépulcre : 105. Reliquaire de Jaucourt : 164. Reliquaire de la Pierre du Sépulcre : 29, 176-177. Reliquaire de la Vraie Croix à glissière : 163. – Processions de reliques de la Passion : 241. – Sainte-Chapelle : 11, 14, 15. Couronne d'épines : 184. Pierre du Sépulcre : 176-177. Mandylion : 127, 184 n., 202. Reliques de la Passion : 185, 189, 227, 240, 248. Vraie Croix : 226 ; monture et bois du trésor de Notre-Dame : 101 à 105

Patria Konstantinoupoleos : 24, 59, 139, 152, 154

Paul (saint), apôtre : 144. Émail du triptyque de la Vraie Croix de la Lavra : 115-116

Pépin, roi des Francs : 22

Philippe III le Hardi, roi de France : 248

Philippe IV le Bel, roi de France : 227, 248

Philothéos : 50

Photius, patriarche : 12, 16, 18, 28-29, 145

Pierre de Cana : 177

Pierre de la Déposition du Christ (Pierre d'Éphèse) : 25, 160 n., 161, 169, 174, 177 à 179, 187

Pierre du Sépulcre : 29, 161, 176 à 179. Reliquaire du Louvre : 29

Pierre Ier de Lusignan : 230

Pinakidion, coffret pour la Vraie Croix à Constantinople : 79, 93 à 95, 105

Pipino (Francesco), dominicain : 228

Pise. Dôme. Croix reliquaire : 96

Plaques du tombeau du Christ : 11

Plats d'or des rois Mages : 11

Poils de la barbe du Christ : 186-187

Procope de Césarée : 37-38

Psellos (Michel) : 28, 114

Puits de la Samaritaine, voir : Margelle du puits de la Samaritaine

Pulchérie, impératrice : 12

Quarante Martyrs de Sébaste. Reliques du triptyque de la Vraie Croix de la Lavra : 118 à 120

Rabban Sauma, moine nestorien : 226-227

Raymond de Saint-Gilles : 175

Reliquaire de Jaucourt, au Louvre : 164

Reliquaire de la Pierre du Sépulcre, au Louvre : 176

Reliquaire de la Vraie Croix à glissière, au Louvre : 163

Reliques de la Passion et du Christ, voir : Bassin du Lavement de pieds ; Clous de la Crucifixion ; Colonne de la Flagellation ; Couronne d'épines ; Éponge de la crucifixion ; Face (sainte) ; Lance (sainte) ; Langes du Christ ; Linceul du Christ ; Linges (saints) ; Mandylion ; Manteau de pourpre ; Margelle du puits de la Samaritaine ; Pierre de la déposition du Christ ; Pierre du Sépulcre ; Plaques du tombeau du Christ ; Poils de la barbe du Christ ; Roseau de la Passion ; Sandales du Christ ; Sang du Christ ; Serviette du Lavement de pieds ; Véronique

Reliques de la Vierge, voir : Ceinture de la Vierge ; Manteau de la Vierge ; Voile de la Vierge

Rhodes. Reliques de la Passion : 229, 234, 238

Riant (comte Paul) : 11, 125 n.

Rila (Bulgarie). Monastère. Icône-reliquaire : 219 à 221

Robe de pourpre, voir : Manteau de pourpre de la Passion

Robert de Clari : 15, 29, 126-127, 183 n., 224

Robert le Pieux : 162 n., 171 n., 173 n.

Robert Ier le Frison, comte de Flandre. Lettre apocryphe d'Alexis Ier Comnène : 26, 32-33, 183 n., 225 n.

Robert, duc de Normandie : 31 n.

Romain Ier Lécapène, empereur : 24, 123, 129-130, 132 à 136, 139

Romain II, empereur : 121

Romain III Argyre, empereur : 25, 160 n., 177

Romain IV, empereur : 171-172

Rome. Culte de la Vraie Croix : 37. – Église de Sainte-Croix-de-Jérusalem. Triptyque reliquaire : 216-217. – San Silvestro in Capite. Mandylion : 127. – Vatican, voir : Vatican

Roseau de la Passion : 12, 21, 26, 32, 183-184, 187 à 189

Rouen. Reliques de sainte Catherine d'Alexandrie : 13

Rufin d'Aquilée : 33, 34 n., 149

Sabas (saint). Sur un triptyque reliquaire géorgien d'une collection privée parisienne : 209 à 211

Saint-Anton-de-Martqopi (Géorgie). Monastère. Sainte Tuile : 205-206

Salignac (Barthélemy de) : 231

Sandales du Christ : 12, 24, 129, 139, 152, 178 n., 183-184

Sang du Christ : 186-187

Sebèos, évêque : 43

Serviette du Lavement de pieds : 171

Siméon (saint), le Juste : 154, 157

Siméon le Stylite (saint). Relique du triptyque de la Vraie Croix de la Lavra : 118 à 121

Siméon Magister : 155 n.

Siméon Magister, Pseudo- : 133, 135

Siméon le Sinaïte : 13

Simokattès (Théophylacte), voir : Théophylacte Simokattès

Sinaï (mont). Monastère Sainte-Catherine. Icône d'Abgar au Mandylion : 136 à 138, 207

Sisinnios, patriarche de Constantinople : 120

Skylitzès (Georges) : 160 n.

Skylitzès (Jean) : 123 n., 124-125, 127, 130, 152, 164 n.

Socrate le Scholastique : 34 à 36

Sozomène : 34-35, 36 n., 147, 153

Stavelot. Staurothèque à la Pierpont Morgan Library de New York : 98, 168

Stilbès (Constantin) : 135

Suaire (saint) de Turin : 123, 179

Suger, abbé de Saint-Denis : 32 n., 240

Sukhanov (Arsenij) : 62

Syméon, voir : Siméon

Symmaque, pape : 37

Tafur (Pero) : 188, 228

T'amar, fille de Zaal, épouse de Vaxtang Orbeli : 193-194

Tarragone. Ms. 55 : 30, 124, 127, 130, 183 n.

Tbilisi. Musée national. Icône du Sauveur d'Anči : 205-206, 213

Théodora, femme de l'empereur Théophile : 20

Théodore le Stratélate (saint). Relique : 13

Théodore Daphnopatès : 148, 150 n.

Théodore le Lecteur (Anagnostès) : 36, 41

Théodore le Syncelle : 150 n., 151

Théodoret de Cyr : 34-35

Théodose Ier le Grand, empereur : 14, 147

Théodose II, empereur : 35

Théodose, patriarche de Jérusalem : 145

Théoktistè, patricienne à ceinture : 20

Théophane le Confesseur : 20, 56, 148

Théophane, parakoimomène : 132

Theophanes Continuatus : 20, 56 n., 57 n., 155 n.

Théophile, empereur : 20-21

Théophile, fils de l'empereur Michel II : 56-57

Théophylacte, fils de Romain Ier Lécapène, patriarche de Constantinople : 132-133, 135-136

Théophylacte Simokattès : 40-41

Thomas (saint), apôtre. Émail du triptyque de la Vraie Croix de la Lavra : 115-116

Titulus : 12

Trèves. Église Saint-Matthias. Reliquaire de la Vraie Croix : 100. – Ivoire de Trèves : 153

Triptyque reliquaire géorgien d'une collection privée parisienne : 191 à 222

Trompette de Jéricho : 11-12

Tuile (sainte), ou *Keramion* : 12, 24, 29, 126, 135, 152, 201, 203-204

Tunique (sainte) d'Argenteuil : 239

Turin. Saint Suaire : 123

U?guli (Géorgie). Triptyques : 213-214

Vatican. Basilique Saint-Pierre. Croix reliquaire au nom de l'empereur Romain : 164 n., 165 n., 166. Croix reliquaire de Justin II : 40 n. Sainte Lance : 190. – Biblioteca apostolica vaticana. Ms. Vat. gr. 1156 (Lectionnaire) : 46 à 49, 92-93. Ms. Vat. gr. 1613 (Ménologe de Basile II) : 48, 54-55, 72, 91-92. Ms. Vat. Ross. 251 : 203

Venance Fortunat : 144

Venise. Basilique Saint-Marc. Trésor. Calice de Romain II : 117. Croix de l'impératrice Irène Doukas : 96 à 98, 162 n., 165 n., 167 Croix de l'impératrice Marie : 98 n. Icône de saint Michel ; Croix reliquaire ; Reliure : 116. – Biblioteca Marciana. Ms. 13 : 131. Ms. gr. 524 : 160 n., 163 n., 170, 177

Verge de Moïse : 12

Vérine, impératrice : 14

Véronique de Saint-Pierre de Rome : 201 à 204

Versailles. Château. Chapelle de Robert de Cotte. Évocations figurées des reliques de la Passion : 241 à 248

Voile de la Vierge (*Maphorion*) : 145, 162

Vraie Croix : 11, 13, 18 à 22, 26-27, 144, 224 à 226, 229 à 235, 244. Cérémonie de l'Exaltation de la Croix à Constantinople : 41 à 43, 47 à 51, 61 à 89, 91 à 95. Culte à Constantinople : 31 à 59. Culte impérial : 161 à 170. Relique à Paris : 240. Relique d'après le *typicon* de Sainte-Sophie et relique du trésor de Notre-Dame de Paris : 91 à 105. Reliques à Constantinople : 183-184, 188. Usage impérial : 171 à 182

Wey (William) : 234

Wibald de Stavelot : 98

Zacharie, prophète. Reliques : 153

Zacharie (saint), père de Jean Baptiste : 153

Zantes. Musée byzantin. Porte de sanctuaire peinte, Ecce Homo : 199

Zonaras (Jean) : 152

TABLE DES ILLUSTRATIONS

Plan du Grand Palais de Constantinople, zone du Boukoléon et du Phare............................17
Lectionnaire du Vatican (*Vat. gr.* 1156), fol. 248............................46
Lectionnaire du Vatican (*Vat. gr.* 1156), fol. 248v............................47
Ménologe de Basile II (*Vat. gr.* 1613), p. 35............................48
Lectionnaire du Vatican (*Vat. gr.* 1165), fol. 250v............................49
Ménologe de Basile II (*Vat. gr.* 1613), p. 192............................55
Ménologe de Basile II (*Vat. gr.* 1613), p. 35............................72
Ménologe de Basile II (*Vat. gr.* 1613), p. 35 (détail)............................92
Lectionnaire du Vatican (*Vat. gr.* 1156), fol. 248 (détail)............................93
Croix reliquaire des Zaccaria à Gênes 96
Croix de l'impératrice Irène au trésor de Saint-Marc de Venise 97
Staurothèque de Stavelot à la Pierpont Morgan Library de New York............................98
Reliquaire de la Vraie Croix de Limbourg-sur-la-Lahn (détail)............................99
Reliquaire de la Vraie Croix de Saint-Matthias de Trèves (détail)............................100
Bois de la Croix du trésor de Notre-Dame de Paris............................101
Monture de la Vraie Croix au trésor de la Sainte-Chapelle de Paris............................103
Staurothèque de la Vraie Croix au trésor de la Sainte-Chapelle de Paris............................104
Triptyque reliquaire de la Vraie Croix de la Lavra au Mont Athos (état actuel)............................108
Triptyque reliquaire de la Vraie Croix de la Lavra au Mont Athos (état ancien)............................109
Triptyque reliquaire de la Vraie Croix de la Lavra au Mont Athos (état ancien)............................110
Triptyque reliquaire de la Vraie Croix de la Lavra au Mont Athos (détail)............................111
Triptyque reliquaire de la Vraie Croix de la Lavra au Mont Athos (détails)............................112
Triptyque reliquaire de la Vraie Croix de la Lavra au Mont Athos (détail)............................113
Triptyque reliquaire de la Vraie Croix de la Lavra au Mont Athos (détails)............................114
Triptyque reliquaire de la Vraie Croix de la Lavra au Mont Athos (détails)............................115
Triptyque reliquaire de la Vraie Croix de la Lavra au Mont Athos (détail)............................117
Triptyque reliquaire de la Vraie Croix de la Lavra au Mont Athos (détails)............................118
Triptyque reliquaire de la Vraie Croix de la Lavra au Mont Athos (détails)............................119
Chronique de Jean Skylitzès (Madrid, Bibl. nacional, Vitr. 26-2, fol. 131)............................124
Chronique de Jean Skylitzès (Madrid, Bibl. nacional, Vitr. 26-2, fol. 270v)............................125
Mandylion, fresque de la cathédrale de l'Annonciation au Kremlin de Moscou............................128
Icône de la légende du Mandylion à Sainte-Catherine du Sinaï............................137
Icône de la légende du Mandylion à Sainte-Catherine du Sinaï (détail)............................138
Chef de saint Jean Baptiste à Amiens (gravure de Du Cange, 1665)............................146

Reliquaire de la Vraie Croix à glissière (XIᵉ siècle), au Louvre............................163

Reliquaire de Jaucourt, au Louvre (détail)...164

Croix reliquaire au nom de l'empereur Romain, Saint-Pierre du Vatican............................166

Croix de l'impératrice Irène au trésor de Saint-Marc de Venise...................................167

Staurothèque de Stavelot à la Pierpont Morgan Library de New York................................168

Broderie dite de la reine Mathilde, à la cathédrale de Bayeux (détail)...........................174

Plaque et couvercle du reliquaire de la Pierre du Sépulcre, au Louvre............................176

Thrène de Nerezi, peinture murale de l'église Saint-Panteleimon..................................180

Reliquaire du trésor de la cathédrale d'Estergom...181

Reliquaire géorgien d'une collection privée parisienne (extérieur)...............................192

Reliquaire géorgien d'une collection privée parisienne (revers)..................................193

Reliquaire géorgien d'une collection privée parisienne...196

Reliquaire géorgien d'une collection privée parisienne (détails).................................197

Ecce Homo, porte de sanctuaire, Musée byzantin de Zantes...199

Reliquaire géorgien d'une collection privée parisienne (détail)..................................200

Reliquaire géorgien d'une collection privée parisienne (détails).................................209

Triptyque reliquaire de Sainte-Croix-de-Jérusalem à Rome...217

Icône-reliquaire du Monastère de Rila (Bulgarie)..220

Croix revêtue d'argent, à Santa Croce de Pano Lefkara (Chypre)...................................232

La "sainte mesure" du corps du Christ, d'après une miniature du XIVᵉ siècle.......................235

Charlemagne, statue du portail de l'église du Dôme des Invalides à Paris.........................242

Saint Louis, statue du portail de l'église du Dôme des Invalides à Paris.........................243

Serrure de la chapelle du château de Versailles : reliques de la Passion.........................244

Piliers de la chapelle du château de Versailles : Couronne d'épines..............................245

Coupole de la chapelle du château de Versailles : anges et Couronne d'épines.....................246

Peinture de Coypel à la coupole de la chapelle du château de Versailles..........................247

TABLE DES MATIÈRES

Avant-Propos.. 7

Abréviations... 9

Cyril Mango, *Introduction*.. 11

Paul Magdalino, *L'église du Phare et les reliques de la Passion à Constantinople (VIIe/VIIIe-XIIIe siècles)*.. 15

Holger A. Klein, *Constantine, Helena, and the Cult of the True Cross in Constantinople*...... 31

Bernard Flusin, *Les cérémonies de l'Exaltation de la Croix à Constantinople au XIe siècle d'après le* Dresdensis A 104.. 61

Jannic Durand, *La relique impériale de la Vraie Croix d'après le* Typicon *de Sainte-Sophie et la relique de la Vraie Croix du trésor de Notre-Dame de Paris*.................... 91

Thomas F. Mathews and Edmund P. Dandridge, *The Ruined Reliquary of the Holy Cross of the Great Lavra, Mt. Athos*... 107

Sysse Gudrun Engberg, *Romanos Lekapenos and the Mandilion of Edessa*................... 123

John Wortley, *Relics of "the friends of Jesus" at Constantinople*........................... 143

Sandrine Lerou, *L'usage des reliques du Christ par les empereurs aux XIe et XIIe siècles : le Saint Bois et les Saintes Pierres*.. 159

George P. Majeska, *The relics of Constantinople after 1204*............................... 183

Ioanna Rapti, *Images du Christ, reliques des saints : un triptyque géorgien inédit*......... 191

Michele Bacci, *Vera Croce, Vero Ritratto e Vera Misura: sugli archetipi Bizantini dei culti cristologici del medioevo occidentale*.. 223

Claudine Billot, *Des Reliques de la Passion dans le royaume de France*.................... 239

Index... 249

Table des illustrations.. 257

DANS LA MÊME COLLECTION

Vol. 1 à 12 diffusés par DE BOCCARD, Édition-Diffusion
11 rue de Médicis, 75006 Paris

1. LEFORT (J.) – *Villages de Macédoine. Notices historiques et topographiques sur la Macédoine orientale au Moyen Âge. 1. La Chalcidique occidentale*, 218 p., 13 cartes couleurs en dépliant, 1982.
2. MANGO (C.) – *Le développement urbain de Constantinople (IVe-VIIe siècles)*, 76 p., 8 ill., 1985-1990.
3. BELLIER (P.), BONDOUX (R.-CL.), CHEYNET (J.-CL.), GEYER (B.), GRÉLOIS (J.-P.), KRAVARI (V.) – *Paysages de Macédoine. Leurs caractères, leur évolution à travers les documents et les récits des voyageurs*. Présentation par J. LEFORT, 316 p., 6 fig., 2 cartes en dépliant, 1986.
4. DAGRON (G.) et FEISSEL (D.) – *Inscriptions de Cilicie*. Avec la collaboration de A. HERMARY, J. RICHARD et J.-P. SODINI. 297 p., LXVI pl. h.-t., 1987.
5. BEAUCAMP (J.) – *Le statut de la femme à Byzance (IVe-VIIe siècle). I. Le droit impérial*, L-374 p., 1990.
6. BEAUCAMP (J.) – *Le statut de la femme à Byzance (IVe-VIIe siècle). II. Les pratiques sociales*, XXXII-494 p., 1992.
7. LAIOU (A. E.) – *Mariage, amour et parenté à Byzance aux XIe-XIIIe siècles*, 210 p., 1992.
8. SALIOU (C.) – *Le traité d'urbanisme de Julien d'Ascalon. Droit et architecture en Palestine au VIe siècle*, 160 p., 12 fig., 1996.
9. MAGDALINO (P.). – *Constantinople médiévale. Études sur l'évolution des structures urbaines*, 120 p., 2 cartes, 1996.
10. GARSOÏAN (N. G.) et MAHÉ (J.-P.) – *Des Parthes au Califat. Quatre leçons sur la formation de l'identité arménienne*, 120 p., 22 fig., 1997.
11. BEAUCAMP (J.) et DAGRON (G.), éd. – *La transmission du patrimoine. Byzance et l'aire méditerranéenne*, 272 p., 1998.
12. KIOURTZIAN (G.) – *Recueil des inscriptions grecques chrétiennes des Cyclades de la fin du IIIe au VIIe siècle ap. J.-C.*, 315 p., LX pl. h.-t., 2000.

Vol. 13 et suivants diffusés par l'Association des Amis du Centre d'Histoire et Civilisation de Byzance - 52, rue du Cardinal Lemoine - 75005 Paris

13. LANIADO (A.) – *Recherches sur les notables municipaux dans l'Empire protobyzantin*, XXXI-296 p., 2002.
14. FEISSEL (D.) et GASCOU (J.), éd. – *La pétition à Byzance*, 200 p., 2004.
15. BEAUCAMP (J.), éd., avec la collaboration de AGUSTA-BOULAROT (S.), BERNARDI (A.-M.), CABOURET (B.) et CAIRE (E.) – *Recherches sur la chronique de Jean Malalas*, I, 203 p., 2004.
16. ZUCKERMAN (C.) – *Du village à l'Empire : autour du Registre fiscal d'Aphroditô (525/526)*, 2004.
17. DURAND (J.) et FLUSIN (B.), éd. – *Byzance et les reliques du Christ*, 2004, 258 p.

Achevé d'imprimer sur les presses de l'Imprimerie CHIRAT
42540 Saint-Just-la-Pendue
Dépôt légal : novembre 2004 - N°3848